# 新唐書

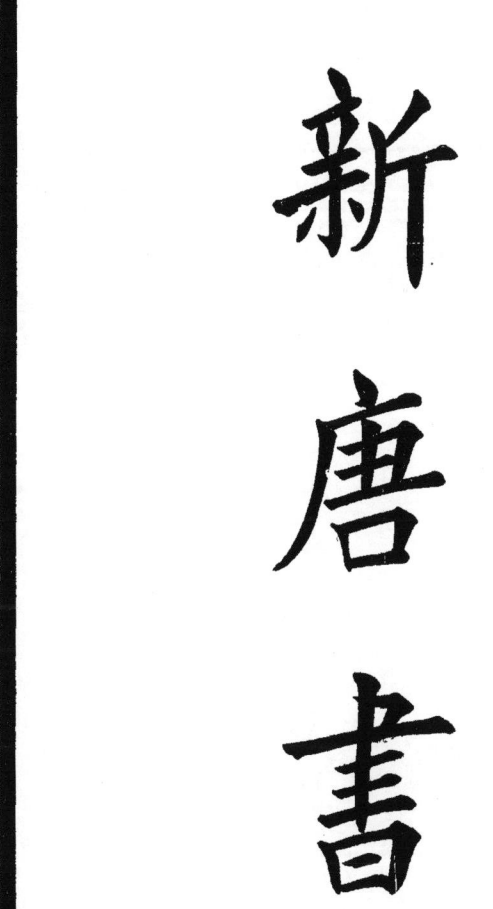

# 《四部備要》

史部

上海中華書局據武英殿本校刊

桐鄉 陸費逵總勘

杭縣 高時顯 吳汝霖 輯校

杭縣 丁輔之監造

唐書卷一百四十五

宋　端　明　殿　學　士　宋　祁　撰

列傳第七十

元王黎楊嚴竇

元載字公輔鳳翔岐山人父昇本景氏曹王明妃元氏賜田在扶風昇主其租入有勞請於妃冒爲元氏載少孤既長嗜學工屬文天寶初下詔舉明莊老列文四子學者載策入高第補新平尉韋鑑監選黔中苗晉卿東都留守皆署判官寖以名聞至德初江東採訪使李希言表載自副擢祠部員外郎洪州刺史入爲度支郎中占奏敏給肅宗異之累遷戸部侍郎充度支江淮轉運等使帝不豫李輔國用事輔國妻載宗女也因相締昵會京兆尹缺輔國白用載載意屬國柄固辭輔國曉之翌日拜同中書門下平章事領使如故代宗立輔國勢愈重數稱其才進拜中書侍郎許昌縣子載以度支繁浩有吏事督責損威寵乃悉天下錢穀委劉晏未幾判天下元帥行軍司馬盜殺李輔國載陰與其謀

乃復結中人董秀厚啖以金使刺取密旨帝有所屬必先知之探微揣端無不
諧契故帝任不疑華原令顧繇上封白發其私帝方倚以當國乃斥繇除名爲
民魚朝恩驕橫震天下與載不叶憚之雖帝亦銜恚乃乘間奏誅朝恩帝畀有
變載結其愛將爲助朝恩已誅載得意甚益矜肆時擬奏文武官功狀多謬舛
載虞有司駮正乃請別敕授六品以下官吏部兵部卽附甲團奏不須檢勘欲
示權出於己又與王縉請以河中爲中都裒關輔河東十州稅奉京師選兵五
萬屯中都鎮禦四方杪秋行幸上春還可以避羌戎患載以議入卽從前敕所
由吏於河中經圖宮殿築私第帝聞惡之置其議初四鎮北庭行營節度使寄
治涇州大曆八年吐蕃寇邠寧議者謂三輔以西無襟帶之固而涇州散地不
足守載嘗在西州具知河西隴右要領乃言於帝曰國家西境極于潘原吐蕃
防戍乃在摧沙堡而原州界其間草薦水甘舊壘存焉比吐蕃毀夷垣墉棄不
居其右則監牧故地巨塹長壕重複深固原州雖早霜不可蓺而平涼在其東
獨耕一縣可以足食請徙京西軍戍原州乘間築作二旬可訖貯粟一歲戎人

夏牧青海上羽書比至則我功集矣徙子儀大軍在涇以爲根本分兵守石門木峽隴山之關北抵于河皆連山峻險寇不可越稍置鳴沙縣豐安軍爲之羽翼北帶靈武五城爲之形勢然後舉隴右之地以至安西是謂斷西戎脛朝廷高枕矣因圖上地形使吏間入原州度水泉計徒庸車乘畚鍤之器悉具而田神功沮短其議乃曰與師料敵老將所難陛下信一書生言舉國從之誤矣帝由是疑不決載智略開果久得君以爲文武才略莫己若外委主書卓英倩李待榮內劫婦言縱諸子關通貨賄京師要司及方面皆擠遣忠良進貪猥凡仕進干請不結子弟則謁主書城中開南北二第室宇奢廣當時爲冠近郊作觀榭帳帟什器不徙而供膏腴別墅疆畛相望且數十區名姝異伎雖禁中不逮帝盡得其狀載嘗獨見帝深戒之聱然不悛客有賦都盧尋橦篇諷其危載泣下而不知悟會李少良上書詆其醜狀載怒奏殺少良道路目語不敢復議載由是非黨與不復接生平道義交皆謝絶帝積怒大曆十二年三月庚辰仗下帝御延英殿遣左金吾大將軍吳湊收載及王縉繫政事堂分捕親吏諸子下

獄詔吏部尚書劉晏御史大夫李涵散騎常侍蕭昕兵部侍郎袁傪禮部侍郎常袞諫議大夫杜亞訊狀而責辯端目皆出禁中遣中使臨詰陰事皆服乃下詔賜載自盡妻王及子揚州兵曹參軍伯和祠部員外郎仲武校書郎季能並賜死發其祖父冢斲棺棄尸毀私廟主及大寧安仁里二第以賜百官署舍破東都第助治禁苑王氏河西節度使忠嗣女悍驕戾沓載叵禁而諸子牟賊聚斂無涯藝輕浮者奔走爭蓄妓妾爲倡優褻戲親族環觀不愧也及死行路無嗟隱者籍其家鍾乳五百兩詔分賜中書門下臺省官胡椒至八百石它物稱是女真一少爲尼沒入掖庭德宗時始告以載死號踊投地左右呵止帝曰安有聞親喪責其哀殞乎命扶出帝爲太子也實用載議興元元年詔復其官聽改葬故吏許初楊皎紀慆等合貲以葬諡曰荒後改曰成縱載敗董秀卓英倩李待榮術者李季連悉論死其宅與載厚善坐貶者若楊炎王昂宋晦韓洄王定包佶徐縝裴冀王紀韓會等凡數十百人英倩弟英璘家金州州人緣以授官者亦百餘豪制鄉曲聚無賴少年以伺變恃載權牧宰莫敢問載誅英璘盜

庫兵據險以叛詔發禁兵及山南西道兵二千討捕刺史孫道平禽殺之詔給
復其州三年
李少良者以吏治由諸帥府遷累殿中侍御史罷遊京師不見調憤載不法疏
論其惡帝留少良客省欲究其事其友韋頌者候之漏言於陸珽載召珽問知
之乃奏下少良御史臺劾其漏禁中語并與頌珽論殺之珽善經子與頌及少
良善又狎載子弟親黨故載廉得其謀初載盛時人皆疾厭之大曆八年有晉
州男子郇謨以麻總髮持竹笥葦席行哭長安東市人問之曰我有字三十欲
以獻上字言一事卽不中以笥貯屍席裹而棄之京兆以聞帝召見賜以衣館
內客省問狀多譏切載其言團者願罷諸州團練使其言監者請罷諸道監軍
大抵類此先是天下兵興凡要州權署團練刺史載用事授刺史者悉帶團練
以悅人心故謨指而刺云
王縉字夏卿本太原祁人後客河中少好學與兄維俱以名聞舉草澤文辭清
麗科上第歷侍御史武部員外郎祿山亂擢太原少尹佐李光弼以功加憲部

侍郎還兵部史朝義平詔宣慰河北使還有指俄拜黃門侍郎同中書門下平
章事進侍中持節都統河南淮西山南東道諸節度行營事辭侍中加東都留
守歲餘拜河南副元帥損軍資錢四十萬緡營完宮室朱希彩殺李懷仙也詔
拜盧龍節度使至幽州委軍於希彩乃還會辛雲京卒兼領河東節度讓還河
南副元帥東都留守太原將王無縱張奉璋恃功以縉儒者易之不如律令縉
斬以徇諸將股慄再歲還以本官復知政事時元載專朝天子拱手縉曲意附
離無敢忤又恃才多所狎侮雖載亦疾其淩靳也京兆尹黎幹數論執載惡之
縉折幹曰尹南方孤生安曉朝廷事縉素奉佛不茹葷食肉晚節尤謹妻死以
道政里第爲佛祠諸道節度觀察使來朝必邀至其所諷令出財佐營作初代
宗喜祠祀而未重浮屠法每從容問所以然縉與元載盛陳福業報應帝意向
之繇是禁中祀佛諷唄齋薰號內道場引內沙門日百餘饌供珍滋出入乘廄
馬度支具稟給或夷狄入寇必合衆沙門誦護國仁王經爲禳厭幸其去則橫
加錫與不知紀極胡人官至卿監封國公者著籍禁省勢傾公王羣居賴寵更

相淩奪凡京畿上田美產多歸浮屠雖藏奸宿亂踵相逮而帝終不悟詔天下官司不得箠辱僧尼初五臺山祠鑄銅爲瓦金塗之費億萬計縉給中書符遣浮屠數十輩行州縣斂丐貲貨縉爲上言國家慶祚靈長福報所馮雖時多難無足道者祿山思明毒亂方熾而皆有子禍僕固懷恩臨亂而踣西戎內寇未及擊輒去非人事也故帝信愈篤七月望日宮中造盂蘭盆綴飾鏐琲設高祖以下七聖位幡節衣冠皆具各以帝號識其幡自禁內分詣道佛祠鐃吹鼓舞奔走相屬是日立仗百官班光順門奉迎導從歲以爲常羣臣承風皆言生死報應故人事置而不修大曆政刑日以堙陵由縉與元載杜鴻漸倡之也性貪冒縱親戚尼姏招納財賄猥屑相稽若市賈然及敗劉晏等鞫其罪同載論死晏曰重刑再覆有國常典況大臣乎法有首從不容俱死於是以聞上憫其耄不加刑乃貶括州刺史久之遷太子賓客分司東都建中二年死年八十二

黎幹戎州人善星緯術得待詔翰林擢累諫議大夫封壽春公自負其辯沾沾喜議論初唐家郊祭天地以高祖神堯皇帝配寶應元年杜鴻漸爲太常卿禮

儀使於是禮儀判官薛頎集賢校理歸崇敬等共建神堯獨受命之主非始封
君不得冒太祖配天地景皇帝受封于唐卽商之契周之后稷請奉景皇帝配
天地於禮宜甚幹非之乃上十詰十難傅經誼抵鄭玄以折頎崇敬等曰頎等
引禘者至日祭天於圜丘周人以遠祖配今宜以景皇帝爲始祖配昊天圜丘
臣幹一詰國語稱有虞氏夏后氏並禘黃帝商禘舜周禘嚳二詰商頌長發大
禘也三詰周頌雍禘太祖也四詰祭法虞夏並禘黃帝商周俱禘嚳五詰大傳
不王不禘王者禘其祖之所自出以其祖配之六詰爾雅禘大祭也七詰家語
凡四代帝王所郊皆以配天所謂禘五年大祭也八詰盧損以禘祭名禘諦也
事取明諦故云九詰王肅言禘五年大祭十詰郭璞亦云此經傳先儒皆不言
祭昊天於圜丘根證章章故臣謂禘止五年宗廟大祭了無疑晦其十難一曰
周頌雍之序曰禘祭太祖也鄭玄說禘大祭也太祖謂文王也商頌長發大禘
也玄曰大禘祭天也商周兩頌同文異解索玄之意以禘加大因曰祭天臣謂
春秋大事于太廟雖曰大得祭天乎虞夏商周禘黃帝與嚳禮不王不禘皆不

言大玄安得稱祭天乎長發所頌不及嚳與感生帝故知不爲祭天侑嚳明矣
商周五帝大祭見於經者甚詳而禘主廟不主天今背孔子之訓言取玄之偏
誼誣繆祀典不見其可二曰不王不禘王者禘其祖之所自出以其祖配之此
言惟天子當禘如虞夏出黃帝商周出嚳以近祖配之自出之祖無廟乃自外
至自外至者同之天地得主而止又自出者在母亦然春秋傳陳則我周之自
出詎可謂出太微五帝乎玄以一禘爲三誼在祭法則曰祭昊天於圓丘在春
秋傳則郊以后稷配靈威仰在商頌曰祭天在周頌則禘曰大於四時祭而小
於祫本末駮舛臆判自私不足以訓三曰商周之前禘所自出自漢魏以來曠
千餘歲其禮不講蓋玄所說不當於經不質于聖先儒置之不用是爲棄言四
曰今禮家行於世者皆本玄學臣請取玄之隙還破頎等所建頎等曰景皇帝
爲始祖以配天按王制天子七廟玄曰周禮也太祖與文武之祧合親廟四而
七商氏六廟契與湯合二昭二穆而六據玄則夏不以鮌顓頊昌意爲始祖是
又與玄乖背自古未有以人臣爲始祖者唯商以契周以稷夫稷契皆天子元

妃子簡狄吞玄鳥卵而生契契佐禹有大功舜封之商其詩曰天命玄鳥降而
生商宅殷土芒芒后稷母曰姜嫄出野履巨跡而生稷稷勤稼穡堯舉爲農師
舜封之邰號曰后稷其詩曰履帝武敏歆攸介攸止即有邰家室舜禹有天下
契稷在焉傳曰功施於人則祀之以死勤事則祀之契爲司徒而人輯睦稷勤
百穀而所祀皆在祀典及子孫而有天下故尊而祖之五曰旣用玄說小德配
寡而后稷止配一帝不得全配五帝今以景帝配昊天於玄爲可爲不可乎六
曰衆詰臣曰上帝一帝周官祀天旅上帝祀地旅四望旅衆也則上帝是五帝
臣曰否旅有衆義出於爾雅又爲祭名亦曰陳也如前所詰旅上帝爲五帝則
季氏旅於泰山可得爲四鎮邪七曰援玄之言則景帝親盡主應在祧反配天
地禮不相值夫所謂始祖者經綸草昧功普體大以比元氣含覆廣大者也故
曰萬物之始天也人之始祖也日之始至也掃地而祭則質器用陶匏則性牲
用犢則誠兆於南郊則就陽至尊至質不敢同於先祖也白虎通義曰祭天歲
一者何事之不敢黷也故因歲之陽氣始達而祭之今一歲四祭黷莫大焉上

帝五帝祀闕不舉怠孰甚焉黷與怠皆失也臣聞親有限祖有常聖人制禮不以情變唐家累聖歷祀百年非不知景帝爲始封當時通儒鉅工尊高祖以配天宗太宗以配上帝人神克厭爲日既久乃今以神堯降侑含樞紐而太宗仍配上帝則樞紐上帝侑也以子先父非天地祖宗之意八曰景皇帝非造我區夏不得與夏之禹商之契周之稷漢高帝魏武帝晉宣帝唐神堯皇帝並功而陟配圜丘上與天匹曾謂圜丘不如林放乎九曰魏以武帝晉以宣帝爲始祖者夫操與懿皆人傑也擁天下彊兵挾弱主制海內之命名雖爲臣勢實爲君後世因之以成帝業尊而祖之不亦可乎十曰神堯拯隋室之亂振臂大呼濟人塗炭汎掃蕩攘羣凶無餘出入不數年而成王業漢祖之功不能加焉夏以禹漢以高帝我以神堯爲始祖訂夏法漢於義何嫌今頎崇敬華天對易祖廟事之大者不稽于古難以疑文僻說定之臣官以諫爲名不敢不盡愚議聞代宗不韙其言其後名儒大議而景帝配天卒著于禮俄還京兆尹頗以治稱京師苦樵薪乏幹度開漕渠與南山谷口尾入于苑以便運載帝爲御安福門觀

之幹密具舸船作倡優水嬉䕩以媚帝久之渠不就俄改刑部侍郎魚朝恩敗坐交通出爲桂管觀察使大曆八年復召爲京兆尹時大旱幹造土龍自與巫覡對舞彌月不應又禱孔子廟帝笑曰丘之禱久矣使毀土龍帝減膳節用既而霔雨十三年涇水擁隔請開鄭白支渠復秦漢故道以漑民田廢碾磑八十餘所幹性貪暴既復用不暇念治專狗財色附會嬖近挾左道希主恩帝甚惑之德宗在東宮幹與宦者特進劉忠翼陰謀幾危宗嗣及卽位又詭道希進密乘車謁忠翼事覺除名長流既行市人數百羣譟投礫從之俄賜死藍田驛忠翼本名清潭與左衛將軍董秀皆有寵於代宗當盛時爵賞在其口吻掊冒財賄貲產累皆巨萬至是積前罪幷及誅

楊炎字公南鳳翔天興人曾祖大寶武德初爲龍門令劉武周攻之死于守贈全節侯祖哲以孝行稱父播舉進士退居求志玄宗召拜諫議大夫棄官歸養肅宗時卽家拜散騎常侍號玄靜先生炎美須眉峻風寓文藻雄蔚然豪爽尚氣河西節度使呂崇賁辟掌書記神烏令李太簡嘗醉辱之炎令左右反接搒

二百餘幾死崇賁愛其才不問李光弼表爲判官不應召拜起居舍人固辭父
喪廬墓側號慕不廢聲有紫芝白雀之祥詔表其閭炎三世以孝行聞至門樹
六闕古所未有終喪爲司勳員外郎遷中書舍人與常衮同時知制誥衮長於
除書而炎善德音自開元後言制詔者稱常楊云宰相元載與炎同郡炎又元
出也故擢炎吏部侍郎史館修撰載當國陰擇才可代己者引以自近初得禮
部侍郎劉單會卒復取吏部侍郎薛邕邕坐事貶後得炎親重無比會載敗坐
貶道州司馬德宗在東宮雅知其名又嘗得炎所爲李楷洛碑寘于壁日諷玩
之及卽位崔祐甫薦炎可器任卽拜門下侍郎同中書門下平章事舊制天下
財賦皆入左藏庫而太府四時以數聞尚書比部覆出納舉無干欺及第五琦
爲度支鹽鐵使京師豪將求取無節琦不能禁乃悉租賦進大盈內庫天子以
給取爲便故不復出自是天下公賦爲人君私藏有司不得計羸少而宦官以
冗名持簿者三百人奉給其間根柢連結不可動及炎爲相言於帝曰財賦者
邦國大本而生人之喉命天下治亂重輕繫焉先朝權制以中人領其職五尺

宦豎操邦之柄豐儉盈虛雖大臣不得知則無以計天下利害陛下至德惟人是恤參計敝蠹莫與斯甚臣請出之以歸有司度宮中經費一歲幾何量數奉入不敢以闕如此然後可以議政惟陛下審察帝從之乃詔歲中裁取以入大盈度支具數先聞初定令有租賦庸調法自開元承平久不爲版籍法度玩敝而丁口轉死田畝換易貧富升降悉非向時而戶部歲以空文上之又戍邊者蠲其租庸六歲免歸玄宗事夷狄戍者多死邊將諱不以聞故貫籍不除天寶中王鉷爲戶口使方務聚斂以其籍存而丁不在是隱課不出乃按舊籍除當免者積三十年責其租庸人苦無告故法遂大敝至德後天下起兵因以饑癘百役並作人戶凋耗版圖空虛軍國之用仰給於度支轉運使四方征鎮又自給於節度都團練使賦斂之司數四莫相統攝綱目大壞朝廷不能覆諸使諸使不能覆諸州四方貢獻悉入內庫權臣巧吏因得旁緣公託進獻私爲贓盜者動萬萬計河南山東荊襄劍南重兵處皆厚自奉養王賦所入無幾科斂凡數百名廢者不削重者不去新舊仍積不知其涯百姓竭膏血鬻親愛旬輸月

送無有休息吏因其苛蠶食于人富人多丁者以宦學釋老得免貧人無所入則丁存故課免於上而賦增於下是以天下殘瘁蕩爲浮人鄉居地著者百不四五炎疾其敝乃請爲兩稅法以一其制凡百役之費一錢之斂先度其數而賦於人量出制入戶無主客以見居爲簿人無丁中以貧富爲差不居處而行商者在所州縣稅三十之一度所取與居者均使無僥利居人之稅秋夏兩入之俗有不便者正之其租庸雜徭悉省而丁額不廢其田畝之稅率以大曆十四年墾田之數爲準而均收之夏稅盡六月秋稅盡十一月歲終以戶賦增失進退長吏而尙書度支總焉帝善之使諭中外議者沮詰以爲租庸令行數百年不可輕改帝不聽天下果利之自是人不土斷而地著賦不加斂而增入版籍不造而得其虛實吏不誠而姦無所取輕重之權始歸朝廷矣炎興嶺表以單議悟天子中外翕然屬望爲賢相居數月崔祐甫疾不能事喬琳免炎獨當國遂多變祐甫之政減薄護元陵功優人始不悅又請開豐州陵陽渠發畿縣民役作閭里騷然渠卒不就素德元載思有以報之於是復議城原州節度使

段秀實謂安邊卻敵宜以緩計方農事不可遽與功炎怒追秀實爲司農卿以邠寧李懷光督作遣朱泚崔寧統兵各萬人翼之詔書下涇軍恚曰吾軍爲國西屏十餘年始匄邠土農桑地著之安徙此榛莽中手披足踐既亡城壘則又投之塞外且安寘此乎又懷光持法嚴舉軍畏之裨將劉文喜因人之怨乃上疏求秀實朱泚爲使詔以泚代懷光文喜不奉詔閉城拒守質其子吐蕃以求援時方煬旱人情騷擕羣臣皆請赦文喜帝不聽詔減服御給軍且趣師涇州士當受春服者皆卽賜命泚懷光率軍攻之壘環其州別將劉海賓斬文喜獻其首涇州平而原卒不能城又以劉晏劾載已坐貶乃出晏忠州用庾準爲荆南節度使誣晏殺之朝野側目李正己表請晏罪炎懼乃遣腹心分走諸道裴冀使東都河陽魏博孫成使澤潞磁邢幽州盧東美使河南淄青李舟使山南湖南王定使淮西聲言宣慰而實自辯解言晏往嘗傅會姦邪謀立獨孤妃爲后帝自惡之非它過帝聞使中人復其言於正己還報信然於是帝意銜之未發也會盧杞以門下侍郎同中書門下平章事進炎中書侍郎同秉政杞無術

學貌么陋炎薄之託疾不與會食杞陰爲憾舊制中書舍人分押尚書六曹以
平奏報開元初廢其職杞請復之炎固以爲不可杞益怒又密啓主書過咎逐
之炎曰主書吾局吏也吾當自治之奈何相侵邪始炎還朝道襄漢因勸梁崇
義入朝後又使李舟邀說之崇義益反側及其叛議者歸咎炎以爲趣成之帝
欲以淮西李希烈統諸軍致討炎曰希烈始與李忠臣爲子逐忠臣取其位此
可以任乎居無尺寸功猶偃彊不奉法設使平賊陛下將何以制之帝不能平
恚曰朕業許之不能食吾言遂用希烈又嘗訪羣臣可大任者杞薦張鎰嚴郢
而炎舉崔昭趙惠伯帝以炎論議疏闊遂罷爲尚書左僕射旣謝對延英訖不
至中書杞怒益欲中之先是嚴郢爲京兆尹不附炎炎諷御史張著劾之罷兼
御史中丞源休與郢不善自流人擢休爲京兆少尹令伺郢過休反與郢善炎
怒會張光晟謀殺回紇酋帥乃使休使回紇郢坐度田不實下除大理卿至是
炎罷其子弘業賕賂狠籍故杞引郢爲御史大夫按之幷得宅過惠伯爲河南
尹時嘗市炎第爲官廨御史劾炎宰相抑吏市私第貴取其直杞召大理正田

晉評罪晉曰宰相於庶官比監臨計羨利罪奪官杞怒謫晉衡州司馬於是當監主自盜罪絞開元時蕭嵩嘗度曲江南欲立私廟以爲天子臨幸處乃止後炎復取以立廟飛語云地有王氣故炎取之帝聞震怒會獄具詔三司同覆貶崖州司馬同正未至百里賜死年五十五貶惠伯多田尉亦殺之初炎矯飭志節頗得名旣傅會元載抵罪俄而得政然忮害根中不能自止眦睚必讎果於用私終以此及禍自道州還也家人以綠袍木笏棄之炎止曰吾嶺上一逐吏超登上台可常哉且有非常之福必有非常之禍安可棄是乎及貶還所服久之詔復其官諡肅愍左丞孔戣駁之更曰平厲

庾準者常州人無學術以柔媚自進得幸於王縉驟至中書舍人時流嗤薄之再遷尚書右丞縉得罪出爲汝州刺史復入爲司農卿又善炎故炎使節度荆南晏已誣死引爲尚書左丞建中三年卒贈工部尚書

嚴郢字叔敖華州華陰人父正誨以才吏更七郡終江南西道採訪使郢及進士第補太常協律郎守東都太廟祿山亂郢取神主祕于家至德初定洛陽有

司得以奉迎還廟擢大理司直呂諲鎮江陵表爲判官方士申泰芝以術得幸
肅宗遨遊湖衡間以妖幻詭衆姦贓鉅萬潭州刺史龐承鼎按治帝不信召還
泰芝下承鼎江陵獄郢具言泰芝左道帝遣中人與諲雜訊有狀帝不爲然御
史中丞敬羽白貸泰芝郢方入朝亟辨之帝怒叱郢去郢復曰承鼎劾泰芝詭
沓有實泰芝言承鼎驗左不存今緩有罪急無罪臣死不敢如詔帝卒殺承鼎
流郢建州泰芝後坐妖妄不道誅代宗初追還承鼎官召郢爲監察御史連署
帥府司馬郭子儀表爲關內河東副元帥府判官遷行軍司馬子儀鎮邠州檄
郢主留務河中士卒不樂戍邠多逃還郢取渠首尸之乃定歲餘召至京師元
載薦之帝時載得罪不見用御史大夫李栖筠亦薦郢帝曰是元載所厚可乎
答曰如郢材力陛下不自取而留爲姦人用邪即日拜河南尹水陸運使大曆
末進拜京兆尹嚴明持法令疾惡撫窮敢誅殺盜賊一衰減隸官匠丁數百十
人號稱職宰相楊炎請屯田豐州發關輔民鑿陵陽渠郢習朔邊病利即奏舊
屯肥饒地今十不墾一水田甚廣力不及而廢若發二京關輔民浚豐渠營田

擾而無利請以內苑蒔稻驗之秦地膏腴田上上耕者皆饑人月一代功甚易又人給錢月八千糧不在然有司常募不能足合府縣共之計一農歲錢九萬六千米月七斛二斗大抵歲僦丁三百錢二千八百八十萬米二千一百六十斛臣恐終歲穫不酬費況二千里發人出塞而歲一代乎又自太原轉糧以哺私出資費倍之是虛畿甸事空徭也郢又言五城舊屯地至廣請以鑿渠糧俾諸城夏貸冬輸取渠土布帛給田者合據直轉穀則關輔免調發而諸城闢田炎不許渠卒不成棄之御史臺請天下斷獄一切待報唯殺人許償死論徒者得悉徙邊郢言罪人徙邊卽流也流有三而一用之誠難且殺人外猶有十惡僞造用符印彊光火諸盜今一徙之法太輕不足禁惡又罪抵徒科別差殊或毆傷夫婦離非義絕養男別姓立嫡不如式私度關冒戶等不可悉而與十惡同徒卽輕重不倫又按京師天下聚論徒者至廣例不覆讞今若悉待報有司斷決有程月不啻五千獄正恐牒按塡委章程紊撓且邊及近邊犯死徒流者若何爲差請下有司更議炎惡異己陰諷御史張著劾郢匿發民浚渠使怨歸

上繫金吾長安中日數千人遮建福門訟郢冤帝微知之削兼御史中丞人知郢得原皆迎拜會秋旱郢請蠲租稅炎令度支御史按覆以不實罷爲大理卿炎之罷盧杞引郢爲御史大夫共謀炎罪即逮捕河中觀察使趙惠伯下獄楚掠慘棘鍛成其罪卒逐炎崖州惠伯費州天下以郢挾宰相報仇爲不直然杞用郢敗炎內忌郢才因按蔡廷玉事殺御史鄭詹出郢爲費州刺史道逢柩殯問之或曰趙惠伯之殯郢內慚忽忽歲餘卒

竇參字時中刑部尚書誕四世孫學律令爲人矜嚴悻直果於斷以蔭累爲萬年尉同舍當夕直者聞親疾惶遽參爲代之會失囚京兆按直簿劾其人參曰彼以不及謁而往參當坐乃貶江夏尉人皆義之還奉先尉男子曹芬兄弟隸北軍醉暴其妹父救不止恚赴井死參當兄弟重辟衆請俟免喪參曰父繇子死若以喪延是殺父不坐皆搒殺之一縣畏伏進大理司直按江淮獄揚州節度使陳少游偃蹇不郊迎遣軍吏致問參厲辭譙讓少游慚往謁參參不顧即去婺州刺史鄧珽盜贓八千緡宰相右珽欲免輸其財詔百官集尚書省議多

希意爲助參獨持法卒輸入之遷監察御史湖南判官馬彝發部令贓千萬令之子因權幸誣奏彝參往按直其侵彇彝後佐曹王皐以幹直聞者也入爲御史中丞舉劾無所回忌德宗數召見語天下事或決大議帝器之然多與宰相駮異數爲排卻卒無以傷參由是無所憚或率情制事矣時定百官班稟參嘗爲大理司直故多其入使在丞上惡詹事李昪抑其班在諸府少尹下中外稍惡其專進兼戶部侍郎民家生豕二首四足有司欲以聞參曰此乃豕禍屏不奏陳少游死子請襲封參大署省門曰少游位將相以艱危易節上含垢不忍發其息容得傳襲邪神策將軍孟華戰有功或誣以反龍武將軍李建玉陷吐蕃自拔歸部曲告與虜通皆論死參悉治出之人始屬望俄以中書侍郎同中書門下平章事領度支鹽鐵使每延英對宅相罷參必留以度支爲言實專政也然參無學術不能稽古立事惟樹親黨多所詗察四方畏之於是淄青李納厚饋參外示嚴畏實賂帝親近爲間故左右爭毀短之申其族子也爲給事中參親愛每除吏多訪申申因得招賂漏禁密語故申所至人目爲喜鵲帝聞以

戒參且曰是必爲累不如斥之參以情訴曰臣無彊子姓申雖疏屬無它惡帝
曰而雖自保如外言何參固陳丏初陸贄與參不平吳通玄兄弟皆在翰林與
贄軒輊不得申甥嗣虢王則之與通微等善遂共譖贄帝得其姦逐申爲道州
司馬不浹日貶參郴州別駕宣武劉士寧餉參絹五千湖南觀察使李巽故與
參隙以狀聞又中人爲之驗左帝大怒以爲外交戎臣欲殺參贄雖怨然亦以
殺之太重乃貶驩州司馬逐其息景伯于泉州女尼于郴州沒入貲產奴婢帝
又欲殺申則之及屬人榮贄固爭法有首從首原則從減榮與參雖善然初無
邪僻數激憤有直言晚頗疏忌請貶榮遠官申則之除名流嶺南詔可時宦侍
謗沮不已參竟賜死于邕州年六十而杖殺申免榮死諸竄並逐云
吳通玄者海州人與弟通微皆博學善文章父道瓘以道士詔授太子諸王經
故通玄等皆得侍太子游太子待之甚善始通玄舉神童補祕書正字又擢文
辭清麗科調同州司戶參軍德宗立弟兄踵召爲翰林學士頃之通微遷職方
郎中通玄起居舍人並知制誥凡帝有譔述非通玄筆未嘗慊與陸贄吉中孚

韋執誼並位贄文高有謀特爲帝器遇且更險難有功通玄等特以東宮恩舊
進昵而不禮見贄驟擢頗娼恨贄自恃勁正屢短通玄於帝前欲斥遠之卽建
言承平時工藝書畫之冗皆待詔翰林而無學士至德以來命集賢學士入禁
中草書詔待進止於翰林院因以名官今四方無事制書職分宜歸中書舍人
請罷學士帝不許通玄怨曰結謀奪其內職會贄權知兵部侍郎主貢舉乃命
爲眞貞元七年通玄拜諫議大夫自以久次當得中書舍人大怨望贄與竇參
交惡參從子申從舅嗣虢王則之方爲金吾將軍故申介之使結通玄兄弟共
危贄而通玄以宗室女爲外婦帝知未及責則之飛謗云贄試進士受賄謝帝
惡誣構大怒罷參宰相逐則之昭州司馬通玄泉州司馬又銜淫汙近屬事自
詰之不敢答賜死長城驛贄遂相矣通玄死通微白衣待罪於門帝宥之內懼
禍不敢行喪服
贊曰元載楊炎各以才資奮適主暗庸故致位輔相若其翦闇尹城原州以謀
西夏還左藏有司一租賦以檢制有亡誠有取焉然載本與輔國以利合險刻

著諸心谿壑之欲發乎無厭炎牽連載勢與醜裔秉國維綱返爲載復讎釋言

於君卒與妻子併誅暴先骨殛命於道蓋自取之也夫姦人多才未始不爲患

故鄭舒以俊死而鄧析以辯亡若兩人者所謂多才者邪縉言福業報應謬得

君自私無可論者易稱鼎折足其刑剭諒哉

唐書卷一百四十五

# 唐書卷一百四十六

宋　端　明　殿　學　士　宋　祁　撰

## 列傳第七十一

### 二李

李栖筠字貞一世爲趙人幼孤有遠度莊重寡言體貌軒特喜書多所通曉爲文章勁迅有體要不妄交游族子華每稱有王佐才士多慕向始居汲共城山下華固請舉進士俄擢高第調冠氏主簿太守李峴視若布衣交遷安西封常清節度府判官常清被召表攝監察御史爲行軍司馬肅宗駐靈武發安西兵栖筠料精卒七千赴難擢殿中侍御史李峴爲大夫以三司按羣臣陷賊者表栖筠爲詳理判官推原其人所以脅汙者輕重以情悉心助峴故峴愛恕之譽一旦出呂諲崔器上三遷吏部員外郎判南曹時大盜後選簿亡舛多僞冒栖筠判析有條吏氣奪號神明還山南防禦觀察使會峴去相栖筠坐所善除太子中允衆不直改河南令李光弼守河陽高其才引爲行軍司馬兼糧料使改

絳州刺史擢累給事中是時楊綰以進士不鄉舉但試辭賦浮文非取士之實請置五經秀才科詔羣臣議栖筠與賈至李廙以綰所言爲是進工部侍郎關中舊仰鄭白二渠漑田而豪戚壅上游取磑利且百所奪農用十七栖筠請皆徹毀歲得租二百萬民賴其入魁然有宰相望元載忌之出爲常州刺史歲仍旱編人死徙踵路栖筠爲浚渠厮江流灌田遂大稔宿賊張度保陽羨西山累年吏討不克至是發卒捕斬支黨皆盡里無吠狗乃大起學校堂上畫孝友傳示諸生爲鄉飲酒禮登歌降飲人人知勸以治行進銀青光祿大夫封贊皇縣子賜一子官人爲刻石頌德蘇州豪士方清因歲凶誘流殍爲盜積數萬依黟歙間阻山自防東南厭苦詔李光弼分兵討平之會平盧行軍司馬許杲恃功擅留上元有窺江吳意朝廷以創殘重起兵即拜栖筠浙西都團練觀察使圖之栖筠至張設武備遣辯士厚齎金幣抵杲軍賞勞使士歆愛奪其謀杲懼悉衆度江掠楚泗而潰以功進兼御史大夫則又增學廬表宿儒河南褚沖吳何員等超拜學官爲之師身執經問義遠邇趨慕至徒數百人又奏部豪姓多徙

貫京兆河南規脫傜科請量產出賦以杜姦謀詔可元載當國久益恣橫代宗不能堪陰引剛鯁大臣自助欲收綱權以黜載會御史大夫敬括卒即召栖筠與河南尹張延賞擇可爲大夫者延賞先至遂代括會李少良陸珽等上書劾載陰事詔御史問狀延賞稱疾不敢鞫少良珽覆得罪死帝殊失望出延賞爲淮南節度使引拜栖筠爲大夫始栖筠見帝數奏明辯不阿附帝心善之故制麻自中以授朝廷莫知也中外竦眙栖筠素方挺無所屈於是華原尉侯莫陳怤以優補長安尉當參臺栖筠物色其勞怤色動不能對乃自言爲徐浩杜濟薛邕所引非眞優也始浩罷嶺南節度使以瓌貨數十萬餉載而濟方爲京兆邕吏部侍郎三人者皆載所厚栖筠幷劾之帝未決會月蝕帝問其故栖筠曰月蝕脩刑今罔上行私者未得天若以儆陛下邪繇是怤等皆坐貶故事賜百官宴曲江教坊倡顓雜侍栖筠以任國風憲獨不往臺遂以爲法帝比比欲召相憚載輒止然有進用皆密訪焉多所補助栖筠見帝猶違不斷亦內憂憤卒年五十八自爲墓誌贈吏部尚書謚曰文獻栖筠喜獎善而樂人攻己短爲天

下士歸重不敢有所斥稱贊皇公云子吉甫
吉甫字弘憲以蔭補左司禦率府倉曹參軍貞元初爲太常博士年尚少明練典故昭德皇后崩自天寶後中宮虛卹禮廢缺吉甫草具其儀德宗稱善李泌竇參器其才厚遇之陸贄疑有黨出爲明州長史贄之貶忠州宰相欲害之起吉甫爲忠州刺史使甘心焉既至置怨與結懽人益重其量坐是不徙者六歲改郴饒二州會前刺史繼死咸言牙城有物怪不敢居吉甫命菑除其署以視事吏由是安誅破姦盜窟穴治稱流聞憲宗立以考功郎中召知制誥俄入翰林爲學士遷中書舍人劉闢拒命帝意討之未決吉甫獨請無置宜絶朝貢以折姦謀時李錡在浙西厚賂貴幸請用韓滉故事領鹽鐵又求宣歙問吉甫對曰昔韋臯蓄財多故劉闢因以構亂李錡不臣有萌若益以鹽鐵之饒采石之險是趣其反也帝寤乃以李巽爲鹽鐵使高崇文圍鹿頭未下嚴礪請出并州兵與崇文趨果閬以攻渝合吉甫以爲非是因言漢伐公孫述晉伐李勢宋伐譙縱梁伐劉季連蕭紀凡五攻蜀繇江道者四且宣洪蘄鄂彊弩號天下精兵

爭險地兵家所長請起其兵擣三峽之虛則賊勢必分首尾不救崇文懼舟師成功人有鬬志矣帝從之礪復請大臣爲節度吉甫諫曰崇文功且成而又命帥不復盡力矣因請以西川授崇文而屬礪東川益資簡六州使兩川得以相制由是崇文悉力劉闢平吉甫謀居多吐蕃遣使請尋盟吉甫議德宗初未得南詔故與吐蕃盟自異牟尋歸國吐蕃不敢犯塞誠許盟則南詔怨望邊隙日生帝辭其使復請獻濱塞亭障南北數千里求盟吉甫謀曰邊境荒阻犬牙相吞邊吏按圖覆視且不能知今吐蕃綿山跨谷以數番紙而圖千里起靈武著劍門要險之地所亡二三百所有得地之名而實喪之陛下將安用此帝乃詔謝贊普不納張愔既得徐州帝又欲以濠泗二州還其軍吉甫曰泗負淮餉道所會濠有渦口之險前日授建封幾失形勢今愔乃兩廊壯士所立雖有善意未能制其衆又使得淮渦阨東南走集憂未艾也乃止中書史滑渙素厚中人劉光琦凡宰相議爲光琦持異者使渙請常得如素宦人傳詔或不至中書召渙於延英承旨迎附羣意卽爲文書宰相至有不及知者由是通四方賂謝弟

泳官至刺史鄭餘慶當國嘗一責怒數日卽罷去吉甫請間劾其姦帝使簿渙家得貲數千萬貶死雷州又建言州刺史不得擅見本道使罷諸道歲終巡句以絶苛斂命有司舉材堪縣令者軍國大事以寶書易墨詔由是帝愈倚信元和二年杜黄裳罷宰相乃擢吉甫中書侍郎同中書門下平章事吉甫連蹇外遷十餘年究知閭里疾苦常病方鎭彊恣至是爲帝從容言使屬郡刺史得自爲政則風化可成帝然之出郎吏十餘人爲刺史自王叔文時選任猥冒吉甫始簿其員人得敘進官無留才又度李錡必反勸帝召之使者三往以病解而多持金啗權貴至爲錡游說者吉甫曰錡庸材而所畜乃亡命羣盜非有鬭志討之必克帝意決復言昔徐州亂嘗敗吳兵江南畏之若起其衆爲先鋒可以絶徐後患韓弘在汴州多憚其威誠詔弘子弟率兵爲犄角則賊不戰而潰從之詔下錡衆聞徐梁兵興果斬錡降以功封贊皇縣侯徙趙國公德宗以來姑息藩鎭有終身不易地者吉甫爲相歲餘凡易三十六鎭殿最分明裴均以尚書右僕射判度支結黨傾執政會皇甫湜等對策指擿權彊用事者皆怒帝亦

不悅均黨因宣言殆執政使然右拾遺獨孤郁李正辭等陳述本末帝乃解吉甫本善竇羣羊士諤呂温薦羣爲御史中丞羣卽奏士諤侍御史温知雜事吉甫恨不先白持之久不決羣等銜之俄而吉甫病醫者夜宿其第羣捕醫者劾吉甫交通術士帝大駭訊之無狀羣等皆貶而吉甫亦固乞免因薦裴垍自代乃以檢校兵部尚書兼中書侍郎同中書門下平章事爲淮南節度使帝爲御通化門祖道賜御餌禁方居三歲奏蠲逋租數百萬築富人固本二塘漑田且萬頃漕渠庳下不能居水乃築隄閼以防不足洩有餘名曰平津堰江淮旱浙東西尤甚有司不爲請吉甫白以時救恤帝驚馳道使分遣賑貸吉甫雖居外每朝廷得失輒以聞六年裴垍病免復以前官召吉甫還秉政入對延英凡五刻罷帝尊任之官而不名吉甫疾吏員廣繇漢至隋未有多於今者乃奏曰方今置吏不精流品龐雜存無事之官食至重之稅故生人日困冗食日滋又國家自天寶以來宿兵常八十餘萬其去爲商販度爲佛老雜入科役者率十五以上天下常以勞苦之人三奉坐待衣食之人七而內外官仰奉稟者無慮萬

員有職局重出名異事離者甚衆故財日寡而受祿多官有限而調無數九流安得不雜萬務安得不煩漢初置郡不過六十而文景化幾三王則郡少不必政紊郡多不必事治今列州三百縣千四百以邑設州以鄉分縣費廣制輕非致化之本願詔有司博議州縣有可併併之歲時入仕有可停停之則吏寡易求官少易治國家之制官一品奉三千職田祿米大抵不過千石大曆時權臣月奉至九千緡者州刺史無小大皆千緡宰相常袞始爲裁限至李泌量閑劇稍增之使相通濟然有名在職廢奉存額去閑劇之間厚薄頓異亦請一切商定乃詔給事中段平仲中書舍人韋貫之兵部侍郎許孟容戶部侍郎李絳參閱蠲減凡省冗官八百員吏千四百員又奏收都畿佛祠田磑租入以寬貧民德宗時義陽義章二公主薨詔起祠堂于墓百二十楹費數萬計會永昌公主薨有司以請帝命減義陽之半吉甫曰德宗一切之恩不可爲法昔漢章帝欲起邑屋於親陵東平王蒼以爲不可故非禮之舉人君所愼請裁置墓戶以充守奉帝曰吾固疑其冗減之今果然然不欲取編民以官戶奉墳而已吉甫再

拜謝帝曰事不安者第言之無謂朕不能行也十宅諸王既不出閤諸女嫁不時而選尚皆繇中人厚爲財謝乃得遣吉甫奏自古尚主必慎擇其人江左悉取名士獨近世不然帝乃下詔皆封縣主令有司取門閥者配焉田季安疾甚吉甫請任薛平爲義成節度使以重兵控邢洺因圖上河北險要所在帝張於浴堂門壁每議河北事必指吉甫曰朕日按圖信如卿料矣劉濟舊軍屯普潤數暴掠近縣吉甫奏還涇原畿民賴之八年回鶻引兵自西城柳谷侵吐蕃塞下傳言且入寇吉甫曰回鶻能爲我寇當先絕和而後犯邊今不足虞也因請起夏州至天德復驛候十一區以通緩急發夏州精騎五百屯經略故城以護党項而已既而果邊吏妄言六胡州在靈武部中開元時廢之置宥州以處降戶寓治經略軍居中以制戎虜北援天德南接夏州至德寶應閒廢有州以軍遙隸靈武道里曠遠故党項孤弱虜數擾之吉甫始奏復宥州乃治經略軍以隸綏銀道取鄜城神策屯兵九千實之以江淮甲三十萬給太原澤潞軍增太原馬千匹由是戎備完輯自蜀平帝銳意欲取淮西方吉甫在淮南聞吳少陽

立上下攜泮自請徙壽州以天子命招懷之反間以撓其黨會討王承宗未及用後田弘正以魏歸吉甫知魏人謂田進誠才而唐州乃蔡喉衿請拔進誠爲刺史以臨賊境且慰魏心烏重胤守河陽吉甫以汝州捍蔽東都聯唐許當蔡西面兵寡不足憚寇而河陽乃魏博之津弘正歸國則爲內鎮不宜戍重兵示不信請徙屯汝州帝皆從之後弘正拜檢校尚書右僕射賜其軍錢二千萬弘正曰吾未喜於移河陽軍也及元濟擅立吉甫以內地無脣齒援因時可取不當用河朔故事與帝意合又請自往招元濟苟逆志不悛得指授羣帥俘賊以獻天子不許固請至流涕帝慰勉之會暴疾卒年五十七帝震悼賻外別賜縑五百卹其家自大斂至卒哭皆中人臨弔吉甫圖淮西地未及上帝敕其子獻之及葬祭以少牢贈司空有司諡曰敬憲度支郎中張仲方非之帝怒貶仲方更賜諡曰忠懿始吉甫當國經綜政事衆職咸治引薦賢士大夫愛善無遺褒忠臣後以起義烈與武元衡連位未幾節度劍南屢言元衡材宜還爲相及再輔政天下想望風采而稍脩怨罷李藩宰相而裴垍左遷皆其謀也李正辭晚

相失及與蕭俛同召爲翰林學士獨用俛而罷正辭人莫不疑憚帝亦知其專

乃進李絳遂與有隙數辯爭殿上帝多直絳然畏愼奉法不忮害顧大體左拾

遺楊歸厚嘗請對日已旰帝令宅日見固請不肯退既見極論中人許遂振之

姦又歷詆輔相求自試又表假郵置院具婚禮帝怒其輕肆欲遠斥之李絳爲

言不能得吉甫見帝謝引用之非帝意釋得以國子主簿分司東都初政事堂

會食有巨牀相傳徙者宰相輒罷不敢還吉甫笑曰世俗禁忌何足疑邪撤而

新之吉甫居安邑里時號安邑李丞相所論著甚多皆行于世前卒一歲熒惑

掩太微上相吉甫曰天且殺我再遜位不許

子德脩亦有志操寶曆中爲膳部員外郎張仲方入爲諫議大夫德脩不欲同

朝出爲舒湖楚三州刺史卒次子德裕自有傳

李鄘字建侯北海太守邕之從孫第進士又以書判高等補祕書省正字李懷

光辟致幕府擢累監察御史懷光反河中鄘與母妻陷焉因紿懷光以兄病臥

洛且革母欲往視懷光許可戒妻子無偕行鄘私遣之懷光怒欲加罪謝曰鄘

籍在軍不得爲母駕奈何不使婦往懷光止不問後與高郢刺賊虛實及所以攻取者白諸朝德宗手詔褒答懷光覺嚴兵召二人問之酇詞氣不撓三軍爲感動懷光不殺因之河中平馬燧破械致禮表佐其府以言不用罷歸洛中召爲吏部員外郎徐州張建封卒兵亂因監軍迫建封子愔主軍務帝以酇剛敢拜宣慰使持節直入其軍大會士喻以禍福出監軍獄中脫桎梏使復位衆不敢動愔卽上表謝罪稱兵馬留後酇曰非詔命安得輒稱之削去乃受旣還稱旨遷郎中順宗時進御史中丞憲宗立爲京兆尹進尙書右丞元和初京師多盜賊復拜京兆以檢校禮部尙書爲鳳翔隴右節度使是鎭常兼神策行營前此用武將始受詔卽詣軍脩謁酇以爲不可詔爲去神策行營號俄徙河東入爲刑部尙書諸道鹽鐵轉運使拜淮南節度使王師討蔡方急李師道謀撓沮之酇以兵二萬分壁鄆境貲餉不仰有司是時兵與天子憂財乏使程异馳驛江淮諷諸道輸貨助軍酇素富彊卽籍府庫留一歲儲餘盡納于朝諸道由是悉索以獻繁酇倡之先是吐突承璀爲監軍貴寵甚酇以剛嚴治相禮憚稍厚

善承璀歸數稱薦之召拜門下侍郎同中書門下平章事鄘不喜由宦幸進及出祖樂作泣下謂諸將曰吾老安外鎮宰相豈吾任乎至京師不肯視事引疾固辭改戶部尚書俄檢校尚書左僕射兼太子賓客分司東都以太子少傅致仕卒贈太子太保諡曰肅鄘彊直無私與楊憑穆質許孟容王仲舒友善皆以氣自任而鄘當官以峭法操下所至稱治猛決少恩在淮南七年其生殺禽擿多委軍吏而參佐束手不得與人往往陷非法議者亦以此少之

子拭仕歷宗正卿京兆尹河東鳳翔節度使以祕書監卒

拭子磎字景望大中末擢進士累遷戶部郎中分司東都劾奏內園使郝景全不法事景全反摘磎奏犯順宗嫌名坐奪俸磎上言因事告事旁訟他人者咸通詔語也禮不諱嫌名律廟諱嫌名不坐豈臣所引詔書而有司輒論奏臣恐自今用格令者委曲回避旁緣爲姦也詔不奪俸黃巢陷洛磎挾尚書八印走河陽時留守劉允章爲賊脅遣人就磎索印拒不與允章悟亦不臣賊嗣襄王之亂轉側淮南高駢受僞命磎苦諫不納入爲中書舍人翰林學士辭職歸華

陰復以學士召乾寧元年進禮部尚書同中書門下平章事崔昭緯素疾磎諷劉崇魯掠其麻哭之言磎懷姦與中人楊復恭昵款其弟爲時溥所殺不可相天子翌日下還太子少傅磎乃自言爲崇魯誣汙書十一上不止初崇魯父坐受賕仰藥死故磎以醜語及之議者譏其非大臣體昭宗素所器遇決意復用之而李茂貞等上言深詆其非帝不獲已又罷爲太子少師於是茂貞及王行瑜韓建擁兵闕下列磎罪殺之于都亭驛行瑜誅有詔復官爵贈司徒謚曰文磎好學家有書至萬卷世號李書樓所著文章及註解諸書傳甚多子沇字東濟有俊才亦遇害贈禮部員外郎

贊曰剛者天德故孔子稱剛近仁骨彊四支故君有忠臣謂之骨鯁若栖筠鄘二子其剛者歟栖筠抗權邪不及相鄘得相不願拜非剛疇克勝之吉甫踐天宰謀謨是矣而鯁正有愧於父云

唐書卷一百四十六考證

李鄘子拭歷仕宗正卿京兆尹河東鳳翔節度使以祕書監卒○臣德潛按舊書又有子柱官至浙東觀察使此新書所無而舊書亦無子拭

拭子磎○舊書作柱子磎

乾寧元年進禮部尚書同中書門下平章事○舊書在景福二年

唐書卷一百四十六考證

# 唐書卷一百四十七

宋　端　明　殿　學　士　宋　祁　撰

## 列傳第七十二

三王魯辛馮三李曲二盧

王思禮高麗人入居營州父爲朔方軍將思禮習戰鬬從王忠嗣至河西與哥舒翰同籍麾下翰爲隴右節度使思禮與中郎將周佖事翰以功授右衛將軍關西兵馬使從討九曲後期當斬臨刑翰釋之思禮徐曰死固分也何復貸爲諸將壯之天寶十三載吐谷渾蘇毗王款附詔翰至磨環川應接思禮墜馬蹇甚翰謂監軍李文宜曰思禮跛足尙欲何之俄加金城郡太守安祿山反翰爲元帥奏思禮赴軍玄宗曰河隴精銳悉在潼關吐蕃有釁唯倚思禮耳翰固請乃兼太常卿充元帥府馬軍都將翰委以軍事密勸翰表誅楊國忠翰不應復請以三十騎劫至潼關殺之翰曰此乃吾反何與祿山事潼關失守思禮與呂崇賁李承光同走行在肅宗責不堅守引至纛下將斬之宰相房琯諫以爲可

收後效遂獨斬承光赦思禮等尋副房琯戰便橋不利更爲關內行營節度河西隴右伊西行營兵馬使守武功賊安守忠來戰思禮退保扶風賊分兵略大和關去鳳翔五十里李光進戰未利行在戒嚴從官潛出其孥帝使左右巡御史虞候識其姓名衆稍稍止命郭子儀以朔方兵擊之會崔光遠行軍司馬王伯倫判官李椿以兵二千屯扶風聞賊已西欲乘虛襲京師徑至高陵賊引軍還擊椿等椿已至中渭橋殺守者千人進攻苑門伯倫戰死椿被執先是賊餘衆留武功既傳官軍入京師乃燒營遁自是賊不敢西長安平思禮先入清宮收東京戰數有功遷兵部尚書封霍國公食實戶五百尋兼潞沁等州節度乾元元年總關中潞州行營兵三萬騎八千與子儀圍賊相州軍潰惟李光弼思禮完軍還尋破史思明別將萬餘衆於直千嶺光弼徙河陽代爲河東節度副大使上元元年加司空自武德以來三公不居宰輔唯思禮而已二年薨贈太尉諡曰武烈思禮善守計短攻戰然持法嚴整士不敢犯在太原器甲完精儲粟至百萬斛云

魯炅幽州薊人長七尺餘略通書史以蔭補左羽林長上隴右節度使哥舒翰引爲別奏顏眞卿嘗使隴右謂翰曰君與郞將總節制亦嘗得人乎炅時立階下翰指曰是當爲節度使從破石堡城收河曲還左武衞將軍後復以破吐蕃跳盪功除右領軍大將軍安祿山反拜上洛太守將行於帝前畫攻守勢還南陽太守兼守捉防禦使封金鄉公尋爲山南節度使以嶺南黔中山南東道子弟五萬屯滍水南賊將武令珣畢思琛等擊之衆欲戰炅不可賊右趨乘風縱火鬱氣奔營士不可止負扉走賊矢如雨炅與中人薛道挺身走舉衆沒賊時嶺南節度使何履光黔中節度使趙國珍襄陽節度使徐浩未至其子弟半在軍挾金爲資糧至是與械偕棄與山等賊資以富炅揪散兵保南陽潼關失守賊使哥舒翰招下不從使武令珣攻之令珣死田承嗣繼往潁川來瑱襄陽魏仲犀合兵援炅仲犀弟孟馴兵至明府橋望賊走炅城中食盡米斗五十千一鼠四百錢者相枕藉朝廷遣使者曹日昇宣慰加炅特進太僕卿不得入日昇請單騎致命仲犀不可會顏眞卿自河北至謂曰使者不顧死致天子命設爲

賊獲是亡一使者脫能入城則萬心固矣中官馮廷瓌亦曰將軍必入我請以兩騎助仲犀益騎凡十輩賊望見知皆銳兵不敢擊遂入致命人心益固日昇復以騎趨襄陽領兵千由音聲道運糧餉炅故炅得與賊相持踰三月炅被圍凡一年晝夜戰人至相食卒無救至德二載五月乃率衆突圍走襄陽承嗣尾擊炅殊死戰二日斬獲甚衆賊引去俄拜御史大夫襄鄧十州節度使亦會二京平賊走河北時襄漢數百里鄉聚蕩然舉無樵烟初賊欲剽亂江湖賴炅遏扼其衝故南夏以完策勳封岐國公實封二百戶乾元元年又加淮西節度鄧州刺史與九節度圍安慶緒於相州炅領淮西襄陽兩鎮步卒萬人騎三百明年與史思明戰安陽王師不利炅中流矢輒奔諸節度潰去所過剽奪而炅軍尤甚有詔來瑱節度淮西徙炅鄭陳亳節度使至新鄭聞郭子儀整軍屯穀水李光弼還太原炅羞惴仰藥死年五十七

王難得沂州臨沂人父思敬少隸軍試太子賓客難得健于武工騎射天寶初爲河源軍使吐蕃贊普子郎支都者恃趫敏乘名馬寶鈿鞍略陣挑戰甚閑暇

無敢校者難得怒挾矛躍馬馳支都不暇鬭直斬其首玄宗壯其果召見令殿
前乘馬挾矛作刺賊狀大悅賜錦袍金帶累授金吾將軍從哥舒翰擊吐蕃至
積石虜吐谷渾王子悉弄參及悉頰藏而還復收五橋拔樹惇城進白水軍使
收九曲加特進肅宗在靈武軍賞乏難得上家貲助軍試衞尉卿俄領興平軍
及鳳翔兵馬使收京師方戰麾下士失馬難得馳救矢著眉披膚鄣目乃拔箭
斷膚殊死前鬭血襪面不已帝嘉之從郭子儀攻相州累封瑯邪郡公爲英武
軍使寶應二年卒贈潞州大都督
子子顏少從父征討檢校衞尉卿生莊憲太后元和元年憲宗朝太后南宮乃
褒贈思敬爲司徒難得太尉子顏太師唯子顏子用及封
用字師柔拜太子詹事纔三月封太原郡公掌殿苑累遷檢校左散騎常侍兼
右金吾大將軍謙畏無過卒贈工部尚書
辛雲京蘭州金城人客籍京兆世爲將家雲京有膽決以禽生斬馘常冠軍積
功遷特進太常卿史思明屯相州雲京以銳兵四千襲滏陽追破其衆至洹井

錄多授開府儀同三司加代州都督鎮北兵馬使太原軍亂帝惡鄧景山繩下無漸以雲京性沈毅故授太原尹進封金城郡王雲京治謹于法下有犯雖絲毫比不肯貸及賞功亦如之故軍中畏而信回紇恃舊勳每入朝所在暴鈔至太原雲京以戎狄待之虜畏不敢惕息數年太原大治加檢校尚書右僕射同中書門下平章事大曆三年檢校左僕射卒年五十五代宗爲發哀流涕贈太尉謚曰忠獻宅日郭子儀元載見上語及雲京帝必泫然及葬命中使弔祠時將相祭者至七十餘幄喪車移晷乃得去德宗時第至德以來將相雲京爲次

從弟京杲字京杲信安王禕節度朔方京杲與弟旻以策干說禕評咨加異後從李光弼出井陘督趫盪先驅戰嘉山尤力肅宗異之召見曰黥彭關張之流乎累遷鴻臚卿召爲英武軍使代宗立封庸國公遷左金吾衛大將軍進晉昌郡王歷湖南觀察使後爲工部尚書致仕朱泚盜京師以老病不能從西嚮慟而卒贈太子少保旻亦從光弼定恆趙後署太原三城使史思明屯相軍及滏陽旻逆擊走之東都陷退守河陽卒于屯雲京曾孫讜別傳

馮河清京兆人始隸郭子儀軍以戰多拜左衞大將軍後從涇原節度使馬璘
充兵馬使數以偏師與吐蕃遇多效級名聞軍中建中時節度使姚令言率兵
討關東以河清知留後幕府殿中侍御史姚況領州而行師過闕有急變德宗
走奉天河清況聞問召諸將計事東向哭相勵以忠意象軒毅衆義其爲無敢
異言卽發儲鎧完仗百餘乘獻行在初帝之出六軍倉卒無戹兵士氣沮及河
清輸械至被堅勒兵軍聲大振卽拜河清涇原節度使安定郡王況行軍司馬
朱泚數遣諜人詠之河清輒斬以徇興元元年渾瑊以吐蕃兵敗賊韓旻等涇
人妄傳吐蕃有功將以叛卒孥與貲歸之衆大恐且言不殺馮公吾等無類矣
田希鑒遂害河清況挺身還鄉里京師平贈河清尚書左僕射拜況太子中舍
人況性簡退未嘗言功屬歲凶奉稍不自給以饑死河清再贈太子少傅
李芃字茂初趙州人解褐上邽主簿嚴武爲京兆尹薦補長安尉李勉觀察江
西表署判官永泰初宣饒劇賊方清陳莊西絶江劫商旅爲亂支黨槃結芃請
以秋浦置州扼衿要使不得合從勉是其計奏以宣之秋浦青陽饒之至德置

池州郎詔芃行州事後魏少游代勉表署都團練副使攝江州刺史以母喪解勉之節度承平復辟幕府會李靈耀反署芃兼亳州防禦使護陳頴饟道便軍興德宗立授河陽三城鎮遏使糧貲善者必先以給士士悅之達練事宜嚴備常若有敵未幾拜節度使以東畿汜水等五縣隸屬與馬燧等破田悅洹水上以功檢校兵部尚書實封百戶進圍悅悅將符璘以騎五百降芃大開壁門納之興元初檢校尚書右僕射以疾將請老謂所親曰歲方旱蝗上厭征伐天下城壘堅戈鋋利然務以力勝其可盡乎救敝者莫若德方鎮之臣宜先退讓死權錮祿吾敢哉言而不踐非吾志也固求罷歸東都卒年六十四贈太子太保

李叔明字晉閬州新政人本鮮于氏世爲右族兄仲通字向天寶末爲京兆尹劍南節度使兄弟皆涉學輕財務施叔明擢明經爲楊國忠劍南判官乾元中除司勳員外郎副漢中王瑀使回紇回紇遇瑀慢叔明讓曰大國通好使賢王持節可汗唐之壻恃功而倨可乎可汗爲加禮復命遷司門郎中東都平拜洛陽令招徠遺民號能吏擢商州刺史上津轉運使還京兆尹長安歌曰前尹赫

赫具瞻允若後尹熙熙具瞻允斯久之以疾辭除太子右庶子崔旰擾成都出爲邛州刺史旰入朝卽拜東川節度使遂州刺史徙治梓州大曆末或言叔明本嚴氏少孤養外家冒鮮于姓請還宗詔可叔明初不知意醜之表乞宗姓列屬籍代宗從之建中初吐蕃襲火井掠龍州陷扶文遠三州叔明分五將邀擊走之以功加檢校戶部尚書梁崇義阻命詔引兵下峽戰荊門敗其衆襄州平還檢校尚書左僕射德宗幸興元出家貲助軍悉衣幣獻宮掖加太子太傅封薊國公初東川承兵盜鄉邑彫破叔明治之二十年撫接有方華裔遂安後朝京師以病足賜錦輦令宦士肩舁以見拜尙書右僕射乞骸骨改太子太傅致仕貞元三年卒謚曰襄始叔明與仲通俱尹京兆及兼秩御史中丞並節制劍南又與子昇俱兼大夫蜀人推爲盛門叔明素惡道佛之弊上言曰佛空寂無爲者也道清虛寡欲者也今迷其內而飾其外使農夫工女墮業以避役故農桑不勸兵賦日屈國用軍儲爲斁耗臣請本道定寺爲三等觀爲二等上寺留僧二十一上觀道士十四每等降殺以七皆擇有行者餘還爲民德宗善之以

爲不止本道可爲天下法乃下尙書省雜議於是都官員外郎彭偃曰王者之政變人心爲上因人心次之不變不因爲下今道士有名亡實俗鮮歸重於亂政輕僧尼帑穢皆天下不逞苟避征役於亂人甚今叔明之請雖善然未能變人心亦非因人心者夫天生蒸人必將有職游閑浮食王制所禁故賢者受爵祿不肖者出租稅古常道也今僧道士不耕而食不織而衣一僧衣食歲無慮三萬五夫所不能致舉一僧以計天下其費不貲臣謂僧道士年未滿五十可令歲輸絹四尼及女冠輸絹二雜役與民同之過五十者免凡人年五十嗜欲已衰況有戒法以檢其性情哉刑部員外郎裴伯言曰衣者蠶桑也食者耕農也男女者繼祖之重也而二教悉禁國家著令又從而助之是以夷狄不經法反制中夏禮義之俗也傳曰女子十四有爲人母之道四十九絕生育之理男子十六有爲人父之道六十四絕陽化之理臣請僧道士一切限年六十四以上尼女冠四十九以上許終身在道餘悉還爲編人官爲計口授地收廢寺觀以爲廬舍議雖上罷之

子昪以少卿從德宗梁州叔明嚴敕以死報故有昪功擢禁軍將軍貞元初遷太子詹事坐郜國公主貶羅州別駕叔明素豪侈在蜀殖財廣第舍田產歿數年子孫驕縱貲產皆盡世言多藏者以叔明爲鑒云

曲環陝州安邑人客隴右少喜兵法資勇敢善騎射天寶中從哥舒翰討吐蕃拔石堡取黃河九曲洪濟等城授果毅別將安祿山反從魯炅守鄧州與賊武令珣戰尤力加左清道率從李抱玉屯河陽又自將兵守澤州破賊銳將安曉拜羽林將軍與諸將討史朝義平河北累轉金吾大將軍大曆中戍隴州數破吐蕃以功兼太常卿德宗初虜寇劍南詔環以邠隴兵五千馳救收七盤城威武軍維茂等州虜破走威名大振加太子賓客賜名馬豫討涇州劉文喜還開府儀同三司封晉昌郡王邠隴兵馬使時李納逼徐州環與劉玄佐救之敗其衆功最建中三年擢邠隴行營節度使李希烈陷汴州環守寧陵戰陳州斬賊三萬五千級禽其將翟崇暉進檢校工部尚書兼陳州刺史希烈平改陳許節度賜封三百戶二州比爲寇衝民苦剽鹵客他縣環勤身節用寬賦斂簡條教

不三歲歸者繈係訓農治兵穀食豐衍轉檢校尚書左僕射貞元十五年卒年七十四贈司空

王虔休字君佐汝州梁人少涉學有材武以信義爲鄉黨畏慕大曆中刺史李深署爲裨將澤潞李抱真聞其名厚以幣招之授兵馬使抱真討河北戰雙岡臨洺虔休以多擢步軍都虞候封同昌郡王實封五十戶抱真卒元仲經等謀樹其子緘一軍思亂虔休正色語衆曰軍王軍州王土也帥亡當稟天子何云云有妄謀衆服其言得不亂德宗嘉之以邕王爲昭義節度大使擢虔休潞州左司馬領留後本名延貴至是賜名號令撫循軍中大治初抱真之喪軍司馬元誼據洺州叛虔休遣將李廷芝討之戰長橋斬級數百次雞澤又破之守戍皆奔魏博卽決水灌城將壞遣掌書記盧頊入見誼陳利害誼請朝卽以頊爲洺州別駕使守洺誼出亦奔魏治潞二歲遷昭義節度使檢校工部尚書始屬城州縣守宰多署宅職不親政故治苟簡虔休悉增俸稟遣就部人以妥安卒年六十二贈尚書左僕射謚曰敬虔休性恪敏節用度既沒所部帑廩皆可支

數歲嘗得太常樂家劉玠撰繼天誕聖樂因帝誕日以獻其樂以宮爲均亦五聲有君也以土爲德本五運在中也奏二十五疊取二十四氣而成一歲奏十六節象元凱登庸于朝云後中和樂本于此子麗成等十人並補太學生

盧羣字載初系出范陽少學於垂山淮南陳少游聞其名奏署幕府已而薦諸朝李希烈反以監察御史爲江西行營糧料使嗣曹王臯節度江西奏爲判官臯徙荆襄皆從其府以勁正聞入爲侍御史郭子儀家與嬖人張昆弟訟財不平又言嬖人宅匿珍寶德宗促按之羣奏言子儀有大勳德今所訟皆其家事且嬖人宅子儀昔畀之非子弟所宜言請赦勿問從之人謂羣識大體累遷兵部郎中淮西吳少誠擅決司洧水溉田使者止之不奉詔命羣臨詰少誠曰是於人有利羣曰臣道貴順恭恪所以爲順也專命廢順雖利何有且怠於事上者固不能責其下矣少誠聽命羣又爲陳古今成敗事逆順禍福皆有效所以感動之少誠竦然既置酒與賦詩又歌以慰之少誠感悅不敢桀以奉使稱旨還檢校祕書監鄭滑節度行軍司馬姚南仲入朝卽以羣代節度羣嘗客于鄭

質良田以耕至是則出券貸直以田歸其人卒年五十九贈工部尚書

李元素字太朴邢國公密裔孫仕爲御史東都留守杜亞惡大將令狐運會盜劫輸絹於洛北運適與其下畋近郊亞疑而訊之幕府穆員張弘靖按鞫無狀亞怒更以愛將武金掠服之死者甚衆亞請斥運醜士詔監察御史楊寧覆驗事皆不讎亞怒劾寧罔上寧抵罪又自以不失盜爲功因必其怒傳致而周內之若不可翻者德宗信不疑宰相難之詔元素與刑部員外郎崔從質大理司直盧士瞻馳按亞迎以獄告元素徐察其寃悉縱所因以還亞大驚復劾元素失有罪比元素還帝已怒奏獄未畢帝曰出元素曰臣言有所未盡帝曰第去元素曰臣以御史按獄知寃不得盡辭是無容復見陛下帝意解卽道運寃狀帝感寤曰非卿孰能辨之然運猶以擅捕人得罪流歸州死于貶武金流建州後歲餘齊抗得真盜繇是天下重之遷給事中後美官闕咸冀元素得其處會鄭滑節度使盧羣卒拜元素檢校工部尚書節度其軍治有異績元和初召爲御史大夫大夫自貞元後難其人不補而元素以夙望召拜中外企聽風采既

而一不建爲容容持祿內望作宰相久之不見用則謝賓客曰無以官散外我
見屬吏輒先拜人人失望李錡反拜浙西節度使數月還爲國子祭酒進戶部
尙書判度支元素少孤奉長姊謹悌及沒悲鯁成疾因辭職屏居其妻石泉公
王方慶之孫前妻子皆不肖而元素溺姬侍王不見答元素久疾益昏惑遂出
之王訴諸朝詔免元素官且令畀王貲五百萬卒贈陝州大都督
盧士玫者山東人以文儒進端厚無競爲吏部員外郎善于職再遷知京兆尹
劉總入朝與士玫故內姻乃請析瀛鄚兩州用士玫爲觀察使詔可俄而幽州
亂朱克融襲之朝廷欲重其任就加節度使士玫空家貲助軍然部卒多家幽
州陰導克融入故士玫闔府皆見囚幽州天子赦克融得還以太子賓客分司
東都徐虢州刺史復爲賓客卒贈工部尙書

唐書卷一百四十七

唐書卷一百四十七考證

王思禮傳遷兵部尚書封霍國公○舊書遷戶部尚書

辛雲京傳授開府儀同三司加代州都督○舊書官至北京都知兵馬使代州刺史

盧羣傳少學于垂山○舊書少學于太安山

唐書卷一百四十七考證

# 唐書卷一百四十八

宋　端　明　殿　學　士　宋　祁　撰

## 列傳第七十三

令狐張康李劉田王牛史

令狐彰字伯陽京兆富平人其先自燉煌內徙父濞爲世善吏始尉范陽通民家女生彰罷歸留彰母所旣長志膽沉果知書傳大義射命中從安祿山署左衞郎將與張通儒入長安又署左街使二京平走河朔史思明署博滑二州刺史屯滑臺時中人楊萬定監滑州軍彰欲以節自顯募沒人夜度河悉籍士馬州縣獻款因萬定以聞肅宗大悅下書慰勞彰移壁杏園渡思明疑之遣薛岌以兵劫彰彰諭衆以大誼皆感附死力遂破岌兵潰圍出以麾下數百入朝賜甲第帷帳什器拜滑亳魏博節度使河朔平加兼御史大夫封霍國公檢校尙書右僕射始滑當寇衝城邑墟榛彰躬訓吏下檢軍力農法令嚴無敢犯者田疇大闢庫委豐餘歲時貢賦如期時吐蕃盜邊召防秋兵彰遣士三千自齎糧

所過無秋毫犯供儗讓不受時韙其能然猜阻忮忍忤者輒死怒潁州刺史李
岵遣姚奭代之戒曰不時代殺之岵知其謀因殺奭死者百餘人奔汴州上書
自言彰亦劾之河南尹張延賞畏彰留岵使故彰書先聞斥岵夷州殺之與魚
朝恩有隙及用事彰不敢入朝會母喪失明卒方疾甚敕子建通運歸東都私
第悉上軍府兵仗財用簿最表吏部尙書劉晏工部尙書李勉堪大事請以自
代代宗得表咨悼下詔褒美其門閭贈太傅

建累官右龍武軍使德宗幸奉天建方肄士射遂以四百人從且殿擢行在中
軍鼓角使左神武軍大將軍其妻成德節度使李寶臣女也建將棄之誣與門
下客郭士倫通榜殺士倫而逐其妻士倫母痛憤卒寶臣請劾按無狀建會赦
免帝取常膳錢五十萬葬士倫母子并恤其家俄起建爲右領軍大將軍復坐
專殺以勳被貸坐妄自陳貶施州別駕卒贈右領軍大將軍又加贈揚州大都
督憲宗時宰相李吉甫奏言彰將死籍上土地兵甲遣諸子還第彰同時河朔
諸鎭傳子孫熏灼數代唯彰忠義奮發而長子建坐事幼子運無辜皆竄死今

通幸存惟陛下用之因授贊善大夫時討蔡故連徙壽州團練使聞吉甫卒不
自安每戰虛張首級敗則掩不奏露布上宰相武元衡卻之後爲賊攻焚廥聚
破屯柵通大懼重塹不敢出詔金吾大將軍李文通宣慰將至遂代之貶昭州
司戶參軍事久乃召爲右衞將軍給事中崔植還其制帝使喻植以彰有功不
忍棄其嗣制乃下終左衞大將軍運爲東都留守將爲杜亞所陷流死歸州
張孝忠字孝忠本奚種世爲乙失活酋長父謐開元中提衆納款授鴻臚卿孝
忠始名阿勞以勇聞燕趙間共推張阿勞王沒諾干二人齊名沒諾干王武俊
也孝忠魁偉長六尺性寬裕事親孝天寶末以善射供奉仗內安祿山奏爲偏
將破九姓突厥以功擢漳源府折衝祿山史思明陷河洛常爲賊前鋒朝義敗
乃自歸授左領軍將軍以兵屬李寶臣累加左金吾衞將軍賜今名寶臣以其
沉毅謹詳遂爲姻家易州諸屯委以統制十餘年威惠流聞田承嗣寇冀州寶
臣付兵四千使出上谷屯貝丘承嗣見其軍整嚴歎曰阿勞在焉冀未可圖也
卽焚營去寶臣與朱滔戰瓦橋奏孝忠爲易州刺史分精騎七千當幽州擢太

子賓客封符陽郡王寶臣晚節稍忌刻殺大將李獻誠等而召孝忠孝忠不往
復使其弟孝節召之孝忠復命曰諸將無狀連頸受戮吾懼禍不敢往亦不敢
叛猶公不覲天子也孝節泣曰卽歸且僇死孝忠曰偕往則幷命吾留無患也
果不敢殺然寶臣素善孝忠及病不能語以手指北而死子惟岳擅立詔朱滔
以幽州兵討之滔忌孝忠善戰慮師出爲己患使判官蔡雄往說曰惟岳孺子
弄兵拒命吾奉詔伐罪公乃宿將安用助逆而不自求福也今昭義河東軍已
破田悅而淮西軍下襄陽梁崇義尸出井中斬漢江上者五千人河南軍計日
北首趙魏滅亡可見公誠去逆蹈順倡先歸國可以建不世功孝忠然之遣將
程華報滔連和遣易州錄事參軍事董稹入朝德宗嘉之擢孝忠檢校工部尚
書成德軍節度使令與滔幷力孝忠子弟在恆州者皆死孝忠重德滔爲子茂
和聘其女締約益堅敗惟岳於束鹿滔欲乘勝襲恆州孝忠乃引軍西北壁義
豐滔疑之孝忠將佐諫曰尚書推赤心於朱司徒可謂至矣今逆賊已潰元功
不終後且悔之孝忠曰本求破賊賊已破矣而恆州多宿將迫之則死鬬緩之

則改圖且滔言大而識淺可以慮始難與守成故吾堅壁于此以待賊之滅耳滔亦止屯東鹿月餘王武俊果斬惟岳以獻已而定州刺史楊政義以州降孝忠遂有易定時三分成德地詔定州置軍名義武以孝忠爲節度易定滄等州觀察使後滔與武俊叛復遣蔡雄說之答曰吾旣爲唐臣而天性樸彊業已效忠不復助惡矣吾與武俊少相狎然其心喜反覆不可信幸謝司徒志鄙言滔復啖以金帛皆不受易定介二鎭間乃浚溝壘修器械感厲將士乘城固守滔悉兵攻之帝詔李晟竇文場率師援孝忠滔解去遂全其軍孝忠因與晟結婚天子出奉天孝忠遣將楊榮國以銳卒六百佐晟赴難收京師興元初詔同中書門下平章事貞元二年河北蝗民餓死如積孝忠與其下同粗淡日膳裁豆䭕而已人服其儉推爲賢將明年檢校司空詔其子茂宗尚義章公主孝忠遣妻入朝執親迎禮賞賚甚厚五年爲將佐所惑以兵襲蔚州入之奉詔還鎭有司劾擅興削司空六年還其官卒年六十二追封上谷郡王贈太師謚曰貞武
子茂昭茂宗茂和

茂宗擢累光祿少卿左衛將軍元和中歷閑廏使初至德時西戎陷隴右故隴右監及七廏皆廢而閑廏私其地入寶應初始以其地給貧民茂宗恃恩奏悉收其賦又奏取麟游岐陽牧地三百餘頃民訴諸朝詔監察御史孫革按行還奏不可茂宗負左右助誣革所奏不實復遣侍御史范傳式覆實乃悉奪其田長慶初岐人列訴下御史盡以其地還民寶歷初遷兗海節度使終左龍武統軍

茂和歷左武衛將軍裴度討蔡奏爲都押衙茂和數以膽勇求自試謂度無功辭不行度請斬之以令軍憲宗曰予以其家忠且孝爲鄉遠斥後終諸衛將軍

茂昭本名昇雲德宗時賜今名字豐明少沉毅頗通書傳孝忠時累擢檢校工部尙書孝忠卒帝拜邕王謜爲義武軍節度大使以茂昭爲留後封延德郡王後二年爲節度使弟昇璘薄王武俊爲人座上嫚罵武俊怒襲義豐安喜無極掠萬餘人茂昭嬰城遣人厚謝乃止久之入朝爲帝從容言河朔事帝嗛聽曰恨見卿晚召宴麟德殿賜良馬甲第器幣優具詔其子克禮尙晉康郡主帝方

倚之經置北方會崩故茂昭每入臨輒哀不自勝順宗立進同中書門下平章
事復遣之鎮賜女樂二人固辭車至第門茂昭引詔使辭曰天子女樂非臣下
所宜見昔汾陽咸寧西平北平皆有大功故當是賜今下臣述職以朝奈何濫
賞後日有立功之臣陛下何以加之復賜安仁里第亦讓不受憲宗元和二年
請朝五奏乃聽願留不許加兼太子太保既還王承宗叛詔河東河中振武義
武合軍爲恆州北道招討茂昭治廩廄列亭候平易道路以待西平軍承宗以
騎二萬踰木刀溝與王師薄戰茂昭躬擐甲爲前鋒令其子克讓從子克儉與
諸軍分左右翼繞賊大敗之承宗幾危會有詔班師加檢校太尉兼太子太傅
乃請舉宗還朝表數上帝乃許北鎮遣客間說皆不納詔左庶子任迪簡爲行
軍司馬乘驛往代茂昭奉兩州符節管鑰圖籍歸之先敕妻子上道戒曰吾使
而曹出易庶後世不爲汙俗所染未半道迎拜兼中書令充河中晉絳慈隰節
度使至京師雙日開延英對五刻罷又表還墳墓于京兆許之明年疽發於首
卒年五十冊贈太師謚曰獻武帝思其忠擢諸子皆要職歲給絹二千匹少子

克勤開成中歷左武衛大將軍有詔賜一子五品官克勤以息幼推與其甥吏部員外郎裴夷直劾曰克勤骫有司法引庇宅族開後日賣爵之端不可許詔聽遂著于令夷直字禮卿亦婞亮第進士歷右拾遺累進中書舍人武宗立夷直視冊牒不肯署乃出爲杭州刺史斥驩州司戶參軍宣宗初內徙復拜江華等州刺史終散騎常侍

陳楚者茂昭甥也字材卿定州人有武幹事茂昭歷牙將常統精卒從征伐茂昭入朝擢諸衛大將軍封普寧郡王元和末義武節度使渾鎬喪師定州亂拜楚爲節度使馳傳赴軍及郊無迎者左右勸無入楚曰定軍不來迎以試我今不入正墮計中乃冒雪行四十里夜入其州然軍校部伍皆楚舊也由是衆心乃定徙河陽三城入爲左羽林統軍檢校司空卒年六十一贈司空子君奕亦至鳳翔節度使

康日知靈州人祖植當開元時縛康待賓平六胡州玄宗召見擢左武衛大將軍封天山縣男日知少事李惟岳擢累趙州刺史惟岳叛日知與別駕李濯及

部將百人啐牲血共盟固州自歸惟岳怒遣先鋒兵馬使王武俊攻之日知使客謝武俊曰賊孱甚安足共安危哉吾城固士和雖引歲未可下且賊所恃者田悅耳悅兵血衊邢壕可浮不能殘半堞況吾城之完乎又給爲臺檢示曰使者齎詔喻中丞中丞柰何負天子從小兒跳梁哉武俊悟引兵還斬惟岳以獻德宗美其謀擢爲深趙觀察使賜實封戶二百會武俊拒命遣將張鍾葵攻趙州日知破之上俘京師興元元年以深趙益成德徙日知奉誠軍節度使又徙晉絳加累檢校尚書左僕射封會稽郡王貞元初卒贈太子太師

子志睦字得衆資趫偉工馳射隸右神策軍遷累大將軍討張韶以多兼御史大夫進平盧軍節度使李同捷反放兵略千乘志睦挫其銳不得逞遂下蒲臺盡奪其械加檢校尚書左僕射徙涇原封會稽郡公卒年五十七贈司空

子承訓字敬辭推門功進累左神武軍將軍宣宗擢爲天德軍防禦使軍中馬乏虜來戰數負承訓罷冗費市馬益軍軍乃奮張始党項破射鵰軍洛源鎮悉俘其人聞承訓威政皆還俘不敢警詔檢校工部尚書封會稽縣男擢義武節

度會南詔破安南詔徙嶺南西道城邕州合容管經略使隸之遂統諸軍行營兵馬南詔深入承訓分兵六道出以掩蠻戰不利士死十八唯天平卒二千還屯闔軍震於是節度副使李行素完城不出南詔圍之四日或請夜出兵襲蠻承訓意索不聽天平裨將陰募勇兒三百夜縋燒蠻屯斬首五百南詔恐明日解而去承訓謬言大破賊告于朝羣臣皆賀加檢校尚書右僕射籍子弟姻昵冒賞而士不及怨言囂流嶺南東道節度使韋宙白狀宰相承訓慚移授右武衞大將軍分司東都咸通中南詔復盜邊武寧兵七百戍桂州六歲不得代列校許佶趙可立因衆怒殺都將詣監軍使丐糧鎧北還不許卽擅斧庫劫戰械推糧料判官龐勛爲長勒衆上道懿宗遣中人張敬思部送詔本道觀察使崔彥曾慰安之次潭州監軍詭奪其兵勛畏必誅篡舟循江下益裒兵招亡命收銀刀亡卒艚匿之及徐城謀曰吾等叩城大呼衆必應前日賞緡五十萬可得也衆喜牙健趙武等欲亡勛斬首送彥曾曰此搖亂者彥曾不能詰勛怨都押衙尹戡教練使杜璋兵馬使徐行儉又使白彥曾曰士負罪不敢釋甲請爲二

屯且白退戡等府屬溫廷皓謂彥曾曰勛擅委戍一可殺專戕大將二可殺私置兵三可殺士不子弟卽父兄振袂而唱內外必應銀刀亡命復在其中四可殺請分兩營脅去三將五可殺彥曾謂然乃禡纛黃堂前選兵三千授都虞候元密屯任山須勛至劫取之遣邏子羸服覘賊比暮勛至捕覘者知其謀卽絕偶人剚虛幟而詭路襲符離密久乃寤回屯城南勛與宿將喬翔戰睢河翔大敗攝太守焦璐遁去勛入據州自稱兵馬留後初璐決汴水絕勛北道水未至勛度比密兵攻宿水大至涉而傅城不克攻勛劫百艘運糧趨泗州留婦弱持艤翌日密覺追之士未食賊伏兵于舟而陣汴上軍見密皆走密追躡伏發夾攻之密敗衆殲遂入徐州囚彥曾及官屬殺尹戡等又徇下邳漣水宿遷臨淮蘄虹諸縣皆下遣僞將屯柳子屯豐屯滕屯沛屯蕭以張其軍乃露章求節度使有周重者隱濠泗閒號有謀勛迎爲上客問策所出因教勛赦囚徒據揚州北收兗鄆西舉汴宋東掠青齊拓境大河食敖倉可以持久勛無雄才不納僞將劉行及攻濠州執刺史盧望回自稱刺史帝遣中人康道隱宣尉徐州勛郊

迎旗鎧矛戟亘三十里使騎鳴鼙角聲動山谷置酒毬場引道隱閱其衆給爲
賊來降六十人妄戮平民上首級夸勝道隱還固求節度卽殘魚臺金鄉碭山
單父十餘縣斬官吏出金帛募兵游民多從之帝乃拜承訓檢校尚書右僕射
義成軍節度使徐泗行營都招討使以神武大將軍王晏權爲武寧軍節度使
北面行營招討使羽林將軍戴可師爲南面行營招討使率魏博鄜延義武鳳
翔沙陀吐渾兵二十萬討之勛好鬼道有言漢高祖廟夜閱兵人馬流汗勛日
往請命巫言毬場有隱龍得之可戰勝勛大役徒鑿地不能得賊將李圓劉佶
攻泗歐宗丁從實分徇舒廬壽沂海諸道兵屯海州度賊至作機橋維以長組
賊半度絙絕半溺死度者不得戰殲之賊別取和州破沭陽下蔡烏江巢諸縣
揚州大恐民悉度江淮南節度使令狐綯移書陳禍福許助求節度勛按甲聽
命淮南合宣潤兵戍都梁山勛夜度淮邌曙薄壘賊將劉行立王弘立與勛合
敗淮南將李湘屯淮口劫盱眙帝又詔將軍宋威與淮南并力承訓屯新興賊
挑戰時諸道兵未集承訓帳下纔萬人退壁宋州勛益驕光蔡鉅賊陷滁州殺

刺史高錫望應勛戴可師引兵三萬奪淮口圍勛都梁山下降其衆可師恃勝不戒弘立以兵襲之可師不克陣而潰士溺淮死逸者數百人賊取可師首傳徐州詔以馬士舉爲淮南節度使南面行營諸軍都統馳傳入揚州士舉曰城堅士多賊何能爲衆稍安始帝以晏權故智興子節度武寧欲以怖賊及是返爲賊困不敢戰乃更以隴州刺史曹翔爲兗海節度北面都統招討使屯滕沛魏博將薛尤屯蕭豐賊首孟敬文欲絶勛自立陰刻鑑爲文曰天口云云錫爾將軍夜瘞之野耕者得之以獻衆駭異乃齋三日受之勛知其謀使人襲殺之於是承訓屯柳子右夾汴築壘連屬一舍勛籍城中兵止三千劫民授甲皆穿窟穴遁去王弘立度睢圍新興鹿塘承訓縱沙陀騎躝之弘立走士赴水死自鹿塘屬襄城伏尸五十里數首二萬獲器鎧不貲承訓攻柳子姚周度水戰又敗乘風火賊周提餘卒去沙陀躡之及芳亭死者枕藉斬劉豐而周以十騎走宿州守將斬之勛懼乃害崔彥曾等謂其下曰上不許我節度與諸君眞反矣大索兵得三萬許佶趙可立勸勛稱天册將軍勛謁漢高祖廟受命以其父舉

直爲大司馬守徐州或曰方大事不可私于父失上下序舉直乃拜于廷勛坐受之引兵救豐刻木作婦人衣絳被髮軍過斫而火之乃行勛夜入城外不知勛出銳軍擊援屯魏博軍知勛自將驚而潰賊以所得送徐州以夸下曹翔退保兗州勛欲乘勝攻承訓或曰今北兵敗西軍搖不足虞也方蠶月宜息衆力農至秋士馬彊決可以取勝舉直曰時不重得願將軍無縱敵勛曰然時承訓方攻臨渙聞勛計追還兵仗以待勛軍皆市人囂而狂未陣即犇相蹈藉死者四萬勛釋甲服垢襦脫收夷痕士三千以歸遣張行實屯第城馬士舉救泗州賊解去進攻賊濠州是時又詔黔中觀察使秦匡謀討賊下招義鍾離定遠勛遣吳迥屯北津援濠士舉銳兵度淮盡碎其營初勛之遁懼衆不軍妄言有神譁野中曰天符下國兵休勛使下相語符未降故敗北津帝恨魏博軍不勝以宋威爲西北面招討使率兵三萬屯蕭豐約勛降者當赦之始宿鄙人劉洪者被黃袍白馬使人封檄叩觀察府曰我當王徐崔彥曾斬之遺黨匿山谷欲附勛承訓喻降之王師破臨渙斬萬級收襄城留武小睢諸壁曹翔下滕賊將以

蘄沛降賊李直奔入徐州翔又破豐徐城下邳賊益蹙勛以張玄稔守宿州張
儒劉景助之自稱統軍列壁相望承訓拔第城張行實奔宿州承訓遂圍宿州
行實教勛官軍盡銳于此西鄙虛單將軍直擣宋亳出不意宿圍自解勛喜引
而西使舉直許佶守徐承訓攻敗十遇皆勝遣辯士以威動玄稔玄稔賊重將
也以帛書射城外約誅勛自歸使張皐獻期俄與二將會柳溪伏士於旁玄稔
馳騎譟曰龐勛首已梟僕射寨矣伏興斬劉景張儒玄稔率諸將肉袒見承訓
自陳陷賊不早奮久暴王師願禽賊贖死承訓許之復請詐爲潰軍劫符離苻
離不知內之已入卽斬守將得兵萬人北攻徐州許佶等不敢出玄稔環城彥
曾故吏路審中啓白門內玄稔兵許佶等啓北門走玄稔身追之士大崩皆赴
水死斬舉直許佶李直等收叛卒親族悉夷之勛聞徐已拔氣喪無顧賴衆尚
二萬自石山而西所在焚掠承訓悉兵八萬逐北沙陀將朱邪赤衷急追至宋
州勛焚南城爲刺史鄭處沖所破將南趨亳承訓兵循渙而東賊走蘄縣官兵
斷橋不及濟承訓乃縱擊之斬首萬級餘皆溺死閱三日得勛尸斬其子於京

師吳迥守濠州糧盡食人驅女孺運薪塞隍弃填之整旅而行馬士舉斬以獻
勛之始得徐州貲儲蕩然乃四出剽取男子十五以上皆執兵舒鉏鉤爲兵號
霍錐破十餘州凡二歲滅詔擢張玄稔右驍衛大將軍承訓遷檢校左僕射同
中書門下平章事徙節度河東於是宰相路巖韋保衡劾承訓討賊逗撓貪虜
獲不時上功貶蜀王傅分司東都再貶恩州司馬僖宗立授左千牛衛大將軍
卒年六十六子傳業嘗從父征伐終鄜坊節度使
李洧者淄青節度使正己從父兄也始署徐州刺史建中初正己卒子納叛攻
宋州洧挈州自歸加兼御史大夫封潮陽郡王實封戶二百充招諭使初洧遣
巡官崔程入朝且白宰相徐州不足獨抗賊得海沂爲節度可與成功洧素與
二州刺史有約且不肯爲賊守程先咨張鎰而盧杞怒不先白故洧請中格及
納攻徐劉玄佐與諸將擊退之旣賊方張乃加洧徐海沂密觀察使時海密爲
賊守不受命洧未有以取之遷檢校戶部尚書會疽發背少閒肩輿過市市人
叫歡洧驚疽潰卒贈尚書左僕射以洧將高承宗代之其弟淡險人也恥居下

陰約納攻徐爲內應弁說滕將翟濟濟執以聞擢濟沂州刺史召淡入京師以

淯赦不罪

劉澭盧龍節度使怦之次子濟母弟也涉書史有材武好施愛士能得人死力

始事朱滔常陳君臣大分裁抑其凶及怦得幽州不三月病且死澭侍湯液未

嘗離輒以父命召濟於莫州濟嗣總軍事故德澭之讓以爲瀛州刺史有如不

諱許代己久之濟自用其子爲副大使澭不能無恨因請以所部爲天子戍隴

悉發其兵千五百馳歸京師無一卒敢違令者德宗甚寵之拜秦州刺史屯普

潤軍中不設音樂士卒病親存問所欲不幸死哭之憲宗立方士羅令則詣澭

營妄言廢立以動澭命繫之辭曰吾之黨甚衆公無因我約大行梓宮發兵無

不濟澭械送闕下殺之錄功號其軍曰保義蕃戎畏懾不敢入寇常慨然有復

河湟志屢爲朝廷言之未見省封累彭城郡公及病籍士馬求代旣還卒于道

年四十九贈尙書右僕射謚曰景

田弘正字安道父廷玠尙儒學不樂軍旅與承嗣爲從昆弟仕爲平舒丞遷樂

壽清池東城河間四縣令以治稱遷滄州刺史李寶臣朱滔與承嗣不協合兵圍滄州廷玠固守連年食雖盡無叛者朝廷嘉其節徙相州承嗣盜磁相廷玠無所回染及悅代立忌廷玠之正召爲節度副使廷玠至讓悅曰而承伯父緒業當守朝廷法度以保富貴何苦與恆鄆爲叛臣自兵興來叛天子能完宗族者誰邪而志不悛盡殺我無令我見田氏血汙人刀也遂稱疾不出悅過謝之杜門不納憤而卒弘正幼通兵法善騎射承嗣愛之以爲必與吾宗名之曰興季安時爲衙內兵馬使同節度副使封沂國公季安後汰銳殺罰弘正從容規切軍中賴之翕然歸重季安內忌出爲臨清鎮將欲因罪誅之弘正陽痺痼臥家不出乃免季安死子懷諫襲節度召還舊職懷諫委政於家奴蔣士則措置不平衆怒咸曰兵馬使吾帥也牙兵卽詣其家迎之弘正拒不納衆譁于門弘正出衆拜之脅還府弘正頓于地度不免卽令于軍曰爾屬不以吾不肖使主軍今與公等約能聽命否皆曰惟公命因曰吾欲守天子法舉六州版籍請吏于朝苟天子未命敢有請吾旗節者死殺人及掠人者死皆曰諾遂到府殺士

則及支黨十餘人於是圖魏博相衞貝澶之地籍其入以獻不敢署僚屬而待
王官先時諸將出屯質妻子里民不得相往來弘正悉除其禁聽民通饋謝慶
弔服玩僭侈者即日徹毀之承嗣時正寢華顯弘正避不敢居更就採訪使堂
皇聽事幽恆鄆蔡大懼遣客鐫說鉤染弘正皆拒遣之憲宗美其誠詔檢校工
部尚書充魏博節度使又遣司封郎中知制誥裴度宣慰賚其軍錢百五十萬
緡六州民給復一年赦見囚存問高年惸獨廢疾不能自存者度明辯具陳朝
廷厚意弘正不覺自失乃深相結納奉上益謹復請度徧行其部宣示天子恩
詔因令節度僉謀布衣崔權奉表陳謝且言天寶以來山東奧壤化爲戎墟官
封世襲刑賞自出國家含垢垂六十年臣若假天之齡奉陛下宸算冀道揚太
和洗濯僞風然後退歸丘園避賢者路死不恨制詔褒答且賜今名錫與踵塗
天子討蔡弘正遣子布以兵三千進戰數有功李師道疑其襲己不敢顯助蔡
故元濟失援王師得致誅焉王承宗叛詔弘正以全師壓境破其衆南宮承宗
懼歸窮於弘正弘正表諸朝遂獻德棣二州以謝納二子爲質俄而李師道拒

命詔弘正與宣武等五節度兵進討弘正自揚劉度河距鄆四十里堅壁師道大將劉悟率精兵屯河東戰陽穀再遇再北斬萬餘級賊勢蹙悟乃反兵斬師道首詣弘正降取十有二州以獻初悟既平賊大張飲軍中凡三日設角觝戲引魏博使至廷以爲歡悟盱衡攘臂助其決坐中皆憚悟勇客有白弘正者弘正曰鄆士疲於戰瘡者未起悟當衈亡弔乏慰士大夫心奈何取快目前邪吾奉詔按軍伺悟去就今知其無能爲也既而詔悟爲義成軍節度使狼狽上道時稱知悟之明以功加弘正檢校司徒同中書門下平章事是歲來朝對麟德殿眷勞殊等引見僚佐將校二百餘人皆有班賜進兼侍中實封戶三百擢其兄融爲太子賓客東都留司弘正數上表固請留闕下帝勞曰昨韓弘以疾辭不就軍朕既從之矣今卿復爾我不應違但魏人樂卿之政四鄰畏卿之威爲朕長城又安用辭弘正遂還常欲變山東承襲舊風故悉遣子姓仕朝廷帝皆擢任之朱紫滿門榮冠當時穆宗立王承元以成德軍請帥帝詔弘正兼中書令爲節度使弘正以新與鎮人戰有父兄怨取魏兵二千自衞入其軍時天子

賜錢一百萬緡不時至軍有怨言弘正親加撫喻乃安仍請留魏兵爲紀綱以持衆心度支崔倰吝其稟沮卻之長慶元年七月歸衞卒於魏是月軍亂幷家屬將吏三百餘人皆遇害年五十八帝聞震悼冊贈太尉諡曰忠愍弘正幼孤事融甚謹軍中嘗分曹習射弘正注矢聯中融退抶怒之故當季安猜暴時能自全及爲軍中推迫融不悅曰爾竟不自晦取禍之道也朝廷知其友愛詔拜相州刺史賜金紫不欲其相遠也弘正性忠孝好功名起樓聚書萬餘卷通春秋左氏與賓屬講論終日客爲著沂公史例行于世弘正之禍也其判官劉茂復獨免士相戒曰是人議事盡忠遇吾等信敢干其家者共殺之弘正子布羣牟

布字敦禮幼機悟弘正戍臨清布知季安且危密白父請以衆歸朝弘正奇之及得魏使布總親兵王師誅蔡以軍隸嚴綬屯唐州帝以布大臣子或有罪且撓法弘正請以董晼代而士卒愛布願留帝乃止凡十八戰破凌雲柵下郾城以功授御史中丞裴度輕出觀兵沱口賊將董重質以奇兵掩擊布伏騎數百

突出薄之諸軍繼至賊驚引還蔡平入爲左金吾衛將軍諫官嘗論事帝前同列將麾郤之布止曰使天子容直臣毋輕進弘正徙成德以布爲河陽節度使父子同日受命時韓弘與子公武亦皆領節度而天下以忠義多田氏布所至必省冗將募戰卒寬賦勸穡人皆安之長慶初徙涇原弘正遇害魏博節度使李愬病不能軍公卿議以魏彊而鎮弱且魏人素德弘正以布之賢而世其官可以成功穆宗遽召布解縗拜檢校工部尚書魏博節度使乘傳以行布號泣固辭不聽乃出伎樂與妻子賓客決曰吾不還矣未至魏三十里跣行被髮號哭而入居堊室屏節旄凡將士老者兄事之祿奉月百萬一不入私門又發家錢十餘萬緡頒士卒以牙將史憲誠出麾下可任乃委以精銳時中人屢趣戰而度支饋餉不繼布輒以六州租賦給軍引兵三萬進屯南宮破賊二壘於是朱克融據幽州與王廷湊脣齒河朔三鎮舊連衡桀驁自私而憲誠蓄異志陰欲乘釁又魏軍驕憚格戰會大雪師寒糧乏軍中謗曰宅日用兵團粒米盡仰朝廷今六州刮肉與鎮冀角死生雖尚書瘠己肥國魏人何罪憲誠得間因以

搖亂會有詔分布軍合李光顏救深州兵怒不肯東衆遂潰皆歸憲誠唯中軍不動布以中軍還魏明日會諸將議事衆譁曰公能行河朔舊事則生死從公不然不可以戰布度衆且亂歎曰功無成矣即爲書謝帝曰臣觀衆意終且負國臣無功不敢忘死願速救元翼毋使忠臣義士塗炭於河朔哭授其從事李石訖乃入至几筵引刀刺心曰上以謝君父下以示三軍言訖而絕年三十八贈尙書右僕射諡曰孝子鐬宣宗時歷銀州刺史坐以私鎧易邊馬論死宰相崔鉉奏布死節於國可貸鐬以勸忠烈故貶爲州司馬

羣會昌中歷蔡州刺史坐贓且抵死兄肇聞之不食卒宰相李德裕奏漢河間人尹次潁川人史玉坐殺人當死次兄初玉母渾詣官請代因縊物故於時皆赦其死於是武宗詔減死一等

牟寬厚明吏治爲神策大將軍開成初鹽州刺史王宰失羌人之和詔牟代之累遷鄜坊節度使再徙天平三爲武寧一爲靈武軍官至檢校尙書左僕射卒諸子皆有方面功以忠義爲當世所高

王承元者承宗弟也有沈謀年十六勸承宗亟引兵共討李師道承宗少之不用然軍中往往指目之承宗死未發喪大將謀取帥宅姓參謀崔燧與諸校計以祖母涼國夫人李命承元嗣承元泣且拜不受諸將牢請承元曰上使中貴人監軍盍先請監軍至又如命乃謝曰諸君不忘王氏以及孺子苟有令其從我乎衆曰惟所命乃視事牙闥之偏約左右不得稱留後事一關參佐密表請帥于朝穆宗詔起居舍人柏耆宣慰授承元檢校工部尚書義成軍節度使北鎮以兩河故事脅誘承元不納諸將皆悔者至士哭于軍承元令曰諸君不欲我去意固善雖然格天子詔我獲罪奈何前李師道有詔赦死欲舉族西諸將止弗遣他日乃共殺之今君等幸置我無與師道比乃徧拜諸將諸將語塞承元即出家貲盡賜之斬不從命者十輩軍乃定於是諫議大夫鄭覃宣慰賜其軍錢百萬緡赦囚徒問孤獨廢疾不能自存者粟帛有差承元去鎮左右裒器幣自隨承元使空褚毋留入朝昆弟拜刺史者四人位于朝者四十人祖母入見帝命中宮禮賚異等徙承元鄜坊丹延節度俄徙鳳翔鳳翔右衮涇原地平

少巖險吐蕃數入盜承元據勝地爲鄣置守兵千詔號臨洮城府郭左百賈州聚異時爲虜剽敚至燎烽相警承元版堞繚之人乃告安以勞封岐國公太和初祖母喪詔曰武俊當橫流時拯定奔潰功在史官今李不幸贈卹宜加厚且給儀仗以葬五年徙節平盧淄青始鹽禁未嘗行兩河承元請歸有司由是兗鄆諸鎭皆奉法承元資仁裕所至愛利卒年三十三贈司徒

牛元翼趙州人材果而謀王承宗時倚其計爲彊雄與傅良弼二人冠諸將王廷湊叛穆宗以元翼在成德名出廷湊遠甚自深州刺史擢爲深冀節度使以攜其軍廷湊怒遣部將王位以銳兵攻元翼不勝乃合朱克融共圍之詔進元翼成德軍節度使以宣武兵五百進援元翼固守長慶二年詔赦廷湊罪徙元翼山南東道以深州賜廷湊使中人促元翼南廷湊恨之已受詔兵不解招討使裴度詒書誚讓克融解而歸廷湊退舍詔並加檢校工部尚書兩悅之淹月元翼率十餘騎冒圍跳德棣朝京師廷湊入盡殺元翼親將臧平等百八十人元翼見延英賚問優縟命中人楊再昌取其家犇迎田弘正喪廷湊辭以弘正

殯亡在所元翼家須秋遣魏博節度使史憲誠遣其弟入趙四返說廷湊曰田公非得罪於趙尸尚何惜元翼去深州乃一孤將何利其家廷湊乃歸弘正喪于京師元翼聞平等死憤恚卒悉還所賜于朝廷湊遂夷其家

良弼字安道清河人以射冠軍中初瀛之博野樂壽介范陽成德間每兵交先薄二城故常爲劇屯德宗以王武俊破朱滔功皆隸成德故以良弼守樂壽李寰守博野廷湊之叛兩賊交誘之而堅壁爲國固守有詔以樂壽爲左神策行營拜良弼爲都知兵馬使寰所領士隸右神策號忻州營亦以寰爲都知兵馬使賜第京師俄以良弼爲沂州刺史良弼率衆出戰力乃得去寰引兵三千趨忻州廷湊邀之寰斬三百級追者不敢前天子以良弼寰忠有狀乃更賜奴婢服馬召良弼爲左神策軍將軍寶曆初擢夏綏銀節度使異時蕃帳亡命來者必償馬乃與良弼至皆執付其部酋種歡懷終橫海節度使寰擢累保義軍節度使王智興討李同捷未克而烏重胤卒詔寰可共立功請諸朝乃授橫海節度使師所過暴鈔至屯按軍不進遂身入朝盛陳賊勢請濟師欲大調發羣臣

議寰兵太重且盜滄景未決而棣州平寰內愧不自安願留京師遂罷保義軍忻州營更授夏綏宥節度使卒寰再易鎮治無可言者然廷湊之亂聯軍十五萬無成功賊鋒不可嬰而樂壽博野截然峙中者累歲梗其吞暴議者以爲難敬宗世寰圖其事上之

史孝章字得仁資修謹父憲誠以戰力奮賓客用挽彊擊劍相矜孝章獨退讓如諸生稱道皆詩書魏博節度使李愬閱大將子弟籍于軍孝章願以文署職愬奇之檄試都督府參軍憲誠得魏遷士曹參軍孝章見父數奸命內非之承閒諫曰大河之北號富彊然而挺亂取地天下指河朔若夷狄然今大人身封侯家富不貲非痛洗濯竭節事上恐吾踵不旋禍且至因涕下沾衿父矍武不盡聽文宗賢之授孝章節度副使累遷檢校左散騎常侍父欲助李同捷孝章切爭憲誠稍憚其義又勸出師討同捷自明帝益嘉之進檢校工部尚書及兵出父敕孝章統之入朝勞予蕃厚憲誠亦上書求覲帝知非憲誠意特緣孝章悟發故分相衞澶而授孝章節度使未至魏人亂父卒死于軍帝念史氏禍而

卹孝章故奪喪拜右金吾衛將軍徙節度鄜坊進檢校戶部尚書久之自邠寧以病丐還卒于行年三十九贈尙書右僕射孝章本名唐後改今名
憲誠弟憲忠字元貞少爲魏牙門將田弘正討齊蔡常爲先鋒閱三十戰中流矢酣鬭不解由是著名憲誠表爲貝州刺史魏亂奔京師加累檢校右散騎常侍隴州刺史增亭鄣徙客館于外戎諜無所伺會昌中築三原城吐蕃因之數犯邊拜憲忠涇原節度使以怖其侵吐蕃遣使來請隳城且願以嘗殺使者之人置塞上憲忠使謝曰前吾未城爾犯我地安得禁吾城爾知殺吾使爲負宜先取罪人謝我將無所不得今與爾約前節度使事一置之吐蕃情得而服憲忠疏涇于隍積緡錢十萬粟百萬斛戍人宜之會党項羌內寇又徙朔方有詔馳驛赴屯憲忠辭曰羌不得其心故不自安今亟往知吾爲備鬬益健請徐行許之乃移書與羌人示要約羌人乃皆喜奉酒湩迎道大中初突厥擾河東鈔漕米行賈徙節振武軍于是故帥荒沓使游奕兵覘戎有良馬牛彊取之歸直十一戎人怒因與盜掠憲忠廉儉少所欲嘗曰吾居河朔去此二千里乃乘五

健馬今守邊發吾餘奉不患無馬何忍豪市哉故所至莫不懷德累封北海縣子檢校尚書左僕射兼金吾大將軍以病自丐改左龍武統軍卒年七十一贈司空

唐書卷一百四十八

唐書卷一百四十八考證

令狐彰子建其妻成德節度使李寶臣女也建將棄之誣與門下客郭士倫通○舊書作誣與傭教生邢士倫姦通

張孝忠子茂昭憲宗元和二年請朝○舊書本紀作元年

唐書卷一百四十八考證

# 唐書卷一百四十九

宋　端　明　殿　學　士　宋　祁　撰

列傳第七十四

劉第五班王李

劉晏字士安曹州南華人玄宗封泰山晏始八歲獻頌行在帝奇其幼命宰相張說試之說曰國瑞也卽授太子正字公卿邀請旁午號神童名震一時天寶中累調夏令未嘗督賦而輸無逋期舉賢良方正補溫令所至有惠利可紀民皆刻石以傳再遷侍御史祿山亂避地襄陽永王璘署晏右職固辭移書房琯論封建與古異今諸王出深宮一旦望桓文功不可致詔拜度支郎中兼侍御史領江淮租庸事晏至吳郡而璘反乃與採訪使李希言謀拒之希言假晏守餘杭會戰不利走依晏晏爲陳可守計因發義兵堅壁會王敗欲轉略州縣聞晏有備遂自晉陵西走終不言功召拜彭原太守徙隴華二州刺史遷河南尹時史朝義盜東都乃治長水進戶部侍郎兼御史中丞度支鑄錢鹽鐵等使京

兆尹鄭叔清李齊物坐殘摯罷詔晏兼京兆尹總大體不苛號稱職會司農卿嚴莊下獄已而釋誣劾晏漏禁中語宰相蕭華亦忌之貶通州刺史代宗立復爲京兆尹戶部侍郎領度支鹽鐵轉運鑄錢租庸使晏以戶部讓顏真卿改國子祭酒又以京兆讓嚴武即拜吏部尚書同中書門下平章事使如故坐與程元振善罷爲太子賓客俄兼御史大夫領東都河南江淮轉運租庸鹽鐵常平使時大兵後京師米斗千錢禁膳不兼時甸農挼穗以輸晏乃自按行浮淮泗達於汴入于河右循底柱硤石觀三門遺迹至河陰鞏洛見宇文愷梁公堰廝河爲通濟渠視李傑新堤盡得其病利然畏爲人牽制乃移書於宰相元載以爲大抵運之利與害各有四京師三輔苦稅入之重淮湖粟至可減傜賦半爲一利東都彫破百戶無一存若漕路流通則聚落邑廛漸可還定爲二利諸將有不廷戎虜有侵盜聞我貢輸錯入軍食豐衍可以震耀夷夏爲三利若舟車既通百貨雜集航海梯嶠可追貞觀永徽之盛爲四利起宜陽熊耳虎牢成皋五百里見戶纔千餘居無尺椽爨無盛煙獸游鬼哭而使轉車輓漕功且難就

爲一病河汴自寇難以來不復穿治崩岸滅木所在廞淤涉泗千里如閉水行舟爲二病東垣底柱澠池北河之間六百里戍邏久絕奪攘姦宄夾河爲藪爲三病淮陰去蒲坂亘三千里屯壁相望中軍皆鼎司元侯每言衣無纊食半菽輓漕所至輒留以饋軍非單車使者折簡書所能制爲四病載方內擅朝權既得書卽盡以漕事委晏故晏得盡其才歲輸始至天子大悅遣衞士以鼓吹迓東渭橋馳使勞曰卿朕酇侯也凡歲致四十萬斛自是關中雖水旱物不翔貴矣再遷吏部尚書又兼益湖南荆南山南東道轉運常平鑄錢使與第五琦分領天下金穀又知吏部三銓事推處最殿分明下皆慴伏元載得罪詔晏鞫之晏謂載黨盛不可獨訊更敕李涵等五人與晏雜治王縉得免死晏請之也常袞執政忌晏有公望乃言晏舊德當師長百僚用爲左僕射實欲奪其權帝以計務方治詔以僕射領使如舊初晏分置諸道租庸使愼簡臺閣士專之時經費不充停天下攝官獨租庸得補署且數百人皆新進銳敏盡當時之選趣督倚辦故能成功雖權貴干請欲假職仕者晏厚以稟入奉之然未嘗使親事是

以人人勸職嘗言士有爵祿則名重於利吏無榮進則利重於名故檢劾出納一委士人吏惟奉行文書而已所任者雖數千里外奉教令如目前頻伸諧戲不敢隱惟晏能行之它人不能也代宗嘗命考所部官吏善惡刺史有罪者五品以上輒繫劾六品以下杖然後奏李靈耀反河南節帥或不奉法擅征賦州縣益削晏常以羨補乏人不加調而所入自如第五琦始榷鹽佐軍興晏代之法益密利無遺入初歲收緡錢六十萬末乃什之計歲入千二百萬而榷居太半民不告勤京師鹽暴貴詔取三萬斛以贍關中自揚州四旬至都人以爲神至湖嶠荒險處所出貨皆賤弱不償所轉晏悉儲淮楚間貿銅易薪歲鑄緡錢十餘萬其措置纖悉如此諸道巡院皆募駛足置驛相望四方貨殖低昂及它利害雖甚遠不數日即知是能權萬貨重輕使天下無甚貴賤而物常平自言如見錢流地上每朝謁馬上以鞭算質明視事至夜分止雖休澣不廢事無閑劇即日剖決無留所居脩行里粗樸庳陋飲食儉狹室無媵婢然任職久勢軋宰相要官華使多出其門自江淮茗橘珍甘常與本道分貢競欲先至雖封山

斷道以禁前發晏厚貲致之常冠諸府由是媢怨益多饋謝四方有名士無不至其有口舌者率以利啖之使不得有所訾短故議者頗言晏任數固恩大曆時政因循軍國皆仰晏未嘗檢質德宗立言者屢請罷轉運使晏亦固辭不許又加關內河東三川轉運鹽鐵及諸道青苗使始楊炎爲吏部侍郎晏爲尚書盛氣不相下晏治元載罪而炎坐貶及炎執政銜宿怒將爲載報仇先是帝居東宮代宗寵獨孤妃而愛其子韓王宦人劉清潭與嬖幸請立妃爲后且言王數有符異以搖東宮時妄言晏與謀至是炎見帝流涕曰賴祖宗神靈先帝與陛下不爲賊臣所間不然劉晏黎幹搖動社稷凶謀果矣今幹伏辜而晏在臣位宰相不能正其罪法當死崔祐甫曰陛下已廓然大赦不當究飛語致人於罪朱泚崔寧力相解釋寧尤切至炎怒斥寧于外遂罷晏使坐新故所交簿物抗謬貶忠州刺史中官護送炎必欲傅其罪知庾準與晏素憾乃擢爲荆南節度使準卽奏晏與朱泚書語言怨望又蒐卒擅取官物脅詔使謀作亂炎證成之建中元年七月詔中人賜晏死年六十五後十九日賜死詔書乃下且暴其

罪家屬徙嶺表坐累者數十人天下以爲冤時炎兼刪定使議籍沒衆論不可
乃止然已命簿錄其家唯雜書兩乘米麥數斛人服其廉淄青節度使李正己
表誅晏大暴不加驗實先誅後詔天下駭惋請還其妻子不報興元初帝寖寤
乃許歸葬貞元五年遂擢晏子執經爲太常博士宗經祕書郎執經還官求追
命有詔贈鄭州刺史又加司徒晏殁二十年而韓洄元琇裴腆李衡包佶盧徵
李若初繼掌財利皆晏所辟用有名於時晏既被誣而舊吏推明其功陳諫以
爲管蕭之亞著論紀其詳大略以開元天寶間天下戶千萬至德後殘於大兵
饑疫相仍十耗其九至晏充使戶不二百萬晏通計天下經費謹察州縣災害
蠲除振救不使流離死亡初州縣取富人督漕輓謂之船頭主郵遞謂之捉驛
稅外橫取謂之白著人不堪命皆去爲盜賊上元寶應間如袁晁陳莊方清許
欽等亂江淮十餘年乃定晏始以官船漕而吏主驛事罷無名之斂正鹽官法
以裨用度起廣德二年盡建中元年黜陟使實天下戶收三百餘萬王者愛人
不在賜與當使之耕耘織紝常歲平斂之荒年蠲救之大率歲增十之一而晏

尤能時其緩急而先後之每州縣荒歉有端則計官所贏先令曰蠲某物貸某
戶民未及困而奏報已行矣議者或譏晏不直賑救而多賤出以濟民者則又
不然善治病者不使至危憊善救災者勿使至賑給故賑給少則不足活人活
人多則闕國用國用闕則復重斂矣又賑給近僥倖吏下爲姦彊得之多弱得
之少雖刀鋸在前不可禁以爲二害災沴之鄉所乏糧耳宅產尙在賤以出之
易其雜貨因人之力轉於豐處或官自用則國計不乏多出菽粟恣之糶運散
入村閭下戶力農不能詣市轉相沾逮自免阻飢不待令驅以爲二勝晏又以
常平法豐則貴取飢則賤與率諸州米嘗儲三百萬斛豈所謂有功於國者邪
琇後以尙書右丞判度支國無橫斂而軍旅濟爲韓滉所惡貶雷州司戶參軍
坐私入廣州賜死腆以兵部侍郎判度支封聞喜縣公衡歷戶部侍郎
佶字幼正潤州延陵人父融集賢院學士與賀知章張旭張若虛有名當時號
吳中四士佶擢進士第累官諫議大夫坐善元載貶嶺南晏奏起爲汴東兩稅
使晏罷以佶充諸道鹽鐵輕貨錢物使遷刑部侍郎改祕書監封丹陽郡公

徵幽州人晏薦爲殿中侍御史晏得罪貶珍州司戶參軍元琇判度支薦爲員
外郎琇得罪貶秀州長史三遷給事中戶部侍郎竇參善之方倚以代己會同
州刺史缺參請用尙書左丞趙憬德宗惡參欲間其腹心更用徵爲之久乃徙
華州厚結權近冀進用同華地迫而貧所獻嘗轂陋至徵厚賦斂有所奉入輒
加常數人不堪其求

若初者事晏爲宅職包佶稱之歷太康令勸刺史李芃斂羨錢交權倖芃厚遇
之累遷浙東觀察使代王緯爲浙西觀察諸道鹽鐵使時天下錢少貨輕州縣
禁錢不出境商賈不通若初始奏縱錢以起萬貨詔可而持剛檢下吏民畏服
卒贈禮部尙書宗經終給事中華州刺史

子濛字仁澤舉進士累官度支郎中會昌初擢給事中以材爲宰相李德裕所
知時回鶻衰朝廷經略河湟建遣濛按邊調兵械糧餉爲宣慰靈夏以北党項
使始議造木牛運宣宗立德裕得罪濛貶朗州刺史終大理卿

晏兄暹爲汾州刺史天資疾惡所至以方直爲觀察使所畏建中末召爲御史

大夫宰相盧杞憚其嚴更薦前河南尹于頎代之遷終潮州刺史
頎字休明河南人初爲京兆士曹參軍尹史翽器之翽鎭山南東道表爲判官
翽死亂兵手頎挺出收葬之時稱其誼累遷京兆尹任機譎爲政煩碎無大體
元載昵厚之載得罪出鄭州刺史徙河南尹以佞柔故得爲大夫三遷工部尚
書入朝仆金吾仗下御史劾之以太子少師致仕卒
暹孫潼字子固擢進士第杜悰判度支表爲巡官累遷祠部郎中大中初討党
項羌軍食乏宰相欲以潼爲使難其遣潼見宰相曰上念邊餽議遣使潼畏不
稱耳安敢憚行遂命爲供軍使會復河湟調師屯守以潼判度支河湟供軍案
歷京兆少尹山南有劇賊依山爲剽宣宗怒欲討之宰相崔鉉曰此陛下赤子
迫於飢寒弄兵山谷閒不足討請遣使喻釋之詔潼馳往潼挺身直叩其壘曰
有詔赦爾罪盜皆列拜約潼就館而降會山南節度使封敖遣兵擊賊潼罷歸
數陳邊事擢右諫議大夫出爲朔方靈武節度使坐累貶鄭州刺史改湖南觀
察使召爲左散騎常侍拜昭義節度使徙河東又徙西川時李福討南詔兵不

利潼至塡以恩信蠻皆如約六姓蠻持兩端爲南詔閒候有卑籠部落者請討之潼因出兵襲擊俘五千人南詔大懼自是不敢犯邊以功加檢校尙書右僕射卒贈司空

第五琦字禹珪京兆長安人少以吏幹進頗能言彊國富民術天寶中事韋堅堅敗不得調久之爲須江丞太守賀蘭進明才之安祿山反進明徙北海奏琦爲錄事參軍事時賊已陷河閒信都進明未戰玄宗怒遣使封刀趣之曰不亟進兵卽斬首進明懼不知所出琦勸厚以財募勇士出賊不意如其計復收所陷郡肅宗駐彭原進明遣琦奏事旣謁見卽陳今之急在兵兵彊弱在賦賦所出以江淮爲淵若假臣一職請悉東南寶貲飛餉函洛惟陛下命帝悅拜監察御史句當江淮租庸使遷司虞員外郎河南等五道支度使遷司金郎中兼侍御史諸道鹽鐵鑄錢使鹽鐵名使自琦始進度支郎中兼御史中丞當軍興隨事趣辦人不益賦而用以饒於是遷戸部侍郎判度支河南等道支度轉運租庸鹽鐵鑄錢司農太府出納山南東西江西淮南館驛等使乾元二年進同中

書門下平章事初琦請鑄乾元重寶錢以一代十既當國又鑄重規一代五十會物價騰踊餓殣相望議者以爲非是詔貶忠州長史會有告琦納金者遣御史馳按琦辭曰位宰相可自持金邪若付受有狀請歸罪有司御史不曉以爲具服獄上之遂長流夷州寶應初起爲朗州刺史有異政拜太子賓客吐蕃盜京師郭子儀表爲糧料使兼御史大夫關內元帥副使改京兆尹俄加判度支鑄錢鹽鐵轉運常平等使累封扶風郡公復以戶部侍郎兼京兆尹坐與魚朝恩善貶括州刺史徙饒湖二州復爲太子賓客東都留守德宗素聞其才將復用召之會卒年七十一贈太子少保子峯婦鄭皆以孝著表闕于門

班宏衛州汲人父景倩國子祭酒以儒名家宏天寶中擢進士第調右司禦胄曹參軍高適鎮劍南表爲觀察判官青城人以左道惑衆謀作亂事覺誣引屯將規緩死衆兇懼宏驗治卽殺之人心大安郭英乂代適表雒令以病解大曆中擢起居舍人四遷給事中李寶臣死子惟岳匿喪求節度帝遣宏使成德喻其軍惟岳厚獻遺宏不納還報稱旨擢刑部侍郎京官考使右僕射崔寧署兵

部侍郎劉迺爲上下考宏不從曰今軍在節度雖有尺籍伍符省署不校也夫上多虛美則下趨競上阿容則下朋黨因削之迺聞謝曰敢掠一美以邀二罪乎進吏部侍郎貞元初仍旱蝗賦調益急以戶部侍郎副度支使韓滉俄而竇參當國代滉使而參任大理司直時宏已爲刑部侍郎德宗以宏熟天下計故進宏尚書副參且曰朕藉宰相重而衆務一委卿無庸辭參亦以宏素貴私謂曰閱歲當歸使於公宏喜後參胖自安不念前語宏剛愎以參欺己議事稍不合揚子院鹽鐵轉運之委藏也宏任御史中丞徐粲主之粲以賄聞參議所代宏固不可參選諸院吏未始訪宏宏數條參所用吏過惡以聞輒留中無何參以使勞加吏部尚書而封宏蕭國公恨參以虛寵加己銜之每制旨有所營建必極瓌麗親程役媚結權嬖以傾參張滂先善於宏薦爲司農少卿及參欲滂分掌江淮鹽鐵宏以滂疾惡且以法繩粲因謬曰滂彊戾不可用滂聞不喜久之參知帝遇己薄乃讓使然不欲宏專問策於京兆尹薛珏珏曰滂與宏交惡而滂剛決若分鹽鐵轉運必能制宏參遂薦滂爲戶部侍郎鹽鐵轉運使而以

宏判度支分滂關內河東劍南山南西道鹽鐵轉運隸宏以悅其意又還江淮兩稅置巡院官令宏滂共差擇滂欲得簿最宏不與及署院官更持可否不能定處處官乏不補滂奏言臣職不脩無逃死如國家大計何由是有詔分掌宏見宰相辭曰宏主漕歲得江淮米五十萬斛前年至七十萬今職移於人敢請罪滂在側儳曰公所言非也朝廷不奪公職乃公喪官縉縱姦吏自取咎爾凡爲度支使不一歲家輒鉅億僮馬產第後王公非盜縣官財何以然上既知之故令滂分掌令公無乃歸怨上乎宏不答於是移病歸第宰相白其狀詔許如劉晏韓滉故事以東都河南淮南江南山南東道兩稅滂主之東渭橋以東巡院隸焉關內河東劍南山南西道宏主之滂至揚州乃窮劾粲悉發其贓至鉅萬徙死嶺表宏清潔勤力晨入官署夕而出吏不堪其勞而己益恭參得罪宏爲有力卒年七十三贈尙書右僕射諡曰敬後二年滂亦罷爲衞尉卿

王紹本名純避憲宗諱改焉自太原徙京兆之萬年父端第進士有名天寶間與柳芳陸據殷寅友善據嘗言端之莊芳之辯寅之介可以名世終工部員外

郎紹少爲顏真卿所器字之曰德素奏爲武康尉再佐蕭復府包佶領租庸鹽
鐵使署判官時李希烈阻兵江淮輸物留梗乃徙餉道自潁入汴紹入關德宗
已西狩乃督輕貨趣間道走洋州紹先見行在帝勞之曰吾軍乏春服朕且衣
裘柰何紹流涕曰佶遣臣貢奉無慮五十萬當即至帝曰道回遠經費方急何
可望邪後五日繼至由是紓難還倉部員外郎是時兵旱無年詔戶部收闕官
俸稅茶及無名錢以脩荒政紹由員外郎判務遷戶部兵部郎中皆專領進戶
部侍郎判度支頃之還尚書德宗臨御久益不假借宰相自竇參陸贄斥罷中
書取充位惟紹謹密眷待殊厚主計凡八年每政事多所關訪紹亦未嘗一言
漏于人順宗立王叔文奪其權拜兵部尚書出爲東都留守元和初檢校尚書
右僕射爲武寧軍節度使復以濠泗二州隸其軍自張愔後兵驕難治紹蒐輯
軍政推誠示人裨將安進達唐重蜻謀亂紹以計取之出家貲賞士舉軍安賴
復拜兵部尚書判戶部卒年七十二贈右僕射謚曰敬

李巽字令叔趙州贊皇人以明經補華州參軍事舉拔萃授鄠尉進累左司郎

中常州刺史召拜給事中出爲湖南觀察使貞元五年徙江西巽銳於爲治持下以法察無遺私吏不敢少紿順宗立擢兵部侍郎杜佑表爲鹽鐵轉運副使俄代佑使任自劉晏後職廢不振賦入朘耗巽涖職一年較所入如晏最多之年明年過之又明年增百八十萬緡再遷吏部尚書天資長於吏事至治家亦句檢案牘簿書如公府吏有過秋毫無所縱股慄脅息常如與巽對程异坐王叔文廢巽特薦引之异之計較精於巽故巽能善職蓋有助云元和四年疾革郎官省候巽言不及病但與商校程課功利是夕卒年六十三贈尚書右僕射巽爲人忌刻校怨在江西有所憎恨輒殺之始竇參爲相出巽常州促其行及參貶郴州巽時觀察湖南宣武節度使劉士寧致絹數千匹於參巽即劾參交通藩鎮以怒德宗遂殺參云

贊曰生人之本食與貨而已知所以取人不怨知所以予人不乏道御之而王權用之而霸古今一也劉晏因平準法斡山海排商賈制萬物低昂常操天下贏貲以佐軍興雖拏兵數十年斂不及民而用度足唐中僨而振要有勞焉可

謂知取予矣其經晏辟署者皆用材顯循其法亦能富國云

唐書卷一百四十九

唐書卷一百四十九考證

第五琦傳久之爲須江丞○舊書累至西江丞

召之會卒年七十一○舊書作年七十

唐書卷一百四十九考證

# 唐書卷一百五十

宋　端　明　殿　學　士　宋　祁　撰

## 列傳第七十五

李常趙崔齊盧

李揆字端卿系出隴西爲冠族去客滎陽祖玄道爲文學館學士父成裕祕書監揆性警敏善文章開元末擢進士第補陳留尉獻書闕下試中書遷右拾遺再轉起居郎知宗子表疏以考功郎中知制誥扈狩劍南拜中書舍人乾元二年宗室請上皇后號曰翊聖肅宗問揆對曰前代后妃終則有諡景龍不君韋氏專恣乃稱翊聖今陛下動遵典禮柰何踵其亂哉帝驚曰幾誤我家事遂止后即張氏有子數歲欲立爲太子而帝意未決時代宗已封成王帝從容語揆曰成王長有功將定太子卿意謂何揆曰陛下此言社稷福也因再拜賀帝曰朕計決矣俄兼禮部侍郎揆病取士不考實徒露搜索禁所挾而迂學陋生葄枕圖史且不能自措于詞乃大陳書廷中進諸儒約曰上選士第務得才可盡

所欲言由是人人稱美未卒事拜中書侍郎同中書門下平章事修國史封姑
臧縣伯揆美風儀善奏對帝歎曰卿門地人物文學皆當世第一信朝廷羽儀
乎故時稱三絕於是京師多盜至驂衢殺人尸溝中吏褫氣李輔國方横請選
羽林騎五百備徼捕揆曰漢以南北軍相統攝故周勃因南軍入北軍以安劉
氏本朝置南北衙文武區別更相檢伺今以羽林代金吾忽有非常何以制之
輔國議格揆決事明當然鋭於進且近名兄楷有時稱滯冗官不得遷呂諲政
事出揆遠甚以故宰相鎮荆南治聲尤高揆懼復用遣吏至諲所構抉過失諲
密訴諸朝帝怒貶揆袁州長史不三日以楷爲司門員外郎揆累年乃徙歙州
刺史初苗晉卿數薦元載揆輕載地寒謂晉卿曰龍章鳳姿士不見用麞頭鼠
目子乃求官邪載聞銜之及秉政奏揆試祕書監江淮養疾家百口貧無祿丐
食取給牧守稍厭慁則去之流落凡十六年載誅始拜睦州刺史入爲國子祭
酒禮部尚書德宗幸山南揆素爲盧杞所惡用爲入蕃會盟使拜尚書左僕射
揆辭老恐死道路不能達命帝惻然杞曰和戎者當練朝廷事非揆不可異時

年少揆者不敢辭揆至蕃酋長曰聞唐有第一人李揆公是否揆畏留因紿之
曰彼李揆安肯來邪還卒鳳州年七十四贈司空謚曰恭
常袞京兆人天寶末及進士第性狷潔不妄交游由太子正字累爲中書舍人
文采贍蔚長於應用譽重一時魚朝恩賴寵兼判國子監袞奏成均之任當用
名儒不宜以宦臣領職始回紇有戰功者得留京師虜性易驕後乃創邸第佛
祠或伏甲其間數出中渭橋與軍人格鬭奪含光門魚契走城外袞建言今西
蕃盤桓境上數入寇若相連結以乘無備其變不細請早圖之又天子誕日諸
道爭以侈麗奉獻不則爲老子浮屠解禱事袞以爲漢文帝還千里馬不用晉
武帝焚雉頭裘宋高祖碎琥珀枕是三主者非有聰明大聖以致治安謹身率
下而已今諸道饋獻皆淫侈不急而節度使刺史非能男耕而女織者類出於
民是斂怨以媚上也請皆還之今軍旅未寧王畿戶口十不一在而諸祠寺寫
經造像焚幣埋玉所以賞賚若比丘道士巫祝之流歲巨萬計陛下若以易芻
粟減貧民之賦天下之福豈有量哉代宗嘉納遷禮部侍郎時宦者劉忠翼權

震中外涇原節度使馬璘爲帝寵任有所干請袞皆拒卻元載死拜門下侍郎同中書門下平章事弘文崇文館大學士與楊綰同執政綰長厚通可而袞苛細以清儉自賢帝內重綰而顓任之禮遇信愛袞弗及也每所恨忌會綰卒袞始當國先是百官俸寡狹議增給之時韓滉使度支與袞皆任情輕重滉惡國子司業張參袞惡太子少詹事趙惎皆少給之太子文學爲洗馬副袞姻家任文學者其給乃在洗馬上其騁私崇怨類此故事日出內廚食賜宰相家可十人具袞奏罷之又將讓堂封宅宰相不從乃止政事堂北門異時宰相過舍人院咨逮政事至袞乃塞之以示尊大懲元載敗窒賣官之路然一切以公議格之非文詞者皆擯不用故世謂之黯伯以其黯黯無賢不肖之辨云袞爲相散官纔朝議而無封爵郭子儀言于帝遂加銀青光祿大夫封河內郡公德宗即位袞奏貶崔祐甫爲河南少尹帝怒使與祐甫換秩再貶潮州刺史建中初楊炎輔政起爲福建觀察使始閩人未知學袞至爲設鄉校使作爲文章親加講導與爲客主鈞禮觀游燕饗與焉由是俗一變歲貢士與內州等卒于官年五

十五贈尙書左僕射其後閩人春秋配享袞于學宮云
趙憬字退翁渭州隴西人曾祖仁本仕爲吏部侍郎同東西臺三品憬志行峻潔不自衒賈寶應中方營泰建二陵用度廣又吐蕃盜邊天下荐饑憬褐衣上疏請殺禮從儉士林歎美試江夏尉佐諸使府進太子舍人母喪免有芝生壞樹建中初擢水部員外郎湖南觀察使李承表憬自副承卒遂代之召還闔門不與人交李泌薦之對殿中占奏明辨通古今德宗欽悅拜給事中貞元中咸安公主降回紇詔關播爲使而憬以御史中丞副之異時使者多私齎以市馬規利入獨憬不然使未還尙書左丞缺帝曰趙憬堪此遂以命之考功歲終請如至德故事課殿最憬自言薦果州刺史韋證以貪敗請降考校考使劉滋謂憬知過更以考升竇參當國欲抑爲刺史帝不許參罷進中書侍郎同中書門下平章事與陸贄同輔政贄於裁決少所讓又徙憬門下侍郎繇是不平自以不任職數稱疾時杜黃裳遭奄人讒詆穆贊韋武李宣盧雲等爲裴延齡構擿勢危甚憬救護申解皆得免初贄約共執退延齡既對贄極言其姦帝色變憬

不爲助遂罷贇乃始當國慓精治道常以國本在選賢節用薄賦斂寬刑罰懇懇爲天子言之又陳前世損益當時之變獻審官六議一議相臣曰中外知其賢者用之能者任之責材之備爲不可得二議庶官曰臣嘗謂拔十得五賢愚猶半陛下曰何必五也十二可矣故廣任用明殿最舉大節略小瑕隨能試事用人之大要也三議京司闕官曰今要官闕多閑官員多要官以材行閑官以恩澤是選拔少優容衆也宜補闕員以育人材四議考課曰今內庶僚外刺史課最尤者擢以不次善矣臣謂黜陟宜責歲限若任要重未當遷者加爵或秩其餘進退宜示遲速之常若課在中考如限者平轉而歷試之卽無苟且之心滯淹之慮五議遺滯曰陛下委宰輔舉才不偏知也則訪之庶僚又不偏知也訪之衆人衆聲囂然十譽之未信一毀之可疑臣謂宜采士論以譽多者先用非大故者勿棄六議藩府官屬曰諸使辟署務得才以重府望能否已試則引而置之朝無俾久滯帝皆然之下詔褒答輔政五年卒年六十一其息上卒時藁奏帝悼惜之贈太子太傅謚曰貞憲慓性清約位台宰而第室童獲猶儒先

生家也得稟入先建家廟而竟不營產其鎮湖南也令狐峘崔儆並爲部刺史不守法憬以正彈治之皆遣客暴憬失於朝及爲相乃擢儆自大理卿爲尙書右丞峘方貶衢州別駕引爲吉州刺史人以爲賢

崔造字玄宰深州安平人永泰中與韓會盧東美張正則三人友善居上元好言當世事皆自謂王佐才故號四夔浙西觀察使李栖筠辟爲判官累遷左司員外郞與劉晏善晏得罪貶信州長史徙建州刺史朱泚亂造輒馳檄比州發所部兵二千以待命德宗嘉之京師平召還至藍田自以舅源休與賊同逆上疏請罪帝以爲有禮下詔慰勉擢給事中貞元二年以給事中同中書門下平章事帝謂造敢言爲能立事故不次用之造久在江左疾錢穀諸使罔上或干沒自私乃建言天下兩稅請委本道觀察使刺史選官部送京師諸道水陸轉運使度支巡院江淮轉運使請悉停以度支鹽鐵務還尙書省六曹皆宰相分領於是齊映判兵部李勉刑部劉滋吏禮二部造戶工二部又以戶部侍郎元琇判諸道鹽鐵榷酒事吉中孚度支諸道兩稅事而浙江東西歲入米七十五

萬石方歲饑更以兩稅準米百萬豪壽洪潭二十萬責韓滉杜亞漕送東渭橋諸道有鹽鐵處仍置巡院歲盡宰相計最殿以聞造厚元琇故首命之時滉方領轉運有寵於帝朝廷仰其須滉持不可改帝重違之復以滉爲江淮轉運使餘如造請是秋江淮米大集帝美滉功以滉專領度支諸道鹽鐵轉運等使造懼始託疾辭位乃罷爲太子右庶子貶琇雷州司戶參軍於是造所請悉罷以憂愧卒年五十一議者謂造舉不適時方用之乏不能權濟大事雖據舊典奚能抗一切之制云

齊映瀛州高陽人舉進士博學宏詞中之補河南府參軍事滑亳節度使令狐彰署掌書記彰疾甚引映託後事映因說彰納節歸諸子京師彰從之卽以女妻映彰卒軍亂映閒歸東都三城使馬燧辟爲判官盧杞薦授刑部員外郎又爲鳳翔張鎰判官映練軍事論奏數稱旨進行軍司馬會德宗出奉天鎰儒緩不知兵部將李楚琳者素慓悍欲介賊爲亂映與齊抗請先事誅之鎰不用更示寬大徐謂楚琳曰欲以君使外若何楚琳恐夜殺鎰以應賊映雅爲軍中慕

賴故得免奔奉天授御史中丞從幸梁道險澀常爲帝御會馬駭奔帝恐傷映
詔捨轡固不去曰馬奔踶不過傷臣捨之或犯清蹕臣雖死不足償責帝嘉嘆
擢給事中映爲人白皙長大言音鴻爽故帝令侍左右或前馬臚傳詔旨進中
書舍人貞元二年以舍人同中書門下平章事俄改中書侍郎封河閒縣男與
崔造劉滋並輔政滋端重寡言映謙不肎事否可一顓于造會造疾映乃當國
吐蕃數入寇關輔震騷咸言帝欲避狄映入諫曰戎狄不懲臣之罪也然內外
恟恟謂陛下具糗糧欲治行夫大幸不再奈何不與臣等計乎因俯伏流涕天
子爲感寤後給事中袁高忤帝旨而映以爲尚書左丞御史大夫始映微時張
延賞遇之善及映相而延賞爲左僕射數爲映晝事又爲所親求官映不答延
賞恚既復用卽劾映非宰相器明年貶夔州刺史徙衡州久之爲桂管江西兩
觀察使始映罷不以罪冀復進乃掊斂獻貢以中帝欲初諸藩銀大瓶止五尺
李兼爲江西始獻六尺瓶至映乃八尺云卒年四十八贈禮部尚書謚曰忠
盧邁字子玄河南河南人性孝友舉明經入第補太子正字以拔萃調河南主

纂集賢校理公卿交薦之擢右補闕三遷吏部員外郎以族屬客江介出爲滁州刺史召還再遷諫議大夫數條當世病利進給事中俄會考課邁以不滿歲固辭二考薦紳高其讓改尙書右丞將作監元日攝祠以私忌不聽誓御史劾之帝疑其罰下尙書省議邁曰按大夫士將祭於公旣視濯而父母死猶奉祭禮散齊有大功喪致齊有期喪齊有疾病聽還舍不奉祭無忌日不受誓者雖令忌日與告且春秋不以家事辭王事今攝祭特命也亘以常令拒特命執非所宜遂抵罪以本官同中書門下平章事進中書侍郎時陸贄趙憬專大政邁居中治身循法無它過久之暴眩省中輿還第詔大臣即問固乞骸骨罷爲太子賓客卒年六十贈太子太傅邁每有功緦喪必容稱其服而情有加焉叔下邽令休沐過家邁終日與羣子姓均指使無位貌之異再娶無子或勸畜姬媵對曰兄弟之子猶子也可以主後所得稟賜皆賑姻舊之乏其從父弟起喪還洛陽過都邁奏請往哭之盡哀時執政自以宰相尊五服皆不過從問弔而邁獨不徇時議者重其仁而亮云

贊曰楊綰之德陸贄之賢而衮懔以爲憎何哉士固蔽於媢前然主聽不一故乘以爲姦昔齊桓秦堅任管仲王猛與區區霸天下蓋不以不肖者參之君臣相諒果難哉

唐書卷一百五十

唐書卷一百五十考證

李揆傳祖元道○舊書作元道曾孫

唐書卷一百五十考證

宋 端 明 殿 學 士 宋 祁 撰

## 列傳第七十六

### 關董袁趙竇

關播字務元衞州汲人及進士第鄧景山節度青齊淮南再署幕府遷右補闕與神策軍使王駕鶴爲姻家元載惡之出爲河南兵曹參軍事數試屬縣政異等陳少游鎮浙東淮南表爲判官攝滁州刺史李靈耀叛少游屯淮上所在盜賊蝟奮播儲峙力給軍與人無愁苦楊綰常袞皆善播引爲都官員外郎德宗初湖南峒賊王國良驚剽州縣不可制詔播宣輯因得請事對殿中帝問政治之要播曰爲政之本要得有道賢人乃治帝曰朕比下詔求賢才又遣使黜陟摻逮所遺須能者用之若何播曰陛下雖求賢又使舉薦然止得求名文辭士焉有有道賢人肯奉牒丐舉選邪帝悦曰卿姑去還當更議播且言奉詔平賊有如不受命臣請發州兵翦定之帝曰善及還再遷給事中故事諸司甲庫以

令史直曹刓脫爲姦播悉易以士人時韙其法歷吏部侍郎帝求宰相盧杞雅知播韋柔可制因從容言播材任宰相其儒厚可鎮浮動乃拜中書侍郎同中書門下平章事政一決於杞嘗論事帝前播意不可避坐欲有所言杞目禁輒止退讓播曰以君寡言故至此柰何欲開口爭事邪播即喑畏毋敢與時李元平陶公達張彧劉承誡率輕薄子游播門下能侈言誕計以功名自喜播謂皆將相材數請帝用之元平本宗室疏裔好論兵鄙天下士大夫無可者人人怨疾之李希烈叛帝以汝州據賊衝刺史疲軟不勝任播盛稱元平帝召見拜左補闕不數日檢校吏部郎中兼汝州別駕知州事元平始至募工築郛浚隍希烈陰使亡命應募凡內數百人元平不寤賊遣將李克誠以精騎薄城募者內應縛元平馳見希烈遺矢於地希烈以其眇小無鬚戲克誠曰使爾取元平乃以其子來邪因嫚罵曰盲宰相使爾當我何待我淺邪僞署御史中丞播聞詫曰元平事濟矣謂必覆賊而建功也左右笑之無何僞署爲宰相有告其貳者元平斷一指自誓公達等以元平屈賊皆廢不用播從幸奉天盧杞白志貞已

貶而播猶執政議者不平遂罷爲刑部尙書韋倫等曰宰相不善謀使天子播越尙可尙書邪相與泣諸朝未幾知刪定使初上元中詔擇古名將十人配享武成廟如十哲侑孔子播奏太公古賢臣今其下稱亞聖孔子十哲皆當時弟子今所配年世不同請罷之詔可貞元初檢校尙書右僕射持節送咸安公主降回鶻虜人重其清遷還兵部尙書以太子少師致仕斥賣車騎闔門不與外事卒年七十九贈太子太保始希烈死或言元平雖屈賊然有謀不克發乃貸死流珍州會赦還住郯中觀察使皇甫政殺其姪以發帝怒遂流死賀州

董晉字混成河中虞鄉人擢明經肅宗幸彭原上書行在拜祕書省校書郎待制翰林出從淮南崔圓府爲判官還朝累遷祠部郎中大曆中李涵持節送崇徽公主於回紇署晉判官回紇恃有功見使者倨因問歲市馬而唐歸我賄不足何也涵懼未及對數目晉晉曰我非無馬而與爾爲市爲爾賜者不已多乎爾之馬歲五至而邊有司數皮償貲天子不忘爾勞敕吏無得問爾反用是望我邪諸戎以我之爾與也莫敢確爾父子寧畜馬蕃非我則誰使衆皆南面拜

不敢有言還遷祕書少監德宗立授太府卿不旬日爲左散騎常侍兼御史中
丞知臺事出爲華州刺史朱泚反遣兵攻之晉棄華走行在改國子祭酒宣慰
恆州還至河中而李懷光反晉說之曰朱泚爲臣而背其君苟得志於公何有
且公位太尉泚雖寵公亦無以加彼不能事君能以臣事公乎公能事彼而有
不能事君乎公敵賊有餘力若襲取之清宮以迎天子雖有大惡猶將掩焉如
公則誰敢議懷光喜且泣晉亦泣又語其將卒皆拜故懷光雖偃蹇亦不助泚
帝還京師還左金吾衛大將軍改尚書左丞是時右丞元琇爲韓滉排笮得罪
滉勢振朝廷晉見宰相誦元琇非罪士大夫壯其節貞元五年以門下侍郎同
中書門下平章事方竇參得君裁可大事不關咨晉晉循謹無所駁異參欲以
其姪申爲吏部侍郎諷晉以聞帝怒曰無乃參迫卿爲之邪晉謝具道所以然
帝卽問參過失晉無敢隱由是參罷宰相晉惶恐上疏固辭位九年罷爲禮部
尚書以兵部尚書爲東都留守會宣武李萬榮病且死詔晉檢校尚書左僕射
同中書門下平章事爲宣武節度副大使知節度事萬榮死鄧惟恭總其軍晉

受命不召兵惟幕府騶傔從之即日上道至鄭逆者不至人勸止以觀便宜晉
不聽直造汴及郊惟恭始出迎謁既入即委以軍政無所更改衆服晉有體莫
測其謀始惟恭謀代萬榮故不遣吏以疑晉令不敢入及晉至情得則鞅鞅不
能平汴士素驕怙亂嘗介勇士伏幕下旦暮番休晉一罷之惟恭乃結大將相
里重晏等謀亂晉覺之殺其黨械送惟恭京師帝錄其槷李迺勞貸死流汀州
帝恐晉儒愞詔拜汝州刺史陸長源爲司馬以佐晉晉謙愿儉簡事多循仍故
軍粗安長源持法峭刻數欲更張舊事晉初許之已而悉罷不用以財賦委孟
叔度叔度爲人佻俛軍中惡之晉在軍凡五年卒年七十六贈太傅謚曰恭惠
晉爲相也五月朔天子會朝公卿在廷侍中贊羣臣賀竇參攝中書令當傳詔
疾作公卿相顧未有詔晉從容進曰攝中書令臣參病不能事臣請代參事南
面宣致詔詞進退甚詳金吾將軍沈房有期喪公除常服入閤帝疑以問晉對
曰故事朝官期以下喪服緦縗不復衣淺色南班亦如之又問晉冠冕之制對
曰古者服冠冕以佩玉節步堂上接武堂下布武君前趨進而已今或奔走以

致顛仆在式朝臣皆綾袍五品而上金玉帶所以盡飾以奉上故漢尚書郎含香老萊采服君父一也若然服絁縵亦非禮也帝然其言詔入閣官毋趨走期以下喪不得以慘服會令羣臣衣本品綾袍金玉帶自晉而復

子溪字惟深亦擢明經三遷萬年令討王承宗也擢度支郎中爲東道行營糧料使坐盜軍貲流封州至長沙賜死子居中善詩爲張籍所稱

陸長源者吳人字泳祖餘慶天寶中爲太子詹事有清譽長源贍於學始辟昭義薛嵩幕府嵩後汰常從容規切嵩曰非君安能爲此歷建信二州刺史韓滉兼領江淮轉運使辟署兼御史中丞以爲副入遷都官郎中復出汝州刺史遂徙宣武政皆出司馬初欲峻法繩驕兵爲晉所持不克行而判官楊凝孟叔度等又苛細叔度淫縱數入倡家調笑嬉褻晉有所偷弛長源輒裁正之晉卒長源總留後事大言曰將士久慢吾且以法治之衆始懼軍中請出祭帛爲晉制服不許固請止給其直叔度希望又償直以鹽乃高鹽直賤帛估人得鹽二斤舉軍大怒或勸長源曰故事有大變則厚賜于軍軍乃安長源曰異時河北賊

以錢買戍卒取旌節吾不忍爲衆怒益甚長源性剛不適變又不爲備纔八日
軍亂殺長源及叔度等食其肉放兵大掠死之日有詔拜節度使遠近嗟悵贈
尚書左僕射長源好諧易無威儀而清白自將去汝州送車二乘曰吾祖罷魏
州有車一乘而圖書半之吾愧不及先人云長源死監軍俱文珍密召宋州刺
史劉全諒使總後務全諒至其夜軍復亂殺大將及部曲五百人乃定帝即詔
全諒檢校工部尚書宣武節度使全諒始名逸淮至是賜名本懷州武涉人也
父客奴以行戍留籍幽州事平盧軍以材力顯開元中室韋首領段普洛數苦
邊節度使薛楚玉使客奴單騎襲之斬首以歸與卒伍拜左驍衛將軍爲遊奕
使性謹樸數戰有功安祿山反詔以平盧節度副使呂知誨爲使賊遣韓朝暘
誘之知誨即降賊害安東副都護馬靈詧客奴不平與諸將共殺知誨遣使與
安東將王玄志相聞天寶十五載以客奴爲柳城郡太守攝御史大夫平盧節
度使賜名正臣以玄志爲安東副大都護正臣遣使道海至平原與太守顏真
卿相結真卿喜以子爲質而歸貲糧焉且請出師未至而真卿棄平原乃還因

襲范陽爲史思明所敗奔還玄志酖殺之全諒事劉玄佐爲牙將以勇果善騎射爲玄佐厚禮累兼御史中丞及玄佐子士寧代立疑宋州刺史翟良佐不附己揚言行部至則以全諒代之故汴將士多歸心焉視事凡八月卒贈尙書右僕射軍中立韓弘代節度云

袁滋字德深蔡州朗山人陳侍中憲之後彊學博記少依道州刺史元結讀書自解其義結重之後客荆郢間起學廬講授建中初黜陟使趙贊薦于朝起處士授試校書郎累辟張伯儀何士幹幕府進詹事府司直部官以盜金下獄滋直其冤御史中丞韋貞伯聞之表爲侍御史刑部大理覈罪人失其平憚滋守法因權勢以請滋終不署奏遷工部員外郎韋皐始招來西南夷南詔畢牟尋內屬德宗選郎吏可撫循者皆憚行至滋不辭帝嘉之擢祠部郎中兼御史中丞賜金紫持節往踰年還使稱指進諫議大夫還尙書右丞知吏部選求外遷爲華州刺史政清簡流民至者給地居之名其里曰義合然專以慈惠爲本未嘗設條教民愛向之有犯令時時法外縱舍得盜賊或哀其窮出財爲償所亡

召爲左金吾衞大將軍以楊於陵代之滋行耆老遮道不得去於陵使諭曰吾
不敢易袁公政人皆羅拜乃得去莫不流涕憲宗監國進拜中書侍郎同中書
門下平章事劉闢反詔滋爲劍南兩川山南西道安撫大使半道以檢校吏部
尚書平章事爲劍南東西川節度使是時賊方熾又滋兄峯在蜀爲闢所劫滋
畏不得全久不進貶吉州刺史未幾徙義成節度使滑用武地東有淄青北魏
博滋嚴備而推誠信務在懷來李師道田季安畏服之居七年百姓立祠祝祭
以戶部尚書召改檢校兵部拜山南東道節度使徙荊南吳元濟之反滋言蔡
兵勁與下同欲非朝夕計可下宜廣方略離潰其心及宿兵三年調發益屈詔
出禁錢繼之滋揣天子且厭兵自表入朝欲議罷淮西事道聞蕭俛錢徽坐沮
議黜去滋翻其謀更言必勝順可天子意乃得還俄而高霞寓敗帝思以恩信
傾賊且滋嘗云云乃授彰義節度使僑治唐州又以滋儒者拜陽旻爲唐州刺
史將其兵滋先世墳墓在蔡吳少陽時爲脩墓禁芻牧諸袁多署右職稟給之
滋至治去斥候與元濟通好賊圍新興滋卑辭講解賊因是易滋不爲備時帝

責戰急而滋至六月以無功貶撫州刺史未幾還湖南觀察使累封淮陽郡公卒年七十贈太子少保滋既病作遺令處後事訖三年皆有條次性寬易與之接者皆自謂可見肺肝至家人不得見喜愠薄居處衣食能爲春秋嘗以劉惲悲甘陵賦褒善斥惡戾春秋指然其文不可廢乃著後序工篆隸有古法子均右拾遺郊翰林學士

趙宗儒字秉文鄧州穰人八代祖彤後魏征南將軍父驊字雲卿少嗜學履尙清鯁開元中擢進士第補太子正字調雷澤河東丞採訪使韋陟器之表置其府又爲陳留採訪使郭納支使安祿山陷陳留驊没於賊時江西觀察使韋儇族妹坐其夫爲畿官不供賊没爲婢驊哀之以錢贖韋厚爲資給賊平訪近屬歸之時人高其義驊以嘗陷賊貶晉江尉久之召拜左補闕累遷尙書比部員外郎建中初遷祕書少監敦交友行義不以夷險廻操少與殷寅顏真卿柳芳陸據蕭穎士李華邵軫善時爲語曰殷顏柳陸李蕭邵趙謂能全其交也驊位省郎衣食窶乏俸單寡諸子至徒步人爲咨美涇原兵反驊竄山谷病死贈華

州刺史宗儒第進士授校書郎判入等補陸渾主簿數月拜右拾遺翰林學士
時父驊遷祕書少監德宗欲寵其門使一日並命再遷司勳員外郎貞元六年
領考功事自至德後考績失實內外悉考中上殿最混淆至宗儒黜陟詳當無
所回憚右司郎中獨孤良器殿中侍御史杜倫以過黜考左丞裴郁御史中丞
盧佋降考中中凡入中上者纔五十人帝聞善之進考功郎中累遷給事中十
二年以本官同中書門下平章事賜服金紫居二歲罷爲太子右庶子屛居愼
靜奉朝請而已遷吏部侍郎召見勞曰知卿杜門六年故有此拜曩與先臣並
命倘念之邪宗儒俯伏流涕元和初檢校禮部尚書充東都留守三遷至檢校
吏部荆南節度使散冗食戍二千人歷山南西道河中二鎮拜御史大夫改吏
部尚書穆宗立詔先朝所召賢良方正委有司試宗儒建言應制而來者當天
子臨問試有司非國舊典請罷之詔可俄檢校右僕射守太常卿太常有五方
師子樂非大朝會不作帝嗜聲色宦官領教坊者乃移書取之宗儒不敢違以
訴宰相宰相以事專有司不應關白以懦不職罷爲太子少師太和初進太子

太傅文宗召訪政理對曰堯舜之化慈儉而已願陛下守之帝納其言六年授司空致仕卒年八十七冊贈司徒諡曰昭宗儒以文學歷將相位任崇劇然無儀矩以治生瑣碎失名

竇易直字宗玄京兆始平人擢明經補校書郎十年不應辟以判入等爲藍田尉累遷吏部郎中元和六年進御史中丞繇陜虢觀察使入爲京兆尹萬年尉韓晤坐賕易直令官屬按之得贓三十萬憲宗疑未盡詔窮治至三百萬貶易直爲金州刺史久之起爲宣歙浙西觀察使長慶二年李㝏以汴州叛易直欲出庫財賞軍或謂給與無名必且生患乃止時江淮旱漕物淹積不能前軍士聞易直嚮言其部將王國清指漕貨激衆謀亂易直知之械國清送獄其黨數千羣讙入獄篡取之欲大剽易直登樓令曰能誅亂者一級賞千萬衆喜反縛爲亂者三百餘人易直悉斬之入爲戶部侍郎判度支四年同中書門下平章事轉門下侍郎封晉陽郡公即讓度支置其俸三月有詔停判文宗立檢校尚書右僕射同平章事爲山南東道節度使入爲左僕射判太常卿事頃之檢校

司空爲鳳翔節度以疾還京師卒贈司徒謚曰恭惠易直以公潔自喜方執政
未嘗引用親黨初元和中鄭餘慶議僕射上儀不與隔品官亢禮易直爲中丞
奏駮之及爲僕射乃自用隔品致恭爲時鄙笑子紃仕至渭南尉集賢校理妻
父王涯被禍宦官知易直子得不死貶循州司戶參軍
贊曰闒播舉李元平守汝州賊縛而臣之宰相不知人果可敗國德宗不以是
責宰相幾喪天下晉懦弛苟安滋欲以恩信傾賊迂暗之人烏可語功名會哉

唐書卷一百五十一

唐書卷一百五十一考證

董晉傳德宗立授太府卿不旬日爲左散騎常侍○舊書改太常卿遷右散騎常侍

以兵部尚書爲東都留守○臣德潛按此貞元九年事也舊書德宗紀貞元十二年晉爲東都留守

陸長源傳字泳○舊書作泳之

袁滋傳御史中丞韋貞伯聞之○韋貞伯舊書作韋縚

爲劒南東西川節度使○舊書作西川節度使

趙宗儒傳父驊○舊書作曄 臣西按曄爲陳留採訪支使沒于賊以六等定罪貶晉江尉舊書乃入忠義傳失實甚矣不若新書止敘于宗儒傳前爲是

唐書卷一百五十一考證

唐書卷一百五十二

宋　端　明　殿　學　士　宋　祁　撰

## 列傳第七十七

張姜武李宋

張鎰字季權一字公度國子祭酒後胤五世孫也父齊丘朔方節度使東都留守鎰以蔭授左衛兵曹參軍郭子儀表爲元帥府判官遷累殿中侍御史乾元初華原令盧樅以公事譙責邑人齊令詵令詵宦人也銜之構樅罪鎰按驗當免官有司承風以死論鎰不直之乃白其母曰今理樅樅免死而鎰坐貶嘿則負官貶則爲太夫人憂敢問所安母曰兒無累於道吾所安也遂執正其罪樅得流鎰貶撫州司戶參軍徙晉陵令江西觀察使張鎬表爲判官遷屯田右司二員外郎居母喪以孝聞不妄交游特與楊綰崔祐甫善大曆初出爲濠州刺史政條清簡延經術士講教生徒比去州升明經者四十人李靈耀反于汴鎰團閱鄉兵嚴守禦有詔褒美擢侍御史兼緣淮鎮守使以最遷壽州刺史歷江

西河中觀察使不閱旬改汴滑節度使以病固辭詔留私第建中二年拜中書侍郎同中書門下平章事明年以兩河用兵詔省薄御膳及皇太子食物鎰因奏減堂飡錢及百官稟奉三分一以助用度時黜陟使裴伯言薦潞州處士田佐時詔除右拾遺集賢院直學士鎰以爲禮輕恐士不勸復詔州縣吏以絹百匹粟百石就家致聘佐時卒不至郭子儀壻太僕卿趙縱爲奴告下御史劾治而奴留內侍省鎰奏言貞觀時有奴告其主謀反者太宗曰謀反理不獨成尚當有佗人論之豈藉奴告耶乃著令奴告主者斬由是賤不得干貴下不得淩上教本既修悖亂不萌頃者長安令李濟以奴得罪萬年令霍晏因婢坐譴與臺下類主反畏之悖慢成風漸不可長建中元年五月辛卯詔書奴婢告主非謀叛者同自首法並準律論由是獄訴衰息今縱事非叛逆而奴留禁中獨下縱獄情所不厭且將帥功孰大於子儀冢土僅乾兩壻前已得罪縱復繼之不數月斥其三壻假令縱實犯法事不緣奴尚宜錄勳念亡以從蕩宥況爲奴所愬耶陛下方貴武臣以討賊彼雖見寵一時不能忘懷於異日也帝納之貶縱

循州司馬杖奴死鎰召子儀家僮數百暴示奴尸盧杞忌鎰剛直欲去之時朱泚以盧龍卒戍鳳翔帝擇人以代杞卽謬曰鳳翔將校班秩素高非宰相信臣不可鎭撫臣宜行帝不許杞復曰陛下必以臣容貌蕞陋不爲三軍所信恐後生變臣不敢自謀惟陛下擇之帝乃顧鎰曰文武兼資望重內外無易卿者其爲朕撫盧龍士乃以中書侍郎爲鳳翔隴右節度使鎰知爲杞陰中然辭窮因再拜受詔頃之與吐蕃相尙結贊盟清水約牛馬爲牲鎰恥與盟將末殺其禮乃紿語吐蕃以羊豕犬代之帝幸奉天鎰罄家貲將自獻行在而營將李楚琳者嘗事朱泚得其心軍司馬齊映等謀曰楚琳必爲亂乃遣屯隴州楚琳知之稽故未行鎰以帝在外心憂惑謂已亟去不爲備楚琳夜率其黨王汾李卓牛僧伽等作亂齊映自竇出齊抗託傭皆免鎰縋城走不及遠與二子爲候騎所執楚琳殺之屬官王沼張元度柳遇李溆皆死詔贈鎰太子太傅

姜公輔愛州日南人第進士補校書郞以制策異等授右拾遺爲翰林學士歲滿當還上書以母老賴祿而養求兼京兆尸曹參軍事公輔有高材每進見敷

奏詳亮德宗器之朱滔助田悅也以蠟裹書間道邀泚太原馬燧獲之泚不知也召還京師公輔諫曰陛下若不能坦懷待泚不如誅之養虎無自詒害不從俄而涇師亂帝自苑門出公輔叩馬諫曰泚嘗帥涇原得士心向以滔叛奪之兵居常怫鬱不自聊請馳騎捕取以從無爲羣兇得之帝倉卒不及聽既行欲駐鳳翔倚張鎰公輔曰鎰雖信臣然文吏也所領皆朱泚部曲漁陽突騎泚若立涇軍且有變非萬全策也帝亦記桑道茂言遂之奉天不數日鳳翔果亂殺鎰帝在奉天有言泚反者請爲守備盧杞曰泚忠正篤實柰何言其叛傷大臣心請百口保之帝知羣臣多勸泚奉迎乘輿者乃詔諸道兵距城一舍止公輔曰王者不嚴羽衞無以重威靈今禁旅單寡而士馬處外爲陛下危之帝曰善悉內諸軍泚兵果至如所言乃擢公輔諫議大夫同中書門下平章事帝從梁

唐安公主道薨王性仁孝許下嫁韋宥以播遷未克也帝悼之甚詔厚其葬公輔諫曰即平賊主必歸葬今行道宜從儉以濟軍興帝怒謂翰林學士陸贄曰唐安之葬不欲事塋壠令累甓爲浮圖費甚寡約不容宰相關預苟欲指朕過

爾贄曰公輔官諫議職宰相獻替固其分本立輔臣朝夕納誨微而弼之乃其所也帝曰不然朕以公輔才不足以相而又自求解朕既許之內知且罷故賣直售名爾遂下遷太子左庶子以母喪解復爲右庶子久不遷陸贄爲相公輔數求官贄密謂曰竇丞相嘗言爲公擬官屢矣上輒不悅公輔懼請爲道士未報宅日又言之帝問故公輔隱贄言以參語對帝怒黜公輔泉州別駕遣使齎詔讓參順宗立拜吉州刺史未就官卒憲宗時贈禮部尚書

武元衡字伯蒼曾祖載德則天皇后之族弟祖平一有名元衡舉進士累爲華原令畿輔鎮軍督將皆驕橫橈政元衡移疾去德宗欽其才召拜比部員外郎歲內三遷至右司郎中以詳整任職擢爲御史中丞常對延英帝目送之曰是真宰相器順宗立王叔文使人誘以爲黨拒不納俄爲山陵儀仗使監察御史劉禹錫求爲判官元衡不與叔文滋不悅數日改太子右庶子會冊皇太子元衡贊相太子識之及卽位是爲憲宗復拜中丞進戶部侍郎元和二年拜門下侍郎同中書門下平章事兼判戶部事帝素知元衡堅正有守故睠禮信任異

宅相浙西李錡求入覲既又稱疾欲賒其期帝問宰相鄭絪絪請聽之元衡曰不可錡自請入朝詔既許之而復不至是可否在錡陛下新即位天下屬耳目若奸臣得遂其私則威令去矣帝然之遽追錡而錡計窮果反是時蜀新定高崇文爲節度不知吏治帝難其代詔元衡檢校吏部尚書兼門下侍郎同平章事爲劍南西川節度使繇蕭縣伯封臨淮郡公帝御安福門慰遣之崇文去成都盡以金帛帟幕伎樂工巧行蜀幾爲空元衡至綏靖約束儉己寬民比三年上下完實蠻夷懷歸雅性莊重雖淡於接物而開府極一時選八年召還秉政李吉甫李絳數爭事帝前不叶元衡獨持正無所違附帝稱其長者吉甫卒淮蔡用兵帝悉以機政委之王承宗上疏請赦吳元濟使人白事中書悖慢不恭元衡叱去承宗怨數上章誣詆未幾入朝出靖安里第夜漏未盡賊乘暗呼曰滅燭射元衡中肩復擊其左股徒御格鬬不勝皆駭走遂害元衡批顱骨持去邏司傳譟盜殺宰相連十餘里達朝堂百官恂懼未知主名少選馬逸還第中外乃審知是日仗入紫宸門有司以聞帝震驚罷朝坐延英見宰相哀慟爲再

不食贈司徒諡曰忠愍詔金吾府縣大索或傳言曰無搜賊賊窮必亂又投書於道曰毋急我我先殺汝故吏卒不窮捕兵部侍郎許孟容言於帝曰國相橫尸路隅而盜不獲爲朝廷辱帝乃下詔能得賊者賞錢千萬授五品官與賊謀及舍賊能自言者亦賞有不如詔族之積錢東西市以募告者於是左神策將軍王士則左威衞將軍王士平以賊聞捕得張晏等十八人言爲承宗所遣皆斬之逾月東都防禦使呂元膺執淄青留邸賊門察訾嘉珍自言始謀殺元衡者會晏先發故藉之以告師道而竊其賞帝密誅之初京師大恐城門加兵誰何其偉狀異服燕趙言者皆驗訊乃遣公卿朝以家奴持兵呵衞宰相則金吾彀騎導翼每過里門搜索喧譁因詔寅漏上二刻乃傳點云從父弟儒衡

儒衡字廷碩姿狀秀偉不妄言與人交終始一節宰相鄭餘慶不事華潔門下客多垢衣敗服獨儒衡上謁未嘗有所易以莊詞正色見重於餘慶元衡歿帝待之益厚累遷戶部郎中知諫議大夫事俄兼知制誥皇甫鎛以宰相領度支剝下以媚天子儒衡疏其狀鎛自訴於帝帝曰乃欲報怨邪鎛不敢對儒衡論

議勁正有風節且將大用宰相令狐楚忌之會以狄兼謨爲拾遺楚自草制引武后革命事感推仁傑功以指切儒衡且沮止之儒衡泣見上曰臣祖平一當天后時避仕終老不涉於累帝慰勉之自是薄楚爲人也遷中書舍人時元稹倚宦官知制誥儒衡鄙厭之會食瓜蠅集其上儒衡揮以扇曰適從何處來遽集於此一坐皆失色然以疾惡大分明終不至大任以兵部侍郎卒年五十六贈工部尚書

李絳字深之系本贊皇擢進士宏辭補渭南尉拜監察御史元和二年授翰林學士俄知制誥會李錡誅憲宗將輦取其貲絳與裴垍諫曰錡僭侈誅求六州之人怨入骨髓今元惡傳首若因取其財恐非遏亂略惠綏困窮者願賜本道代貧民租賦制可樞密使劉光琦議遣中人持赦令賜諸道以裒饋餉絳請付度支鹽鐵急遞以遣息取求之弊光琦引故事以對帝曰故事是耶當守之不然當改可循舊哉帝嘗稱太宗玄宗之盛朕不佞欲庶幾二祖之道德風烈無愧謚號不爲宗廟羞何行而至此乎絳曰陛下誠能正身勵己尊道德遠邪佞

進忠直與大臣言敬而信無使小人參焉與賢者游親而禮無使不肖與焉去官無益於治者則材能出斥宮女之希御者則怨曠銷將帥擇士卒勇矣官師公吏治輯矣法令行而下不違教化篤而俗必遷如是可與祖宗合德號稱中興夫何遠之有言之不行無益也行之不至無益也帝曰美哉斯言朕將書諸紳即詔絳與崔羣錢徽韋弘景白居易等搜次君臣成敗五十種爲連屏張便坐帝每閱視顧左右曰而等宜作意勿爲如此事是時盛興安國佛祠倖臣吐突承璀請立石紀聖德焉營構華廣欲使絳爲之頌將遺錢千萬絳上言陛下蕩積習之弊四海延頸望德音忽自立碑示人以不廣易稱大人與天地合德謂非文字所能盡若令可述是陛下美有分限堯舜至文武皆不傳其事惟秦始刻嶧山揚暴誅伐巡幸之勞失道之君不足爲法今安國有碑若敘游觀即非治要述崇飾又非政宜請罷之帝怒絳伏奏愈切帝悟曰微絳我不自知命百牛倒石令使者勞諭絳襄陽裴均違詔書獻銀壺甕數百具絳請歸之度支示天下以信帝可奏仍敕均罪時議還盧從史昭義已而將復召之從史以軍

無見儲爲解李吉甫謂鄭絪漏其謀帝召絳議欲逐絪絳爲開白乃免絳見浴堂殿帝曰比諫官多朋黨論奏不實皆陷謗訕欲黜其尤者若何絳曰此非陛下意必憸人以此營誤上心自古納諫昌拒諫亡夫人臣進言於上豈易哉君尊如天臣卑如地加有雷霆之威彼晝度夜思始欲陳十事俄而去五六及將以聞則又憚而削其半故上達者財十二何哉干不測之禍顧身無利耳雖開納獎勵尚恐不至今乃欲譴訶之使直士杜口非社稷利也帝曰非卿言我不知諫之益初承璀討王承宗議者皆言古無以宦人統師者絳當制書固爭帝不能奪止詔宰相授敕承璀果無功還加開府儀同三司絳奏承璀喪師當抵罪今寵以崇秩後有奔軍之將蹈利干賞陛下何以處之又數論宦官橫肆方鎭進獻等事自知言切且斥去悉取內署所上疏稾焚之以俟命帝果怒絳謝曰陛下憐臣愚處之腹心之地而惜身不言乃臣負陛下若上犯聖顏旁忤貴倖因而獲罪乃陛下負臣於是帝動容曰卿告朕以人所難言者疾風知勁草卿當之矣遂繇司勳郎中進中書舍人翌日賜金紫親擇良笏與之且曰異時

膺顧託南面當如此絳頓首爲重胤縛盧從史而承璀牒署昭儀留後絳曰澤潞據山東要害磁邢洺跨兩河間可制其合從今孽豎就禽方收威柄遽以偏將莅本軍綱紀大紊矣河南北諸鎮謂陛下啗以官爵使逐其帥其肯默然哉宜以孟元陽爲澤潞而以重胤節度三城兩河諸侯聞之必欣然帝從之張茂昭舉族入覲絳上言任迪簡既往代則士之從茂昭皆爲定人宜亟授以官且遣使者詔其麾下皆聽茂昭節度有詔拜河中節度使會迪簡以帑廥匱竭稍簡罷士之疲老者人情不安迪簡亦危絳請斥禁帑絹十萬以濟事機吳少誠病甚絳建言淮西地不與賊接若朝廷命帥今乃其時有如阻命則決可討矣然鎮蔡不可幷取願赦承宗趣立蔡功時江淮大旱帝下赦令有所蠲弛絳言江淮流亡所貸未廣而宮人猥積有怨鬲之思當大出之以省經費嶺南之俗鬻子爲業可聽非券劑取直者如掠賣法敕有司一切苛止帝皆順納後閱月不賜對絳謂大臣持祿不敢諫小臣畏罪不敢言管仲以爲害霸最甚今臣等飽食不言無履危之患自爲計得矣顧聖治如何有詔明日對三殿帝嘗畋苑

中至蓬萊池謂左右曰絳嘗以諫我今可返也其見禮憚如此帝怪前代任賢以致治今無賢可任何耶對曰聖王選當代之人極其才分自可致治豈借賢異代治今日之人哉天子不以己能蓋人痛折節下士則天下賢者乃出帝曰何知其必賢而任之對曰知人誠難堯舜以爲病然循其名驗以事所得十七夫任官而辨廉措事不阿容無希望依違之辭無邪媚婾悅之容此近於賢矣賢則當任任則當久賢者中立而寡助舉其類則不肖者怨杜邪徑則懷奸者疾一制度則貴戚毁傷正過失則人君疏忌夫然用賢豈容易哉帝曰卿言得之矣六年罷學士遷戶部侍郎判本司帝以戶部故有獻而絳獨無有何哉答曰凡方鎮有地則有賦或嗇用度易羨餘以爲獻臣乃爲陛下謹出納烏有羨贏哉若以爲獻是徙東庫物實西庫進官物結私恩帝瞿然悟帝每有詢訪隨事補益所言無不聽欲遂以相而承璀寵方盛忌其進陰有毁短帝乃出承璀淮南監軍翌日拜絳中書侍郎同中書門下平章事封高邑男方江淮歲儉民荐飢有御史使還奏不爲災帝以語絳答曰方隅皆陛下大臣奏孰不實而御

史苟悅陛下耳凡君人者當任大臣使無小臣得以間願出其名顯責之李吉甫嘗盛贊天子威德帝欣然絳獨曰陛下自視今日何如漢文帝時帝曰朕安敢望文帝對曰是時賈誼以爲措火積薪下火未及然因以爲安其憂如此今法令所不及者五十餘州西戎內訌近以涇隴爲鄙去京師遠不千里烽燧相接也加比水旱無年倉廩空虛誠陛下焦心銷志求濟時之略渠便高枕而臥哉帝入謂左右曰絳言骨鯁眞宰相也遣使者賜酴醿酒魏博田季安死子懷諫弱軍中請襲節度吉甫議討之絳曰不然兩河所懼者部將以兵圖己也故委諸將總兵皆使力敵任均以相維制不得爲變若主帥彊則足以制其命今懷諫乳方臭不能事必假權于人權重則怨生向之權力均者將起事生患矣衆所歸必在寬厚简易軍中素所愛者彼得立不倚朝廷亦不能安惟陛下蓄威以俟之俄而田興果立以魏博聽命帝大悅吉甫復請命中人宣尉因刺其變徐議所宜絳獨謂不如推誠撫納即假旄節宅日使者持三軍表來請與與則制在彼不在此可奏與特授安得同哉然帝重違吉甫故詔張忠順持節往

而授與留後絳固請曰如與萬有一不受命即姑息復如向時矣由是即拜與
節度使絳復曰王化不及魏博久矣一日挈六州來歸不大犒賞人心不激請
斥禁錢百五十萬緡賜其軍有言太過者絳曰假令舉十五萬衆期歲而得六
州計所轉給三倍于費今與天挺忠義首變汙俗破兩河之膽可嗇小費隳機
事哉從之帝患朋黨以問絳答曰自古人君最惡者朋黨小人揣知故常藉口
以激怒上心朋黨者尋之則無跡言之則可疑小人常以利動不顧忠義君子
者遇主知則進疑則退安其位不爲宅計故常爲姦人所乘夫聖人同跡賢者
求類是同道也非黨也陛下奉遵堯舜禹湯之德豈謂上與數千年君爲黨耶
道德同耳漢時名節骨鯁士同心愛國而宦官小人疾之起黨錮之獄訖亡天
下趨利之人常爲朋比同其私也守正之人常遭構毀違其私也小人多譖言
常勝正人少直道常不勝可不戒哉絳居中介特尤爲左右所不悅遂因以自
明王播爲鹽鐵使而事月進絳曰比禁天下正賦外不得有宅獻而播妄名羨
餘不出祿廩家貲願悉付有司帝曰善訖絳在位獻不入禁中吐蕃犯涇州掠

人畜絳因言瀕塞虛籍多實兵少今京西北神策鎮軍本防盛秋坐仰衣食不使戰事至之日乃先稟中尉夫兵不內御要須應變失毫釐差千里請分隸本道則號令齊一前戰不還踵矣然士卒樂兩軍姑息宦者以爲言議遂寢嘗盛夏對延英帝汗浹衣絳欲趨出帝曰朕宮中所對惟宦官女子欲與卿講天下事乃其樂也絳或無所論諍帝輒詰所以然又言公等得無有姻故冗食者當爲惜官吉甫權德輿皆稱無有絳曰崔祐甫爲宰相不半歲除吏八百人德宗曰多公姻故何耶祐甫曰所問當與不當耳非臣親舊孰知其才其不知者安敢與官時以爲名言武后命官猥多而開元中有名者皆出其選古人言拔十得五猶得其半若猜故自嫌非聖主責成意帝曰誠然在至當而已帝又問玄宗開元時致治天寶則亂何一君而相反邪絳曰治生於憂危亂生於放肆玄宗嘗歷試官守知人之艱難臨御初任用姚崇宋璟勵精聽納故左右前後皆正人也洎林甫國忠得君專引傾邪之人分總要劇於是上不聞直言嗜欲日滋內則盜臣勸以興利外則武夫誘以開邊天下騷動故祿山乘隙而奮此皆

小人啓導從逸而驕縱時主所行無常治亦無常亂帝曰凡人舉事病不通於理追咎其失古人處此有道耶絳曰事或過差聖哲所不免天子有諫臣所以救過上下同體猶手足之於心膂交相爲用但矜能護失常情所蔽聖人改過不吝願陛下以此處之教坊使稱密詔閱良家子及別宅婦人內禁中京師囂然絳將入言于帝吉甫曰此諫官所論列絳曰公嘗病諫官論事此難言者欲移之耶吉甫乃欲諷詔使止之絳以吉甫畏不敢諫遂獨上疏帝曰朕以丹王等無侍者比命訪閭里以貲致之彼不諭朕意故至譁擾乃悉歸所取以足疾求免罷爲禮部尚書帝乃召承璀於淮南絳雖去位猶懷不能已因上言北虜方彊其憂有五彼蔑信重利歲入馬求直今則置不取當貯佗謀一也屯士不足斥候不明城無完堞非可應卒二也今之營築不詢衆謀遠規塞外城非要地虜一入寇應援艱阻三也比年通好往來窺覘河山兵甲悉知之矣若寇掠驅脅援兵非十日不至既至虜去兵罷復來四也北狄西戎久爲仇敵今回鶻思叛脫相連約數道並進何以遏之五也十年出爲華州刺史承璀田多在部

中主奴擾民絳捕繫之會遣五坊使帝戒曰至華宜自戢絳大臣有奏卽行法矣州有捕鷂戶歲責貢限絳以爲言并勸止畋獵有詔澤潞太原天威府并罷之入爲兵部尚書母喪免還授河中觀察使河中故節制而皇甫鎛惡絳故薄其恩議者不直鎛得罪復以兵部召還御史大夫穆宗數游畋絳率其屬叩延英切諫不納以疾辭還兵部尚書歷東都留守徙東川節度使復爲留守寶曆初拜尚書左僕射絳偉儀質以直道進退望冠一時賢不肖太分屢爲讒邪所中御史中丞王璠遇絳於道不之避絳引故事論列宰相李逢吉右璠下遷絳太子少師分司東都文宗立召爲太常卿以檢校司空爲山南西道節度使累封趙郡公四年南蠻寇蜀道詔絳募兵千人往赴不半道蠻已去兵還監軍使楊叔元者素疾絳遣人迎說軍曰將收募直而還爲民士皆怒乃譟而入劫庫兵絳方宴不設備遂握節登陴或言縋城可以免絳不從牙將王景延力戰歿絳遂遇害年六十七幕府趙存約薛齊皆死事聞諫官崔戎等列絳冤冊贈司徒諡曰貞賻禮甚厚景延亦贈官祿一子大中初詔史官差第元和將相圖形

淩煙閣絳在焉獨留中絳所論事萬餘言其甥夏侯孜以授蔣偕次爲七篇
子璋字重禮大中初擢進士第辟盧鈞太原幕府還監察御史奏太廟祫享復
用宰相攝事進起居郎舊制設次郊丘太僕盤車載樂召羣臣臨觀璋奏罷之
咸通中累官尚書右丞湖南宣歙觀察使

宋申錫字慶臣史失其何所人少而孤擢進士第累辟節度府後頻還起居舍
人以禮部員外郎爲翰林學士敬宗時拜侍講學士長慶寶曆間風俗囂薄驅
煽朋黨申錫素孤直少與及進用議者謂可以激浮競文宗卽位再轉中書舍
人復爲翰林學士帝惡宦官權寵震主再致宮禁之變而王守澄典禁兵偃蹇
放肆欲剟除本根思可與決大事者察申錫忠厚因召對俾與朝臣謀去守澄
等且倚以執政申錫頓首謝未幾拜尚書右丞踰月進同中書門下平章事乃
除王璠京兆尹密諭帝旨璠漏言而守澄黨鄭注得其謀太和五年遣軍候豆
盧著誣告申錫與漳王謀反守澄持奏浴堂將遣騎二百屠申錫家宦官馬存
亮爭曰謀反者獨申錫耳當召南司會議不然京師跂足亂矣守澄不能對時

二月晦羣司皆休中人馳召宰相馬奔乏死於道易所乘以復命申錫與牛僧孺路隋李宗閔至中書中人唱曰所召無宋申錫申錫始知得罪望延英門以笏叩頷還第僧孺等見上出著告牒皆駭愕不知所對守澄捕申錫親吏張全真家人買子緣信及十六宅典史晉成其罪帝乃罷申錫爲太子右庶子召三省官御史中丞大理卿京兆尹會中書集賢院雜驗申錫反狀京師譁言相驚久乃定翌日延英召宰相羣臣悉入初議抵申錫死僕射竇易直卒然對曰人臣無將將而必誅聞者不然於是左散騎常侍崔玄亮給事中李固言諫議大夫王質補闕盧鈞舒元褒羅泰蔣係裴休韋宗直韋温拾遺李羣韋端符丁居晦袁都等伏殿陛請以獄付外帝震怒叱曰吾與公卿議矣卿屬第出玄亮固言執據愈切涕泣懇到繇是議貸申錫於嶺表京兆尹崔琯大理卿王正雅苦請出著與申錫劾正情狀帝悟乃貶申錫開州司馬從而流死者數十百人天下以爲冤擢豆盧著兼殿中侍御史初申錫既歸易素服俟命外舍其妻責謂曰公何負天子乃反乎申錫曰吾起孤生位宰相蒙國厚恩不能鉏姦亂反爲

所陷我豈反者乎初申錫以清節進疾要位者納賕餉敗風俗故自爲近臣凡
四方賄謝一不受既被罪有司驗劾悉得所還問遺書朝野爲咨閔然在宰府
無宅謀略七年感憤卒有詔歸葬開成元年李石因延英召對從容言曰陛下
之政皆承天心惟申錫之枉久未原雪帝慚曰我當時亦悟其失而詐忠者迫
我以社稷計故耳使逢漢昭宣時當不坐此因追復右丞同中書門下平章事
贈兵部尚書錄其子慎微爲城固尉會昌二年賜謚曰貞
贊曰鎰元衡暴忠王室絳巨德大臣皆爲賊姦所乘不歿元身蓋福善禍淫之
訓有時而撓雖然賢者於忠誼寧以一不幸遽使慊然於其心哉要躬可殞而
名與岱崧等矣公輔隙開而猶納說焉申錫謀小任大顛沛從之惜乎

唐書卷一百五十二

唐書卷一百五十二考證

張鎰傳後胤五世孫○後胤傳作曾孫非五世孫也

武元衡傳曾祖載德○舊書作德載

歲內三遷至右司郎中○舊書一歲遷左司郎中

李絳傳御史中丞王璠○舊書作王播

宋申錫傳錄其子慎微爲城固尉○舊書作慎徽文宗紀又作道徽

唐書卷一百五十二考證

宋 端 明 殿 學 士 宋 祁 撰

## 列傳第七十八

### 段顏

段秀實字成公本姑臧人曾祖師濬仕爲隴州刺史留不歸更爲汧陽人秀實六歲母疾病不勺飲至七日病閒乃肯食時號孝童及長沈厚能斷慨然有濟世意舉明經其友易之秀實曰搜章擿句不足以立功乃棄去天寶四載從安西節度使馬靈詧討護密有功授安西府別將靈詧罷又事高仙芝仙芝討大食圍怛邏斯城會虜救至仙芝兵卻士相失秀實夜聞副將李嗣業聲識之因責曰憚敵而奔非勇也免己陷衆非仁也嗣業慚乃與秀實收散卒復成軍還安西請秀實爲判官還隴州大推府果毅後從封常清討大勃律次賀薩勞城與虜戰勝之常清逐北秀實曰賊出羸師餌我也請大索悉得其廋伏虜師殲改綏德府折衝都尉肅宗在靈武詔嗣業以安西兵五千走行在節度使梁宰

欲逗留觀變嗣業陰然可秀實責謂曰天子方急臣下乃欲晏然公常自稱大丈夫今誠兒女耳嗣業因固請牢遂東師以秀實爲副嗣業爲節度使而秀實方居父喪表起爲義王友充節度判官安慶緒奔鄴嗣業與諸將圍之以輜重委河內署秀實兼懷州長史知州事兼留後時師老財乏秀實督餽係道募士市馬以助軍諸軍戰愁思岡嗣業中流矢卒衆推荔非元禮代將其軍秀實聞之即遣白孝德書使發卒護喪送河內親與將吏迎諸境傾私財葬之元禮高其義奏擢試光祿少卿俄而元禮爲麾下所殺將佐多死惟秀實以恩信爲士卒所服皆羅拜不敢害更推白孝德爲節度使秀實凡佐三府益知名時吐蕃襲京師代宗幸陝勸孝德即日鼓行入援孝德徙邠寧署支度營田副使於是邠寧乏食乃請屯奉天仰給畿內時公廩竭縣吏不知所出皆逃去軍輒散剽孝德不能制秀實曰使我爲軍候豈至是邪司馬王稷言之遂知奉天行營事號令嚴壹軍中畏戢兵還孝德薦爲涇州刺史封張掖郡王時郭子儀爲副元帥居蒲子晞以檢校尚書領行營節度使屯邠州士放縱不法邠人之嗜惡者

納賄竄名伍中因肆志吏不得問白晝羣行丐頡於市有不嗛輒擊傷市人椎釜鬲甕盎盈道至撞害孕婦孝德不敢劾秀實自州以狀白府願計事至則曰天子以生人付公治公見人被暴害恬然且大亂若何孝德曰願奉教因請曰秀實不忍人無寇暴死亂天子邊事公誠以爲都虞候能爲公已亂孝德卽檄署付軍俄而晞士十七人入市取酒刺酒翁壞釀器秀實列卒取之斷首置槊上植市門外一營大譟盡甲孝德恐召秀實曰奈何秀實曰請辭於軍乃解佩刀選老躄一人持馬至晞門下甲者出秀實笑且入曰殺一老卒何甲也吾戴頭來矣甲者愕眙因曉之曰尚書固負若屬邪副元帥固負若屬邪奈何欲以亂敗郭氏晞出秀實曰副元帥功塞天地當務始終今尚書恣卒爲暴使亂天子邊欲誰歸罪罪且及副元帥今邠惡子弟以貨竄名軍籍中殺害人藉藉如是幾日不大亂亂由尚書出人皆曰尚書以副元帥故不戢士然則郭氏功名其與存者有幾晞再拜曰公幸教晞願奉軍以從卽叱左右皆解甲令曰敢譁者死秀實曰吾未晡食請設具已食曰吾疾作願宿門下遂臥軍中晞大駭戒

候卒擊柝衛之且與俱至孝德所謝不能邠由是安初秀實爲營田官涇大將焦令諶取人田自占給與農約熟歸其半是歲大旱農告無入令諶曰我知入不知旱也責之急農無以償往訴秀實秀實署牒免之因使人遜諭令諶令諶怒召農責曰我畏段秀實邪以牒置背上大杖擊二十輿致廷中秀實泣曰乃我困汝卽自裂裳裹瘡注藥賣己馬以代償淮西將尹少榮頗剛鯁入罵令諶曰汝誠人乎涇州野如赭人饑死而爾必得穀擊無罪者段公仁信大人惟一馬賣而市穀入汝汝取之不恥凡爲人傲天災犯大人擊無罪者尙不愧奴隸邪令諶聞大愧流汗曰吾終不可以見段公一夕自恨死馬璘代孝德每所咨逮璘處決不當固爭之不從不止始璘城涇州秀實爲留後以勞加御史中丞大曆三年遂徙涇州是軍自四鎭北庭赴難征伐數有功旣驟徙相與出怨言別將王童之謀作亂約曰聞警鼓而縱秀實知之召鼓人陽怒失節戒曰每籌盡當報因延數刻盡四鼓而曙明日復有告者曰夜焚稾積約救火則亂秀實嚴警備夜中果火發令軍中曰敢救者斬童之居外請入不許明日捕之并其

黨八人斬以徇曰後徙者族軍遂還涇州于時食無久儲郛無居人朝廷患之詔璘領鄭潁二州以佐軍命秀實爲留後軍不乏資二州以治璘嘉其績奏爲行軍司馬兼都知兵馬使吐蕃寇邊戰鹽倉師不利璘爲虜隔未能還都將引潰兵先入秀實讓曰兵法失將麾下斬公等忘死而欲安其家邪乃悉城中士使銳將統之依東原列奇兵示賊將戰虜望之不敢逼俄而璘得歸久之璘有疾請秀實攝節度副使秀實按甲備變璘卒命愿將馬頔主喪李漢惠主賓客家人位於堂宗族位于廷賓將位於牙內尉吏士卒位於營次非其親不得居喪側朝夕臨三日止有族談離立者皆捕囚之都虞候史廷幹裨將崔珍張景華欲謀亂秀實送廷幹京師徙珍景華于外一軍遂安即拜四鎮北庭行軍涇原鄭潁節度使數年吐蕃不敢犯塞又按格令官使二料取其一非公會不舉樂飲酒室無妓媵無贏財賓佐至議軍政不及私十三年來朝對蓬萊殿代宗閱所以安邊者畫地以對件別條陳帝悅慰賚良渥又賜第一區實封百戶還之鎮德宗立加檢校禮部尚書建中初宰相楊炎追元載議欲城原州詔中使

問狀秀實言方春不可與土功請須農隙炎謂沮己遂召爲司農卿朱泚反以秀實失兵必恨憤且素有人望使騎往迎秀實與子弟訣而入泚喜曰公來吾事成矣秀實曰將士東征宴賜不豐有司過耳人主何與知公本以忠義聞天下今變起倉卒當諭衆以禍福掃清宮室迎乘輿公之職也泚默然秀實知不可乃陽與合陰結將軍劉海賓姚令言都虞候何明禮欲圖泚三人者皆秀實素所厚會源休教泚僞迎天子遣將韓旻領銳師三千疾馳奉天秀實以爲宗社之危不容喘乃遣人諭大吏岐靈岳竊取令言印不獲乃倒用司農印追其兵旻至駱驛得符還秀實謂海賓曰旻之來吾等無遺類我當直搏殺賊不然則死乃約事急爲繼而令明禮應於外翌日泚召秀實計事源休姚令言李忠臣李子平皆在坐秀實戎服與休並語至僭位勃然起執休腕奪其象笏奮而前唾泚面大罵曰狂賊可磔萬段我豈從汝反邪遂擊之泚舉臂捍笏中顙流血纔面匍匐走賊衆未敢動而海賓等無至者秀實大呼曰我不同反胡不殺我遂遇害年六十五海賓明禮靈岳等皆繼爲賊害帝在奉天恨用秀實不極

才垂涕悔悵初秀實自涇州被召戒其家曰若過岐朱泚必致贈遺慎毋納至岐泚固致大綾三百家人拒不遂至都秀實怒曰吾終不以汙吾第以置司農治堂之梁間吏後以告泚泚取視其封帕完新秀實嘗以禁兵寡弱不足備非常言於帝曰古者天子曰萬乘諸侯曰千乘大夫曰百乘蓋以大制小以十制一今外有不廷之虜內有梗命之臣而禁兵寡少卒有患難何以待之且猛虎所以百獸畏者爲爪牙也若去之則犬彘馬牛皆能爲敵帝不用及涇卒亂召神策六軍無一人至者世多其謀與元元年詔贈太尉諡曰忠烈賜封戶五百莊第各一區長子三品諸子五品並正員官帝還都又詔致祭旌其門閭親銘其碑云太和中子伯倫始立朝有詔給鹵簿賜度支綾絹五百以少牢致祭伯倫累官福建觀察使終大僕卿時宰相李石請文宗加賻䘏鄭覃曰自古殺身利社稷未有如秀實者帝惻然爲罷朝可其請孫嶷文楚珂知名嶷自鄭滑節度使入爲右金吾衞大將軍封西平郡公甘露之變嶷當誅裴度奏忠臣後宜免死貶循州司馬文楚咸通末爲雲州防禦使時李國昌鎮振武國昌子克用

欲得雲中引兵攻之殺於鬭雞臺下沙陀之亂自此始珂僖宗時居潁州黃巢
圍潁刺史欲以城降珂募少年拒戰衆裹糧請從賊遂潰拜州司馬
劉海賓者彭城人以義俠聞爲涇原兵馬將與秀實友善累戰功兼御史中丞
劉文喜據涇州叛海賓與其子光國紿以奏請及入對因言姦慝可誅狀既還
光國手斬文喜獻闕下拜左驍衛大將軍封五原郡王海賓樂平郡王贈太子
太保實封百戸
顏真卿字淸臣祕書監師古五世從孫少孤母殷躬加訓導既長博學工辭章
事親孝開元中舉進士又擢制科調醴泉尉再遷監察御史使河隴時五原有
寃獄久不決天且旱真卿辨獄而雨郡人呼御史雨復使河東劾奏朔方令鄭
延祚母死不葬三十年有詔終身不齒聞者聳然遷殿中侍御史時御史吉溫
以私怨構中丞宋渾謫賀州真卿曰奈何以一時忿欲危宋璟後乎宰相楊國
忠惡之諷中丞蔣冽奏爲東都採訪判官再轉武部員外郎國忠終欲去之乃
出爲平原太守安祿山逆狀牙孽真卿度必反陽託霖雨增陴濬隍料才壯儲

廥廩曰與賓客泛舟飲酒以紓祿山之疑果以爲書生不虞也祿山反河朔盡陷獨平原城守具備使司兵參軍李平馳奏玄宗始聞亂歎曰河北二十四郡無一忠臣邪及平至帝大喜謂左右曰朕不識真卿何如人所爲乃若此時平原有靜塞兵三千乃益募士得萬人遣錄事參軍李擇交統之以刁萬歲和琳徐浩馬相如高抗朗等爲將分總部伍大饗士城西門慷慨泣下衆感勵饒陽太守盧全誠濟南太守李隨清河長史王懷忠景城司馬李暐鄴郡太守王燾各以衆歸有詔北海太守賀蘭進明率精銳五千濟河爲助賊破東都遣段子光傳李憕盧奕蔣清首徇河北真卿畏衆懼紿諸將曰吾素識憕等其首皆非是乃斬子光藏三首宅日結芻續體斂而祭爲位哭之是時從父兄杲卿爲常山太守斬賊將李欽湊等清土門十七郡同日自歸推真卿爲盟主兵二十萬絕燕趙詔即拜戶部侍郎佐李光弼討賊真卿以李暉自副而用李銑賈載沈震爲判官俄加河北招討採訪使清河太守使郡人李崿來乞師崿曰聞公首奮裾唱大順河朔恃公爲金城清河西鄰也有江淮租布備北軍號天下北庫

計其積足以三平原之有士卒可以二平原之衆公因而撫有以爲腹心宅城運之如臂之指耳真卿爲出兵六千謂曰吾兵已出子將何以教我蕚曰朝家使程千里統衆十萬自太行而東將出崞口限賊不得前公若先伐魏郡斬賊守袁知泰以勁兵披崞口出官師使討鄴幽陵平原清河合十萬衆徇洛陽分犀銳制其衝公堅壁勿與戰不數十日賊必潰相圖死真卿然之乃檄清河等郡遣大將李擇交副將范冬馥和琳徐浩與清河博平士五千屯堂邑袁知泰遣將白嗣深乙舒蒙等兵二萬拒戰賊敗斬首萬級知泰走汲郡史思明圍饒陽遣游奕兵絕平原救軍真卿懼不敵以書招賀蘭進明以河北招討使讓之進明敗於信都會平盧將劉正臣以漁陽歸真卿欲堅其意遣賈載越海遺軍資十餘萬以子頗爲質頗甫十歲軍中固請留之不從肅宗已即位靈武真卿數遣使以蠟丸裹書陳事拜工部尚書兼御史大夫復爲河北招討使時軍費困竭李蕚勸真卿收景城鹽使諸郡相輸用度遂不乏第五琦方參進明軍後得其法以行軍用饒雄祿山乘虛遣思明尹子奇急攻河北諸郡復陷獨平原

博平清河固守然人心危不復振真卿謀於衆曰賊銳甚不可抗若委命辱國
非計也不如徑赴行在朝廷若誅敗軍罪吾死不恨至德元載十月棄郡度河
間關至鳳翔謁帝詔授憲部尚書遷御史大夫方朝廷草昧不暇給而真卿繩
治如平日武部侍郎崔漪諫議大夫李何忌皆被劾斥降廣平王總兵二十萬
平長安辭日當闕不敢乘趨出梐枑乃乘王府都虞候管崇嗣先王而騎真卿
劾之帝還奏慰答曰朕子每出諄諄教戒故不敢失崇嗣老而躄卿姑容之百
官肅然兩京復帝遣左司郎中李選告宗廟祝署嗣皇帝真卿謂禮儀使崔器
曰上皇在蜀可乎器遽奏改之帝以爲達識又建言春秋新宮災魯成公三日
哭今太廟爲賊毀請築壇於野皇帝東向哭然後遣使不從宰相厭其言出爲
馮翊太守轉蒲州刺史封丹陽縣子爲御史唐旻誣劾貶饒州刺史乾元二年
拜浙西節度使劉展將反真卿豫飭戰備都統李峘以爲生事非短真卿因召
爲刑部侍郎展卒舉兵度淮而峘奔江西李輔國遷上皇西宮真卿率百官問
起居輔國惡之貶蓬州長史代宗立起爲利州刺史不拜再遷吏部侍郎除荆

南節度使未行改尚書右丞帝自陝還真卿請先謁陵廟而即宮宰相元載以爲迂真卿怒曰用捨在公言者何罪然朝廷事豈堪公再破壞邪載銜之俄以檢校刑部尚書爲朔方行營宣慰使未行留知省事更封魯郡公時載多引私黨畏羣臣論奏乃紿帝曰羣臣奏事多挾讒毀請每論事皆先白長官長官以白宰相宰相詳可否以聞真卿上疏曰諸司長官者達官也皆得專達於天子郎官御史陛下腹心耳目之臣也故出使天下事無細大得失皆俾訪察還以聞此古明四目達四聰也今陛下欲自屏耳目使不聰明則天下何望焉詩曰營營青蠅止于棘讒言罔極交亂四國以其能變白爲黑變黑爲白也詩人疾之故曰取彼讒人投畀豺虎豺虎不食投畀有北昔夏之伯明楚之無極漢之江充皆讒人也陛下惡之宜矣胡不回神省察其言虛誣則讒人也宜誅殛之其言不誣則正人也宜獎勵之捨此不爲使衆人謂陛下不能省察而倦聽覽以是爲辭臣竊惜之昔太宗勤勞庶政其司門式曰無門籍者有急奏令監司與仗家引對不得關礙防擁蔽也置立仗馬二須乘者聽此其平治天下也天

寶後李林甫得君羣臣不先咨宰相輒奏事者託以他故中傷之猶不敢明約百司使先關白時閹人袁思藝日宣詔至中書天子動靜必告林甫林甫得以先意奏請帝驚喜若神故權寵日甚道路以目上意不下宣下情不上達此權臣蔽主不遵太宗之法也陵夷至于今天下之敝皆萃陛下其所從來漸矣自艱難之初百姓尚未凋竭太平之治猶可致而李輔國當權宰相用事遞爲姑息開三司誅反側使餘賊潰將北走党項裒嘯不逞更相驚恐思明危懼相挺而反東都陷沒先帝由是憂勤損壽臣每思之痛貫心骨今天下瘡痏未平干戈日滋陛下豈得不博聞讜言以廣視聽而塞絕忠諫乎陛下在陝時奏事者不限貴賤羣臣以爲太宗之治可跂而待且君子難進易退朝廷開不諱之路猶恐不言況懷厭怠令宰相宣進止御史臺作條目不得直進從此人不奏事矣陛下聞見止于數人耳目天下之士方鉗口結舌陛下便爲無事可論豈知懼而不敢進即林甫國忠復起矣臣謂今日之事曠古未有雖林甫國忠猶不敢公爲之陛下不早覺悟漸成孤立後悔無及矣於是中人等騰布中外後擿

事太廟言祭器不飭載以爲誹謗貶峽州別駕改吉州司馬遷撫湖二州刺史
載誅楊綰薦之擢刑部尚書進吏部帝崩以爲禮儀使因奏列聖謚繁請從初
議爲定袁傪固排之罷不報時喪亂後典法湮放真卿雖博識今古屢建議釐
正爲權臣沮抑多中格云楊炎當國以直不容換太子少師然猶領使及盧杞
益不喜改太子太師并使罷之數遣人問方鎭所便將出之真卿往見杞辭曰
先中丞傳首平原面流血吾不敢以衣拭親舌舐之公忍不見容乎杞矍然下
拜而銜恨切骨李希烈陷汝州杞乃建遣真卿四方所信若往諭之可不勞師
而定詔可公卿皆失色李勉以爲失一元老貽朝廷羞密表固留至河南河南
尹鄭叔則以希烈反狀明勸不行答曰君命可避乎既見希烈宣詔旨希烈養
子千餘拔刃爭進諸將皆慢罵將食之真卿色不變希烈以身扞麾其衆退乃
就館逼使上疏雪己真卿不從乃詐遣真卿兄子峴與從吏數輩繼請德宗不
報真卿每與諸子書但戒嚴奉家廟恤諸孤訖無它語希烈遣李元平說之真
卿叱曰爾受國委任不能致命顧吾無兵戮汝尚說我邪希烈大會其黨召真

卿使倡優斥侮朝廷真卿怒曰公人臣奈何如是拂衣去希烈大慚時朱滔王
武俊田悅李納使者皆在坐謂希烈曰聞太師名德久矣公欲建大號而太師
至求宰相孰先太師者真卿叱曰若等聞顏常山否吾兄也祿山反首舉義師
後雖被執詬賊不絕于口吾年且八十官太師吾守吾節死而後已豈受若等
脅邪諸賊失色希烈乃拘真卿守以甲士掘方丈坎於廷傳將阬之真卿見希
烈曰死生分矣何多爲張伯儀敗希烈令齎旌節首級示真卿真卿慟哭投地
會其黨周曾康秀林等謀襲希烈奉真卿爲帥事洩曾死乃拘送真卿蔡州真
卿度必死乃作遺表墓誌祭文指寢室西壁下曰此吾殯所也希烈僭稱帝使
問儀式對曰老夫耄矣曾掌國禮所記諸侯朝覲耳興元後王師復振賊慮變
遣將辛景臻安華至其所積薪于廷曰不能屈節當焚死真卿起赴火景臻等
遽止之希烈弟希倩坐朱泚誅希烈因發怒使閹奴等害真卿曰有詔真卿再
拜奴曰宜賜卿死曰老臣無狀罪當死然使人何日長安來奴曰從大梁來罵
曰乃逆賊耳何詔云遂縊殺之年七十六嗣曹王臯聞之泣下三軍皆慟因表

其大節淮蔡平子顥碩護喪還帝廢朝五日贈司徒謚文宗賻布帛米粟加等
真卿立朝正色剛而有禮非公言直道不萌於心天下不以姓名稱而獨曰魯
公如李正己田神功董秦侯希逸王玄志等皆真卿始招起之後皆有功善正
草書筆力遒婉世寶傳之貞元六年赦書授顥五品正員官開成初又以曾孫
弘式爲同州參軍
贊曰唐人柳宗元稱世言段太尉大抵以爲武人一時奮不慮死以取名非也
太尉爲人㱿㱿常低首拱手行步言氣卑弱未嘗以色待物人視之儒者也遇
不可必達其志決非偶然者宗元不妄許人諒其然邪非孔子所謂仁者必有
勇乎當祿山反哮噬無前魯公獨以烏合嬰其鋒功雖不成其志有足稱者晚
節偃蹇爲姦臣所擠見殞賊手毅然之氣折而不沮可謂忠矣詳觀二子行事
當時亦不能盡信於君及臨大節蹈之無貳色何耶彼忠臣誼士寧以未見信
望于人要返諸己得其正而後慊於中而行之也嗚呼雖千五百歲其英烈言
言如嚴霜烈日可畏而仰哉

唐書卷一百五十三

唐書卷一百五十三考證

段秀實傳孝德薦爲涇州刺史封張掖郡王○舊書秀實拜涇州刺史兼御史大夫四鎮北庭行軍涇原鄭穎節度使三四年間吐蕃不敢犯塞德宗嗣位就加檢校禮部尚書張掖郡王　臣西按秀實初爲涇州刺史名位尚卑無封王之理後以節度封王于事理爲近當從舊書

令諶聞大愧流汗曰吾終不可以見段公一夕自恨死○沈炳震曰按舊書大曆八年監倉之戰令諶尙爲都將此云自恨死疑未的也

唐書卷一百五十三考證

珍做宋版邳

唐書卷一百五十四

宋　端　明　殿　學　士　宋　祁　撰

列傳第七十九

李晟

李晟字良器洮州臨潭人世以武力仕然位不過裨將晟幼孤奉母孝身長六尺年十八往事河西王忠嗣從擊吐蕃悍酋乘城殺傷士甚衆忠嗣怒募射者晟挾一矢殪之三軍讙奮忠嗣撫其背曰萬人敵也鳳翔節度使高昇召署列將擊疊州叛羌於高當川又擊連狂羌於罕山破之累遷左羽林大將軍廣德初擊党項有功授特進試太常卿大曆初李抱玉署晟右軍將吐蕃寇靈州抱玉授以兵五千擊之辭曰以衆則不足以謀則多乃請千人繇大震關趨臨洮屠定秦堡執其帥慕容谷鍾虜乃解靈州去遷開府儀同三司以右金吾衛大將軍爲涇原四鎮北庭兵馬使馬璘與吐蕃戰鹽倉敗績晟率游兵拔璘以歸封合川郡王璘內忌晟威略歸之朝爲右神策都將德宗始立吐蕃寇劍南方

崔寧未還蜀土大震詔晟將神策兵救之踰漏天拔飛越等三城絕大渡斬虜
千級虜遁去建中二年魏博田悅反晟爲神策先鋒與河東馬燧昭義李抱真
合兵攻之斬楊朝光晟乘冰度洺水破悅又戰洹水悅大敗遂進攻魏加檢校
左散騎常侍兼魏府左司馬朱滔王武俊圍康日知于趙州也抱真分兵二千
戍邢燧怒欲班師晟曰奉詔東討者吾三師也邢趙比壤今賊以兵加趙是邢
有晝夜憂李公分衆守之不爲過公柰何遽引去燧悟釋然卽造抱真壘與交
歡晟建言以兵趨定州與張孝忠合以圖范陽則武俊等當捨趙帝壯之授御
史大夫又俾神策三將軍莫仁擢等隸之晟自魏引而北武俊果解去晟留趙
三日與孝忠連兵北略恆州圍朱滔將鄭景濟於清苑決水灌之悅武俊引兵
戰白樓孝忠兵筦晟引步騎擊破之清苑益急滔武俊大懼悉起兵來救圍晟
軍晟內攻景濟而外抗滔等自正月至五月不解會晟疾甚不能與軍中共計
引還定州而賊猶不敢逼疾閒將復進會帝出奉天有詔召晟卽日治嚴而孝
忠以軍介二盜閒倚晟爲重數止晟無西晟語衆曰天子播越人臣當百舍一

息義武欲止吾吾當以子爲質乃以憑約昏弁遺良馬孝忠有親將謁晟晟解
玉帶遺之使喻孝忠乃得踰飛狐次代州詔迎拜神策行營節度使進臨渭北
壁東渭橋所過樵蘇無犯時劉德信自扈澗敗歸亦次渭南軍囂無制德信入
謁晟晟責所以敗斬之以數騎入壁勞其軍無敢動晟已幷兵則軍益振於是
朔方李懷光方軍咸陽不欲晟當一面請與晟合有詔徙屯乃引趨陳濤斜與
懷光聯壘晟每與賊戰必錦裘繡帽自表指顧陣前懷光望見惡之戒曰將務
持重豈宜自表襮爲賊餌哉晟曰昔在涇原士頗相畏伏欲令見之奪其心爾
懷光不悅遷延有異志晟使閒說懷光曰賊據京邑天子暴露于外公宜速進
兵雖晟不肖願爲公先驅死且不悔懷光不納每兵至都城下而懷光軍多鹵
掠晟軍整戢懷光使分所獲遺之又辭不敢受懷光謀沮撓其軍卽奏言神策
兵給賜比方鎭獨厚今桀逆未平軍不可以異且衆以爲言臣無以解惟陛下
裁處懷光欲晟自削其軍則士怨易撓帝議諸軍與神策等力且不贍遣翰林
學士陸贄臨詔懷光令與晟計所宜者懷光曰稟賜不均軍何以戰贄數顧晟

晟曰公元帥軍政得專之晟將一軍唯所命其增損賚調敢不聽懷光默然計塞顧刻削稟賜事出己乃止懷光屯咸陽凡八旬帝數促戰以伺賊隙為言卒不出兵陰通朱泚反迹寖露晟懼為所并上言當先變制備請假裨佐趙光銑唐良臣張彧為洋利劍三州刺史各勒兵以通蜀漢衿喉未報會吐蕃欲佐誅泚帝議幸咸陽督戰懷光大駭疑帝奪其軍圖反益急晟與李建徽陽惠元皆聯屯適有使者到晟軍晟乃令曰有詔徙屯即結陣趨東渭橋後數日懷光并建徽惠元兵惠元死之是日帝進狩梁州駱谷道隘儲供不豫從官乏食帝歎曰早用晟言三蜀之利可坐有也顧渾瑊曰渭橋在賊腹中兵孤絕晟能辦勝邪瑊曰晟秉義挺忠崒然不可奪臣策之必破賊帝乃安自行在遣晟將張少弘口詔進晟尚書左僕射同中書門下平章事晟受命拜且泣曰京師天下本若皆執羈靮誰將復之乃繕甲兵治障隍以圖收復是時晟提孤軍橫當寇鋒恐二盜合以軋之則卑詞厚幣僞致誠於懷光者時敖膚單要乃使張彧假京兆少尹多署吏調畿內賦不淹旬芻米告具乃陳兵下令曰國家多難乘輿播

還見危死節自吾之分公等此時不誅元凶取富貴非豪英也渭橋斷賊首尾吾欲與公戮力一心建不世之功可乎士皆雪泣曰惟公命於是駱元光以華州之衆守潼關尚可孤以神策兵保七盤皆受晟節度戴休顏舉奉天韓游瓌悉邠寧軍從晟懷光始懼晟乃移書顯讓之使破賊自贖懷光不聽然其下益攜落畏爲晟襲乃奔河中其將孟涉段威勇以兵數千自拔歸晟皆表以要官帝遣使者間道詔晟兼河中晉絳慈隰節度使又兼京畿渭北鄜坊丹延節度招討使帝欲益西幸晟請駐梁漢以繫天下望又進京畿渭北鄜坊商華兵馬副元帥時京兆司錄參軍李敬仲自賊中來乃署節度府判官以諫議大夫鄭雲逵爲行軍司馬擢張彧自副神策軍及晟家皆爲賊質左右有言者晟涕數行下曰陛下安在而欲恤家乎泚使晟吏王無忌壻款壁門曰公等家無恙晟怒曰爾乃與賊爲間乎叱斬之時輸縑不屬盛夏士有衣裘者晟能與下同甘苦以忠誼感發士心終無攜怨邏士得姚令言崔宣諜者晟命釋縛飯飲之遣還敕曰爲我謝令言等善爲賊守勿不忠于泚乃引兵叩都門賊不敢出振旅

而還明日會諸將圖所向衆對先拔外城然後清宮晟曰外城有里閈之隘若設伏格戰居人囂潰非計也賊重兵精甲聚苑中今直擊之是披其心腹將圖走不暇諸將曰善乃自東渭橋移壁光泰門以薄都城連溝柵而賊將張庭芝李希倩求戰晟顧曰賊不出是吾憂也今乃冒死來天誘之矣勒吳詵等縱兵鏖擊賊攻華師急晟以精騎馳救中軍譟而從大破之乘勝入光泰門再戰賊卻僵尸相藉餘衆走白華賊大哭終夜不息翌日將復戰或請待西師晟曰賊既敗當乘機撲殄茍俟西軍是容其爲計豈吾利邪乃悉軍軍光泰門使王佖李演將騎史萬頃將步抵苑北晟先夜隤苑垣爲道二百步比兵至賊已伐木塞以拒戰晟叱諸將曰安得縱賊令先斬公矣萬頃懼先登拔柵以入佖督騎繼之賊崩潰執其將段誠諫大兵分道進雷譟震地令言庭芝希倩等殊死鬭晟令唐良臣等步騎奔突賊陣成輒北十餘遇皆不勝蹙入白華賊伏千騎出官軍背晟以麾下百騎自馳之左右呼曰相公來賊驚潰禽馘略盡泚率殘卒萬人西走田子奇追之餘黨悉降晟引軍屯含元外廷舍右金吾次令軍中曰

五日內不得輒通家問違者斬遣京兆尹李齊運部長安萬年令分慰居人秋毫無所擾別將高明曜取賊妓一司馬伷取賊馬二即斬以徇坊人之遠者宿昔乃知王師之入也明日孟涉屯白華尚可孤屯望仙門駱元光屯章敬寺晟屯安國寺斬賊用事者及臣賊宦豎于市表著節不屈者擇文武攝臺省官以俟乘輿條脅汙于賊者請以不死露布至梁帝感泣羣臣上壽且言晟蕩夷兇慝而市不易廛宗廟不震長安之人不識旗鼓雖三代用師不能加之帝曰天生晟爲社稷萬人豈獨朕哉拜晟司徒兼中書令實封千戶晟遣大將吳詵以兵三千到寶雞清道自請迎扈不許帝至自梁晟以戎服見三橋帝駐馬勞之晟再拜頓首賀克殄大盜廟朝安復已即跪陳備爪牙臣不能指日破賊致乘輿再狩乃臣不任職之咎敢請死伏道左帝爲掩涕命給事中齊映起之使就位有詔賜第永崇里涇陽上田延平門之林園女樂一列晟入第京兆供帳教坊鼓吹迎導詔將相送之帝紀其功自文于碑敕皇太子書立于東渭橋以示後世云又令太子錄副以賜始晟屯渭橋也熒惑守歲久乃退府中皆賀曰熒

慼退國家之利速用兵者昌晟曰天子暴露人臣當力死勤難安知天道邪至是乃曰前士大夫勸晟出兵非敢拒也且人可用而不可使之知也夫惟五緯盈縮不常晟懼復守歲則我軍不戰自屈矣皆曰非所及也涇州倚邊數戕其帥晟請治不龔命者因以訓耕積粟實塞下羈制西戎帝乃拜晟鳳翔隴右涇原節度使兼行營副元帥徙王西平郡實封千五百戶晟請與李楚琳俱行亦將治殺張鎰罪帝方務安反側不許晟至鳳翔亂將王斌等十餘人以次伏誅時宦者尹元貞持節到同華擅入河中諭慰李懷光晟劾元貞矯使欲洗宥元惡請治罪又言赦懷光有五不可河中抵京師三百里同州制其衝兵多則示未信少則力不足忽驚東偏何以待之一也今赦懷光則必以晉絳慈隰還之渾瑊康日知又且遷徙二也兵力未窮忽宥反逆四夷聞之謂陛下兵屈而自罷耳今回紇拒北吐蕃梗西希烈僭淮蔡若棄彊示弱以招窺覬三也懷光既赦則朔方將士悉復敘勳行賞追還縑纊今府庫空殫物不酬滿是激其叛四也既解河中諸道還屯當有賜賚賞典不舉怨言必起五也今河中米斗五百

芻槀且罄人餓死牆壁間其大將殺戮幾盡圖之旬時力窮且潰願無養腹心疾爲後憂臣請選精兵五千約十日糧可以破賊帝方以賊委馬燧渾瑊故不許晟至涇而田希鑒逆謁執之幷其黨石奇等悉伏誅表右龍武將軍李觀爲涇原節度使晟常曰河隴之陷非吐蕃能取之皆將臣沓貪暴其種落不得耕稼日益東徙自棄之爾且士無繒絮人苦役擾思唐之心豈有既乎因悉家貲懷輯降附得大酋浪息曩表以王號每虜使至必召息曩於坐衣大錦袍金帶夸異之虜皆指目歆豔吐蕃君臣大懼相與議尚結贊者善計乃曰唐名將特李晟與馬燧渾瑊爾不去之必爲吾患卽遣使委辭因燧請和且求盟因盟謀執瑊以賣燧於是結贊大興兵踰隴岐無所掠陽怒曰召吾來乃不牛酒犒軍徐引去以是閒晟晟選兵三千使王佖伏汧陽旁擊其中軍幾獲結贊晟又遣野詩良輔等攻摧沙堡拔之結贊屢乞和會晟朝京師奏言戎狄無信不可許宰相韓滉與晟合因請調軍食以給西師然天子內厭兵疑將臣生事亦會滉卒而張延賞當國故與晟有隙後雖詔講解而陰不與也密言晟不可久持兵

更薦劉玄佐李抱真經略西北俾立功以間晟帝惑其言貞元三年帝坐宣政殿引見晟備冊禮進拜太尉中書令罷其兵詔晟乘輅謁太廟視事尚書省賜良馬錦綵千計是歲瑊與吐蕃盟平涼虜劫之瑊挺身免詔罷燧河東皆如結贊計云通王府長史丁瓊者嘗爲延賞擠抑內怨望乃見晟曰以公功乃奪兵柄夫惟位高者難全盍早圖之晟曰君安得不祥之言執以聞明年詔爲晟立五廟追賁高祖芝以下祔其主給牲器牀幄禮官相事宅日與馬燧見延英帝嘉其勳下詔曰昔我烈祖乘乾坤盪滌掃隋季荒茀體元御極作人父母則有熊羆之士不二心之臣左右經綸參翊締構昭文德恢武功威不若康不乂用端命于上帝付畀四方王業既成太階既平乃圖厥容列于淩煙閣懋昭績效表式儀形以弗忘朝夕永垂乎來裔君臣之義厚莫重焉歲在己巳秋九月我行西宮瞻望崇構見老臣遺像顒然肅然和敬在色想雲龍之協期感致業之艱難覩往思今取類非遠且功與時並才與世生苟蘊其才遇其時尊主庇人何代蔑有在中宗時有如桓彥範等著輔戴之績在玄宗時有如劉幽求等申

弼翼之勳在肅宗時有如郭子儀掃除氛祲今顧晟等保寧朕躬咸宣力肆勤
光復宗祏訂之前烈夫豈多謝闕而未錄孰旌厥賢況念功紀德文祖所爲也
在予其曷敢怠有司宜敘先後各圖其象于舊臣之次命皇太子書其文以賜
晟晟刻石于門七年以臨洮未復請附貫萬年詔可九年薨年六十七帝聞流
涕詔百官就第進弔比大斂帝手詔書以存保世嗣申告柩前冊贈太師諡曰
忠武及葬又御望春門臨送遣謁者宣詔于柩車百官拜哭于道憲宗元和中
詔其家與屬籍以晟配饗德宗廟廷僖宗狩蜀倉部員外郎袁皓采晟功烈爲
興元聖功錄徧賜諸將表勵之晟性疾惡臨下明每治軍必曰某有勞某長于
是雖廝養小善必記姓名尤惡下爲朋黨者篤分義隆於故舊嵐州刺史譚元
澄嘗有德於晟後貶死晟既貴直其枉詔贈元澄寧州刺史晟撫其二子爲成
就之在鳳翔嘗曰魏徵以直言致太宗于堯舜上忠臣也我誠慕焉行軍司馬
李叔度曰彼縉紳儒者事公勳德何希是哉晟曰君失辭晟幸得備將相苟容
身不言豈可謂有犯無隱邪是非唯上所擇爾叔度慚故晟每進對謇謇盡大

臣節未嘗露于外治家以嚴子姪非晨昏不輒見所與言未嘗及公事正歲崔氏女歸寧讓曰爾有家而姑在堂婦當治酒食且以待賓客卽卻之不得進逹禮教教類若此與馬燧皆在朝每宴樂恩賜使者相銜于道兩家日出無鐘鼓聲則金吾以聞少選使者至必曰今日何不舉樂旣堯城鹽州復故池以新鹽賜宰相帝思晟乃致鹽靈座其眷遇終始無與比者有十五子其聞者愿憲愬聽云

愿少謙謹晟立功時諸子未官宰相以聞卽日召授太子賓客上柱國故事柱國門列戟遂父子皆賜元和初領夏綏銀宥節度使政簡而嚴部有失馬者愿署牒于道以金購之三日失馬幷良馬一繫署下且曰逸而至不告罪當死謹以良馬贖愿歸失馬而縱其良境內肅然徙節武寧軍會伐青鄆數有功以久疾用愬代之召爲刑部尚書俄檢校尚書左僕射節度鳳翔自是邇聲色而政衰矣長慶中徙宣武始張弘靖給其軍頗厚愿至府庫殫匱賞賚不及弘靖時而後費過之以威刑操下用婚家竇緩典帳中兵驕驁怠沓牙將李臣則等因

衆不忍夜斬綏首原聞變不及巾與左右數人縋而逸奪野人乘馳以免其家死於兵三子匿而免兵既亂因大掠推李齐主後務請諸朝時責原不職貶隋州刺史入爲左金吾衞大將軍復拜河中晉絳等節度使雖嘗以荒傻敗不能自悛軍政愈弛結納權近官豊隨賂遺輒盡蒲人怨且亂會卒贈司徒

憲與愬於諸子號最仁孝長喜儒以禮法自矜制調太原府參軍事醴泉尉于頔鎭襄陽辟署於府時吳少誠張淮西獨憚頔威彊時謂憲爲之助又辟魏博田弘正幕府遷衞州刺史以治行稱徙絳州絳有幻人詠民以亂憲執誅之河中兵本仰食于絳而汾可輸河渭歲租與糴常數十萬石故敖保山爲固民之輸者十牛不勝一車憲濱汾相地治新倉當費二百萬請留垣縣粟糶河南以錢還糴絳粟既免負載勞又權其贏以完新倉絳人賴利入爲宗正少卿副金吾大將軍胡證爲送太和公主使還獻回鶻道里記遷太府卿太和初繇江西觀察使還嶺南節度使憲勳伐家子所歷皆以吏能顯政績暴著善治律令性明恕詳正大獄活無罪者數百人卒官下

愬字元直有籌略善騎射以蔭補協律郎遷累衞尉少卿早喪所生爲晉國王夫人所鞠王卒晟以非嫡敕諸子服緦愬獨號慟不忍晟乃許服縗既練晟薨與憲廬墓側德宗敦遣歸第一夕復往帝許之服除授太子右庶子出爲坊晉二州刺史以治異等加金紫光祿大夫進詹事憲宗討吳元濟唐鄧節度使高霞寓既敗以袁滋代將復無功愬求自試宰相李逢吉亦以愬可用遂檢校左散騎常侍爲隋唐鄧節度使愬以其軍初傷夷士氣未完乃不爲斥候部伍或有言者愬曰賊方安袁公之寬吾不欲使震而備我乃令于軍曰天子知愬能忍恥故委以撫養戰非吾事也衆信而安之乃斥倡優未嘗嬉樂士傷夷病疾親爲營護蔡人以嘗敗辱霞寓等又愬名非夙所畏者易之不爲備愬沈鷙務推誠待士故能張其卑弱而用之賊來降輒聽其便或父母與孤未葬者給粟帛遣還勞之曰而亦王人也無棄親戚衆願爲愬死故山川險易與賊情僞一能曉之居半歲知士可用乃請濟師詔益河中鄜坊二千騎於是繕鎧厲兵攻馬鞍山下之拔道口柵戰嵖岈山以取鑪冶城入白狗汶港柵披楚城襲朗山

再執守將平青陵城禽驍將丁士良異其才不殺署捉生將士良謝曰吳秀琳以數千兵不可破者陳光洽爲之謀也我能爲公取之乃禽以獻於是秀琳舉文城柵降遂以其衆攻吳房殘外垣始出攻吏曰往亡日法當避愬曰彼謂吾不來此可擊也既引還賊以精騎尾擊愬下馬據胡牀令軍曰退者斬衆決死戰射殺其將賊乃走或勸遂取吳房愬曰不可吳房拔則賊力專不若留之以分其力初秀琳降愬單騎抵柵下與語親釋縛署以爲將秀琳爲愬策曰必破賊非李祐無與成功者祐賊健將也守興橋柵其戰嘗易官軍愬候祐護穫于野遣史用誠以壯騎三百伏其旁見羸卒若將燔聚者祐果輕出用誠禽而還諸將素苦祐請殺之愬不聽以爲客待間召祐及李忠義屏人語至夜艾忠義亦賊將所謂李憲者軍中多諫此二人不可近愬待益厚乃募死士三千人爲突將自教之會雨自五月至七月不止軍中以爲不殺祐之罰將吏雜然不解愬力不能獨完祐乃持以泣曰天不欲平賊乎何見奪者衆邪則械而送之朝表言必殺祐無與共誅蔡者詔釋以還愬愬乃令佩刀出入帳下署六院兵馬

使六院者隋唐兵也凡三千人皆山南奇材銳士故委祐統之祐捧檄嗚咽諸將乃不敢言由是始定襲蔡之謀矣舊令敢舍諜者族愬刊其令一切撫之故諜者反效以情愬益悉賊虛實時李光顏戰數勝元濟悉銳卒屯洄曲以抗光顏愬知其隙可乘乃遣從事鄭澥見裴度告師期于時元和十一年十月己卯師夜起祐以突將三千爲前鋒李忠義副之愬率中軍三千田進誠以下軍殿出文城柵令曰引而東六十里止襲張柴殲其戍敕士少休益治鞍鎧發刃彀弓會大雨雪天晦凜風偃旗裂膚馬皆縮慄士抱戈凍死于道十一二張柴之東陂澤阻奧衆未嘗蹈也皆謂投不測始發吏請所向愬曰入蔡州取吳元濟士失色監軍使者泣曰果落祐計然業從愬人人不敢自爲計愬道分輕兵斷橋以絕洄曲道又以兵絕朗山道行七十里夜半至懸瓠城雪甚城旁皆鵝鶩池愬令擊之以亂軍聲賊恃吳房朗山戍晏然無知者祐等坎墉先登衆從之殺門者發關留持柝傳夜自如黎明雪止愬入駐元濟外宅蔡吏驚曰城陷矣元濟尚不信曰是洄曲子弟來索襦衣爾及聞號令曰常侍傳語始驚曰何常

侍得至此率左右登牙城田進誠兵薄之愬計元濟且望救於董重質乃訪其家慰安之使無怖以書召重質重質以單騎白衣降愬待以禮進誠火南門元濟請罪梯而下檻送京師申光諸屯尙二萬衆皆降愬不戮一人其爲賊執事帳內廚廏廝役悉用其舊使不疑乃屯兵鞠場以俟裴度至愬以櫜鞬見度將避之愬曰此方廢上下分久矣請因示之度以宰相禮受愬謁蔡人聳觀乃還屯文城柵有詔進檢校尙書左僕射山南東道節度使封涼國公實封戶五百賜一子五品官帝方經略隴右故徙愬節度鳳翔李師道反詔愬代愿帥武寧軍旬日踐父兄兩鎭世以爲榮董重質得罪被斥愬請賜軍中自效許之乃署爲牙將愬與賊戰金鄉破之凡十一遇禽其隊帥五十俘馘萬計淄青平進同中書門下平章事徙昭義節度賜第興寧里會田弘正守鎭州乃以愬帥魏博長慶初幽鎭亂殺弘正愬素服以令軍曰魏人富庶而通于天化者田公力也上以其愛人使往治鎭且田公撫魏七年今鎭人不道而戕害之是無魏也父兄子弟食田公恩者何以報之衆皆哭又以玉帶寶劍遺牛元翼曰此劍吾先

人嘗以揃大盜吾又以平蔡姦今鎮人逆天公宜用此夷之也元翼感動謝曰敢有不承而愛其死力乃下令軍中勒兵以俟會愬疾甚不能軍詔田布代之以太子少保還東都卒年四十九贈太尉謚曰武愬行己儉約其昆弟賴家勳貴飾輿馬矜室廬唯愬所處乃父時故院無所增廣始晟克京師市不改肆愬平蔡亦如之功名之奇近世所未有晚雖忽于取士與鄭注善議者不以掩其賢

贊曰愬得李祐不殺付以兵不疑知可以破賊也祐受任不辭決策入死以愬能用其謀也祐之才待愬乃顯故曰平蔡功愬爲多

聽字正思七歲以蔭爲協律郎父吏少之不甚敬聽輒使鞭之晟奇其才長乃辟佐于頔府吐突承璀討王承宗以聽爲神策行營兵馬使旣戰斬賊驍將憲宗壯之詔圖狀以獻承璀數問聽計卒縛盧從史還左驍衛將軍出爲蔚州刺史州有銅冶自天寶後廢不治民盜鑄不禁聽乃開五鑪官鑄錢日五萬人無犯者徙安州會觀察使柳公綽方討蔡以聽典軍一一咨之聲振賊中召爲羽

林將軍帝討李師道出聽楚州刺史淮西兵䌸弱鄆人素易之聽曰整勒士皆奮卽掩賊不虞趨漣水破沭陽絶龍沮堰遂取海州攻朐山降之懷仁東海兩城望風送款以功兼御史大夫夏綏銀宥節度使又徙靈鹽部有光祿渠久廞廢聽始復屯田以省轉餉卽引渠溉塞下地千頃後賴其饒進檢校工部尚書穆宗初立幽鎭反擇名臣節度太原者代裴度使統兵北討始聽爲羽林時有駿馬帝在東宮使左右諷取之聽自以身宿衞不敢獻於是帝曰李聽往在軍中不與朕馬是必可任乃授檢校兵部尚書充河東節度使敬宗嗣位改義成軍太和初討李同捷而魏博將丌志沼反擊其帥史憲誠詔聽出援擊殺志沼以功封涼國公拜一子五品官王廷湊之亂詔聽悉兵屯貝州史憲誠懼聽因取道襲之衷甲候諸郊聽敕士櫜兵野次魏人乃安憲誠旣請朝魏人怨詔聽兼帥魏博聽遷延不卽赴魏遂亂殺憲誠共推大將何進滔乘城拒守聽不得入乃屯館陶又不設備魏人襲之師驚潰死失殆半輜械盡棄之聽晝夜馳以免於是御史中丞溫造等劾奏魏州亂憲誠死職繇于聽請論如法天子不罪

也罷爲太子少師聽素以賂遺得權幸心故多爲助力未幾拜邠寧節度使邠署相傳不利治垣舍前刺史視其壞莫敢葺聽曰將出釁凶門何避治署邪亟使完新之卒無異改帥武寧軍有故奴爲徐將不喜聽來乃先殺親吏之使徐者以沮聽聽果懼以疾解授太子少保踰歲節度鳳翔又徙陳許鄭注撫其過詔以太子太保分司東都開成初爲河中晉絳慈隰節度使文宗嘆曰付之兵不疑退處散地不怨惟聽爲可四年以疾求還復拜太子太保卒年六十一贈司徒聽治官苛細急摯斂頗極所欲盛飾車馬服玩或誡之聽曰家聲在人若示衰薄恐不見忠功之效吾欲夸而勸之也好方書擇其驗者題於帷帟牆屋皆滿

聽子琢以家閥擢累義昌平盧鎮海三節度使無顯功不爲士大夫稱道數免復還廣明時沙陀數盜邊於是琢爲宿將拜檢校尙書右僕射蔚朔等州招討都統行營節度使徙河陽三城坐逗撓下遷刺史卒

王佖者晟之甥武敢閑騎射晟在師佖無不從攻朱泚於光泰門賊方銳佖與

李演鏖戰蹀血賊數北諸軍乘之遂大振以功擢神策將擊吐蕃有功晟視俛
與子姓等其給與過之晟兵罷俛亦不見用召爲左衞上將軍元和中拜朔方
靈鹽節度使吐蕃欲作烏蘭橋以過師積材河曲朔方府常遣兵發其木委于
河故莫能成及俛至虜知其寡謀乃厚賂之而亟遂功築月城以守自是虜歲
入爲寇朔方乘障不暇人以咎俛在鎮檢下亡術猜忌多殺人召還爲右衞將
軍故事將相除徙皆內出制故號白麻至俛以責罷遂中書進制久之卒
贊曰晟之屯東渭橋也朱泚盜京師李懷光反咸陽河北三叛相王李納猘河
南李希烈訌鄭汳晟無積貲輸糧提孤軍抗羣賊身佩安危而氣不少衰者徒
以忠誼感人故豪英樂爲之死耳至師入長安而人不知雖三王之佐無進其
能可謂仁義將矣嗚呼功能存社祏不能見信於庸主卒奪其兵哀哉雖然功
蓋天下者惟退禍可以免四子世似其勞是宜有後哉

唐書卷一百五十四

唐書卷一百五十五

宋　端　明　殿　學　士　宋　祁　撰

列傳第八十

馬渾

馬燧字洵美系出右扶風徙爲汝州郟城人父季龍舉孫吳倜儻善兵法科仕至嵐州刺史燧姿度魁傑長六尺二寸與諸兄學輟策歎曰方天下有事丈夫當以功濟四海渠老一儒哉更學兵書戰策沈勇多算安祿山反使賈循守范陽燧說循曰祿山首亂今雖舉洛陽猶將誅覆公盍斬向潤客牛廷玠傾其本根使西不得入關退亡所據則坐受禽矣此不世功也循許之不時決會顏杲卿招循舉兵祿山遣韓朝陽召循計事因縊殺之燧走西山閒道歸平原平原不守復走魏寶應中澤潞節度使李抱玉署爲趙城尉時回紇還國恃功恣睢所過皆剽傷州縣供餽不稱輒殺人抱玉將饋勞賓介無敢往燧自請典辦具乃先賂其酋與約得其旗章爲信犯令者得殺之燧又取死囚給役左右小違

令輒戮死虜大駭至出境無敢暴者抱玉才之因進說曰屬與回紇接且得其情觀僕固懷恩樹黨自重裂河北以授李懷仙張忠志薛嵩田承嗣等其子瑒佻勇不義將必窺太原公當備之旣而懷恩與太原將謀舉其城辛雲京覺之不克嵩自相衞歸懷恩糧以絕河津抱玉令燧說嵩嵩告絕於懷恩卽署燧左武衞兵曹參軍累進至鄭州刺史勸督農力歲一稅人以爲便徙懷州時師旅後歲大旱田茀不及耕燧務勸教化止横調將吏有親者必造之厚爲禮瘞暴骴止煩苛是秋稆生于境人賴以濟抱玉守鳳翔表燧隴州刺史西山直吐蕃其上有通道虜常所出入者燧聚石種樹障之設二門爲譙櫓八日而畢虜不能暴從抱玉入朝代宗雅聞其才召見授商州刺史兼水陸轉運使大曆中河陽兵逐其將常休明詔燧檢校左散騎常侍爲三城使汴將李靈耀反帝務息人卽授以汴宋節度留後靈耀不拜引魏博田承嗣爲援詔燧與淮西李忠臣討之師次鄭靈耀多張旗幟以犯王師忠臣之兵潰而西燧軍頓滎澤鄭人震駭忠臣將遂歸燧止之益治軍忠臣乃還收士卒復振忠臣行汴南燧行汴北

敗賊於西梁固靈耀以銳卒八千號餓狼軍燧獨戰破之進至浚儀是時河陽兵冠諸軍田悅帥衆二萬助靈耀破永平將杜如江等乘勝距汴一舍而屯忠臣合諸軍戰不利燧爲奇兵擊之悅單騎遁汴州平燧知忠臣暴傲讓其功出舍板橋忠臣入汴果因會擊殺宋州刺史李僧惠燧還河陽秋大雨河溢軍吏請具舟以避燧曰使城中盡魚而獨完其家吾不忍旣而水不爲害還河東節度留後進節度使太原承鮑防之敗兵力衰單燧募厮役得數千人悉補騎士教之戰數月成精卒造鎧必短長三制稱士所衣以便進趨爲戰車冒以狻猊象列戟于後行以載兵止則爲陣遇險則制衝冒器用完銳居一年闢廣場羅兵三萬以肄威震北方建中二年朝京師還檢校兵部尙書封豳國公還軍初田悅新有魏博恐下未附卽輸款朝廷燧建言悅必反旣而悅果圍邢州身攻臨洺築重城絕內外援邢將李洪臨洺將張伾固守詔燧以步騎二萬與昭義李抱真神策兵馬使李晟合軍救之燧出𨜩口未過險移書抵悅示之好悅以燧畏己大喜旣次邯鄲悅使至燧皆斬之遣兵破其支軍射殺賊將成炫之悅

聞使大將楊朝光以兵萬人據雙岡築東西二柵以禦燧燧率軍營二壘間是夜東壘遁燧進營狗明山取棄壘置輜重悅計曰朝光堅柵且萬人雖燧能攻未可以數日下且殺傷必衆則吾已拔臨洺饗士以戰必勝術也即分恆州兵五千助朝光燧令大將李自良等以騎兵守雙岡戒曰令悅得過者斬燧乃推火車焚朝光柵自晨及晡急擊大破之斬朝光禽其將盧子昌獲首五千執八百人居五日進軍臨洺悅悉軍戰燧自以銳士當之凡百餘返士皆決死悅大敗斬首萬級俘係千餘館穀三十萬斛邢圍亦解以功遷尚書右僕射初將戰燧約衆勝則以家貲賞至是殫私財賜麾下德宗嘉之詔出度支錢五千萬償其財進兼魏博招討使李納李惟岳合兵萬三千人救悅悅裒散兵二萬壁洹水淄青軍其左恆冀軍其右燧進屯鄴請益兵詔河陽李芃以兵會次于漳悅遣將王光進以兵守漳之長橋築月壘扼軍路燧於下流以鐵鏁維車數百絶河載土囊遏水而後度悅知燧食乏深壁不戰燧令士齎十日糧進營倉口與悅夾洹而軍造三橋逾洹日挑戰悅不出陰伏萬人將以掩燧燧令諸軍夜半

食先雞鳴時鳴鼓角而潛師並洹趨魏州令曰聞賊至止爲陣留百騎持火待
軍畢發匿其旁須悅衆度卽焚橋燧行十餘里悅率李納等兵踰橋乘風縱火
譟而前燧乃令士無動命除榛莽廣百步爲埸募勇士五千人陣而待比悅至
火止氣少衰燧縱兵擊之悅敗走橋橋已焚衆赴水死者不可計斬首二萬級
殺賊將孫晉卿安墨啜虜三千人尸相駘藉三十里淄青兵幾殲悅夜走魏州
其將拒不納比明追不至悅乃得入抱真芃問曰糧少而深入何也燧曰糧少
戰利速兵善於致人今悅與淄青恆三軍爲首尾欲不戰以老我師若分擊左
右未可必破悅且來助是腹背支敵也法有攻其必救故趨魏以破之皆曰善
悅嬰城自守於是李再春以博州悅兄昂以洛州王光進以長橋皆降悅使符
璘李瑤衞還淄青殘兵璘等亦降魏導御溝貫城燧塞其上游魏人恐悅遣許
士則侯臧閒行告窮於朱滔王武俊會二人者怨望乃連和悅特燕趙方至卽
出兵背城陣燧復與諸軍破之進同中書門下平章事北平郡王魏州大都督
長史滔武俊聯兵五萬傅魏會帝遣李懷光以朔方軍萬五千助燧懷光勇于

鬭未休士卽與滔等戰不利悅決水灌軍燧兵亦屈退保魏縣滔等瀕河爲壘會涇師亂帝幸奉天燧還軍太原初李抱真欲殺懷州刺史楊鉥鉥奔燧燧奏其非罪乃免抱真怒及共解邢圍獲軍糧燧自有之以餘給抱真軍抱真益怒洹之捷軍進薄魏悅以突騎犯燧營李芃救之抱真勒兵不出燧將攻魏取攻具於抱真營弁請雜兩軍平其功抱真不聽請獨當一面繇是逗遛帝數遣使講解武俊略趙地抱真分麾下二千人戍邢燧怒謂抱真以兵還守其地我能獨戰死邪將引還李晟和之乃復與抱真善及田昂降燧請以洛州隸抱真而用昭義副使盧玄卿爲刺史兼魏博招討副使李晟兵前獨隸抱真抱真亦請兼隸于燧以示協一然議者咎燧私忿交惡卒不成大功至太原遣軍司馬王權以兵五千走奉天又遣子彙與諸將子壁中渭橋帝已幸梁乃還時天下方騷北邊數有警燧念晉陽王業所基宜固險以示敵乃引晉水架汾而屬之城瀦爲東隍省守陴萬人又釃汾環城樹以固隄詔兼保寧軍節度使帝還京李懷光反河中詔燧爲河東保寧奉誠軍行營副元帥與渾瑊駱元光合兵討之

時賊黨要廷珍守晉毛朝敭守隰鄭抗守慈燧移檄鐫諭皆以州降因拜燧晉絳慈隰節度使武俊之圍趙也康日知不支將棄趙燧請詔武俊擊朱滔授以深趙以日知爲晉慈隰節度使及三州降燧固讓日知且言因降受節恐後有功者踵以爲利帝嘉許籍府庫兵仗以授日知日知大喜過望燧乃率步騎三萬次于絳略定諸縣降其將馮萬與任象玉遂圍絳拔外郛守將夜棄城去降四千人遣李自良定六縣降其將辛兟收卒五千裨將谷秀達令掠士女斬以徇與賊戰寶鼎射殺賊將徐伯文斬首萬級獲馬五百于時天下蝗兵艱食物貨翔踴中朝臣多請宥懷光者帝未決燧以懷光逆計久反覆不可信河中近甸捨之屈威靈無以示天下乃捨軍入朝爲天子自言之且得三十日糧足平河中許之乃與瑊元光韓游瓌之兵合賊將徐廷光守長春宮城燧度長春不下則懷光固守久攻所傷必衆乃挺身至城下見廷光廷光憚燧威拜城上燧顧其心已屈徐曰我自朝廷來可西嚮受命廷光再拜燧曰公等朔方士自祿山以來功高天下奈何棄之爲族滅計若從吾言非止免禍富貴可遂也未對

燧曰爾以吾爲欺邪今不遠數步可射我披而示之心廷光感泣一軍皆流涕
即率衆降燧以數騎入其城衆大呼曰吾等更爲王人矣渾瑊亦自以爲不及
也歎曰嘗疑馬公能窘田悅今觀其制敵固有過人者吾不逮遠矣進營焦籬
堡堡將降餘戍望風遁去燧濟河兵八萬陣城下是日賊將牛名俊斬懷光降
衆猶萬六千誅其黨閻晏孟寶張清吳冏等宅脅附悉赦之不閱月河中平還
光祿大夫兼侍中賜一子五品官還太原帝賜宸扆台衡二銘以言君臣相成
之美勒石起義堂帝榜其顏以寵之貞元二年吐蕃尚結贊破鹽夏二州守之
自屯鳴沙及春畜產死糧乏詔燧爲綏銀麟勝招討使與駱元光韓游瓌等會
師擊虜燧次石州結贊懼乞盟帝不許乃遣將論頰熱甘辭請于燧且重幣申
勤勤明年燧還太原與論頰熱俱朝盛言宜許以盟天子然之燧之朝結贊遽
引去帝詔渾瑊與盟平涼虜劫瑊僅得免吐蕃歸燧之兄子弇曰河曲之屯春
草未生吾馬飢公若度河我無種矣賴公許和今釋弇以報帝聞悔怒奪其兵
拜司徒兼侍中賜妓樂奉朝請而已與李晟皆圖象淩煙閣後病足不任謁九

年十月自力朝廷英詔毋拜時晟已卒帝顧燧曰尙記與太尉晟俱來邪今乃獨見公因悲涕燧亦疾而仆帝親掖之詔左右扶去送至陛燧頓首泣謝固乞骸讓侍中不許卒年七十贈太傅謚曰莊武子彙暢

暢少以廕至鴻臚少卿建中中燧討賊山東暢留京師於是大旱朝廷議括商旅緡錢多亡命入南山爲盜暢客單超俊李雲端等竊議以爲事且危暢是其言遣奴諫燧班師燧怒執奴以聞使兄炫拘暢請罪帝方倚燧貸不問但誅其客勑炫賜暢杖三十然亦罷括商人令燧沒後以貲甲天下暢亦善殖財家益豐晚爲豪幸牟侵又彙妻訟析產貞元末神策中尉楊志廉諷使納田產至順宗時復賜之中官往往逼取暢畏不敢恡以至困窮終少府監贈工部尙書諸子無室廬自託奉誠園亭觀卽其安邑里舊第云故當世視暢以厚畜爲戒有司謚曰繆子繼祖生四歲以門功爲太子舍人五遷至殿中少監

燧兄炫字弱翁少以儒學聞隱蘇門山不應辟召至德中李光弼鎭太原始署掌書記常參軍謀光弼器焉刑部郎中田神功帥宣武署節度判官授連潤二

州刺史以清白顯燧爲司徒授刑部侍郎辭疾以兵部尚書致仕卒
渾瑊本鐵勒九姓之渾部也世爲臯蘭都督父釋之有才武從朔方軍積戰多
遷累開府儀同三司試太常卿寧朔郡王廣德中與吐蕃戰沒瑊年十一善騎
射隨釋之防秋朔方節度使張齊丘戲曰與乳媪俱來邪是歲立跳盪功後二
年從破賀魯部拔石堡城龍駒島其勇常冠軍署折衝果毅節度使安思順授
瑊偏師入葛祿部略特羅斯山破阿布思與諸軍城永清及天安軍遷中郎將
祿山反從李光弼定河北射賊驍將李立節貫其左肩死之肅宗即位瑊以兵
趨行在至天德與虜軍遇敗之從郭子儀復兩京討安慶緒勝之新鄉擢武鋒
軍使從僕固懷恩平史朝義大小數十戰功最改太常卿實封二百戶懷恩反
瑊以所部歸子儀會釋之喪起復朔方行營兵馬使從子儀擊吐蕃邠州留屯
邠虜復入至奉天瑊戰漠谷有功還太子賓客屯奉天周智光反子儀令瑊以
步騎萬人下同州智光平以邠寧隸朔方軍瑊屯宜祿大曆七年吐蕃盜塞深
入瑊會涇原節度使馬璘討之次黃菩原瑊引衆据險設槍壘自營遏賊奔突

舊將史抗等內輕瑊顧左右去槍叱騎馳賊既還虜躡而入遂大敗死者十八子儀召諸將曰朔方軍高天下今敗于虜奈何瑊曰願再戰乃馳朝那與鹽州刺史李國臣趨秦原吐蕃引去瑊邀擊破之悉奪所掠而還自是歲防長武城盛秋領邠州刺史吐蕃入方渠懷安瑊擊走之子儀入朝留知邠寧慶兵馬後務回紇侵太原破鮑防軍拜瑊都知兵馬使自石嶺關而南督諸軍掎角虜引去進兼單于副都護振武軍使子儀爲太尉德宗析所部爲三節度以瑊兼單于大都護振武東受降城鎮北大都護府綏銀麟勝州節度副大使未幾崔寧領朔方故召爲左金吾衛大將軍建中中李希烈詐爲瑊書若同亂者帝識其謀用不疑更賜良馬錦幣普王爲荆襄元帥討希烈也以瑊爲中軍都虞候帝狩奉天瑊率家人子弟以從授行在都虞候京畿渭北節度使朱泚兵薄城戰譙門晨至日中不解或以芻車至瑊曳車塞門焚以戰賊乃解泚治攻具矢石四集如雨晝夜不息凡浹日鑿塹圜城城中死者可藉人心危惴或夜縋出掇蔬本供御帝與瑊相泣泚方據乾陵下瞰城翠翟紅袍左右宦人趨走宴賜拜

舞又縱慢辭戲斥天子以爲勝在景刻使騎環馳責大臣不識天命造雲梁廣數十丈施大輪濡氈及革冒之周布水囊爲鄣指城東北構木廬蒙革周置之運薪土其下將塞隍帝召瑊授以詔書千餘自御史大夫實封五百戶而下募突將死士當賊賜瑊筆使量功署詔不足則署衣以授因曰朕與公訣矣令馬承倩往有急可奏瑊俯伏嗚咽帝撫而遣之瑊前與防城使侯仲莊揣雲梁所道掘大隧積馬矢及薪然之賊乘風推梁以進戴數千人王師乘城者皆凍餒甲弊兵盬瑊但以忠義感率使當賊人憂不支羣臣號天以禱瑊中矢自握去被血而戰愈厲雲梁及隧而陷風返悉焚賊皆死舉城歡譟是日詔授瑊二子官乃第賞將校泚攻城益急會李懷光奔難賊乃去進行在都知兵馬使實封五百戶乘輿進狩山南瑊以諸軍衛入谷口懷光追騎至後軍擊卻之遷檢校尚書左僕射同中書門下平章事兼靈鹽豐夏定遠西城天德軍節度朔方邠寧振武道永平軍奉天行營副元帥帝臨軒授鉞用漢拜韓信故事制曰寇賊干紀授爾節鉞以戡多難往欽哉瑊頓首曰敢不畢力以對揚天子休命乃率

諸軍趨京師賊韓旻拒武功瑊率吐蕃論莽羅兵破之武亭川斬首萬級遂屯
奉天以抗西面李晟自東渭橋破賊瑊與韓游瓌戴休顏以西軍收咸陽進屯
延秋門泚平論功以瑊兼侍中實封戶八百天子還宮授河中絳慈隰節度使
河中同陝虢行營副元帥繇樓煩郡王徙咸寧賜大寧里甲第女樂五人將相
送歸第與李晟鈞禮俄加朔方行營副元帥與馬燧同討李懷光懷光平檢校
司空任一子五品官還屯河中吐蕃相尚結贊陷鹽夏陰闚京師而畏瑊與李
晟馬燧欲以計勝之乃詭辭重禮請燧講好燧苦贊帝乃詔約盟平涼川以瑊
爲會盟使爲結贊所劫副使崔漢衡以下皆陷惟瑊得免自奉天入朝贏服待
罪詔釋之會吐蕃復入盜使瑊鎮奉天虜罷還河中貞元四年虜入涇邠授邠
寧慶副元帥進檢校司徒兼中書令十五年卒年六十四羣臣奉慰延英贈太
師諡曰忠武喪車至自鎮帝復廢朝瑊好書通春秋漢書嘗慕司馬遷自敘著
行紀一篇其辭一不矜大天性忠謹功高而志益下歲時貢奉必躬閱視每有
賜予下拜跽受常若在帝前世方之金日磾故帝終始信待貞元後天子常恐

藩侯生事稍桀驁則姑息之惟珹有所奏論不盡從可輒私喜曰上不疑我故
治蒲十六年常持軍猜間不能入君子賢之本名日進稍顯改焉五子鎬鐬爲
達官
鎬謙謹喜交士大夫歷鄧唐二州刺史有政譽元和中延州沙陀部苦邊吏貪
震擾不安李絳建言宜選才職稱者爲刺史乃任鎬延州會討王承宗而義武
節度使任迪簡病不能軍以鎬將家可用乃遷檢校右散騎常侍義武軍節度
副使俄代迪簡爲使治兵頗有法然短於計略不持重鎮定二軍間不百里鎬
引兵壓鎮境而屯距賊三十里鼓角聲相聞賊始亦畏見鎬無斥候乃潛師入
定境焚廬蓄屠鄉聚鎬軍遂搖亦會中人督戰乃出薄賊大敗而還詔以陳楚
代之時師飢凍聞鎬方罷遂亂劫鎬之家至裸辱楚聞馳入城乃定令軍中歛
所剽歸鎬以兵衛出之貶韶州刺史後代州刺史韓重華奏收鎬供軍金幣十
餘萬乃復貶循州卒贈工部尚書
鐬以廕補諸衞參軍累擢至豐州刺史坐贓七百萬文宗以勳臣子貶袁州司

馬還爲袁王傅至太子詹事訓注亂或言鐬匿賈餗爲百騎所捕苦辨乃免然家爲兵剽皆盡文宗憐之授少府監遷殿中宰相以瑊之裔擬刺史帝曰是豈可以牧民念其父功富之可也宰相言鐬嘗治郡有績從之拜壽州刺史終諸衛大將軍

贊曰唐史臣稱燧沈雄忠力常先計後戰每戰親令于衆無不感概用命鬬必決死未嘗折北名蓋一時然力能得田悅而不取虜不可信而決信之故河北三盜卒不臣平涼大臣奔辱燧之罪也雖然燧賢者也天下以爲可責故責之不以功掩罪亦不可以罪廢功瑊親與結贊盟不能料虜詐但以如詔爲恭殆有猛志而無英才乎李晟謂虜不可與盟則燧瑊固出晟下遠甚功名大小信其然乎

唐書卷一百五十五

唐書卷一百五十五考證

渾瑊傳父釋之廣德中與吐蕃戰沒○回鶻傳爲僕固懷恩所殺沈炳震以回鶻傳誤　臣酉按回鶻傳云知朔方留後僕固懷恩之走聲爲歸鎮釋之曰是必衆潰將拒之其甥張韶曰彼如悔禍渠可不納釋之信之乃納懷恩懷恩已入使韶殺釋之收其軍其敘次歷歷似不宜誤然舊書傳亦云與吐蕃戰沒于靈武蓋傳聞異詞故新書兩收之

唐書卷一百五十五考證

# 唐書卷一百五十六

宋　端　明　殿　學　士　宋　祁　撰

## 列傳第八十一

楊戴陽二李韓杜邢

楊朝晟字叔明夏州朔方人興行間以先鋒功授甘泉府果毅建中初從李懷光討劉文喜涇州斬獲多加驃騎大將軍李納寇徐州從唐朝臣往討常冠軍懷光赴難奉天屬朝晟兵千人下咸陽賜實封百五十戶懷光反韓游瓌退保邠寧賊黨張昕守邠州大索軍實多募士欲潛歸之朝晟父懷賓爲游瓌將夜以數十騎斬昕及同謀者游瓌遣懷賓告行在德宗勞問授兼御史中丞朝晟泣見懷光曰父立功於國子當誅不可以主兵懷光縶之及諸軍圍河中游瓌營長春宮而懷賓戰甚力懷光平帝原朝晟因爲游瓌都虞候父子皆開府賓客御史中丞軍中以爲榮吐蕃犯邊游瓌自將守寧州而御士寬軍驕及張獻甫來代軍遂亂朝晟逃於郊衆脅監軍請以范希朝爲節度使希朝時已在京

師明日朝晟出紿衆曰予來賀所請之當也衆稍定朝晟結諸將謀誅首惡者
居三日紿遣人自邠來曰前請報罷張公已舍邠矣反者皆當死吾不願盡誅
也第取首惡者衆所讙指斬二百餘人獻甫遂入于軍帝以希朝爲節度副使
而朝晟加御史大夫貞元九年城鹽州發卒護境朝晟屯木波堡會獻甫卒有
詔代爲邠寧節度使朝晟請城方渠合道木波以遏吐蕃路詔問須兵幾何報
曰部兵可辦帝問前日城五原與師七萬今何易邪對曰鹽州之役虜先知之
今薄戎而城虜料王師不十萬勢難輕入若發部兵十日至塞下未三旬城畢
積芻聚糧留卒守之寇至不可拔菽野翦夷虜且走此萬全計也若發大兵閱
月乃至虜亦來來必戰戰則不暇城矣帝納其策師次方渠水乏有青蛇降險
下走視其跡水從而流朝晟使築防環之遂爲渟淵士飲仰足圖其事以聞有
詔置祠命泉曰應聖已城吐蕃悉衆至度不能害乃引去復城馬嶺而歸開地
三百里十七年卒于屯
戴休顏字休顏夏州人家世尚武志膽不常郭子儀引爲大將諭平党項羌以

安河曲試太常卿封濟陰郡公進封咸寧郡王兼朔方節度副使城邠州功最遷鹽州刺史朱泚反率兵三千晝夜馳奔問行在德宗嘉之賜實戶二百與渾瑊杜希全韓游瓌等扞禦有勞帝進狩梁洋留守奉天李懷光屯咸陽使人誘之休顏斬其使勒兵自守懷光貽駭自涇陽夜走還檢校工部尚書奉天行營節度使合渾瑊兵破泚偏師斬首三千級追至中渭橋京師平又與瑊率兵趨岐陽邀泚殘黨加檢校尚書右僕射進戶四百從乘輿至京師賜女樂甲第拜左龍武軍卒贈揚州大都督弟休璿歷開府儀同三司封東陽郡王休晏歷輔國大將軍封彭城郡公俱以將略稱

陽惠元平州人以趫勇奮事平盧軍從田神功李忠臣浮海入青州詔以兵隸神策爲京西兵馬使鎭奉天德宗初立稍繩諸節度跋扈者於是李正己屯曹州田悅增河上兵河南大擾詔移兵萬二千戍關東帝御望春樓誓師因勞遣諸將酒至神策將士不敢飲帝問故惠元曰初發奉天臣之帥張巨濟與衆約是役也不立功毋飲酒臣不敢食其言旣行有饋於道惟惠元軍瓶罌不發帝

咨歎不已璽書慰勞俄以兵三千會諸將擊田悅戰御河奪三橋惠元功多以兵屬李懷光及朱泚反自河朔赴難解奉天圍加檢校工部尚書攝貝州刺史詔惠元與神策行營節度使李晟鄜坊節度使李建徽及懷光聯營便橋晟知懷光且叛移屯東渭橋翰林學士陸贄諫帝曰四將接壘晟等兵寡位下爲懷光所易勢不兩完晟既慮變請與惠元東徙則建徽孤立宜因晟行合兩軍皆往以備賊爲解趣裝進道則懷光計無所施帝不從使神策將李昇往伺還奏懷光反明甚是夕奪二軍惠元建徽走奉天懷光遣將冉宗馳騎追及於好時惠元被髮呼天血流出背袒裼戰而死二子晟暠匿井中皆及害建徽獨免詔贈惠元尚書左僕射晟殿中監暠邠州刺史

少子昱字公素惠元之死被八創墮別井或救得免歷邢州刺史盧從史既縛潞軍潰有驍卒五千從史嘗以子視者奔于昱昱閉城不內衆皆哭曰奴失帥今公有完城又度支錢百萬在府少賜之爲表天子求旌節昱開諭禍福遣之衆感悟遂還軍憲宗嘉之遷易州刺史王師討吳元濟以唐州刺史提兵深入

二百里薄申州拔外郛殘其垣以功加御史中丞容州西原蠻反授本州經略招討使擊定之進御史大夫合邕容兩管爲一道卒贈左散騎常侍

李元諒安息人本安氏少爲宦官駱奉先養息冒姓駱名元光美須髯驍敢有謀以宿衛積勞試太子詹事李懷讓節度鎮國署奏以自副居軍十年士心憚服德宗出奉天賊遣將何望之至華州於是刺史董晉棄城走望之欲聚兵以絕東道元諒自潼關引兵徑薄其城拔之時兵興倉卒褁屬爲鎧剡蒿爲矢募兵數日至萬餘軍氣乃振賊來攻輒卻時尙可孤守藍田元諒屯昭應王權壁中渭橋賊兵不能踰渭南未幾遷鎮國軍節度使封武康郡王先是詔發隴兵東討李希烈師方出關泚使劉忠孝召還至華陰華陰尉李夷簡說驛官捕之追及關元諒斬以徇所召兵不得入由是華州獨完俄詔元諒與李晟收京師次滻西元諒先奮鏖賊敗之進屯苑東晟使壞苑垣入泚連戰皆北遂大潰京師平讓功於晟退壁近郊加檢校尙書左僕射實封戶五百賜甲第女樂一子六品官李懷光反與馬燧渾瑊討之其將徐廷光素易元諒數嫚罵爲優胡

戲斥侮其祖又使約降曰我降漢將耳及馬燧至降於燧元諒見韓游瓌曰彼詬吾祖今日斬之子助我乎許諾既而遇諸道卽數其罪叱左右斬之詣燧謝燧大怒將殺元諒游瓌見曰殺一偏裨尙爾卽殺一節度法宜如何燧默然元諒請輸錢百萬勞軍自贖瑊亦爲請燧赦之帝以專殺恐有司劾治前詔勿論貞元三年吐蕃請盟詔以軍從瑊會平涼元諒軍潘原游瓌軍洛口以爲援元諒曰潘原去平涼七十里虜詐不情如有急何以赴請與公連屯瑊以違詔不聽瑊壁盟所二十里元諒密徙營次之既會元諒望雲物曰不祥虜必有變傳令約部伍出陣俄而虜刧盟瑊奔還元諒兵成列出而涇原節度使李觀亦以精兵五千伏險與元諒相表裏虜騎乃解元諒遣車重先而與瑊振旅徐還時以爲有古良將風是會也微元諒觀二人瑊且不免帝嘉歎賜善馬金幣良厚因賜姓及名更節度隴右治良原良原隍堞湮圮旁皆平林薦草虜入寇常牧馬休徒於此元諒培高浚淵身執苦與士卒均椔翳榛莽闢美田數十里勸士墾藝歲入粟菽數十萬斛什具畢給又築連弩臺遠烽偵爲守備進據勢勝列

新壁虜至無所掠戰又輒北由是涇隴以安西戎憚之卒年六十二贈司空諡曰莊威

李觀其先自趙郡徙洛陽故爲洛陽人少沈厚寡言以策干朔方節度使郭子儀子儀遣佐坊州刺史吳伷爲防遏使以親喪解吐蕃內寇代宗幸陝觀隱盩厔率鄉里子姓千人守黑水虜不敢侵嶺南節度使楊慎微奏爲偏將徐浩李勉代節度常倚以軍政數捕平劇賊遷大將試殿中監召爲右龍武將軍涇師叛觀適番上即領兵千餘扈德宗奉天詔盡察諸軍整飭譏邏增募五千人聲槍讙暨士氣益振賜封戶二百授二子八品官從至梁州帝還詔總後軍擢四鎮北廷行軍涇原節度使在屯四年訓部伍儲藏饒衍平涼之盟吐蕃不得志是年觀入朝前一日就道虜至期出精騎徂擊不及去以少府監檢校工部尚書卒贈太子少傅

韓游瓌靈州靈武人始爲郭子儀裨將安祿山反使阿史那從禮將同羅突厥五千騎僞降於朔方出塞門誘河曲九蕃府六胡叛部落凡五十萬子儀使游

瓌率辛京杲擊破之九蕃府還附累進邠寧節度留後奉天之狩兵未集游瓌與慶州刺史論惟明以兵三千來赴自乾陵北趨醴泉未至有詔引軍屯便橋次泥泉與泚兵值游瓌欲還奉天監軍翟文秀曰吾壁于此賊敢踰我而西可夾攻取之今入奉天賊亦隨至是引賊迫天子也游瓌曰不然我寡賊衆彼分以亢我餘衆猶能鼓而西也不如先入衛天子且奉天無彊卒安得夾攻吾士乏且寒賊以利誘之衆且潰遂還奉天泚兵躡攻之戰不利泚兵奪門游瓌殊死戰乃解泚大治戰棚雲橋士皆懼游瓌曰賊取佛祠乾木爲攻具可以火之既而賊大譟攻南雉游瓌曰是分吾力也趨北雉遣將郭詢郭廷玉以銳士三百傅滿直出火其棚投薪於中風返棚皆燼賊氣沮故諸將推游瓌赴難功第一帝以衛軍無職局軍置統軍一員以游瓌惟明賈隱林處之李懷光叛誘游瓌爲變游瓌白發其書帝曰卿可謂忠義矣對曰臣安知忠義但懷光誤臣使震驚乘輿後持臣自解帝嘉其誠從間計欲安出對曰懷光總諸府兵怙以爲亂今邠有張昕靈武有甯景璿河中有呂鳴岳振武有杜從政潼關有李朝臣

渭北有竇覦皆守將也陛下以其衆與地授之罷懷光權而尊以元功諸將仰首各聽其帥彼安能以亂帝曰罷懷光權而泚益張若何對曰陛下約士以不次之賞今貢賦方至發而酬之其守自固邠有萬精甲臣得將之可以誅賊四方杖義而起賊不足慮帝美其言會懷光誘復至渾瑊得書稍嚴卒以警游瓌不知發怒嫚罵瑊帝疑有變即日幸梁州游瓌使子從帝懷光檄假游瓌邠州刺史欲因張昕殺之游瓌既失兵不知所圖有客劉南金說曰邠有留甲可以立功殆天假也游瓌悟誘舊部兵八百馳入邠說昕曰懷光自蹈禍機公今可取富貴無共污不義也我願以麾下爲公先驅昕不聽游瓌移疾不出陰結其將高固等昕欲殺游瓌戒左右衷甲入昕小史李岌潛白游瓌伏甲先起高固等應之斬昕首以聞時懷光子玫在邠游瓌衞出之曰殺之秖以怒敵至必遽不如捨之玫至涇陽懷光遂走蒲州游瓌屯七盤受李晟節度詔拜邠寧節度使遂會渾瑊於奉天與瑊戴休顏分扼京西要險李晟入長安游瓌破泚兵咸陽泚走涇州游瓌使諭涇將楊澄澄拒不納泚遂敗京師平遷檢校尚書左僕

射實封戸四百帝至自興元游瓌及瑊休顏從而李晟尙可孤李元諒奉迎論功與瑊等皆第一游瓌還屯邠寧懷光寇同州瑊元諒敗於乾坑詔游瓌率兵㪙力敗賊衆五千于屯遂會瑊馬燧圍蒲城師次焦離堡守將尉珪降懷光見勢單蹙乃縊死貞元二年吐蕃入涇隴邠寧游瓌追至安化虜營合水北游瓌策曰賊行無人地必怠可襲取之使將史履澄夜領兵五百入其營斬數百級取馬五千遂明虜以兵尾擊游瓌羅幟自衞鼙鼓四發虜驚潰去是歲復圍鹽州刺史杜彥光約與之城吐蕃許之又取銀夏麟等州游瓌請收鹽州以斷戎人走集虜入漢食禾菽方春而病此天亡時也有詔李元諒韓全義率師一萬會游瓌收鹽州吐蕃請修清水盟以歸侵地馬燧爲之請詔問游瓌答曰西戎弱則請盟彊則入寇今侵地益深而乞盟詐我也帝不從會盟平涼詔游瓌以軍屯洛口盟之日游瓌以勁騎五百待非常令曰卽有變急趨柏泉以分虜勢瑊被劫馳以免虜見兵出卽解去後吐蕃寇大回原游瓌方壁長武卽選騎八百迎擊自引兵繼之監軍以爲戎不可易答曰賊攻豐義今游騎先破則彼大

衆不敢前豐義全矣戰南原敗之吐蕃夜遁會子欽緒以射生將衛京師與妖
人李廣弘謀反謀泄奔邠州中人捕斬以狀示游瓌游瓌懼求歸死京師帝不
許又執欽緒二息送京師帝亦原之未幾入朝素服聽命有詔復位勞遇如故
游瓌感言城豐義以遏虜侵帝悅趣還軍初游瓌之朝衆謂且得罪故齎送殊
薄既還舉軍不自安大將范希朝善兵游瓌畏其偪欲誅之希朝奔鳳翔帝聞
召入宿衛游瓌遣兵築豐義纔二板而潰寧卒數百大掠游瓌不能禁詔用張
獻甫代之游瓌畏亂委軍輕出還京師拜右龍武統軍卒謚曰襄廣弘者自言
宗室子始爲浮屠妄曰我嘗見岳瀆神當作天子可復冠男子董昌舍廣弘於
資敬寺召相工唐郢視之教郢告人曰廣弘且大貴乃誘欽緒神策將魏循李
傪越州參軍事劉昉等作亂昉家數具酒大會廣弘所陰相署置又妄曰神戒
我十月十日趣舉約欽緒夜擊鼓譟淩霄門焚飛龍廐循等以神策兵迎廣弘
事捷大剽三日循傪上變乃禽廣弘及支黨鞫仗內付三司訊實皆殊死廣弘
臨刑色自如由是禁人不得入觀祠

杜希全京兆醴泉人以裨將隸郭子儀積功勞至朔方節度使軍令整嚴士畏
其威奉天之狩希全與鄜坊節度使李建徽鹽州刺史戴休顏夏州刺史時常
春引兵赴難次漠谷爲賊邀擊乘高縱石下之彊弩雜發德宗使援之不克還
保邠州賊平還檢校尚書左僕射靈鹽豐夏節度使封餘姚郡王將卽屯獻體
要八章砭切政病帝嘉納賜君臣箴一篇尋兼夏綏銀節度都統建言鹽州據
要會爲塞保鄜自平涼背盟城陷于虜於是靈武勢縣鄜坊單逼爲邊深患請
復城鹽州乃詔希全及朔方邠寧銀夏鄜坊振武及神策行營諸節度合選士
三萬五千屯鹽州又勑涇原劍南山南軍深入吐蕃牽撓其力使不得犯塞執
築凡六千人閱二旬畢由是虜憚不輕入希全居河西久頗越法橫肆帝數容
掩其短豐州刺史李景略名出希全上疑逼己遂排劾之帝爲斥以答其意素
苦風眩稍劇忿忌忍遂誣殺判官李起吏下累息卒贈司空
邢君牙瀛州樂壽人少從幽薊平盧軍以戰功歷果毅折衝郎將安祿山反從
侯希逸涉海入青州田神功爲兗鄆節度使使君牙將兵屯好時防盛秋吐蕃

犯京師代宗出陝以扈從功累封河間郡公建中初李晟從馬燧討田悅以君牙爲都將在武安襄國閒凡五戰斬馘功最德宗出奉天晟率君牙倍道赴難徙屯渭橋軍中便宜惟君牙得豫晟在鳳翔數行邊常以君牙守晟入朝代爲鳳翔觀察使俄領節度檢校尚書右僕射吐蕃歲犯邊君牙劭耕講戰以爲備戎不得侵又城隴州平戎川號永信城卒官贈司空初布衣張汾者無紹而干君牙軒然坐客上會吏擿簿書以盜沒宴錢五萬君牙怒其欺汾不謝去曰吾在京師聞邢君牙一時豪俊今乃與設吏論錢云何君牙慚遽釋吏引爲上客留月餘以五百縑爲謝其屈己好士類此

唐書卷一百五十六

唐書卷一百五十六考證

韓游瓌傳進邠寧節度留後○舊書作邠寧節度使 臣酉按游瓌屯七盤受李晟節度時詔拜邠寧節度使此處自應是節度留後舊書誤

唐書卷一百五十六考證

# 唐書卷一百五十七

宋　端　明　殿　學　士　宋　祁　撰

## 列傳第八十二

陸贄

陸贄字敬輿蘇州嘉興人十八第進士中博學宏辭調鄭尉罷歸壽州刺史張鎰有重名贄往見語三日奇之請爲忘年交既行餉錢百萬曰請爲母夫人一日費贄不納止受茶一串曰敢不承公之賜以書判拔萃補渭南尉德宗立遣黜陟使庾何等十一人行天下贄說使者請以五術省風俗八計聽吏治三科登儁乂四賦經財實六德保罷瘵五要簡官事五術曰聽謠誦審其哀樂納市賈觀其好惡訊簿書考其爭訟覽車服等其儉奢省作業察其趣舍八計曰視戶口豐耗以稽撫字視墾田贏縮以稽本末視賦役薄厚以稽廉冒視案籍煩簡以稽聽斷視囚繫盈虛以稽決滯視姦盜有無以稽禁禦視選舉衆寡以稽風化視學校興廢以稽教導三科曰茂異賢良幹蠱四賦曰閱稼以奠稅度產

以衰征料丁壯以計庸占商賈以均利六德曰敬老慈幼救疾恤孤賑貧窮任
失業五要曰廢兵之冗食蠲法之撓人省官之不急去物之無用罷事之非要
時皆韙其言遷監察御史帝在東宮已聞其名矣召爲翰林學士會馬燧討賊
河北久不決請濟師李希烈寇襄城詔問策安出贄言勞於服遠莫若脩近多
方以救失莫若改行今幽燕恆魏之勢緩而禍輕汝洛滎汴之勢急而禍重田
悅覆敗之餘無復遠略王武俊有勇無謀朱滔多疑少決互相制劫急則合力
退則背憎不能有越軼之患此謂緩也希烈果於奔噬忍於傷殘据蔡許富全
之地而益以鄧襄虜獲之實東寇則轘道阻北窺則都邑震此謂急也代朔邠
靈自昔之精騎上黨盟津今之選師舉而委之山東將多而勢分兵廣而財屈
則屯戍失於太繁也李勉文吏也而當汴必爭地哥舒曜之衆烏合也扞襄城
方銳之賊本非素習首鼠莫前則守禦失於不足也今若還李芃河陽以援東
都李懷光解襄城之圍專以太原澤潞兵抗山東則梁宋安又言立國之權在
審輕重本大而末小所以能固故治天下者若身使臂臂使指小大適稱而不

悖王畿者四方之本也京邑者王畿之本也其勢當京邑如身王畿如臂而四方如指此天子大權也是以前世轉天下租稅徙郡縣豪傑以實京師太宗列置府兵八百所而關中五百舉天下不敵關中則居重馭輕之意也方世承平久武備微故祿山乘外重之勢一舉而覆兩京然猶諸牧有馬州縣有糧肅宗得以中興乾元後外虞踵發悉師東討故吐蕃乘虛而先帝莫與爲禦是失馭輕之權也旣自陝還懲艾前事稍益禁衞故關中有朔方涇原隴右之兵以捍西戎河東有太原之兵以制北虜今朔方太原衆已屯山東而神策六軍悉戍關外將不能盡敵則請濟師陛下爲之輟邊軍缺環衞竭內廐之馬武庫之兵占將家子以益師賦私畜以增騎又告乏財則爲算室廬貸商人設諸榷之科日日以甚萬有一如朱滔李希烈負固邊壘竊發都甸者何以備之夫關中王業根本在焉豪傑之在關中者與籍於營衞不殊車乘之在關中者與列於廐牧不殊財用之在關中者與貯於帑藏不殊一朝有急可取也陛下幸聽臣計使竓還軍援洛懷光救襄城希烈必走請神策及將家子占而東者追還之凡

京師稅閒架榷酒抽貫貸商點召之令一切停之則端本整棼之術帝不納後涇師急變贄言皆効從狩奉天機務填總遠近調發奏請報下書詔日數百贄初若不經思逮成皆周盡事情衍繹孰復人人可曉旁吏承寫不給它學士筆閣不得下而贄沛然有餘始帝倉卒變故每自剋責贄曰陛下引咎堯舜意也然致寇者乃羣臣罪贄意指盧杞等帝護杞因曰卿不忍歸過朕有是言哉然自古興衰其亦有天命乎今之厄運恐不在人也贄退而上書曰自安史之亂朝廷因循涵養而諸方自擅壤地未嘗會朝陛下將一區宇乃命將興師以討四方一人征行十室資奉居者疲饋轉行者苦鋒鏑去留騷然而閭里不寧矣聚兵日衆供費日博常賦不給乃議蹙限而加斂焉加斂既殫乃別配之別配不足於是榷算之科設率貸之法興禁防滋章吏不堪命農桑廢于追呼膏血竭于笞捶兆庶嗷然而郡邑不寧矣邊陲之戍以保封疆禁衛之旅以備巡警邦之大防也陛下悉而東征邊備空屈又援私牧責將家以出兵籍馬夫私牧者元勳貴戚之門也將家者統帥岳牧之後也其復除征徭舊矣今奪其畜牧

事其子孫丏假以給資裝破產以營卒乘元臣貴位孰不解體方且稅侯王之廬算裨販之緡貴不見優近不見異羣情囂然而關譏不寧矣陛下又謂百度弛廢則持義以掩恩任法以成治斷失於太速察傷於太精斷速則寡恕于人而疑似不容辨也察精則多猜于物而億度未必然也寡恕而下懼禍故反側之釁生多猜而下防嫌故茍且之患作由是叛亂繼產忿讟並興非常之虞惟人主獨不聞凶卒鼓行白晝犯闕重門無結草之禦環衛無誰何之人陛下雖有股肱之臣耳目之佐見危不能竭誠臨難不能効死是則羣臣之罪也陛下方以興衰諉之天命亦過矣書曰天視自我民視天聽自我民聽則天所視聽皆因于人非人事外自有天命也紂之辭曰我生不有命在天此捨人事推天命必不可之理也易曰自天祐之仲尼以謂祐者助也天之所助者順也人之所助者信也履信思乎順是以祐之易論天人祐助之際必先履行而吉凶之報象焉此天命在人蓋昭昭矣人事治而天降亂未之有也人事亂而天降康亦未之有也尚恐有可疑者請以近事信之自比兵興物力耗竭人心驚疑如

風濤然洶洶靡定族謀聚議謂必有變則京師之人固非悉通占術曉天命也則致寇之由豈運當然夫治或生亂亂或資治有以無難而亡多難而興治或生亂者恃治而不修也亂或資治者遭亂而能治也無難而失者忽萬幾之重而忘憂畏也多難而興者涉庶事之艱而知勑慎也今生亂失序之事不可追矣其資治興邦之業在刻勵而謹修之當至危之機得其道則與失則廢其間不容復有所悔也惟勤思而熟計之捨己以從衆違欲以遵道遠憸佞親忠直推至誠去逆詐斯道甚易知甚易行不耗神不劬力第約之於心耳何憂乎亂人何畏乎厄運何患乎不寧哉帝又問贄事切於今者贄勸帝羣臣參日使極言得失若以軍務對者見不以時聽納無倦兼天下之智以爲聰明帝曰朕豈不推誠然顧上封者惟譏斥人短長類非忠直往謂君臣一體故推信不疑至憸人賣爲威福今玆之禍推誠之敝也又諫者不密要須歸曲於朕以自取名朕嗣位見言事多矣大抵雷同道聽加質則窮故頃不詔次對豈曰倦哉贄因是極諫曰昔人有因噎而廢食者又有懼溺而自沈者其爲防患不亦過哉願

陛下鑒之毋以小虞而妨大道也臣聞人之所助在信信之所本在誠一不誠心莫之保一不信言莫之行故聖人重焉傳曰誠者物之終始不誠無物物者事也言不誠卽無所事矣匹夫不誠無復有事況王者賴人之誠以自固而可不誠於人乎陛下所謂誠信以致害者臣竊非之孔子曰可與言而不與之言失人不可與言而與之言失言智者不失人亦不失言陛下可審其言而不可不信可愼其所與而不可不誠所謂民者至愚而神夫蚩蚩之倫或昏或鄙此似於愚也然上之得失靡不辨好惡靡不知所祕靡不傳所爲靡不效馭以智則詐示以疑則偷接不以禮則其徇義輕撫不以情則其效忠薄上行則下從之上施則下報之若影附形若響應聲故曰惟天下至誠爲能盡其性不盡於己而責盡於人不誠於前而望誠於後必紿而不信矣今方鎭有不誠於國陛下與師伐之臣有不信於上陛下下令誅之有司奉命而不敢赦者以陛下所有責彼所無也故誠與信不可斯須去己願陛下愼守而力行之恐非所以爲悔也傳曰人誰無過過而能改善莫大焉仲虺歌成湯之德曰改過不吝吉甫

美宣王之功曰袞職有闕仲山甫補之夫成湯聖君也仲虺聖輔也以聖輔贊聖君不稱其無過稱其改過周宣中興賢王也吉甫文武賢臣也歌誦其主不美其無闕而美其補闕則聖賢之意貴於改過較然甚明蓋過差者上智下愚所不免惟智者能改而之善愚者恥而之非也中古以降其臣尚諛其君亦自聖掩盛德行小道乃有入則造膝出則詭辭姦由此滋善由此沮天子意由此惑爭臣罪由此生媚道行而害斯甚矣太宗有文武仁義之德治致太平之功可謂盛矣然而人到于今以從諫改過爲稱首是知諫而能從過而能改帝王之大烈也陛下謂諫官論事引善自予歸過於上者信非其美然於盛德未有虧焉納而不違傳之適足增美拒而違之又安能禁之勿傳不宜以此梗進言之路也聖人不忽細微不侮鰥寡姦言無驗不必用質言當理不必違遜於志不必然逆於心不必否異於人不必是同於衆不必非辭拙而效迂者不必愚言甘而利重者不必智考之以實惟善所在則可以盡天下之心矣夫人情蔽於所信沮於所疑忽於所輕溺於所欲信偏則聽言不盡其實故有過當之言

疑甚則雖實不聽其言故有失實之聽輕其人則遺可重之事欲其事則存可棄之人苟縱所私不考其實則是失天下之心矣故常情之所輕聖人之所重不必慕高而好異也陛下又以雷同道說加質則窮臣謂陛下雖窮其辭而未窮其理能服其口而未服其心且下之情莫不願達於上上之情莫不求知於下然而下常苦上之難達上常苦下之難知若是者何九弊不去也所謂九弊者上有六下有三好勝人恥聞過騁辯給衒聰明厲威嚴恣彊愎上之弊也諂諛顧望畏懦下之弊也好勝而恥過必甘佞辭忌直言則諂諛者進而忠實之語不聞矣騁辯而衒明必折人以言虞人以詐則顧望者自便而切摩之益不盡矣厲威而恣愎必不能降情接物引咎在己則畏懦者至而情理之說不申矣人之難知堯舜所病胡可以一酬一詰而謂盡其能哉夫欲治天下而不務得人心則固不治矣務得人心而不勤接下則心固不得矣務接下而不辨君子小人則下固不可接矣務辨君子小人而惡直嗜諛則君子小人固不可辨矣趨和求媚人之甚利存焉犯顏冒禍人之甚害存焉居上者易其言而以美

利利之猶懼忠告之不暨況疏隔而猜忌者乎是時賊未平帝欲明年遂改元而術家爭言數鍾百六宜有所變示天下復始帝乃議更益大號贄曰今乘輿播越大憝未去此人情向背天意去就之隙陛下宜痛自貶勵不宜益美名以累謙德帝曰卿言固善然要當小有變革爲朕計之贄奏言古之人君德合於天曰皇合於地曰帝合於人曰王父天母地以養人治物得其宜者曰天子皆大名也三代而上所稱象其德不敢有加焉至秦乃兼曰皇帝流及後世昏僻之君始有聖劉天元之號故人主重輕不在稱謂視德何如耳若以時屯當有變革不若引咎降名以祗天戒且矯舊失至明也損虛飾大知也寧與加冗號以受實患哉帝從之會與元赦令方具帝以稾付贄使商討其詳贄知帝執德不固困則思治泰則易驕欲激之使彊其意卽建言履非常之危者不可以常道安解非常之紛者不可以常令諭陛下窮用兵甲竭取財賦變生京師盜據宮闈今假王者四凶僭帝者二暨其他顧瞻懷貳不可悉數而欲紓多難收羣心惟在赦令而已動人以言所感已淺言又不切人誰肯懷故誠不至者物不

感損不極者益不臻夫悔過不得不深引咎不得不盡招延不可不廣潤澤不可不弘使天下聞之廓然一變人人得其所欲安有不服哉其須改革科條已別封上臣聞知過非難改之難言善非難行之難易曰聖人感人心而天下和平夫感者誠發於心而形於事事或未諭故宣之於言言必顧心心必副事三者相合乃可求感惟陛下先斷厥志以施其辭度可行者而宣之不可者措之無苟於言以重取悔帝納之始帝播遷府藏委棄衛兵無褚衣至是天下貢奉稍至乃於行在夾廡署瓊林大盈二庫別藏貢物贄諫以爲瓊林大盈於古無傳舊老皆言開元時貴臣飾巧以求媚建言郡邑賦稅當委有司以制經用其貢獻悉歸天子私有之蕩心侈欲亦終以餌寇今師旅方殷瘡痛呻吟之聲未息遽以珍貢私別庫恐羣下有所觖望請悉出以賜有功令後納貢必歸之有司先給軍賞瓌怪纖麗無得以供是乃散小儲成大儲捐小寶固大寶也帝悟即撤其署李懷光有異志欲怒其軍使叛即上言兵稟薄與神策不等難以戰李晟密言其變因請移屯帝遣贄見懷光議事贄還奏懷光寇奔不追師老不

用羣帥欲進輒沮止其謀此必反宜有以制之因勸帝許晟移軍初贄與懷光語及晟懷光妄詫曰吾無所藉晟贄卽美其彊雄使不得飜覆至是請下詔書如其意者且無辭歸短於朝又建遣李建徽陽惠元與晟并屯東渭橋託言晟兵寡不足支賊俾爲掎角懷光雖不欲遣且辭窮無以沮解帝猶豫曰晟移屯懷光固快快若又遣建徽等俱東彼且爲辭少須之晟已徙營不閱旬懷光果奪兩節度兵建徽挺身免惠元死之行在震驚遂徙幸梁道有獻瓜果者帝嘉其意欲授以試官贄曰爵位天下公器不可輕也帝曰試官虛名且已與宰相議矣卿其無嫌贄奏信賞必罰霸王之資也輕爵褻刑衰亂之漸也非功而獲爵則輕非罪而肆刑則褻天寶之季嬖幸傾國爵以情授賞以寵加綱紀始壞矣羯胡乘之遂亂中夏財賦不足以供賜而職官之賞與焉職員不足以容功而散試之號行焉今所病者爵輕也設法貴之猶恐不重若又自棄將何勸焉陛下謂試官爲虛名豈思之未熟邪夫立國惟義與權誘人惟名與利名近虛於教爲重利近實於德爲輕凡所以裁是非立法制則存乎其義參虛實揣輕

重則存乎其權專實利而不濟之以虛則物有匱耗而不給矣專虛名而不副之以實則情有誕謾而不趨矣故錫貸財列稟秩以彰實也差品列異服章以飾虛也居上者達其變相須以爲表裏則爲國之權得矣按甲令有職事官有散官有勳官有爵號其賦事受奉者惟職事一官以敘才能以位勳德所謂施實利而寓虛名也勳散爵號止於服色資蔭以馭崇貴以甄功勞所謂假虛名佐實利者也今員外試官與勳散爵號同然而突銛鋒排禍難者以是酬之可謂重矣今獻瓜一器果一檅則受之彼忘軀命者有以相謂矣曰吾之軀命乃同瓜果瓜果草木也若草木然人何勸哉夫田父野人必欲得其歡心厚賜之可也俄以勞還諫議大夫仍爲學士時鳳翔節度使李楚琳殺張鎰得位雖數貢奉議者頗言其挾兩端有所狙伺然帝亦不能容其使至皆不得召欲以渾瑊代之贄諫曰楚琳之罪舊矣今議者乃始紛紜不亦晚哉且勤王之師在畿內者急宜亟告景刻不可差商嶺既回遠而駱谷又爲賊所扼通王命者唯褒斜爾若復阻則諸鎮之向背者我勝則來賊勝遂往此焉幾會不容差跌使楚

琳逞憾敢爲猖狂南塞要衝東與賊合則我咽喉梗而心膂分矣豈不病哉今顧望兩端是乃天誘其衷通歸塗濟大業也帝釋然盡召見其使優詔勞安之帝欲以內外從官普號定難元從功臣贄曰宮官具寮恪居奔走勞則有之何功之云難則嘗之何定之云今與奮命者齒恐沮戰士之心結勳臣之憤帝乃止京師已平帝欲召渾瑊訪奔亡內人給裝使赴行在贄諫曰大難始平而百役疲瘵之甿重傷殘廢之卒皆忍死扶疾想聞德音蓋事有先後義有輕重重者宜先輕者宜後昔武王克殷有未下車而爲之者有下車而爲之者當今所務謂宜以大臣馳傳迎復神主脩飭郊丘展禋享之禮申告謝之意恤死義犒有功崇進忠直優問耆耄定反側寬脅從官失職復廢業是皆宜先不可後也葺宮室治服玩耳目之娛巾櫛之侍是皆宜後不可先也且內人當離潰之後或爲將士所私昔人掩絕纓飲盜馬者豈忘其愛邪知爲君之體然也天下固多褻人何必獨此帝不復下詔猶遣使諭瑊資遣初劉從一姜公輔等材下不逮贄遠甚徒以單言暫謀偶有合由下位建台宰而贄孤立一意爲左右權倖

沮短又言事無所回諱陰失帝意久之不得宰相還京但爲中書舍人母韋猶在江東帝遣中人迎還京師俄以喪解官客東都諸方賵遺一不取惟韋皐以布衣交先以聞故所致輒稱詔受之又詔中人護父柩至自吳會葬洛陽服除以權知兵部侍郎復召爲學士入謝伏地鯁泣帝爲興改容慰撫眷遇彌渥天下屬以爲相而竇參素不平忌之贄亦數言參罪失貞元七年罷學士以兵部侍郎知貢舉明年參黜乃以中書侍郎同中書門下平章事帝始任楊炎盧杞引樹私黨排忠良天下怨疾貞元後懲艾其失雖置宰相至除用庶官反覆參詰乃得下及贄秉政始請臺閣長官得自薦其屬有不職坐舉者帝初許之或言諸司所引皆親黨招賂遺無實才帝復詔宰相自擇贄奏言齊桓公問管仲害霸對曰得賢不能任害霸也任賢不能固害霸也固始而不終害霸也與賢人謀事而小人議之害霸也所謂小人者非悉懷險詖以覆邦家也蓋趨向狹促以沮議爲出衆自異爲不羣趣小利昧遠圖效小信傷大道爾所謂臺省長官僕射尚書丞郎御史大夫中丞是也陛下擇輔相多出其中行實不能頓殊

也今乃謂不能進一二屬吏豈後位宰相則可擇天下材乎夫求才者貴廣考
課者貴精往武后收人心務拔擢非徒人得薦士亦許自舉其才豈不易哉然
而課責嚴進退速故當世稱知人之明累朝賴多士之用陛下賞鑒獨任難於
公舉有登延之路無練覈之方武后以易得人陛下以精失士今擇宰相以重
於庶品選長官以愈於下流及宰相獻言長吏薦士則又納橫議廢始謀是任
以重者輕其言待以輕者重其事也帝雖嘉之然卒停薦士詔舊制吏部選以
歲集乾元後天下兵興率三年一調吏員稽壅則案牒叢猾僞冒蒙真吏緣以
爲姦廢置無綱至十年不被調者缺員或累歲不補贄乃請以內外員三分之
每歲計闕集人檢柅吏姦天下便之當是時賈耽盧邁趙憬同輔政凡有司關
白三人者更相顧不肯判贄又請如故事旬一人秉筆所咨輒判又以西北邊
歲調河南江淮兵謂之防秋士不素練戰數敗將統制不一亡以應敵乃上陳
其弊曰自祿山搆亂肅宗始撤邊備以靖中邦借外威寧內難於是吐蕃乘釁
回紇矜功中國不振四十餘年率傷耗之民竭力以事西輸賄繒北償馬資尚

不足滿其意於是調斂四方以屯疆陲又不能遏其侵故小入則驅略深入則戒嚴于時議安邊者皆務所難忽所易勉所短略所長行之而要不精圖之而功靡就夫勢有難易事有先後力大而敵脆則先所難是謂奪人之心也力寡而敵堅則先所易是謂觀釁而動也今財匱於中人勞未瘳而欲發師徒以犯獵寇境復其侵疆攻其堅城前有勝負未必之虞後有餽運不繼之患萬一橈敗適所以啓戎心挫國威也以此安邊可謂不量勢而務所難矣天之授有分地之產有宜是以五方之俗長短各殊勉所短而敵長者殆用所長而乘短者彊且以水草爲居討獵爲生便於馳突不恥敗亡此戎狄所長中國之短也而欲益兵蒐乘爭驅角力交鋒原野之上決命尋常之間以此禦寇可謂勉所短而校其長矣務所難勉所短勞費百倍終無成功雖果成之不挫則廢誠以越天授違地產虧時勢以反物宜者也胡不守所易用所長乎若乃擇將吏脩紀律訓齊師徒耀德以佐威能邇以示遐禁侵暴以彰吾信抑攻取以昭吾仁彼求和則善之而勿與盟彼爲寇則備之而不報復此當今所易也賤力貴智好

生惡殺輕利重人忍小全大安其居而動俟其時後行脩封疆守要害蹊塹隧列屯營謹禁防明斥候務農足食非萬全不謀非百克不鬬寇小至則遏其入寇大至則邀其歸據險以乘之多方以誤之使其勇無所加衆無所用掠則靡獲攻則不能進有腹背支敵之虞退有首尾不相救之患是謂乘其弊不戰而屈人兵此中國之長也我之所長戎狄之短也我之所易戎狄之難也以長制短則用力寡而見功多以易敵難則財不匱而事速成捨此不務而反爲所乘斯謂倒持戈矛以鐏授寇者也今皆務之矣尙且守封未固寇戎未懲者何邪病在謀無定用衆無適從任者不必才才者不必任聞不必實實不必聞所信不必誠所誠不必信行不必當當不必行又有六失焉夫兵有攻討有鎮守權以紓難暫以應機事有便宜謀有奇詭不恤常制不徇衆情死生進退唯將所命攻討之兵也人情者利焉則勸習焉則安保親戚而後樂生顧家業而後忘死可以治術馭不可以法制驅鎮守之兵也王者欲備封疆禦戎狄則選鎮守之兵以置之古之善選置者必辨其土宜察其技能知其好惡用其力不違其

性齊其俗不易其宜引其善不責其所不能禁其非不處其所不欲類其部伍安其家室然後能使之樂其居定其志以惠則感而不驕以威則肅而不怨靡督課而自用弛禁防而不攜故守則固戰則彊其術無它便於人而已今遠調屯士以戍邊陲邀所不能彊所不欲廣其數不考於用責其力不察其情斯可爲羽衞之儀而無益備禦之實也何者窮邊之地千里蕭條寒風裂膚豺狼爲隣晝則荷戈以耕夜則倚烽以覘有剽害之慮無休暇之娛非生其域習其風幼而視焉長而安焉則不能寧居而狎其敵也關東百物阜殷士忕溫飽比諸邊隅不翅天地闊絕塞荒陬則辛酸動容聆彊蕃勁虜則懾駭褫情又使去親族捨園廬甘所辛酸抗所懾駭將冀爲用不亦疏乎又有休代之期無統制之馽資奉姑息譬如驕子進不邀以成功退不處以嚴憲屈指計歸張頤待飼師一挫傷則乘其危橈布路東潰平居殫資儲以奉浮冗臨難棄城鎮以搖疆場其弊豈特無益哉謫徙之人本以增戶實邊立功自贖既無良之人而思亂幸災又甚於戍卒適有防衞之煩而無立功之益雖前代行之固非可遵者也帥

臣身不臨邊而以偏師戍守大抵士之犀銳悉選以自奉委疲羸者以守要衝
寇至而不支則劫執芟蹂恣所欲得比都府聞之虜已旋返治兵若此斯可謂
措置乖方一失也賞以存勸罰以示懲以懋有庸以威不恪故賞罰之於馭衆
譬輗軏所以行車銜勒所以服馬也今將之號令不能行之軍國之典刑不能
施之將上下遵養以苟歲時欲褒一有功慮無功者怨嫌疑而不賞欲責一有
罪畏同惡者竦隱忍而不誅故忘身效節者抵譟於衆僨軍緩救者畜姦不畏
褒貶稱毀紛然相亂公者直己不求諸人則罹困厄姦者行私苟媚於衆則取
優崇此義士勇夫所以痛心解體也又如遇敵而守不固陳謀而功不成責將
帥將帥曰資糧不足責有司有司曰須給無乏更相爲解而朝廷含糊未嘗究
詰故抱直者吞聲罔上者不慚馭衆若此可謂課責虧度二失也以課責之虧
措置之乖將不得竭其才卒不得盡其力屯集雖衆無施戰陣虜常橫行以謂
境無人焉吏習其常惟曰兵少不敵朝廷莫之省則又調發益師無裨於備禦
而有弊於供億閭井日耗斂求日繁傾家析產榷鹽稅酒無慮所入半以事邊

制用若此可謂財匱於兵衆矣三失也今四夷最彊盛者莫如吐蕃舉吐蕃衆未當中國十數大郡而內虞外備與中國不殊所以能寇邊者無幾又器不犀利甲不精完材不趫敏動則中國慹其衆不敢抗靜則憚其彊不敢侵何哉良以我之節制多而彼之統帥一也且節制多則人心不一人心不一則號令不行號令不行則進退難必進退難必則疾徐失宜疾徐失宜則機會不及機會不及則氣勢自衰斯乃勇廢爲尫衆失爲弱開元天寶時制西北二蕃則朔方河西隴右三節度而已尚慮權分或詔兼領之中興未遑外討則僑四鎮隸安定以隴右附扶風所當二蕃則朔方涇原隴右河東四節度而已以關東戍卒屬之雖任未得人而措置之法存焉自賊泚亂以誘涇原懷光反以汙朔方則分朔方爲三節度其鎮軍且四十皆特詔任之各有中人監軍咸得相抗既無軍法臨下莫能稟屬邊書告急方使關白用兵是謂從容拯溺揖讓救焚矣兵以氣若勢爲用者也氣聚則盛散則消勢合則威析則弱今之邊戍勢弱氣消建軍若此可謂力分於將多矣四失也治戎之要在均齊而已故軍法無貴賤

之差多少之異所以同其志盡其力也被邊長鎮之兵皆百戰傷夷角所能則習度所處則危考服役則勞察臨敵則勇然衣稟止於當身又爲家室所分居常凍餒而關東戍士歲月更代怯於應敵懈於服勞然衣稟優厚繼以茶藥資以蔬醬豐寡相縣勢則遠甚又有以邊軍詭爲奏請遥隸神策者稟賜之饒有三倍之益此士類所以忿恨經費所以褊匱夫事業未異給養頓殊人情所不甘也不爲戎首已可嘉者況使協力同心以攘寇難臣知有所不能焉養士若此可謂怨生於不均矣五失也凡任將帥必先考察行能然後指所授之方所委之要令自揣可否以見要領須某甲兵藉某參屬用若干步騎計若干資糧何所列屯何時成功觀其言校其實若曰不足取當艱之於初不宜詒悔於後也若曰可任則當要之於終不宜掣肘於内也故疑者不使使者不疑勞神於拔選端拱於委任然後覈否臧信賞罰受賞者不爲濫當罰者不敢辭付授專則苟且之心息矣是以古之遣將者君推轂而命之又賜鈇鉞故軍容不入國國容不入軍機宜不以遠決號令不以兩從今陛下命帥先求易制者多其部

使力分輕其任使心弱由是分閫責成之義廢死綏任咎之志衰一則聽命二則聽命止取承順可矣若有意乎靖難則不可兩疆相接兩軍相持事機所急鋒不留息況千里之遠九重之深陳述之難明聽覽之不專欲事無遺策雖聖亦有所不能焉守城者以寡不敢抗分鎮者以無詔不敢救逗留之頃寇已奔逼牧馬屯牛鞠椎剽矣嗇夫樵婦罄俘囚矣假令詔至發兵更相顧望莫敢遮礙敗者減百爲一獲者衍百爲千帥守以總制在朝不卹於罪陛下以權出己不究厥情用帥若此可謂機失於遙制矣六失也臣愚謂宜罷四方之防秋者以其數析而三之其一責本道節度募壯士願屯邊者徙焉其一則第以本道衣稟責關內河東募用蕃夏子弟願傅軍者給焉其一以所輸資糧給應募者以安其業詔度支市牛召工就諸屯繕完器具至者家給牛一耕耨水火之器畢具一歲給二口糧賜種子勸之播蒔須一年則使自給有餘粟者縣官倍價以售旣息調發之煩又無幸免之弊出則人自爲戰處則家自爲耕與夫暫屯遽罷豈同日論哉然後建文武大臣一人爲隴右元帥自涇隴鳳翔薄長武城

盡山南西道凡節度府之兵皆屬焉又詔一人爲朔方元帥由鄜坊邠寧摠靈
夏凡節度府之兵屬焉又詔一人爲河東元帥舉河東極振武節度府之兵屬
焉各以臨邊要州爲治所所部州若府遴柬良吏爲刺史外奉軍興內課農桑
愼守中國所長謹行當今所易則入利可致六失可去矣帝愛重其言不從也
班宏判度支卒官贄薦李巽帝漫許之而自用裴延齡贄言延齡僻戾躁妄不
可用不聽俄而延齡姦佞得君天下仇惡無敢言贄上書苦諫帝不懌竟以太
子賓客罷贄本畏愼未嘗通賓客延齡揣帝意薄讒短百緒帝遂發怒欲誅贄
賴陽城等交章論辯乃貶忠州別駕後稍思之會薛延爲刺史諭旨慰勞韋臯
數上表請贄代領劍南帝猶銜之不肯與順宗立召還詔未至卒年五十二贈
兵部尚書謚曰宣始贄入翰林年尚少以材幸天子常以輩行呼而不名在奉
天朝夕進見然小心精潔未嘗有過由是帝親倚至解衣衣之同類莫敢望雖
外有宰相主大議而贄常居中參裁可否時號內相嘗爲帝言今盜徧天下宜
痛自咎悔以感人心昔成湯罪己以興楚昭王出奔以一言善復國陛下誠不

咨改過以言謝天下使臣持筆亡所忌庶叛者革心帝從之故奉天所下制書雖武人悍卒無不感動流涕後李抱真入朝爲帝言陛下在奉天山南時赦令至山東士卒聞者皆感泣思奮臣是時知賊不足平議者謂興元戡難功雖爪牙宣力蓋贄有助焉狩山南也道險澀與從官相失夜召贄不得帝驚且泣詔軍中得贄者賞千金久之上謁帝喜見顏閒自太子以下皆賀及輔政不敢自顧重事有可否必言之所言皆剴拂帝短懇到深切或規其太過者對曰吾上不負天子下不負所學皇它卹乎既放荒遠常闔戶人不識其面又避謗不著書地苦瘴癘秖爲今古集驗方五十篇示鄉人云

贊曰德宗之不亡顧不幸哉在危難時聽贄謀及已平追仇盡言怫然以讒倖逐猶棄梗至延齡輩則寵任磐桓不移如山昏佞之相濟也世言贄白罷翰林以爲與吳通玄兄弟爭寵竇參之死贄漏其言非也夫君子小人不兩進邪詔得君則正士危何可訾耶觀贄論諫數十百篇譏陳時病皆本仁義可爲後世法炳炳如丹帝所用纔十一唐祚不競惜哉

唐書卷一百五十七

唐書卷一百五十七考證

陸贄傳以水草爲居討獵爲生○討字疑射字之譌

唐書卷一百五十七考證

唐書卷一百五十八

宋　端　明　殿　學　士　宋　祁　撰

列傳第八十三

韋張嚴韓

韋皐字城武京兆萬年人六代祖範有勳力周隋間皐始仕爲建陵挽郎諸帥府更辟擢監察御史張鎰節度鳳翔署營田判官以殿中侍御史知隴州行營留事德宗狩奉天李楚琳殺鎰劫衆叛歸朱泚隴州刺史郝通奔降楚琳始泚以范陽軍鎮鳳翔既歸節而留兵五百戍隴上以部將牛雲光督之至是雲光謀請皐爲帥將劫以臣泚別將翟曄伺知以白皐雲光懼不克率衆出奔至汧陽遇泚奴使皐所謂雲光曰太尉已爲天子使我以御史中丞授皐若聽固吾人也不受可遂誅之請以兵俱許之皐迎勞先納奴僞受泚詔卽讓雲光曰既去而復何也對曰向未知公之命故去今還願與公同生死皐曰大使固詐苟無它圖請釋甲以安衆而後可入也雲光以皐諸生亡能爲乃命士委仗鎧皐

受而內其卒明日置酒大會奴雲光與其下至皋伏甲左右廡酒行盡殺之以其首徇泚復使宅奴拜皋鳳翔節度使皋亦斬之及從騎三人縱一人使報泚帝聞乃授皋隴州刺史置奉義軍拜節度使寵其功皋遣兄平及弇繼至奉天士氣益壯乃築壇血牲與士盟曰協力一心以誅元惡有渝此盟神其殛之又馳使吐蕃與連和隴坻遂安帝自梁洋還召為左金吾衛將軍遷大將軍貞元初代張延賞為劍南西川節度使初雲南蠻羈附吐蕃其盜塞必以蠻為鄉道皋計得雲南則斬虜右支乃間使招徠之稍稍通西南夷明年蠻大首領苴那時以王爵讓其兄子烏星始烏星幼那時攝領其部故請歸爵皋上言禮讓行于殊俗則怫戾者化願皆封以示褒進詔可又明年雲南款邊求內屬約東蠻鬼主驃傍苴夢衝等絕吐蕃盟五年東蠻斷瀘水橋攻吐蕃請皋濟師皋遣精卒二千與蠻共破吐蕃於臺登殺青海大酋乞臧遮遮臘城酋悉多楊朱及論東柴等虜墜死崖谷不可計多獲牛馬鎧裝遮遮尚結贊之子虜貴將悍雄者也既敗酋長百餘行哭隨之悍將已亡則屯柵以次降定進檢校吏部尚書初

東蠻地二千里勝兵常數萬南倚閣羅鳳西結吐蕃徂勢彊弱爲患臯能綏服之故戰有功詔以那時爲順政王夢衝懷化王驃傍和義王刻兩林勿鄧等印以賜之而夢衝復與吐蕃盟臯遣別將蘇嵬召之詰其叛斬于琵琶川立次鬼主樣棄等蠻部震服乃建安夷軍於資州維制諸蠻城龍谿於西山保納降羌九年天子城鹽州策虜且來撓襲詔臯出師牽維之乃命大將董勔張芬分出西山靈關破峨和通鶴定廉城踰的博嶺遂圍維州搏棲雞攻下羊溪等三城取劍山屯焚之南道元帥論莽熱來援與戰破其軍進收白岸乃城鹽州詔臯休士以功爲檢校尚書右僕射扶風縣伯於是西山羌女訶陵南水白狗逋租弱水清遠咄霸八國酋長皆因臯請入朝乃遣幕府崔佐時由石門趣雲南而南詔復通石門者隋史萬歲南征道也天寶中鮮于仲通下兵南溪道遂閉至是蠻徑北谷近吐蕃故臯治復之繇黎州出邛部直雲南置清溪關號曰南道乃詔臯統押近界諸蠻西山八國雲南安撫使俄進同中書門下平章事十三年復巂州吐蕃怨完壘造舟謀擾邊臯輒破卻之自是屢貢臘城等九節度嬰

嬰籠官馬定德與大將舉落皆降昆明管些蠻又內附贊普怒遂北掠靈朔破
麟州以取償焉帝詔臯深入以橈虜臯遣大將陳泊等出三奇崔堯臣趨石門
無衣山仇冕董振走維州邢玭出黃崖略棲雞老翁城高倜王英俊繇峨和清
溪道薄故松州元膺出渝山成溪臧守至道黎巂韋良金趨平夷路惟明自靈
關夏陽攻逋租偏松城王有道涉大度河陳孝陽率蠻苴那時等道西瀘攻昆
明諾濟師無慮五萬以八月悉出塞十月大破吐蕃拔其保鎮捕候追奔轉戰
千里遂圍維州吐蕃糧靈朔兵使論莽熱以內大相兼東境五節度大使率雜
虜十萬來救師伏以待虜乘勝深入師譟而奮虜大潰生禽莽熱獻諸朝帝悅
進檢校司徒兼中書令南康郡王帝製紀功碑褒賜之順宗立詔檢校太尉會
王叔文等干政臯遣劉闢來京師謁叔文曰公使私於君請盡領劍南則惟君
之報不然惟君之怨叔文怒欲斬闢闢遁去臯知叔文多釁又自以大臣可與
國大議卽上表請皇太子監國又上牋太子暴叔文伾之姦且勸進會大臣繼
請太子遂受禪因投殛姦黨是歲臯暴卒年六十一贈太師謚曰忠武臯治蜀

二十一年數出師凡破吐蕃四十八萬禽殺節度都督城主籠官千五百斬首五萬餘級獲牛羊二十五萬收器械六百三十萬其功烈爲西南劇善拊士至雖昏嫁皆厚資之婿給錦衣女給銀塗衣賜各萬錢死喪者稱是其僚掾官雖顯不使還朝即署屬州刺史自以侈横務蓋藏之故劉闢階其厲卒以叛朝廷欲追繩其咎而不與皐者詆所進兵皆鏤定秦字有陸暢者上言臣向在蜀知定秦者匠名也繇是議息暢字達夫皐雅所厚禮始天寶時李白爲蜀道難篇以斥嚴武暢更爲蜀道易以美皐焉始皐務私其民列州互除租凡三歲一復皐沒蜀人德之見其遺象必拜凡刻石著皐名者皆鑱其文尊諱之兄聿弟平聿以蔭調南陵尉遷祕書郎以父嫌名換太子司議郎辟淮南杜佑府元和初爲國子司業劉闢與盧文若反皐子行式娶文若女弟聿不以聞闢平行式妻當沒掖庭有司劾按聿或以道遠不應坐乃皆赦之終太子右庶子平與皐斬朱泚使者間走奉天上功擢萬年尉平子正貫字公理少孤皐謂能大其門名曰臧孫推蔭爲單父尉不得意棄官去改今名舉賢良方正異等除太子校書

郎調華原尉後又中詳閑吏治科遷萬年主簿擢累司農卿坐尚食乏供貶均
州刺史久之進壽州團練使宣宗立以治當最拜京兆尹同州刺史俄擢嶺南
節度使南海船賈始至大帥必取象犀明珠上珍而售以下直正貫既至無所
取吏咨其清南方風俗右鬼正貫毀淫祠教民毋妄祈會海水溢人爭咎撤祠
事以爲神不厭正貫登城沃酒以誓曰不當神意長人任其咎無逮下民俄而
水去民乃信之居鎮三歲既病遺令無厚葬無用鼓吹無請謚卒年六十八贈
工部尚書

劉闢者字太初擢進士宏詞科佐韋皐府遷累御史中丞度支副使皐卒闢主
後務諷諸將徼旄節憲宗以給事中召之不奉詔時帝新即位欲靜鎮四方即
拜檢校工部尚書劍南西川節度使闢意帝可動益驁蹇吐不臣語求統三川
欲以所善盧文若節度東川即以兵取梓州且以術家言五福太一舍于蜀乃
造大樓以祈祥帝始重征討而宰相杜黃裳勸帝且言闢妄書生耳可鼓而俘
也薦高崇文李元奕等將神策行營兵皆西使嚴礪李康掎角之詔許自新闢

不聽崇文取東川帝乃下詔奪其官進破鹿頭關遂下成都闢從數十騎走至羊灌田自投水不能死騎將酈定進禽之文若先殺其族縋石自沈于江失其尸檻車送闢京師尚冀不死食飲于道晏然將至都神策以兵迎之係其首曳而入驚曰何至是邪帝御興安樓受俘詔詰反狀闢曰臣不敢反五院子弟爲惡不能制詔問遣使賜節何不受乃伏罪獻廟社徇于市斬于城西南獨柳下子超郎等九人與部將崔綱以次誅始闢嘗病見問疾者必以手行入其口闢即裂食之唯盧文若至如平常故益與之厚而皆夷族

張建封字本立鄧州南陽人客隱兗州父玠少任俠安祿山反使李廷偉脅徇山東魯郡太守韓擇木迎館之玠率豪桀段絳等集兵將斬以徇擇木不許唯司兵參軍張孚助其謀乃殺廷偉并其黨以聞擇木孚皆受賞而玠去之江南不自言功建封少喜文章能辯論慷慨尚氣自許以功名顯李光弼鎮河南盜起蘇常閒殘掠鄉縣代宗詔中人馬日新與光弼麾下進討建封見中人請前喻賊可不須戰因到賊屯開譬禍福一日降數千人縱還田里由是知名湖南

觀察使韋之晉辟署參謀授左清道兵曹參軍不樂職輒去令狐彰節度滑亳
奏置幕府彰不朝覲建封非之往見轉運使劉晏晏奏試大理評事使筦漕務
歲餘罷時馬燧爲三城鎭遏使雅知之表爲判官擢監察御史燧伐李靈耀軍
中事多所諏訪從鎭河東授侍御史即表其能於朝楊炎將任以要職盧杞不
喜出爲岳州刺史李希烈既破梁崇義跋扈不臣壽州刺史崔昭與相聞德宗
召宰相選代昭者杞倉卒不暇取宅吏即白用建封希烈數敗王師張甚遂僭
即天子位淮南節度使陳少游陰附之希烈遣將楊豐齎僞赦二畀建封少游
豐至建封縛致軍中會中人來對之斬其首因送僞書于行在少游聞之恚汗
不自處建封乃劾其附賊狀帝方蒙難不暇治也希烈又署杜少誠爲淮南節
度使約破壽州以趣江都建封壁霍丘秋柵拒之賊不能東遷團練使帝還自
梁少游卒憂死進兼御史大夫濠壽廬觀察使是時四方尚多故乃繕陴隍益
治兵四鄙附悅希烈使票帥悍卒來戰建封皆沮衄之賊平進封階又任一子
正員官貞元四年拜御史大夫徐泗濠節度使始李洧以徐降洧卒高承宗獨

孤華代之地迫于寇常困槃不支於是李泌建言東南漕自淮達諸汴徐之埇橋爲江淮計口今徐州刺史高明應甚少脫爲李納所幷以梗餉路是失江淮也請以建封代之益與濠泗二州夫徐地重而兵勁若帥又賢即淄青震矣帝曰善繇是徐復爲雄鎭久之檢校尚書右僕射十三年來朝帝不待日召見延英殿詔會朝赴大夫班以示殊寵建封賦朝天行以獻帝眷遇異等賜名馬珍具是時宦者主宮市置數十百人閱物廛左謂之白望無詔文驗覈但稱宮市則莫敢誰何大率與直十不償一又邀闤闠所奉及脚傭至有重荷趨肆而徒返者有農賣一驢薪宦人以數尺帛易之又取它費且驅驢入宮而農納薪辭帛欲亟去不許恚曰惟有死耳遂擊宦者有司執之以聞帝黜宦人賜農帛十匹然宮市不廢也諫臣交章列上皆不納故建封請閒爲帝言之帝頗順聽會詔書蠲民逋賦帝問何如答曰殘逋積負決無可斂雖蠲除之百姓尙無所益又陳河東節度使李說華州刺史盧徵皆病不能事左右得以爲姦右金吾大將軍李翰好刺細事規寵人疾惡之帝悉嘉可未幾制詔官師過從人情之常

自今金吾勿以聞元巳賜宴曲江特詔與宰相同榻食其還鎮帝賦詩以餞于時雖馬燧渾瑊劉玄佐李抱真等勳寵卓越未有以詩餞者帝又使左右以所持鞭賜之曰卿節誼歲寒弗渝故用此爲況建封又賦詩以自警勵十六年以病求代詔韋夏卿代之未至而建封卒年六十六冊贈司徒治徐凡十年躬於所事一軍大治善容人過至健黠亦未嘗曲法假之其言忠義感激故下皆畏悅性樂士賢不肖游其門者禮必均故其往如歸許孟容韓愈皆奏署幕府有文章傳于時

子愔始以蔭補虢州參軍事建封卒府佐鄭通誠者攝留事畏其軍亂因浙西戍兵過徐謀引以爲援舉軍怒斧庫取兵環府大譟殺通誠及大將數人乃表于朝請愔爲留後假旄節帝不許披濠泗隸淮南詔杜佑討徐亂泗州刺史張伾以兵攻埇橋與徐軍遇伾大敗帝未有以制乃授愔右驍衛將軍徐州刺史知留後以伾爲泗州留後杜兼爲濠州留後俄進愔武寧軍節度使元和初以疾求代召爲工部尚書以王紹節度武寧還濠泗隸徐徐人喜遂不敢亂而愔

得行未踰境卒惛治徐七年其政稱治贈尚書右僕射

嚴震字遐聞梓州鹽亭人本農家子以財役里閭至德乾元中數出貲助邊得爲州長史西川節度使嚴武知其才署押衙遷恆王府司馬委以軍府衆務武卒罷歸會東川節度使李叔明表爲渝州刺史震以叔明姻家移疾去山南西道節度府又表爲鳳州刺史母喪解起爲興鳳兩州團練使好興利除害建中中劍南黜陟使韋楨狀震治行爲山南第一乃賜上下考封鄖國公治鳳十四年號稱清嚴遠邇咨美還山南西道節度使朱泚反遣腹心穆廷光等遺帛書誘之震卽斬以聞是時李懷光與賊連和奉天危蹙帝欲徙蹕山南震聞馳表奉迎遣大將張用誠以兵五千扞衞用誠至盩厔有反計帝憂之會震牙將馬勛嗣至帝告以故勛曰臣請歸取節度符召之卽不受斬其首以復命帝悅使計日往勛還得符請壯士五人與偕出駱谷用誠以爲未知其謀以數百騎迓勛館之左右嚴侍勛未發陰令焚草館外士寒爭附火勛從容引符示之曰大夫召君用誠懼將走壯士自後禽之用誠子斫勛傷首左右扞刀得免遂仆用

誠而格殺其子勛卽軍中士皆擐甲矣勛昌言曰若父母妻子在梁州今棄之而反何所利邪大夫取用誠爾若等無與衆乃服不敢動卽縛用誠送於震杖殺之而拔其副以統師始勛赴行在踰半日期帝頗憂比至大喜翌日發奉天旣入駱谷懷光以騎追襲賴山南兵以免尋加檢校戶部尚書馮翊郡王實封二百戶天子至梁州宰相以爲地貧無所仰給請進幸成都震曰山南密邇畿輔李晟銳於收復方藉六師爲聲援今引而西則諸將顧望責功無期帝未決會晟表至亦請駐蹕梁洋議遂定然梁漢間刀耕火耨民采稆爲食雖領十五郡而賦入纔比東方數大縣自安史後山賊剽掠戶口流散震隨宜勸課鳩斂有法民不煩擾而行在供億具焉車駕將還加檢校尚書左僕射詔改梁州爲興元府卽用震爲尹加實封二百戶久之進同中書門下平章事貞元十五年卒年七十六贈太保諡曰忠穆從孫謨與宰相楊收善咸通中繇桂管觀察使擢爲江西節度使改號鎭南軍時南蠻內寇詔謨募士三萬備之或言謨廣補卒擅納縑廩及收得罪韋保衡以謨素善收賕賄狼藉遣使按覆詔賜死

韓弘滑州匡城人少孤依其舅劉玄佐舉明經不中從外家學騎射由諸曹試大理評事爲宋州南城將事劉全諒署都知兵馬使貞元十五年全諒死軍中思玄佐以弘才武共立爲留後請監軍表諸朝詔檢校工部尚書充宣武節度副大使知節度事先是曲環死吳少誠與全諒謀襲陳許使數輩仍在館弘始得帥欲以忠自表於衆卽驅出少誠使斬之選卒三千會諸軍擊少誠敗之汴自劉士寧以來軍益驕及殺陸長源主帥勢輕不可制弘察軍中素恣橫者劉鍔等三百人一日數其罪斬之牙門流血丹道弘言笑自如自是訖弘去無一敢肆者李師古屯曹州以謀鄭滑或告師古治道矣兵且至請備之弘曰師來不除道也師古情得乃引去累授檢校司空同中書門下平章事弘以官與太原王鍔等詒書宰相恥爲鍔下憲宗方用兵淮西藉其重更授檢校司徒班鍔上嚴綬以王師敗乃拜弘淮西諸軍行營都統使扞兩河而令李光顏烏重胤擊賊弘不親屯遣子公武領兵三千屬光顏然陰爲逗橈計以危國邀功者每諸將告捷輒案日不怡元濟平以功加兼侍中封許國公李師道誅弘大懼因

請入朝册拜司徒中書令以足疾命中人掖拜固願留京師帝崩攝冢宰俄出爲河中節度使以病請還復拜司徒中書令卒年五十八贈太尉謚曰隱始弘自汴來朝獻馬三千絹五十萬它錦綵三萬而汴之庫廄錢尚百餘緡絹亦百餘萬馬七千糧三百萬斛兵械不可數弘爲人莊重寡言罪殺人問法何如不自爲輕重沉謀勇斷故少誠師道等皆憚之詔使至或驁侮不爲禮齊蔡平勢屈而後請覲然天子尊寵異等能以名位始終亦其天幸

子公武字從偃起家衞尉主簿爲宣武行營兵馬使以討蔡功檢校左散騎常侍鄜坊等州節度使弘入朝爲右金吾將軍弘出河中弘弟充徙宣武乃曰二父居重鎭我以孺子又當執金吾職乎因固辭改右驍衞大將軍性恭遜不以富貴自處卒贈戸部尚書謚曰恭

充本名璀少亦依舅家李元爲河陽節度使署牙將元改昭義又從之元嘗謂賓佐曰充後當貴諸君必善事之未幾弘領宣武召主親兵元曰我知君舊矣吾兒不才無足累君者二女方幼以爲託遂辭去累授御史大夫弘峻法人人

不自保充謙愼無少懈念弘在鎭久不入見天子身又得士不自安固請入宿
衞弘許之不即遣後因獵單騎走洛陽朝廷亮其節擢右金吾衞將軍轉大將
軍斥軍士虛名不如令者七百人歷少府監鄜坊等州節度使穆宗立幽鎭魏
復亂王承元以冀兵二千屯滑州朝廷恐冀兵相訹爲叛徙承元鄜坊而授充
檢校尚書左僕射爲義成軍節度使會汴軍逐李愿以李㝏主留事帝謂充素
爲汴士悅向詔節度宣武兼統義成兵討㝏戰郭橋破之會李質斬㝏遂入汴
初陳許李光顏亦奉詔討㝏屯尉氏意先得汴欲俘掠以餌軍而汴監軍姚文
壽亦欲內光顏充聞其謀馳至城下汴人望見充歡躍無復貳者始帝遣人問
破賊期充對汴天下咽喉臣頗習其人然王師臨之一月可破方二旬即克帝
喜曰充料敵若神加檢校司空籍㝏所脅爲兵者三萬悉縱之又責首亂者千
餘斥出境令曰敢後者斬由是內外按堵汴人愛賴之卒年五十五贈司徒謚
曰肅充雖將家性儉節歷三鎭居處服玩如儒生乘機決策無餘悔世推善將
李元沒充爲嫁二女周其家自弘去汴監軍選軍中敢士二千直閤下日秩酒

肴物力幾屈然不敢廢充未入時李質總軍事乃曰韓公至而頓去二千人食豈不失人心乎不去且無以繼可以弊事遺吾帥乎因悉罷之而後迎充李質者節士也始爲牙將及㝏爲留後邀帥節勸之不從㝏疽發于首委質以兵遂禽㝏終金吾將軍

贊曰臯建封弘本諸生震輿田畝閒未有以異人及投隙龍驤皆爲國梁楹光奮一時使不遭遇與庸夫汩汩並齒而腐可也臯弘雖陰慝卒能以誠言自解長沒天年宜哉

唐書卷一百五十八

唐書卷一百五十八考證

韋臯傳始臯務私其民列州互除租凡三歲一復臯沒蜀人德之見其遺像必拜○臣西按舊書云臯重賦斂以事月進致蜀土虛竭與新書所記殊不類然臯治蜀久功烈爲西南最新書似得其實

張建封傳是時宦者主宮市建封乘閒爲帝言之帝頗順聽○臣西按舊書亦載此事于嘉納之下即記蘇弁希旨上信之凡言宮市者皆不聽較新書似詳備若止如新書云云則似宮市竟因此而罷矣

唐書卷一百五十八考證

唐書卷一百五十九

宋　端　明　殿　學　士　宋　祁　撰

列傳第八十四

鮑李蕭薛樊王吳鄭陸盧柳崔

鮑防字子慎襄州襄陽人少孤窶彊志于學善辭章及進士第歷署節度府僚屬入爲職方員外郎薛兼訓帥太原被病代宗授防少尹節度行軍司馬召見慰遣之俄知留後兼太原尹節度使人樂其治詔圖形別殿入爲御史大夫歷福建江西觀察使召拜左散騎常侍從德宗奉天進禮部侍郎封東海郡公貞元元年策賢良方正得穆質裴復柳公綽歸登崔邠韋純魏弘簡熊執易等世美防知人時比歲旱策問陰陽祲沴質對漢故事免三公卜式請烹弘羊指當時輔政者右司郎中獨孤愐欲下質防不許曰使上聞所未聞不亦善乎卒置質高第帝見策嘉揖初防與知雜御史竇參遇導騎不引避參讁其僕及爲相防尹京兆迫使致仕授工部尚書防吒曰吾與蕭昕子齒而同昕老坐宰相餘

忿邪不得志卒年六十九贈太子少保諡曰宣防於詩尤工有所感發以譏切
世敝當時稱之與中書舍人謝良弼友善時號鮑謝云

李自良兗州泗水人天寶亂往從兗鄆節度使能元皓以戰多累授右衛率從袁傪討賊袁晁積閥至試殿中監事浙東薛兼訓節度府兼訓徙太原又爲牙將鮑防代總節度事會回紇入寇防遣大將焦伯瑜等擊之自良曰寇遠來難與爭鋒請築二壘搤歸路堅壁勿出求戰不許師老而憧其勢易乘防不聽伯瑜戰百井大敗由是知名馬燧代防表爲軍候自良爲人勤且有謀燧倚信之從討田悅還攻李懷光河中數履鋒陷陣功在諸將右貞元三年燧來朝德宗罷燧兵以自良代之自良以事燧久不敢當議者多其讓乃授右龍武大將軍入謝帝終以河東近胡謂曰卿於進退寧不有禮然守北門無易卿者勉爲朕行乃以檢校工部尚書充河東節度使居治九年舉不愆法簡儉易循民不知有軍上下諧附卒于官贈尚書左僕射

蕭昕字中明梁鄱陽王恢七世孫世居河南再中博學宏辭科調壽安尉累遷

左補闕哥舒翰爲副元帥拒安祿山辟掌書記翰敗儳道走蜀肅宗立奉詔冊
見行在歷中書舍人禮部侍郎代宗狩陝昕由武關從帝擢國子祭酒建請崇
太學以樹教本帝韙其言詔羣臣有籍于朝及神策六軍子弟隸業者聽補生
員大曆中持節弔回紇回紇恃功廷讓昕曰乃中國亂非我無以平奈何市馬
不時歸我直衆失色昕徐曰國家龕定寇難功雖絲毫不遺賞況隣國乎僕固
懷恩我之叛臣爾與連禍又引吐蕃暴我郊甸天舍其衷吐蕃敗北回紇悔懼
叩顙乞和非天子䘏舊功則隻馬不得出塞下孰爲失信者回紇大慚因厚禮
昕遣使者約和轉工部尚書封晉陵侯德宗出奉天昕年八十餘步出城賊求
之急獨竄山谷間僅至奉天遷太子少傅爵郡公兼禮部尚書知貢舉久之以
太子少師致仕卒年九十三贈揚州大都督謚曰懿昕始薦張鎬來瑱在禮部
擢杜黃裳高郢裴垍其後鎬興布衣不數年位將相瑱爲將有威名黃裳等繼
輔政並爲名宰云
薛播河中寶鼎人曾祖文思官中書舍人播早孤伯母林通經史善屬文躬授

經諸子及播兄弟故開元天寶間播兄弟七人皆擢進士第爲衣冠光踰累授殿中侍御史遷武功萬年令溫敏而裕與人交有常李栖筠常袞崔祐甫並器之祐甫輔政拜中書舍人出爲汝州刺史坐小累貶泉州再遷至河南尹以禮部侍郎卒贈本曹尚書子公達擢進士第佐鳳翔軍會帥不文嘗集射設的高數十尺令曰中者酬錦與金一軍莫能中公達執弓矢揖曰請爲公歡射三發連中衆大呼笑帥不喜乃自免去復佐河陽軍以國子助教居東都卒

樊澤字安時河中人少孤依外家客河朔相衞節度使薛嵩表爲堯山令舉賢良方正次潼關雨淖困不能前有熊執易者同舍逆旅哀之輟所乘馬傾褚以濟自罷所舉是歲澤上第楊炎善之擢左補闕澤有武力喜兵法議者謂有將帥器嘗召對延英德宗嘆其論兵與我意合累遷山南東道司馬就拜節度使每射獵諸將憚其材武數與李希烈确禽票將張嘉瑜杜文朝梁俊之等賊氣沮縮遂取唐隋二州貞元三年爲荊南節度使會山南東道嗣曹王皐卒軍亂剽居人以澤威惠著襄漢間復徙山南東道加檢校尚書右僕射十四年卒年

五十七贈司空謚曰成訃至帝爲撤宴廢朝
子宗師字紹述始爲國子主簿元和三年擢軍謀宏遠科授著作佐郎歷金部
郎中綿州刺史徙絳州治有迹進諫議大夫未拜卒始宗師家饒于財悉散施
姻舊賓客妻子告不給宗師笑不答然力學多通解著春秋傳魁紀公樊子凡
百餘篇別集尚多韓愈稱宗師論議平正有經據嘗薦其材云
王緯字文卿幷州太原人父之咸爲長安尉與弟之賁之奐皆有文緯舉明經
以書判入等歷長安尉大曆中與李泌俱爲路嗣恭江西觀察判官泌見惡於
元載嗣恭希意欲殺之緯護解僅免泌執政奏於己有私恩德宗許爲泌報故
進緯給事中浙西觀察使缺泌擬緯帝曰是朕爲君報德者乎黄門要地獨不
留議事耶對曰浙西賦入尤劇緯清而忠能惠養民故請遣之制可初州縣有
韓滉時罰錢未入者十八萬緡府史請裒爲進奉緯上疏願蠲以紓民詔聽之
貞元十年加御史大夫兼諸道鹽鐵轉運使裴延齡以諸道負錢四百萬緡獻
爲羨錢以圖寵緯奏此諸州經費大忤延齡意改檢校工部尚書卒年七十一

贈太子少保緯居官以清白稱然好用刻深吏督察其下條約苛碎人不聊云
吳湊章敬皇后弟也繇布衣與兄漵一日賜官封皆等而湊最太盛乞解太子
詹事換檢校賓客兼家令進累左金吾衛大將軍湊才敏銳而謙畏自將帝數
顧訪尤見委信是時令狐彰田神功等繼沒其下乘喪挾兵輒偃蹇擾亂湊持
節至汴滑委悉慰說裁所欲爲奏各盡其情亦度朝廷可行者故軍中驩附帝
才其爲重之元載當國久愎狀日肆帝陰欲誅未發也顧左右無可與計即召
湊圖之俄而收載賜死於是王縉楊炎王昂韓會包佶等皆當坐湊建言法有
首從從不應死一用極刑虧德傷仁縉等繇是得減死丁後母喪解職既除拜
右衛將軍德宗初出爲福建觀察使政勤清美譽四騰與宰相竇參有憾參數
加短毀又言湊風痹不良趨走帝召還驗其疾非是繇是不直參擢湊陝虢觀
察使代李翼翼參黨也宣武劉玄佐死以湊檢校兵部尚書領節度使馳代未
至汴軍亂立玄佐子士寧帝欲遣兵內湊而參請授士寧以沮湊還爲右金吾
衛大將軍貞元十四年夏大旱穀貴人流亡帝以過京兆尹韓臯罷之即召湊

代皐已謝督視事明日詔乃下湊爲人彊力劬儉瞿瞿未嘗擾民上下愛向京
師苦宮市彊估取物而有司附媢中官率阿從無敢爭湊見便殿因言中人所
市不便宵民徒紛紛流議宮中所須責臣可辦若不欲外吏與聞禁中事宜料
中官高年謹信者爲宮市令平賈和售以息衆讙又言掌閑彍騎飛龍內園芙
蓉園禁兵諸司雜供役手資課太繁宜有蠲省帝輒順可初府中易湊貴戚子
不便簿領每有疑獄時其將出則遮湊取決幸倉卒得容欺湊叩鞍一視凡指
擿盡中其弊初無留思衆畏服不意湊精裁遣如此僚史非大過不榜責召至
廷詰服原去其下傳相訓勗舉無稽事文敬太子義章公主仍薨帝悼念厚葬
之車士治壙農事廢湊候帝閒徐言極爭不避或勸論事宜簡約不爾爲上厭
苦湊曰上明睿憂勞四海不以愛所鍾而疲民以逞也顧左右鉗噤自安耳若
反復啓寤幸一聽之則民受賜爲不少橋舌阿旨固善有如窮民上訴臣云罪
何以能進兼兵部尚書及屬病門不內醫巫不嘗藥家人泣請對曰吾以庸謹
起田畝位三品顯仕四十年年七十尚何求自古外戚令終者可數吾得以天

年歸侍先人地下足矣帝知之詔侍醫敦進湯劑不獲已一飲之卒年七十一
贈尚書右僕射謚曰成先是街樾稀殘有司蒔榆其空湊曰榆非人所蔭玩悉
易以槐及槐成而湊已亡行人指樹懷之唐興后族退居奉朝請者猶以事失
職而湊任中外未嘗以罪過罷爲世外戚表云淑子士矩
士矩文學蚤就喜與豪英游故人人助爲談說開成初爲江西觀察使饗宴侈
縱一日費凡十數萬初至庫錢二十七萬緡晚年纔九萬軍用單匱無所仰事
聞中外共申解得以親議文宗弗窮治也貶蔡州別駕諫官執處其罪不納於
是御史中丞狄兼謩建言陛下擢任士矩非私也士矩負陛下而治之亦非私
也請遣御史至江西即訊使杜江淮宅鎮循習意帝聽乃流端州
鄭權汴州開封人擢進士第佐涇原節度劉昌府昌被病入朝度其軍必亂以
權寬厚容衆檄主後務昌去軍果亂權挺身冒刃明諭逆順殺首亂者一軍畏
伏德宗方厭兵藩屯校佐得士心者皆就命之權自試參軍拜行軍司馬擢累
河南尹進拜山南東道節度使徙領德棣滄景軍時討李師道權身將兵出屯

奏置歸化縣綏納降附滄州刺史李宗奭數違命權劾奏詔追之宗奭以州兵留己自解憲宗更以烏重胤代權滄人懼共逐宗奭還京師有詔斬以徇徙權節度邠寧或訟宗奭爲權所誣左遷原王傅改右金吾衞大將軍穆宗立以左散騎常侍持節爲回鶻告哀使以足疾辭不許肩舁就道權識詰魁然有閎辯與可汗爭曲直持議明壯虜禮異之使還三遷工部尚書用度豪侈乃結權幸求鎭守於是檢校尚書右僕射嶺南節度使多裒貲珍使吏輸送凡帝左右助力者皆有納焉人笑之卒于官

陸亘字景山蘇州吳人元和三年策制科中第補萬年丞再遷太常博士禮史孟眞練容典博士降色訪逮史倚以倨橫會將冊皇太子草儀眞參議偃蹇亘榜逐之胥曹失色遷累戶部郎中太常少卿歷兗蔡虢蘇四州刺史浙東觀察使徙宣歙太和八年卒年七十一贈禮部尚書亘文明嚴重所到以善政稱初爲兗州對延英具陳節度分兵屯屬州刺史不能制故易亂帝因詔屯士得隸刺史温州瀕海經賊亂奪官吏半祿代民租後相沿更以爲姦亘還官全稟繩

贓罪吏畏而賴之
盧坦字保衡河南洛陽人仕爲河南尉時杜黃裳爲尹召坦立堂下曰某家子與惡人游破產盍察之坦曰凡居官廉雖大臣無厚畜其能積財者必剝下以致之如子孫善守是天富不道之家不若恣其不道以歸於人黃裳驚其言自是遇加厚李復爲鄭滑節度使表爲判官監軍薛盈珍數干政坦每據理拒之有善笛者大將等悅之詰復請爲重職坦笑曰大將久在軍積勞亟遷乃及右職奈何自薄欲與吹笛少年同列邪諸將慚遽出就坦謝復病甚盈珍以甲士五百內牙中封府庫舉軍大恐坦勸止之軍乃安復卒詔姚南仲代之盈珍以南仲本書生易之曰是將材邪坦私謂人曰姚大夫外柔中剛監軍若侵之必不受我留恐及禍乃從復喪歸東都爲壽安令盈珍果與南仲不相中幕府多黜死者河南賦限已窮縣人訴機織未就坦詣府請申十日不聽坦諭縣人第輸勿顧限違之不過罰令俸爾由是知名累爲刑部郎中兼侍御史知雜事赤縣尉爲臺所按京兆尹密救之帝遣中人就釋坦白中丞請中覆中人走以聞

帝曰吾固宜先命有司遂下詔乃釋數月遷中丞初諸道長吏罷還者取本道錢爲進奉帝因赦令一切禁止而山南節度使柳晟浙西觀察使閻濟美格詔輸獻坦劾奏晟濟美白衣待罪帝諭坦曰二人所獻皆家財朕已許原不可失信坦曰所以布大信者赦令也今二臣違詔陛下奈何以小信失大信乎帝曰朕既受之奈何坦曰出歸有司以明陛下之德帝納之李錡誅有司將毀其祖墓坦上疏諫止裴均爲僕射將居諫議常侍上坦引故事及姚南仲舊比均曰南仲何人曰守正而不交權幸者均怒遂罷爲左庶子數月拜宣歙池觀察使初劉闢壻蘇彊坐誅彊兄弘官晉州自免去人莫敢用者坦奏弘有才行其弟從闢時距三千里宜不通謀今坐廢非用人意因請署判官帝曰使彊不誅尚錄其材況彼兄耶時江淮旱穀踊貴或請抑其價坦曰所部地狹穀來他州若直賤穀不至矣不如任之既而商以米坌至乃多貸兵食出諸市估遂平再遷戶部侍郎判度支或告泗州刺史薛謇爲代北水運時畜異馬不以獻事下度支坦遣吏驗未反帝遲之更遣中人劉泰昕往坦曰事付有司而又遣宦官豈

有司不足信乎三奏帝乃止表韓重華爲代北水運使開廢田列壁二十益兵三千人歲收粟二十萬石河毀西受降城宰相李吉甫議徙天德坦以爲城當磧口得制北狄之要美水豐草邊鄣所利若避河流不過退徙數里柰何徇一時省費墮萬世策邪天德故城地壤墝瘠北倚山去河遠烽候無所統接虜騎唐突勢不容知是無故而蹙地二百里故曰非便城使周懷義亦以爲言吉甫不悅出坦爲東川節度後數月懷義憂死燕重旰代之遂徙天德師人怨殺重旰覆其家初坦與宰相李絳議多協絳藉爲己助及坦出半歲而絳罷治東川盡蠲山澤鹽井榷率之籍吳少誠之誅詔以兵二千屯安州坦每朔望使人問其父母妻子視疾病醫藥故士皆感慰無逃還者惟請收軍吏閏月糧助行營爲人所非元和十二年卒年六十九贈禮部尚書舊制官階勳俱三品始聽立戟後雖轉四品官非貶削者戟不奪坦爲戶部侍郎時階朝議大夫勳護軍以嘗任宣州刺史三品請立戟許之時鄭餘慶淹練舊章以爲非是爲憲司劾正詔罰一月俸奪戟自貞元以來立戟十八家不應令並追正之

閭濟美者第進士有長者名貞元末繇婺州刺史爲福建觀察使徙浙西爲治簡易居鎮未嘗增常賦罷浙西也方在道見詔而貢獻無所還故帝爲言之詩出華州刺史入爲祕書監以工部尚書致仕卒諡曰温

柳晟河中解人六世祖敏仕後周爲太子太保父潭尚和政公主官太僕卿晟年十二居父喪爲身孝代宗養宮中使與太子諸王受學於吳大瓘并子通玄率十日輒上所學既長詔大瓘等即家教授拜檢校太常卿德宗立晟親信用事朱泚反從帝至奉天自請入京師說賊黨以攜沮之帝壯其志得遣泚將右將軍郭常左將軍張光晟皆晟雅故晟出密詔陳禍福逆順常奉詔受命約自拔歸要籍朱既昌告其謀泚捕繫晟及常外獄晟夜半坎垣毀械而亡斷髮爲浮屠間歸奉天帝見爲流涕乘輿還京師擢原王府長史吳通玄得罪晟上書理其辜其弟止曰天子方怒無詒悔不聽凡三上帝意解通玄得減死晟累遷將作少監以護作崇陵封河東縣子授山南西道節度使府兵討劉闢還未扣城復詔戍梓州軍曹怒脅監軍謀變晟聞疾驅入勞士卒既而問曰若等何爲

成功曰誅驕不受命者晟曰若知劉闢得罪天子而誅之奈何復欲使後人誅若等耶士皆免胄拜從所徙入爲將作監使回鶻奉冊立可汗逆謂曰屬聞可汗無禮自大去信自疆夫禮信不能爲何足奉中國乎可汗諸貴人愕然駭皆跪伏成禮還爲左金吾衛大將軍爵爲公卒年六十九詔從官臨弔贈太子少保晟敏于辯下士樂施唯自興元入朝貢獻不如詔爲御史中丞盧坦所劾憲宗以其賢置弗暴云

崔戎字可大玄暐從孫也舉明經補太子校書郎判入等調藍田主簿辟淮南李鄘府衛次公代鄘憲宗稱戎才故次公倚成于職裴度節度太原署參謀時王承宗以鎮叛度請戎往諭承宗至泣下乃聽命入爲殿中侍御史擢累諫議大夫雲南蠻亂成都詔戎持節劍南爲宣撫使奏罷稅外薑芋錢當賦錢者率三之以其一準繒布優其估以與民綏招流亡凡廢若置公私莫不便之還拜給事中出爲華州刺史吏以故事置錢萬緡爲刺史私用戎不取及去召吏曰籍所置錢享軍吾重矯激以夸後人也徙兗海沂密觀察使民擁留于道不得

行乃休傳舍民至抱持取其韡時詔使尚在民泣詣使請白天子匄戎還使許諾戎恚責其下衆曰留公而天子怒不過斬吾二三老人則公不去矣戎夜單騎亡去民追不及乃止至兗州鉏滅姦吏十餘輩民大喜歲餘卒年五十五贈禮部尚書

子雍字順中由起居郎出爲和州刺史龎勛以兵劫烏江雍不能抗遣人持牛酒勞之密表其狀民不知訴諸朝宰相路巖素不平因是傅其罪賜死宣州

唐書卷一百五十九

唐書卷一百六十

宋　端　明　殿　學　士　宋　祁　撰

列傳第八十五

徐呂孟劉楊潘崔韋

徐浩字季海越州人擢明經有文辭張說稱其才繇魯山主簿薦爲集賢校理見喜兩五色鴿賦咨嗟曰後來之英也進監察御史裏行辟幽州張守珪幕府歷河陽令治有績東都留守王倕表署其府民有妄作符命者衆不爲疑浩獨按簒詰狀果詐爲之還累都官郎中爲嶺南選補使又領東都選肅宗立繇襄州刺史召授中書舍人四方詔令多出浩手遣辭贍速而書法至精帝喜之又參太上皇誥冊寵絶一時授兼尙書右丞浩建言故事有司斷獄必刑部審覆自李林甫楊國忠當國專作威福許有司就宰相府斷事尙書以下未省即署乖慎卹意請如故便詔可故詳斷復自此始進國子祭酒爲李輔國譖貶廬州長史代宗復以中書舍人召遷工部侍郎會稽縣公出爲嶺南節度使召拜吏

部侍郎與薛邕分典選浩有妾弟冒優託之邕擬長安尉御史大夫李栖筠劾之帝怒黜邕歙州刺史浩明州別駕德宗初召授彭王傅進郡公卒年八十贈太子少師謚曰定始浩父嶠之善書以法授浩益工嘗書四十二幅屏八體皆備草隸尤工世狀其法曰怒猊抉石渴驥奔泉云晚節治廣及領選頗嗜財慝於所嬖卒以敗

呂渭字君載河中人父延之終浙東節度使渭第進士從浙西觀察使李涵爲支使進殿中侍御史大曆末涵爲元陵副使渭又爲判官涵繇御史大夫擢太子少傅渭建言涵父名少康當避宰相崔祐甫善其言擢司門員外郎御史共劾渭昔涵再任少卿不以嫌今謂少傅爲慢官疑渭爲涵游說乃貶渭歙州司馬貞元中累遷禮部侍郎始中書省有古柳建中末枯死德宗自梁還復榮茂人以爲瑞柳渭令貢士賦之帝聞不以爲善又與裴延齡爲姻家擢其子操上第會入閤遺私謁之書于廷出爲潭州刺史卒贈陝州大都督四子温恭儉讓

温字和叔一字化光從陸質治春秋梁肅爲文章貞元末擢進士第與韋執誼

厚因善王叔文再遷爲左拾遺以侍御史副張薦使吐蕃會順宗立薦卒於虜
虜以中國有喪留溫不遣時叔文秉權與游者皆貴顯溫在絶域不得遷常自
悲元和元年乃還而柳宗元等皆坐叔文貶溫獨免進戸部員外郎溫藻翰精
富一時流輩推尚性險躁譎詭而好利與竇羣羊士諤相昵羣爲御史中丞薦
溫知雜事士諤爲御史宰相李吉甫持之久不報溫等怨時吉甫爲宦侍所抑
溫乘其間謀逐之會吉甫病夜召術士宿于第卽捕士掠訊且奏吉甫陰事憲
宗駭異旣詰辯皆妄言將悉誅羣等吉甫苦救乃免於是貶溫均州刺史士諤
資州議者不厭再貶爲道州久之徙衡州治有善狀卒年四十
恭字恭叔尚氣節喜縱横孫吳術爲山南西道府掌書記進殿中侍御史終嶺
南府判官儉亦爲御史讓太子右庶子皆美材
孟簡字幾道德州平昌人曾祖詵武后時同州刺史簡舉進士宏辭連中累遷
倉部員外郎王叔文任戸部簡以不附離見疾不敢顯黜宰相韋執誼爲徙宅
曹元和中拜諫議大夫知匭事韓泰韓曅之復刺史吐突承璀爲招討使簡皆

固爭詣延英言不可狀以悻切出爲常州刺史州有孟瀆久淤閼簡治導溉田凡四千頃以勞賜金紫召爲給事中代李遜爲浙東觀察使遜抑士族右編人至横恣不檢及簡一反之農估兼受其弊時謂兩失之以工部侍郎召還初使府得代詔至署留後即行李脩觀察浙西始請留故使交政及簡還半道堂牒還之如例乃聽解進戶部加御史中丞戶部有二員判使按者居別一署謂之左戶元和後選委華重宰相多由此進崔羣既相而簡代之故簡意且柄任及出山南東道節度使內不樂政頗嚴峭時有詔置臨漢監以牧馬命簡兼使職簡以親吏陸翰主奏邸關通閹侍翰持之數傲很簡怒追還以土囊斃之家上變發簡姦贓御史劾驗得遺吐突承璀貲七百萬左授太子賓客分司東都再貶吉州司馬以赦令進睦州刺史復徙常州仍太子賓客分司卒簡尤工詩聞江淮間尚節義與之交者雖歿視卹其孤不少衰晚路殊躁急佞佛過甚爲時所誚常與劉伯芻歸登蕭俛譯次梵言者

劉伯芻字素芝兵部侍郎迺之子行修謹淮南杜佑奏署節度府判官府罷召

拜右補闕還主客員外郎數過友家飲噱爲韋執誼陰劾貶虔州參軍久乃除考功員外郎裴垍待之善擢累給事中李吉甫當國而垍卒不加贈伯芻爲申理乃贈太子少傅或言其妻垍從母也吉甫欲按之求補虢州刺史稍遷刑部侍郎左散騎常侍卒贈工部尚書伯芻風度高嚴善談謔而動與時適論者少之

子寬夫寶曆中爲監察御史奏言以王府官攝祠位輕非嚴恭意請以尚書省東宮三品若左右丞侍郎通攝俄轉左補闕陳岵注浮屠書因供奉僧以聞除濠州刺史寬夫劾狀敬宗怒謂宰相曰岵不繇僧得州諫臣安受此言寬夫曰衆劾岵獨臣草狀應伏誅推言所從恐累國體帝讜其言釋之

子允章字蘊中咸通中爲禮部侍郎請諸生及進士第並謁先師衣青衿介幘以還古制改國子祭酒又建言羣臣輸光學錢治庠序宰相五萬節度使四萬刺史萬詔可後爲東都留守黃巢至分司李磎挈尚書印走河陽允章寄治河清巢僭號輒受僞官文書盡用金統遺取印磎所磎不與更悔愧移檄近鎮起

兵扞賊碤持印還之後廢于家

楊憑字虛受一字嗣仁虢州弘農人少孤其母訓道有方長善文辭與弟凝凌皆有名大曆中踵擢進士第時號三楊憑重交游尚氣節然諾與穆質許孟容李鄘相友善一時歆慕號楊穆許李歷事節度府召爲監察御史不樂輒免去累遷太常少卿湖南江西觀察使性簡傲接下脫略人多怨之在二鎭尤侈汰入拜京兆尹與御史中丞李夷簡素有隙因劾憑江西姦贓及它不法詔刑部尙書李鄘大理卿趙昌卽臺參訊于時憑治第永寧里功役叢煩又幽妓妾於永樂別舍謗議頗讙故夷簡藉之痛擿發欲抵以死旣置對未得狀卽逮捕故官屬推蹤簿憑家貲翰林學士李絳奏言憑所坐贓不當同逆人法乃止憲宗以憑治京兆有績但貶臨賀尉始德宗時假借方鎭習爲僭儗事夷簡首按憑時以爲宜而緣私怨論者亦不與俄徙杭州長史以太子詹事卒憑所善客徐晦者字大章第進士賢良方正擢櫟陽尉憑得罪姻友憚累無往候者獨晦至藍田慰餞宰相權德輿謂曰君送臨賀誠厚無乃爲累乎晦曰方布衣時臨賀

知我今忍遽弃邪有如公異時爲姦邪譖斥又可爾乎德輿歎其直稱之朝李夷簡遽表爲監察御史晦過謝問所以舉之之由夷簡曰君不負楊臨賀肯負國乎後歷中書舍人彊直守正不沈浮於時嗜酒喪明以禮部尚書致仕卒

凝字懋功由協律郎三遷侍御史爲司封員外郎坐釐正嫡媵封邑爲權幸所忌徙吏部稍遷右司郎中宣武董晉表爲判官亳州刺史缺晉以凝行州事增墾田決汙隁築隄防水患訖息時孟叔度橫縱撓軍治而凝亦荒湎晉卒亂作凝走還京師闔門三年拜兵部郎中以痼疾卒凌字恭履最善文終侍御史子敬之

敬之字茂孝元和初擢進士第平判入等遷右衞胄曹參軍累遷屯田戸部二郎中坐李宗閔黨貶連州刺史文宗向儒術以宰相鄭覃兼國子祭酒俄以敬之代未幾兼太常少卿是日二子戎戴登科時號楊家三喜轉大理卿檢校工部尚書兼祭酒卒敬之嘗爲華山賦示韓愈愈稱之士林一時傳布李德裕尤咨賞敬之愛士類得其文章孜孜玩諷人以爲癖雅愛項斯爲詩所至稱之繇

是擢上第斯字子遷江東人敬之祖客灞上見閩人濮陽愿閱其文大推挹徧
語公卿間會愿死敬之爲斂葬
潘孟陽史亡何所人父炎大曆末官右庶子爲元載所惡久不遷載誅進禮部
侍郎以病免方劉晏任權炎乃其壻雖書疏報答未嘗輒開時稱有古人節晏
得罪坐貶澧州司馬時輿疾上道不自言于邵高其介申救不見聽孟陽少以
蔭俄登博學宏詞科補渭南尉再遷殿中侍御史公卿多父行及外家賓客故
被慰薦擢累兵部郎中貞元末王紹以恩倖進數稱孟陽才權知戶部侍郎杜
佑判度支奏以自副時憲宗新立詔孟陽馳驛江淮視財賦加鹽鐵轉運副使
幷察諸使治否孟陽恃與主又氣豪倨從者數百人所至會賓客留連倡樂招
金錢多補吏轡望大喪使還罷爲大理卿其後左司郎中鄭敬宣慰江淮帝誡
曰朕宮中用尺寸物皆有籍唯賑民無所計卿是行宜諭朕意毋若潘孟陽殫
財費酣飲游山寺而已元和三年出爲華州刺史還劍南東川節度使宰相武
元衡與孟陽舊復以戶部侍郎召判度支又兼京北五城營田使太府王遂爲

西北供軍使持營田不可至私忿恨更請閒論列帝怒罷孟陽左散騎常侍明年復舊官臧葺第舍帝微行至樂游原望見之以問左右孟陽懼輟不敢治而伎媵用度過侈汰人多指怒之病風痺復改左散騎常侍卒贈兵部尚書謚曰康初孟陽爲侍郎年未四十其母謂曰以爾之材而位丞郎使吾憂之

崔元略博州人父敬貞元時終尚書左丞元略第進士更辟諸府還累殿中侍御史以刑部郎中知御史雜事進拜中丞時李夷簡召爲大夫故詔元略留司東臺改京兆少尹行府事數月還爲尹徙左散騎常侍初中丞闕議者屬崔植而元略謬謂植入閣不如儀使御史彈治及宰相以二人進元略果得之植恨悵既當國以元略爲宣撫党項使辭疾不行植奏不少責無以示羣臣乃出爲黔南觀察使徙鄂岳久乃拜大理卿敬宗初還京兆尹兼御史大夫收貸錢萬七千緡爲御史劾奏詔刑部郎中趙元亮大理正元從質侍御史温造以三司雜治元略素事宦人崔潭峻頗左右之獄具削兼秩而已俄授戶部侍郎譏謗大興諫官斥元略方劾而遷有助力元略自解辨乃止京兆劉栖楚又劾元略

前造東渭橋縱吏增估物不償直取工徒贓二萬緡詔奪一月俸於是栖楚規相位疑元略妨己路故舉疑似纖染之太和三年以戸部尚書判度支出爲東都留守改義成節度使卒贈尚書左僕射子鉉

鉉字台碩擢進士第從李石荆南爲賓佐入拜司勳員外郎翰林學士還中書舍人學士承旨武宗好蹴踘角抵鉉切諫帝褒納之會昌三年拜中書侍郎同中書門下平章事鉉入朝凡三歲至宰相而石猶在江陵澤潞平兼戸部尚書與李德裕不叶罷爲陝虢觀察使宣宗初擢河中節度使以御史大夫召用會昌故官輔政進尚書左僕射兼門下侍郎封博陵郡公鉉所善者鄭魯楊紹復段瓌薛蒙頗參議論時語曰鄭楊段薛炙手可熱欲得命通魯紹瓌蒙帝聞之題於扆是時魯爲刑部侍郎鉉欲引以相帝不許用爲河南尹它日帝語鉉曰魯去矣事由卿否鉉惶懼謝罪久之出爲淮南節度使帝餞太液亭賜詩寵之時宣州軍亂逐觀察使鄭薰鉉出兵討擊詔兼宣歙池觀察使既平加檢校司空罷兼使居九年條教一下無復改民以順賴咸通初徙山南東道荆南二鎮

封魏國公龐勛叛自桂管北還所過剽略鈘聞大募兵屯江湘邀賊歸路賊懼更踰嶺自淮而北朝廷壯其忠卒官下

子沆字內融累遷中書舍人韋保衡逐于琮沆亦貶循州司戶參軍僖宗立召爲永州刺史復拜舍人進禮部吏部二侍郎乾符五年以戶部侍郎同中書門下平章事昕旦告麻大霧塞廷中百僚就班修慶大風雨雹時謂不祥俄改中書侍郎兼工部尚書時王景崇進兼中書令讓其兄景儒求易定節度沆謂魏博盧龍且相援執不可盧攜專政而黃巢勢寖盛沆每建裁遏多爲攜沮抑賊陷京師匿張直方第遇害元略弟元受元式元儒皆舉進士第

元受以高陸尉直史館元和時于皐蕃爲河北行營糧料使元受從之督供饋皐蕃得罪元受逐死嶺表

元式始署帥府僚佐累官湖南觀察使會昌中澤潞用兵還河中拜河東義成節度使宣宗初以刑部尚書判度支拜門下侍郎同中書門下平章事進兼戶部尚書以疾罷卒贈司空謚曰莊大中時又有宰相崔龜從字玄告初舉進士

復以賢良方正拔萃三中其科拜右拾遺太和初遷太常博士最明禮家沿革
問不虛酬定敬宗廟室祝辭皇帝不可云孝弟九宮皆列星不容爲大祠大臣
薨不於訃日輟朝乃在數日外因引貞觀時任瓌卒有司對仗奏太宗責其不
知禮岑文本歿是夕罷警嚴張公謹亡哭不避辰日故閔悼之切不宜過時又
言三品以上官非經任將相密近不宜輟朝詔皆可其議九宮遂爲中祠再遷
至司勳郎中知制誥眞拜中書舍人歷戶部侍郎大中四年以中書侍郎同中
書門下平章事再歲罷爲宣武軍節度使數徙鎭卒

韋綬字子章京兆萬年人有至性然好不經喪父鑱臂血寫浮圖書建中末爲
長安尉朱泚亂羸服走奉天拜華陰令佐襄陽于頔府數譏誚刺頔橫恣頔不
能容薦諸朝三遷職方郎中穆宗爲太子綬入侍讀遷諫議大夫太子書依字
輒去人曰上以此可天下事烏得全書耶綬白之帝喜卽賜綬錦綵方太子幼
綬數爲俚言以悅太子宅日侍太子爲帝道之帝怒曰綬當以經義輔導太子
而反語此朕何賴焉外遷虔州刺史穆宗立召爲尚書右丞集賢院學士出入

禁中怙寵甚建白帝誕日百官先詣光順門賀皇太后然後上皇帝千萬歲壽詔可久之宰相奏古無生日稱賀者綬議格時大臣論啓或未決綬居中助可否九月九日宴羣臣曲江綬請集賢學士得别會帝一順聽進位禮部尚書帝問所以振災邀福者對曰宋景公以善言退法星三舍漢文除祕祝勅有司祭而不祈此二君皆受自至之福書美前史如失德以却災媚神以丐助神而有知且因以譴也時帝不德故託諷焉俄以檢校戸部尚書爲山南西道節度使入辭請門戟十二以行又乞賜錢二百萬官子元弼太常丞帝以舊恩許之綬耄而貪不能事軍政綱維亂弛卒贈尚書右僕射帝遣中人弔其家有司謚通醜故吏以爲言改謬醜不報罷

唐書卷一百六十

珍做宋版玶

唐書卷一百六十考證

呂渭傳中書省有古柳建中末枯死德宗自梁還復榮茂人以爲瑞渭令貢士賦之帝聞不以爲善○臣酉按舊書云上聞而嘉之與新書異

唐書卷一百六十考證

唐書卷一百六十一

宋　端　明　殿　學　士　宋　祁　撰

列傳第八十六

張趙李鄭徐王馮庚

張薦字孝舉深州陸澤人祖鷟字文成早惠絶倫爲兒時夢紫文大鳥五色成文止其廷大父曰吾聞五色赤文鳳也紫文鸑鷟也若壯殆以文章瑞朝廷乎遂命以名調露初登進士第考功員外郎騫味道見所對稱天下無雙授岐王府參軍八以制舉皆甲科再調長安尉遷鴻臚丞四參選判策爲銓府最員外郎員半千數爲公卿稱鷟文辭猶青銅錢萬選萬中時號鷟青錢學士證聖中天官侍郎劉奇以鷟及司馬鍠爲御史性躁卞儻蕩無檢罕爲正人所遇姚崇尤惡之開元初御史李全交劾鷟多口語訕短時政貶嶺南刑部尚書李日知訟斥太重得内徙鷟屬文下筆輒成浮豔少理致其論著率詆誚蕪猥然大行一時晚進莫不傳記武后時中人馬仙童陷默啜問文成在否答曰近自御史

貶官曰國有此人不用無能爲也新羅日本使至必出金寶購其文終司門員外郎薦敏銳有文辭能爲周官左氏春秋初爲顏真卿歎賞大曆中浙西觀察使李涵表薦才任史官詔授左司禦率府兵曹參軍以母老辭不就喪除禮部侍郎于卲以聞召充史館修撰兼陽翟尉真卿爲李希烈所拘遣兒子峴及家僕奏事五輩皆留內客省不得出薦上疏曰去正月中真卿奉使淮西期不先戒行無素備受命之後不宿於家親黨不遑告別介副不及陳請孱僮單騎即日載馳冒姦鋒於臨汝折元惡於許下捐軀杖義威詬羣凶遂令脅制者回慮忠勇者肆情周曾奮發於外韋清伺應於內希烈蒼黃窘迫奔固舊穴蓋真卿義風所激也真卿逮事四朝爲國元老忠直孝友羽儀王室行年八十被羸老之疾拘因環堵之間顧眄鉤戟之下呼嗟憤恚失寢忘食不知悲翁何以堪此伏聞希烈之母鍾念幼子目不絕泣求責希烈又希烈妻祖母郭及妻妹封並逮捕京師此三人留之無益請寘境上以贖真卿先降詔書分明諭告且希烈知真卿人望不敢加害既無嫌隙但因循未遣耳若歸其親愛賊亦何憾還一

使哉臣又聞真卿所遣兄子峴及家僮從官奉表來者五輩皆留中其子頵等拳拳實希一見望許休澣告以安否疏奏盧杞持之不報朱泚反詭姓名伏匿城中著史遁先生傳京師平擢左拾遺詔復用杞爲刺史薦與陳京趙需等論杞姦惡傾覆不當用入對挺確德宗納之貞元元年帝親郊時更兵亂禮物殘替用薦爲太常博士參綴典儀略如舊章刑部尚書關播持節送咸安公主于回紇以薦爲判官還遷工部員外郎久之擢諫議大夫復爲史館修撰方裴延齡用事中傷俊良建白無不當帝意薦將疏其惡延齡知之因言于帝曰諫議論朝政得失史官書人君善惡二者不可兼薦改祕書少監延齡必欲以罪斥廢之會遣使冊回鶻毗伽懷信可汗使薦至回鶻還爲監吐蕃贊普死擢薦工部侍郎爲弔祭使薦占對詳辯三使絕域始兼侍御史中丞後大夫次赤嶺被病卒年六十一吐蕃傳其柩以歸順宗立問至贈禮部尚書諡曰憲薦自拾遺至侍郎凡二十年常兼史館修撰初貞元時京師旱帝避正殿減膳薦白限日以應古制及定昭德皇后廟樂還獻懿二祖定大儀位號大臣祔廟鼓吹法莫

不參裁諸儒謂博而詳所著書百餘篇子又新別有傳孫讀字聖用幼頴解大中時第進士鄭薰辟署宣州幕府累遷禮部侍郎中和初爲吏部選牒精允調官丐留二年詔可榜其事曹門後兼弘文館學士判院事卒

趙涓冀州人幼有文天寶時第進士補鄖城尉稍歷臺省河南王縉引署副元帥府判官德宗初爲衢州刺史始永泰時禁中火近東宮代宗疑之涓以監察御史爲巡使驗治明諦迹火所來乃宦人直舍帝在東宮頗德之及治衢不爲觀察使韓滉所容奏免官帝見其名問宰相曰是豈永泰時御史乎對曰然詔拜尚書左丞既至勞之曰卿正直朕所自知乃以罪聞不信也命典吏部選從狩梁興元元年卒贈戶部尚書子博宣亦擢進士第藻翰豪邁沈於酒傲忽少檢陳許曲環辟署於府久不能堪乃誣受吳少誠金爲反間數言休咎惑衆有詔杖四十流康州時人冤之

李紓字仲舒始仕爲校書郎大曆初李季卿薦爲左補闕累遷中書舍人德宗居奉天繇禮部侍郎選爲同州刺史帝次梁紓委城趨行在擢兵部侍郎高邑

伯建言享武成王廟不宜與文宣王等制從之紓性樂易喜接後進其自奉養
頗華裕不爲齪齪崖檢官雖貴而游縱自如奉詔爲興元紀功述及宅郊廟樂
章論撰甚多進吏部侍郎年六十二卒贈禮部尚書
鄭雲逵系本滎陽父卬爲鄜城尉州刺史移職民之暴鷙者遮道留卬誅殺六
七人採訪使奇之言狀擢北海尉安祿山反縣民孫俊毆市人以應卬率衆擊
殺之改登州司馬李光弼表爲武寧府判官遷沂州刺史諭降賊李浩五千人
終滁州刺史雲逵爲人誕譎敢言已登進士第去客燕朔朱泚署之表爲掌書
記妻以滔女泚將朝使雲逵先入奏同府蔡廷玉譖于泚奏貶爲平州參軍滔
代泚將復辟雲逵爲判官廷玉與要藉官朱體微宅日與泚從容言滔非長者
不可付以兵雲逵數漏其語以怒滔故滔論廷玉等皆得罪死滔助田悅雲逵
諫不從遂棄室自歸德宗悅擢諫議大夫帝在梁雲逵依李晟晟表以禮部侍
郎爲軍司馬時時咨逮戎略元和初爲京兆尹卒弟方逵悖悍結徒剽劫父欲
殺之不克雲逵自劾不能教恐赤臣家詔錮死黔州

徐岱字處仁蘇州嘉興人世農家子於學無所不通辯論明銳座人常屈大曆中劉晏表爲校書郎觀察使李栖筠欽其賢署所居爲復禮鄉名達于朝擢偃師尉禮儀使蔣鎮薦爲太常博士專掌禮事從德宗出奉天以膳部員外郎兼博士貞元初爲太子諸王侍讀遷給事中史館修撰帝以誕日歲歲詔佛老者大論麟德殿幷召岱及趙需許孟容韋渠牟講說始三家若矛楯然卒而同歸于善帝大悅賚予有差兩宮恩遇無比性篤愼至宮殿中語未嘗近之不談人短宗族孤孺者皆爲婚嫁然吝嗇自持家管鑰世所譏云卒贈禮部尚書

王仲舒字弘中幷州祁人少客江南與梁肅楊憑游有文稱貞元中賢良方正高第拜左拾遺德宗欲相裴延齡與陽城交章言不可後入閤帝顧宰相指曰是豈王仲舒邪俄改右補闕遷禮部考功員外郎奏議詳雅省中伏其能坐累爲連州司戶參軍再徙荆南節度參謀元和初召爲吏部員外郎未幾知制誥楊憑得罪斥去無敢過其家仲舒屢存之將直憑冤貶峽州刺史母喪解服除爲婺州刺史州疫旱人徙死幾空居五年里閭增完就加金紫服徙蘇州隄松

江爲路變屋瓦絶火災賦調嘗與民爲期不擾自辦穆宗立每言仲舒之文可
思最宜爲誥有古風召爲中書舍人既至視同列率新進少年居不樂曰豈可
復治筆研於其間哉吾久棄外周知俗病利得治之不自愧宰相聞之除江西
觀察使初江西榷酒利多佗州十八民私釀歲抵死不絶轂數斛易斗酒仲舒
罷酤錢九十萬吏坐失官息錢五十萬悉產不能償仲舒焚簿書脫械不問水
旱民賦不入歎曰我當減燕樂他用可乎爲出錢二千萬代之有爲佛老法與
浮屠祠屋者皆驅出境卒于官年六十二贈左散騎常侍謚曰成仲舒尚義概
所居急民廢置自爲科條初若煩密久皆稱其便
馮伉魏州元城人徙貫京兆第五經宏辭調長安尉三遷膳部員外郎爲睦王
等侍讀李抱真卒伉持節臨弔歸之帛不受又致京師伉上表固拒於是醴泉
令缺宰相高選德宗曰前使澤潞不受幣者其人清可用也遂以授伉縣多嚚
猾數犯法伉爲著諭蒙書十四篇大抵勸之務農進學而教以忠孝鄉鄉授之
使轉相教督居七年韋渠牟薦爲給事中皇太子諸王侍讀對殿中賜金紫服

進兵部侍郎出爲同州刺史以散騎常侍召領國子祭酒者再卒年六十六贈
禮部尚書
庾敬休字順之鄧州新野人祖光烈與弟光先不受安祿山僞官遁去光烈終
大理少卿光先吏部侍郎父何當朱泚反又與弟倬逃山谷不臣賊官兵部郎
中敬休擢進士第又中宏辭辟宣州幕府入拜右補闕起居舍人建言天子視
朝宰相羣臣以次對言可傳後者承旨宰相示左右起居則載錄季送史官如
故事詔可既而執政以幾密有不可露罷之召爲翰林學士文宗將立魯王爲
太子慎選師傅敬休以戶部侍郎兼魯王傅初劍南西川山南道歲征茶戶部
自遣巡院主之募賈人入錢京師太和初崔元略奏責本道主當歲以四萬緡
上度支久之逗留多不至敬休始請置院秭歸收度支錢乃無逋沒又言蜀道
米價騰踊百姓流亡請以本道闕官職田賑貧民詔可再爲尚書左丞卒贈吏
部尚書敬休夷澹多容可不飲酒食肉不邇聲色弟簡休亦至工部侍郎

唐書卷一百六十一考證

徐岱傳○此傳及王仲舒傳舊書俱入文學傳

馮伉傳○舊書入儒學傳

庾敬休傳○舊書入忠義傳

唐書卷一百六十一考證

# 唐書卷一百六十二

宋　端　明　殿　學　士　宋　祁　撰

## 列傳第八十七

姚獨孤顧韋段呂許薛李

姚南仲華州下邽人乾元初擢制科授太子校書遷累右補闕大曆十年獨孤皇后崩代宗悼痛詔近城爲陵以朝夕臨望南仲上疏曰臣聞人臣宅於家帝王宅於國長安乃祖宗所宅其可與鑿建陵其側乎夫葬者藏也欲人之不得見也今西近宮闕南迫大道使近而可視歿而復生雖宮以待之可也如令骨肉歸土魂無不之雖欲自近了復何益且王者必據高明燭幽隱先皇所以因龍首而建望春也今起陵目前心一感傷累日不能平且匹夫向隅滿堂不樂況萬乘乎天下謂何陛下諡后以貞懿而終以褻近臣竊惑焉今國人皆曰后陵在邇陛下將日省而時望焉斯有損聖德無益先后欲寵反辱惟陛下孰計疏奏帝嘉納進五品階以酬讜言坐善宰相常袞出爲海鹽令浙西觀察使韓

滉表爲推官擢殿中侍御史內供奉召還四遷爲御史中丞改給事中陝虢觀察使拜義成節度使監軍薛盈珍恃權橈政不能逞因毀南仲於朝德宗惑之俄遣小使程務盈誣表以罪會南仲裨將曹文洽入奏知其語則晨夜追至長樂驛及之與同舍夜殺務盈投其誣于廁爲二書一抵南仲一治南仲冤且自言殺務盈狀乃自殺驛吏以聞帝駭異南仲不自安固請入朝帝勞曰盈珍橈卿政邪曰不橈臣政臣隳陛下法耳如盈珍輩所在有之雖使羊杜復生撫百姓御三軍必不能成愷悌之化而正師律也帝默然乃授尚書右僕射貞元十九年卒年七十五贈太子太保謚曰貞初崔位馬少微者俱在南仲幕府盈珍之譖也出位爲遂州別駕東川觀察使王叔邕希旨奏位殺之復出少微補外使宦官護送度江投之水云

獨孤及字至之河南洛陽人爲兒時讀孝經父試之曰兒志何語對曰立身行道揚名於後世宗黨奇之天寶末以道舉高第補華陰尉辟江淮都統李峘府掌書記代宗以左拾遺召既至上疏陳政曰陛下屢發德音使左右侍臣得直

言極諫壬辰詔書召裴冕等十有三人集賢殿待制以備詢問此五帝盛德也然頃者陛下雖容其直而不錄其言所上封皆寢不報有容下之名無聽諫之實遂使諫者稍稍自鉗口飽食相招爲祿仕此忠鯁之人所以竊歎而臣亦恥之十室之邑必有忠信況朝廷之大卿大夫之衆陛下選授之精歟假令不能如文王之多士其中豈不有溫故知新可懋陳政要而億則屢中者陛下議政之際曾不採其一說堯之疇咨禹之昌言豈若是邪昔堯設謗木於五達之衢孔子曰以能問於不能以多問於寡然則多聞闕疑不恥下問聖人之心也願陛下以堯孔心爲心日降清問其不可者罷之可者議於朝與執事者共之使知之必言言之必行行之必公則君臣無私論朝廷無私政陛下以此辨可否於獻替而建太平之階可也師興不息十年矣人之生產空於杼軸擁兵者第館亘街陌奴婢厭酒肉而貧人羸餓就役剝膚及髓長安城中白晝椎剽吏不敢詰官亂職廢將墮卒暴百揆隳刺如沸粥紛麻民不敢訴於有司有司不敢聞陛下茹毒飲痛窮而無告今其心顒顒獨恃於麥麥不登則易子齩骨矣陛

下不以此時厲精更始思所以救之之術忍令宗廟有累卵之危萬姓悼心失圖臣實懼焉去年十一月丁巳夜星隕如雨昨清明霜降三月苦熱錯繆顛倒診莫大焉此下陵上替怨讟之氣取之也天意丁寧譴戒以警陛下宜反躬罪己旁求賢良者而師友之黜貪佞不肖者下哀痛之詔去天下疾苦廢無用之官罷不急之費禁止暴兵節用愛人兢兢乾乾以徼福于上下必能使天感神應反妖災爲和氣矣又言滅江淮山南諸道兵以贍國用陛下初不以臣言爲愚然許卽施行及今未有沛然之詔臣竊遲之今天下唯朔方隴西有吐蕃僕固之虞邠涇鳳翔兵足以當之矣自此而往東泊海南至番禺西盡巴蜀無鼠竊之盜而兵不爲解傾天下之貨竭天下之穀以給不用之軍爲無端之費臣不知其故假令居安思危以備不虞自可阨害之地俾置屯禦悉休其餘以糧儲扉屨之資充疲人貢賦歲可以減國租半陛下豈遲疑於改作逡巡於舊貫使大議有所壅而率土之患日甚一日是益其弊而厚其疾也夫療癰者必決之使潰今兵之爲患猶癰也不以漸戢之其害滋大大而圖之必力倍而功寡

豈易不侯終日之義邪俄改太常博士或言景皇帝不宜爲太祖及據禮條上謚呂諲盧弈郭知運等無浮美無隱惡得褒貶之正遷禮部員外郎歷濠舒二州刺史歲饑旱鄰郡庸亡什四以上舒人獨安以治課加檢校司封郎中賜金紫徙常州甘露降其廷卒年五十三謚曰憲及喜鑒拔後進如梁肅高參崔元翰陳京唐次齊抗皆師事之性孝友其爲文彰明善惡長於論議晚嗜琴有眼疾不肯治欲聽之專也子朗郁

朗字用晦由處士辟署江西宣歙浙東三府元和中擢右拾遺建言宜用觀察使領本道鹽鐵罷場監管榷吏除百姓之患不聽盜殺武元衡朗請貶京兆尹誅捕賊吏因勸罷兵忤憲宗意貶興元戶曹參軍久乃拜殿中侍御史兼史館修撰坐與李景儉飲景儉使酒慢宰相出爲韶州刺史召還再遷諫議大夫敬宗初宦官毆鄠令崔發繫下朗請誅首惡以正常法王播賂權近還判鹽鐵朗連疏論執還御史中丞故事選御史皆中丞自請是時崔晃鄭居中繇宰相力得監察御史朗拒不納晃居中卒改他官侍御史李道樞醉謁朗朗劾不虔

下除司議郎會殿中王源植貶官朗直其枉書五上不報即自劾執法不稱願
罷去帝遣中人尉諭不許文宗初遷工部侍郎出爲福建觀察使創發背卒贈
右散騎常侍
郁字古風始生而孤與朗育於伯父氾擢進士第最爲權德輿所稱以女妻之
元和初舉制科高等拜右拾遺俄兼史館修撰進右補闕吐突承璀討王承宗
郁執不可挺議鯁固號稱職擢翰林學士德輿輔政以嫌去內職拜考功員外
郎仍兼修撰憲宗歎德輿乃有佳壻詔宰相高選世族故杜悰尚岐陽公主然
帝猶謂不如德輿之得郁也俄知制誥德輿去位還爲學士九年以疾辭禁近
徙祕書少監屏居鄠卒年四十贈絳州刺史郁有雅名帝遇之厚議者亦謂當
宰相共以早世惜之
子庠字賢府喪父始十歲有至性聞呼父官及弔客來輒號慟幾絶後舉進士
仕至尚書丞
顧少連字夷仲蘇州吳人舉進士尤爲禮部侍郎薛邕所器擢上第以拔萃補

登封主簿邑有虎孽民患之少連命塞陷穽獨移文嶽神虎不爲害御史大夫
于頎薦爲監察御史德宗幸奉天徒步詣謁授水部員外郎翰林學士再遷中
書舍人閱十年以謹密稱嘗請徙先兆于洛帝重遠去詔遣其子往且命中人
護蕆葬役歷吏部侍郎裴延齡方橫無敢忤者嘗與少連會田鎬第酒酣少連
挺笏曰段秀實笏擊賊臣今吾笏將擊姦臣奮且前元友直在坐歡解之改京
兆尹政尙寬簡不爲灼灼名先是京畿租賦薄厚不能一少連以法均之還吏
部尙書封本縣男徙兵部爲東都留守表禁苑及汝閑田募耕以便民閱武力
利鎧仗號良吏卒年六十二贈尙書右僕射謚曰敬始少連攜少子師閔奔行
在有詔同止翰林院車駕還授同州參軍
韋夏卿字雲客京兆萬年人少邃於學善文辭大曆中與弟正卿同舉賢良方
正皆策高等授高陵主簿累遷刑部員外郎時仍歲旱蝗詔以郎官宰畿甸授
奉天令課第一改長安令轉吏部員外郎郎中擢給事中出爲常蘇二州刺史
徐州節度使張建封疾甚詔夏卿爲徐泗行軍司馬且代之未至而建封卒徐

軍立其子愔爲留後召夏卿爲吏部侍郎時從弟執誼在翰林嘗受人金有所干請密以金內夏卿懷中夏卿毁懷不受曰吾與爾賴先人遺德致位及此顧當是哉執誼大慙轉京兆尹太子賓客檢校工部尚書爲東都留守辭疾改太子少保卒年六十四贈尚書左僕射謚曰獻夏卿性通簡好古有遠韻談說多聞晚歲將罷歸署其居曰大隱洞與齊映穆贊贊弟員友善雖同游終年不見其喜慍撫孤姪恩踰己子爲政務通理不甚作條教所辟士如路隋張賈李景儉等至宰相達官故世稱知人

正卿子瓘字茂弘及進士第仕累中書舍人與李德裕善德裕任宰相罕接士唯瓘往請無間也李宗閔惡之德裕罷貶爲明州長史會昌末累遷楚州刺史終桂管觀察使

段平仲字秉庸本武威人隋民部尚書達六世孫擢進士第杜佑李復之節度淮南連表掌書記擢監察御史磊落有氣節嗜酒敢言是時德宗春秋高躬自聽斷天下事有所壅隔羣臣畏帝苛察無敢言平仲常曰上聰明神武但臣下

畏怯自爲循默爾使我一日得召見宜大有開納會京師旱詔擇御史郎官開
倉賑恤平仲與考功員外郎陳歸被選同得對粗陳賑恤事帝察其意有所畜
以歸在側未言事訖平仲方獨進帝乃弃留歸正色問之雜以宅語平仲錯牾
不得言乃謬稱名帝怒叱去之蒼黃向幄後歸趨降招之乃得去由是坐廢七
年然名由此顯元和初爲諫議大夫憲宗使吐突承璀討鎮州亟疏爭不可及
還無功又請斬之再遷尙書右丞朝廷有得失未嘗不論奏世推其敢直云終
太子左庶子
贊曰君有常尊臣有定卑自然之勢也然臣不自通於上君不降而逮諸下則
治不得成而功不彰返是而天下之務粲焉幾矣德宗察察欲折伏臣下自爲
聰明而治愈疏段平仲一忤上蒼惶失對而猶以取名何哉下知所職而上喪
其所以爲上也故聖王屈己從諫君臣兩得其實知道之本歟
呂元膺字景夫鄆州東平人姿儀瓌秀有器識始游京師謁故宰相齊映映嘆
曰吾不及識婁郝殆斯人類乎策賢良高第調安邑尉辟長春宮判官李懷光

亂河中輒解去論惟明節度渭北表佐其府惟明卒王棲曜代之德宗敕棲曜留元膺自佐入拜殿中侍御史歷右司員外郎出爲蘄州刺史嘗錄囚囚或白父母在明日歲旦不得省爲恨因泣元膺惻然悉釋械歸之而戒還期吏白不可答曰吾以信待人人豈我違如期而至自是羣盜感愧悉避境去元和中累擢給事中俄爲同州刺史既謝帝逮問政事所對詳詰明日謂宰相曰元膺直氣讜言宜留左右奈何出之李藩裴洎謝因言陛下及此乃宗社無疆之休臣等昧死請留元膺給事左右未幾兼皇太子侍讀進御史中丞拜鄂岳觀察使嘗夜登城守者不許左右曰中丞也對曰夜不可辨乃還明日擢守者爲大將入拜尚書左丞度支使潘孟陽太府卿王遂交相惡乃除孟陽散騎常侍遂鄧州刺史詔辭無所輕重元膺上其詔請明枉直以顯褒懲江西裴堪按虔州刺史李將順受賕不覆訊而貶元膺曰觀察使奏部刺史不加覆雖當誅猶不可爲天下法請遣御史按問宰相不能奪選拜東都留守故事留守賜旗甲至元膺不給或上言用兵討淮西東都近賊損其儀沮威望請比華汝壽三州帝不

聽幷三州罷之留守不賜旗甲自此始都有李師道留邸邸兵與山棚謀竊發

事覺元膺禽破之始盜發都人震恐守兵弱不足恃元膺坐城門指縱部分意

氣閑舒人賴以安東畿西南通鄧虢川谷曠深多麇鹿人業射獵而不事農遷

徙無常皆趫悍善鬬號曰山棚權德輿居守將羈縻之未克至是元膺募爲山

河子弟使衛宮城詔可改河中節度使時方鎮多姑息獨元膺秉正自將監軍

及中人往來者無不嚴憚入拜吏部侍郎正色立朝有台宰望處事裁宜人服

其有體以疾改太子賓客居官始終無訾缺卒年七十二贈吏部尚書

許孟容字公範京兆長安人擢進士異等又第明經調校書郎辟武寧張建封

府李納以兵拒境建封遣使諭止前後三輩往皆不聽乃使孟容見納敷引逆

順納即悔謝爲罷兵表爲濠州刺史德宗知其能召拜禮部員外郎公主子求

補崇文生者孟容固謂不可主訴之帝問狀以著令對帝嘉其守擢郎中累遷

給事中京兆上言好時風雹害稼帝遣宦人覆視不實奪尹以下俸孟容曰府

縣上事不實罪應罰然陛下遣宦者覆視紊綱紀宜更擇御史一人參驗乃可

不聽浙東觀察使裴肅諉判官齊總暴斂以厚獻厭天子所欲會肅卒帝擢總自大理評事兼監察御史爲衢州刺史衢大州也孟容還制曰方用兵處有不待次而擢者今衢不他虞總無功越進超授羣議謂何且總本判官今詔書乃言權知留後攝都團練副使初無制授尤不見其可假令總有可錄宜暴課最解中外之惑會補闕王武陵等亦執爭於是詔中停帝召謂曰使百執事皆如卿朕何憂邪自袁高爭盧杞後凡十八年門下無議可否者至孟容數論駁四方知天子開納多士浩然想見其風貞元十九年夏大旱上疏言陛下齋居損膳具牲玉走羣望而天意未答豈豐歉有定陰陽適然乎竊惟天人交感之際繫教令順民與否今戶部錢非度支歲計本備緩急若取一百萬緡代京兆一歲賦則京圻無流亡振災爲福又應省察流移征防當還未還役作禁錮當釋未釋負逋饋送當免免之沉滯鬱抑當伸伸之以順人奉天若是而神弗祐歲弗稔未之聞也先是爲裴延齡李齊運流斥者雖十年弗內移故孟容因旱及之帝始不悅改太常少卿元和初再還尚書右丞京兆尹神策軍自興元後日

驕恣府縣不能制軍吏李昱貸富人錢八百萬三歲不肯歸孟容遣吏捕詰與之期使償曰不如期且死一軍盡驚訴於朝憲宗詔以昱付軍治之再遣使皆不聽奏曰不奉詔臣當誅然臣職司輦轂當爲陛下抑豪彊錢未盡輸昱不可得帝嘉其守正許之京師豪右大震累遷吏部侍郎盜殺武元衡孟容白宰相曰漢有一汲黯姦臣寢謀今朝廷無有過失而狂賊敢爾尙謂國有人乎願白天子起裴中丞輔政使主兵柄索賊黨罪人得矣後數日果相度俄以尙書左丞宣慰汴宋陳許河陽行營拜東都留守卒年七十六贈太子少保諡曰憲孟容方勁有禮學每所折衷咸得其正好提腋士天下清議上之

弟季同始署西川韋臯府判官劉闢反棄妻子歸拜監察御史歷長安令再遷兵部郎中孟容爲禮部侍郎徙季同京兆少尹時京兆尹元義方出爲鄜坊觀察使奏劾宰相李絳與季同舉進士爲同年才數月輒徙帝以問絳絳曰進士明經歲大抵百人吏部得官至千人私謂爲同年本非親與舊也今季同以兄嫌徙少尹豈臣所助邪且忠臣事君不以私害公設有才雖親舊當白用避嫌

不用乃臣下身謀非天子用人意帝然之終宣歙觀察使
薛存誠字資明河中寶鼎人中進士第擢累監察御史元和初討劉闢郵傳事
叢詔以中人爲館驛使存誠以爲害體甚奏罷之轉殿中侍御史累遷給事中
瓊林庫廣籍工徒存誠曰此姦人匿名以避征役不可許又神策軍與咸陽尉
袁儋不平誣奏之儋被罰二敕皆執不下憲宗悅遣使勞之拜御史中丞浮屠
鑒虛者自貞元中關通賂遺倚宦豎爲姦會坐于頔杜黃裳家事逮捕下獄存
誠窮劾之得贓數十萬當以大辟權近更保救於帝有詔釋之存誠不聽明日
詔使詣臺諭曰朕須此囚面詰非赦也存誠奏曰獄已具陛下必欲召赦之請
先殺臣乃可不然臣不敢奉詔鑒虛卒抵死江西監軍高重昌妄劾信州刺史
李位謀反追付仗內詰狀存誠一日三表請付位御史臺及按果無實未幾復
爲給事中會御史中丞闕帝謂宰相曰持憲無易存誠者乃復命之會暴卒帝
悼惜贈刑部侍郎存誠性和易於人無所不容及當官毅然不可奪子廷老
廷老字商叟及進士第讜正有父風寶曆中爲右拾遺敬宗政日僻嘗與舒元

褒李漢入閤論奏曰比除拜不由宰司擬進恐綱紀寖壞姦邪放肆帝厲語曰
更論何事元褒曰宮中興作太甚帝色變曰興作何所元褒不能對廷老曰臣
等以諫爲職有聞卽應論奏然見外輦材瓦絶多知有所營帝曰已諭時造清
思院殿中用銅鑑三千薄金十萬餠故廷老等懇言之尋加史館脩撰鄭注用
事嶺南節度使鄭權附之悉盜公庫寶貨輸注家爲謝廷老表按權罪由是中
人切齒又論李逢吉黨張權輿程昔範不宜居諫爭官逢吉怒會廷老告滿百
日出爲臨晉令文宗立召爲殿中侍御史李讓夷數薦之拜翰林學士日酣飲
不持檢操帝不悅幷讓夷罷之開成三年遷給事中在公卿閒侃侃不干虛譽
推爲正人卒贈刑部侍郎子保遜第進士擢累給事中保遜子昭緯乾寧中至
禮部侍郎性輕率坐事貶磎州刺史
李遜字友道魏申公發之後趙郡所謂申公房者客居荊州始署山南東道掌
書記累遷濠州刺史初濠州兵謀殺其將楊騰騰走揚州因滅騰家曹士剽劫
遜至鐫諭利害衆釋鎧自歸觀察使告限外浮斂遜一不應入爲虞部郎中由

衢州刺史以政最擢浙東觀察使當貞元初福建軍亂前觀察使奏益兵三千屯于境以折閩衝遂爲長戍幾二十年遜署事卽停其兵入爲給事中故事天子以畸日聽政對羣臣遜奏陛下求治而下有所陳當不時上豈宜限以日如是畢歲得望天子者幾何憲宗悅從之遷戶部侍郎代嚴綬爲山南東道節度使時方討蔡析山南東道爲兩節度以唐鄧隋三州授高霞寓得專攻討而遜督襄復郢均房五州賦饋之初襄陽兵隸霞寓者多逃還後霞寓戰賊不勝言爲遜所橈帝欲按狀宰相請置不問下遷太子賓客中人誣之更貶恩王傅久乃歷京兆尹國子祭酒以檢校禮部尚書爲忠武節度使時吳元濟始平治條疏纇遜召會大衆申嚴約束明諭賞罰上下皆感畏衆遂安遜於爲政抑彊植弱貧富均一所至有績可紀長慶初幽鎭繼亂遜首建誅討計不聽詔以兵萬人會行營卽日上道先諸軍至由是進檢校吏部尚書未幾徙節鳳翔過京師以疾求解爲刑部尚書卒年六十三贈尚書右僕射謚曰貞

子方玄字景業第進士裴誼奏署江西府判官有大獄論死者十餘因方玄刺

審其冤悉平貸之累爲池州刺史鉤檢戶籍所以差量傜賦者皆有科品程章吏不得私常曰沈約年八十手寫簿書蓋爲此云終處州刺史

遜弟建字杓直與兄俱客荆州鄉人爭鬬不詣府而詣建平決無頗母憐其孝每字之曰𤞣子勸吾食吾輒飽進藥吾意其瘳貞元中補校書郎德宗思得文學者或以建聞帝問左右宰相鄭珣瑜曰臣爲吏部時當補校書者八人宅皆藉貴勢以請建獨無有帝喜擢左拾遺翰林學士順宗立李師古以兵侵曹州建作詔諭還之詞不假借王叔文欲更之建不可左除太子詹事改殿中侍御史以兵部郎中知制誥宰相有竄定詔稾者亟請解職除京兆少尹會遜被讒建申治之出爲澧州刺史召拜刑部侍郎卒贈工部尚書初建爲學時家苦貧兄造知其賢爲營丐使成就之故遜建皆舉進士後雖通顯未嘗置垣屋以清儉稱

建子訥字敦止及進士第還累中書舍人爲浙東觀察使性疏卞遇士不以禮爲下所逐貶朗州刺史召爲河南尹時久雨洛暴漲訥行水魏王堤懼漂泊疾

馳去水遂大毀民廬議者薄其材初訥居與宰相楊收接收欲市訥冗舍以廣
第訥叱曰先人舊廬爲權貴優笑地邪凡三爲華州刺史歷兵部尚書以太子
太傅卒遺命葬不請鹵簿避贈諡詔聽

唐書卷一百六十二

唐書卷一百六十二考證

獨孤及子郁始生而孤與朗育于伯父汜○臣酉按此則郁為朗之弟明矣而舊書謂郁弟朗疑誤

唐書卷一百六十二考證

宋　端　明　殿　學　士　宋　祁　撰

列傳第八十八

孔穆崔柳楊馬

孔巢父字弱翁孔子三十七世孫少力學隱徂來山永王璘稱兵江淮辟署幕府不應鏟蹟民伍璘敗知名廣德中李季卿宣撫江淮薦爲左衞兵曹參軍三遷庫部員外郎出爲涇原行軍司馬累拜湖南觀察使未行會普王爲荊襄副元帥署行軍司馬俄而德宗狩奉天行在擢給事中爲河中陜華招討使累上破賊方略帝嘉納未幾兼御史大夫爲魏博宣慰使巢父辯而才及見田悅與言君臣大義利害逆順開曉其衆是時悅久不臣下皆厭亂雜然喜曰不圖今日還爲王人酒中悅起自陳騎射工曰陛下見用何敵不摧巢父曰若爾不蚤自歸乃一劇賊耳悅曰能爲劇賊豈不能爲功臣乎巢父曰國方多虞待子而息悅謝焉數日田緒殺悅與大將邢曹俊等聽命巢父即以緒權知軍務紓其

難李懷光據河中帝復令巢父宣慰罷其兵以太子太保授之懷光素服待命巢父不止衆忿曰太尉無官矣方宣詔乃譟而合害巢父并殺中人啖守盈初巢父至懷光以其使魏博而田悅死疑其謀出巢父故軍亂不肯救帝聞震悼贈尚書左僕射謚曰忠詔具禮收葬賜其家粟帛存卹之從子戣戡戣

戣字君嚴擢進士第鄭滑盧羣辟爲判官羣卒攝總留務監軍楊志謙雅自肆衆皆恐戣邀志謙至府與對榻臥起示不疑志謙嚴憚不敢動入爲侍御史累擢諫議大夫條上四事一多冗官二吏不奉法三百姓田不盡墾四山澤榷酤爲州縣弊憲宗異其言中人劉希光受賕二十萬緡抵死吐突承璀坐厚善逐爲淮南監軍太子舍人李涉知帝意投匭上言承璀有功不可棄戣得副章不肯受面質讓之涉更因左右以聞戣劾奏涉結近倖營罔上聽有詔斥涉峽州司馬宦寵側目人爲危之戣自以適所志軒軒甚得俄兼太子侍讀改給事中江西觀察使李少和坐贓獄讞不下博陵崔易簡殺從父兄鞫狀具京兆尹左右之翻其情戣慷慨論正貶少和殺易簡奪尹三月俸再遷尚書左丞信州刺

史李位好黃老道數祠禱部將韋岳告位集方士圖不軌監軍高重謙上急變捕位劾禁中戣奏刺史有罪不容繫仗內請付有司詔送御史臺戣與三司雜治無反狀岳坐誣罔誅貶位建州司馬中人愈怒故出爲華州刺史明州歲貢淡菜蚶蛤之屬戣以爲自海抵京師道路役凡四十三萬人奏罷之歷大理卿國子祭酒會嶺南節度使崔詠死帝謂裴度曰嘗論罷蚶菜者誰歟今安在是可往爲朕求之度以戣對卽拜嶺南節度使既至免屬州逋負十八萬緡米八萬斛黃金稅歲八百兩先是屬刺史俸率三萬又不時給皆取部中自衣食戣乃倍其俸約不得爲貪暴稍以法繩之南方鬻口爲貨掠人爲奴婢戣峻爲之禁親吏得嬰兒於道收育之戣論以死由是閭里相約不敢犯士之斥南不能北歸與有罪之後百餘族才可用用之稟無告者女子爲嫁遣之蕃船泊步有下碇稅始至有閱貨宴所餉犀琲下及僕隸戣禁絕無所求索舊制海商死者官籍其貲滿三月無妻子詣府則沒入戣以海道歲一往復茍有驗者不爲限悉推與自貞元中黃洞諸蠻叛久不平容桂二管利虜掠幸有功乃請合兵討

之戣固言不可帝不聽大發江湖兵會二管入討士被瘴毒死者不勝計安南乘之殺都護李象古而桂管裴行立容管陽旻皆無功憂死獨戣不邀一旦功交廣晏然大治穆宗立以吏部侍郎召改右散騎常侍還爲左丞以老自乞雅善韓愈謂曰公尚壯上三留何去之果戣曰吾豈要君者吾年一宜去吾爲左丞不能進退郎官二宜去愈曰公無留資何恃而歸曰吾負二宜去尚奚顧子言愈嗟嘆卽上疏言臣與戣同在南省數與戣相見其爲人守節清苦論議正平年七十筋力耳目未衰憂國忘家用意至到如戣輩在朝不過三數人陛下不宜苟順其求不留自助也禮大夫七十致仕若不得謝則賜之几杖安車不必七十盡許致仕今戣據禮求退陛下若不聽許亦無傷義而有貪賢之美不報以禮部尚書致仕歲致羊酒如漢徵士禮卒年七十三贈兵部尚書謚曰貞子遵孺温裕仕爲天平節度使遵孺子緯

緯字化文少孤依諸父多與有名者游才譽蚤成擢進士第東川崔慎由表置幕府從崔鉉淮南復從慎由守河中再遷觀察判官宰相楊收薦以長安尉直

弘文館還監察御史進禮部員外郎兼集賢直學士母喪解還爲右司員外郎
趙隱言其才拜翰林學士俄知制誥頻遷戶部侍郎擢御史中丞緯方雅疾惡
若讐中外聞風末繩輒肅三遷吏部侍郎權要私謁至盈几一不省當路不悅
改太常卿從僖宗西到蜀以刑部尚書判戶部蕭遘雅不喜坐調度不給改太
子少保及帝避朱玫次陳倉惟黃門衞士數百扈乘輿詔拜緯御史大夫令趣
百官至行在時羣臣露次盩厔爲盜剽脅衣囊略盡緯謁宰相欲有所論遘與
裴澈怨田令孜不欲行辭不見緯召御史曰吾等身被恩誼不辭難今詔羣臣
皆不至夫與人布衣游猶緩急相卹況於君乎且泣下御史亦辭方寇敓丐衣
食請辦一日費而行緯曰吾妻疾旦暮盡丈夫豈以家事後國事乎公善自謀
吾行決矣往見李昌符曰詔書再至而羣臣顧未行僕大夫也不敢後願假兵
護送天子所昌符具資裝送之既及行在緯策玫必反建言關邑阸狹不足駐
六師請幸梁州卽日去陳倉而玫兵至微緯言幾不脫進拜兵部侍郎同中書
門下平章事玫平從帝還領諸道鹽鐵轉運使累遷尚書左僕射賜號持危啓

運保乂功臣鐵券恕十死又賜天興良田善和里第各一區兼京畿營田使昭
宗即位進司空以太學焚殘乃兼國子祭酒完治之加司徒封魯國公帝將郊
見中尉樞密使索宰相朝服有司白中人無衣冠助祭事中尉怒責禮官必得
緯言中人不朝服國典也陛下欲假借之則請以所兼官爲之服諫官固執帝
召謂曰方舉大禮爲我容之進兼太保時天武都頭李順節疏暴人也以浙西
節度使兼平章事臺史白已謝當班見百官緯判止之明日順節盛服至則無
班怏怏去他日見緯以爲言緯曰固疑公見望也且百辟卿士天子廷臣班見
宰相以宰相爲之長公提天武健兒據堂受禮安乎必欲用之去都頭乃可順
節慙縮不敢言張濬將伐太原帝不決以問緯緯助濬請既濬敗坐傅會出爲
荆南節度使俄貶均州刺史二人皆密結朱全忠全忠爲請詔聽所便乃屏居
華陰李茂貞入殺韋昭度帝惡大臣朋比與藩臣交更召緯入朝再擢吏部尚
書以司空門下侍郎復輔政使者敦勸力疾到京師見帝嗚咽流涕自陳衰疾
不任事乞歸田里帝動容詔使者送緯至堂視事會天子出次石門從至莎城

以病還都家人召醫視緯曰天下方亂何久求生不肯服藥卒贈太尉
戡字勝始進士及第補修武尉以大理評事佐昭義李長榮節度府長榮死盧
從史自別將代之留署掌書記從史稍得志益驕與王承宗田緒陰相結欲久
連兵以固其位戡始陰爭不從則於會肆言以折之從史始若受其言後偃蹇
不軌戡遂以疾歸洛陽未幾李吉甫鎮揚州表置幕府戡未應從史曰是欲舍
我而從人邪卽誣以事奏三上詔以衞尉丞分司東都自貞元後帥鎮劾奏僚
佐不驗輒斥至是給事中呂元膺執不可憲宗遣使諭曰朕非不知戡行用之
矣未幾卒年五十七從史敗追贈司勳員外郎
戢字方舉初父死難詔與一子官補修武尉不受以讓其兄戡擢明經書判高
等爲校書郎陽翟尉累遷殿中侍御史分司東都昭義判官徐玫故嘗助盧從
史爲跋扈者從史敗孟元陽代欲復用之戢移書昭義前繫玫乃上列其狀帝
怒流玫播州轉侍御史庫部員外郎始朱泚以彭偃爲中書舍人偃子充符得
不死辟鄜坊府或薦其能召還京師戢謂京兆尹裴武曰泚所下詔令皆偃爲

之悖逆子不爲竄獸伏乃干譽求進乎子盍效季孫行父逐莒僕以勉事君者
武卽逐出充符拜京兆少尹再遷爲湖南觀察使召授右散騎常侍京兆尹歲
旱文宗憂甚戢躬祠曲江池一夕大澍帝悅詔兼御史大夫卒贈工部尚書子
温業

温業字遜志擢進士第大中時爲吏部侍郎求外遷宰相白敏中顧同列曰吾
等可少警孔吏部不樂居朝矣後爲太子賓客

穆寧懷州河內人父元休有名開元間獻書天子擢偃師丞世以儒聞寧剛正
氣節自任以明經調鹽山尉安祿山反署劉道玄爲景城守寧募兵斬之檄州
縣幷力捍賊史思明略境郡守召寧攝東光令禦之賊遣使誘寧寧斬以徇郡
守恐怒賊令致死卽奪其兵罷所攝始寧過平原見顏真卿嘗商賊必反及是
聞真卿拒祿山卽遺真卿書曰夫子爲衞君乎真卿喜署寧河北採訪支使寧
以息屬其母弟曰苟不乏嗣足矣卽馳謁真卿曰先人有嗣矣我可從公死旣
而賊攻平原寧勸固守真卿不從夜亡過河見肅宗行在帝問狀真卿對不用

穆寧言故至此帝異之馳驛召寧將以諫議大夫任之會眞卿以直忤旨寧亦罷上元初爲殿中侍御史佐鹽鐵轉運住埇橋李光弼屯徐州餉不至檄取資糧寧不與光弼怒召寧欲殺之或勸寧去寧曰避之失守亂自我始何所逃罪乎卽往見光弼光弼曰吾師衆數萬爲天子討賊食乏則人散君閉廩不救欲潰吾兵邪答曰命寧主糧者敕也公可以檄取乎今公求糧而寧專饋寧有求兵而公亦專與乎光弼執其手謝曰吾固知不可聊與君議耳時重其能守官累遷鄂岳沔都團練及租庸鹽鐵轉運使當是時河漕不通自漢沔徑商山以入京師淮西節度使李忠臣不奉法設戍邏以征商賈又縱兵剽行人道路幾絕與寧夾淮爲治憚寧威掠劫爲衰漕賈得通坐杖死沔州別駕貶平集尉大曆初起爲監察御史三遷檢校祕書少監兼和州刺史治有狀後刺史疾之以天寶舊版校見戶妄劾寧多逋亡貶泉州司戶參軍事子質訴其枉三年始得通詔御史覆視實增戶數倍召入拜太子右諭德寧性不能事權右毅然寡合執政者惡之雖直其誣猶置散位寧默不樂喟曰時不我容我不時徇又可以

進乎遂移疾滿百日屢矣親友彊之輒復一朝德宗在奉天奔詣行在擢祕書少監改太子右庶子帝還京師乃曰可以行吾志矣卽罷歸東都以祕書監致仕卒寧居家嚴事寡姊恭甚嘗撰家令訓諸子人一通又戒曰君子之事親養志爲大吾志直道而已苟枉而道三牲五鼎非吾養也疾病不嘗藥時稱知命四子贊質員賞寧之老贊爲御史中丞質右補闕員侍御史賞監察御史皆以守道行誼顯先是韓休家訓子姪至嚴貞元閒言家法者尙韓穆二門云

贊字相明擢累侍御史分司東都陝虢觀察使盧岳妻分貲不及妾子妾訴之中丞盧佋欲重妾辠贊不聽佋與宰相竇參共誣贊受金捕送獄弟賞上冤狀詔三司覆治無之猶出爲郴州刺史參敗召爲刑部郎中對延英擢御史中丞裴延齡判度支屬吏受賕具獄欲曲貸吏贊執不可延齡白贊深文貶饒州別駕久之拜州刺史憲宗立進宣歙觀察使卒于官贈工部尙書

質性彊直舉賢良方正條對詳切頻擢至給事中政事得失未嘗不盡言元和時鹽鐵轉運諸院擅繫囚笞掠嚴楚人多死質奏請與州縣吏參決自是不冤

後論吐突承璀不宜為將憲宗不悅改太子左庶子坐與楊憑善出為開州刺史卒

員字與直工為文章杜亞留守東都署佐其府蚤卒兄弟皆和粹世以珍味目之贊少俗然有格為酪質美而多入為酥員為醍醐賞為乳腐云

崔邠字處仁貝州武城人父倕三世一爨當時言治家者推其法至德初獻賦行在肅宗異其文位吏部侍郎邠第進士復擢賢良方正授渭南尉遷補闕上疏論裴延齡姦以鯁亮知名由中書舍人再遷吏部侍郎性溫裕沈密行己又簡儉憲宗器之裴垍亦薦邠材可宰相會病遂不拜久乃為太常卿知吏部尚書銓故事太常始視事大閱四部樂都人縱觀邠自第去帽親導母輿公卿見者皆避道都人榮之以母憂解卒于喪年六十贈吏部尚書諡曰文簡弟酆郾郇鄯鄲

郾字廣略姿儀偉秀人望而慕之然不可狎也中進士第補集賢校書郎累遷吏部員外郎下不敢欺每擬吏親挾格褒黜必當寒遠無留才三遷諫議大夫

穆宗立荒于游畋內酣蕩昕曙不能朝鄖進曰十一聖之功德四海之大萬國之衆其治其亂繫於陛下自山以東百城地千里昨日得之今日失之西望戎壘距宗廟十舍百姓憔悴畜積無有願陛下親政事以幸天下帝動容慰謝遷給事中敬宗嗣位拜翰林侍講學士旋進中書舍人謝曰陛下使臣侍講歷半歲不一問經義臣無功不足副厚恩帝慙曰朕少間當請益高釴適在旁因言陛下樂善而無所咨詢天下之人不知有嚮儒意帝重咎謝咸賜錦幣鄖與高重類六經要言爲十篇上之以便觀省遷禮部侍郎出爲虢州觀察使先是上供財乏則奪吏奉助輸歲率八十萬鄖曰吏不能贍私安暇卹民吾不能獨治安得自封即以府常費代之又詔賦粟輸太倉者歲數萬石民困於輸則又輦而致之河鄖乃旁流爲大敖受粟竇而注諸艚民悅忘輸之勞改鄂岳等州觀察使自蔡人叛鄂岳常苦兵江湖盜賊顯行鄖修治鎧仗造蒙衝駛追窮躡上下千里歲中悉捕平又觀察浙西遷檢校禮部尚書卒于官贈吏部尚書謚曰德鄖不藏貲有輒周給親舊爲治其昏喪居家怡然不訓子弟子弟自化室處

庫漏無步廡至霖潦則客蓋而屐以就外位治號以寬經月不笞一人及涖鄂則嚴法峻誅一不貸或問其故曰陜土瘠而民勞吾撫之不暇猶恐其擾鄂土沃民剽雜以夷俗非用威莫能治政所以貴知變者也聞者服焉五子瑤瑰瑾珮璆瑤任禮部侍郎浙西鄂岳觀察使瑾禮部侍郎湖南觀察使瑰珮俱逹官鄯擢進士累遷至左金吾衞大將軍暴卒以韓約代之不閱旬李訓亂約死於難世謂鄯之亡崔氏積善報也贈禮部尚書

鄲及進士第補渭南尉累除刑部郎中出副杜元穎西川節度府召入爲工部侍郎集賢殿學士再遷吏部侍郎由宣歙觀察使入爲太常卿文宗末擢同中書門下平章事改中書侍郎罷爲劍南西川節度使宣宗初以檢校尚書右僕射同平章事節度淮南卒于軍崔氏四世緦麻同爨兄弟六人至三品邠鄽鄲凡爲禮部五吏部再唐興無有也居光德里構便齋宣宗聞而歎曰鄲一門孝友可爲士族法因題曰德星堂後京兆民即其里爲德星社云

柳公綽字寬京兆華原人始生三日伯父子華曰興吾門者此兒也因小字起

之幼孝友性質嚴重起居皆有禮法屬文典正不讀非聖書舉賢良方正直言極諫補校書郎閒一年再登其科授渭南尉歲歉饘其家雖給而每飯不過一器歲豐乃復或問之答曰四方病饑獨能飽乎累遷開州刺史地接夷落寇常逼其城吏曰兵力不能制願以右職署渠帥公綽曰若同惡邪何可撓法立誅之寇亦引去遷侍御史吏部員外郎時武元衡節度劍南與裴度俱爲判官尤相引重召爲吏部郎中憲宗喜武功且數出游畋公綽奏太醫箴以諷曰天布寒暑不私於人品類既一高卑以均人謹好愛能保其身清靜無瑕輝光以新寒暑滿天地浹肌膚於外好愛在耳目誘心知於內端潔爲隄奔射猶敗氣行無間隙不在大謂天高矣氛蒙晦之謂地厚矣橫流潰之飲食資身過則生患衣服稱德侈則生慢唯過與侈心必隨之氣與心流疾乃伺之畋遊恣樂流情蕩志馳騁勞形叱吒傷氣不養其外前脩所忌人乘氣生嗜慾以萌氣離有患氣完則成巧必喪真智實誘情醫之上者理於未然患居慮後防處事先心靜樂行體和道全克施萬物以享億年聖人在上各有攸處臣司太醫敢告諸御

天子高其才遣使謂曰卿言氣行無間隙不在大愛朕深者當置之坐隅踰月拜御史中丞公綽本與裴垍善李吉甫復當國出爲湖南觀察使以地卑溼不可迎養求分司東都不聽後徙鄂岳觀察使時方討吳元濟詔發鄂岳卒五千隸安州刺史李聽公綽曰朝廷謂吾儒生不知兵邪卽請自行許之引兵度江抵安州聽以軍禮迎謁公綽謂曰公所以屬韈負弩豈非兵事邪若褫戎容則兩郡守耳何所統壹哉以公世將曉兵吾且欲署職以兵法從事聽曰唯命卽以都知兵馬使中軍先鋒行營都虞候三牒授之選兵六千屬焉戒諸校曰行營事一決都將聽被用畏威遂盡力當時服其知權軍出公綽數省問其家疾病生死厚給之婦人敖蕩者沉之江軍中感服曰中丞爲我知家事敢不死戰故鄂軍每戰輒克元和十一年爲李道古代還除給事中李師道平遣宣諭鄆州復命拜京兆尹方赴府有神策校乘馬不避者卽時榜死帝怒其專殺公綽曰此非獨試臣乃輕陛下法帝曰既死不以聞可乎公綽曰臣不當奏在市死職金吾在坊死職左右巡使帝乃解以母喪去官服除爲刑部侍郎領鹽鐵轉

運使轉兵部兼御史大夫長慶元年復爲京兆尹時幽鎮用兵補置諸將使驛
係道公綽奏曰比館遞匱乏驛置多闕敕使衣緋紫者所乘至三四十騎黃綠
者不下十數吏不得視券隨口輒供驛馬盡乃掠奪民馬怨嗟驚擾行李殆絶
請著定限以息其弊有詔中書條檢定數由是吏得紓罪宦官共惡疾之改吏
部侍郎遷御史大夫韓弘病自河中還詔百官問疾弘遣子辭不能見公綽謂
曰上使百司省候是謂異禮宜力疾以見公卿安可臥令子姓傳言邪弘懼掖
扶以出改禮部尚書以祖諱換左丞俄檢校戶部尚書山南東道節度使行部
至鄧縣吏有納賄舞文二人同繫獄縣令以公綽素持法謂必殺貪者公綽判
曰贓吏犯法法在姦吏壞法法亡誅舞文者其廄馬害圉人公綽殺之或言良
馬可愛曰安有良馬而害人乎寶曆元年就遷檢校左僕射牛僧孺罷政事爲
武昌節度使公綽具軍容伏謁左右諫止之答曰奇章始去台宰方鎮重宰相
所以尊朝廷也有道士獻丹藥問所從來曰自薊門時朱克融方叛遽曰惜哉
藥自賊境來雖驗何益即棄藥而逐道士入爲刑部尚書俄拜邠寧節度使先

是神策諸鎭列屯部中不聽本道節制故虜得窺間公綽論所宜因詔屯營緩急悉受節度復爲刑部尙書京兆獄有姑鞭婦至死者府欲殺之公綽曰尊毆卑非鬭也且子在以妻而戮其母不順遂減論太和四年爲河東節度遭歲惡撙節用度輟宴飮衣食與士卒鈞北虜遣梅祿將軍李暢以馬萬匹來市所過皆厚勞飭兵以防襲奪至太原公綽獨使牙將單騎勞問待以至意闢牙門令譯官引謁宴不加常暢德之出涕徐驅道中不妄馳獵陘北有沙陁部勇武喜鬭爲九姓六州所畏公綽召其酋朱邪執宜治廢柵十一募兵三千留屯塞上其妻母來太原者令夫人飮食問遺之沙陁感恩故悉力保鄣以病乞代授兵部尙書不任朝請忽顧左右召故吏韋長衆謂屬諉以家事及長至乃曰爲我白宰相徐州專殺李聽親吏非用高瑀不能安因瞑目不復語後二日卒年六十八贈太子太保諡曰元公綽居喪毀慕三年不澡沐事後母薛謹甚雖姻屬不知非薛所生外兄薛宮早卒爲育其女嫁之嘗曰吾莅官未嘗以私喜怒加於人子孫其昌乎與錢徽蔣乂杜元穎薛存誠善取士如許康佐鄭朗盧簡辭

崔璵夏侯孜李拭韋長皆知名顯貴云
子仲郢字諭蒙母韓卽皐女也善訓子故仲郢幼嗜學嘗和熊膽丸使夜咀嚥
以助勤長工文著尙書二十四司箴爲韓愈咨賞元和末及進士第爲校書郎
牛僧孺辟武昌幕府有父風矩僧孺歎曰非積習名教安及此邪入爲監察御
史遷侍御史有禁卒誣里人斫父墓柏射殺之吏以專殺論而中尉護免其死
右補闕蔣係爭不省仲郢監罰執曰賊不死是亂典刑有詔御史蕭傑監之傑
復爭遂獨詔京兆杖之不監朝廷嘉其守會昌初累轉吏部郎中時詔減官冗
長者仲郢條簡浹日損千二百五十員議者厭伏遷左諫議大夫武宗延方士
築望仙臺累諫諄切帝遣中人愧諭御史崔元藻以覆按吳湘獄得罪仲郢切
諫宰相李德裕不爲嫌奏拜京兆尹置權量於東西市使貿易用之禁私製者
北司吏入粟違約仲郢殺而尸之自是人無敢犯政號嚴明會廢浮屠法盡壞
銅象爲錢仲郢爲鑄錢使吏請以字識錢者不答旣淮南鑄會昌字久之僧反
取爲鐘鈸云中書舍人紇干臮訴甥劉詡毆其母詡爲禁軍校仲郢不待奏郞

捕取之死杖下宦官以爲言改右散騎常侍知吏部銓德裕頗抑進士科仲郢
無所徇是時以進士選無受惡官者又當調者持闕簿令自閱即擬唱吏無能
爲姦宣宗初德裕罷政事坐所厚善出爲鄭州刺史周墀鎮滑而鄭爲屬郡高
其績及入相薦授河南尹召拜戶部侍郎墀罷宅宰相惡仲郢左遷祕書監數
月復出河南尹以寬惠爲政或言不類京兆時答曰輦轂之下先彈壓郡邑之
治本惠養烏可類乎擢劍南東川節度使大吏邊章簡挾勢肆貪前帥不能制
仲郢因事殺之官下肅然居五年召爲吏部侍郎俄改兵部領鹽鐵轉運使有
劉習者以藥術進詔署鹽官仲郢以爲醫有本色官若委錢穀名分不正帝悟
乃賜縑遣還大中十二年辭疾以刑部尚書罷使轉戶部封河東縣男爲山南
西道節度使南鄭令權弈以罪仲郢杖之六日死貶雷州刺史頃之以太子賓
客分司東都起爲虢州刺史以檢校尚書左僕射東都留守會盜發父墓棄官
歸華原徙華州刺史不拜咸通五年爲天平節度使初仲郢爲諫議大夫後每
遷必烏集升平第庭樹戟架皆滿五日乃散及是不復集卒於鎮仲郢方嚴尚

氣義事親甚謹李德裕貶死家無祿不自振及領鹽鐵遂取其兄子從質爲推官知蘇州院宰相令狐綯持不可乃移書開諭綯綯感悟從之每私居內齋束帶正色服用簡素父子更九鎮五爲京兆再爲河南皆不奏瑞不度浮屠急於摘貪吏濟單弱每旱潦必貸匱蠲負里無逋家衣冠孤女不能自歸者斥稟爲婚嫁在朝非慶弔不至宰相第其迹略相同家有書萬卷所藏必三本上者貯庫其副常所閱下者幼學焉仲郢嘗手鈔六經司馬遷班固范曄史皆一鈔魏晉及南北朝史再又類所鈔宅書凡三十篇號柳氏自備旁錄仙佛書甚衆皆楷小精真無行字子璞珪璧玭

璞字韜玉學不營仕著春秋三氏異同義又述天祚長曆斷自漢武帝紀元爲編年以大政大祥異侵叛戰伐隨著之閏位者附見其左常謂杜征南春秋後序述紀甲曆爲得實自餘史家皆差舛條以爲然終著作郎

珪字交玄大中中與璧繼擢進士皆秀整而文杜牧李商隱稱之杜悰鎮西川表在幕府久乃至會悰徙淮南歸其積俸珪不納悰舉故事爲言卒辭之以藍

田尉直弘文館遷右拾遺而給事中蕭倣鄭裔綽謂珪不能事父封還其詔仲郢訴其子冒處諫職爲不孝則誣請勒就養詔可始公綽治家埒韓滉及珪被廢士人愧悵終衞尉少卿

璧字賓玉馬植鎮汴州辟管書記又從李瓚桂州規止其不法瓚不聽乃拂衣去未幾軍亂擢右補闕再轉屯田員外郎僖宗幸蜀授翰林學士累遷右諫議大夫

玭以明經補祕書正字由書判拔萃累轉左補闕高湜再鎮昭義皆表爲副擢刑部員外郎湜貶高要尉玭三疏申理湜後得稟嗟歎以爲其言雖自辨不加也出爲嶺南節度副使廨中橘熟旣食乃納直於官黃巢陷交廣逃還除起居郎巢入京師奔行在再遷中書舍人御史中丞文德元年以吏部侍郎脩國史拜御史大夫直清有父風昭宗欲倚以相中官譖玭煩碎非廊廟器乃止坐事貶瀘州刺史卒光化初帝自華還詔復官爵玭嘗述家訓以戒子孫曰夫門地高者一事墜先訓則異它人雖生可以苟爵位死不可見祖先地下門高則自

驕族盛則人窺嫉實藝懿行人未必信纖瑕微累十手爭指矣所以修己不得不至爲學不得不堅夫士君子生於世己無能而望它人用己無善而望它人愛猶農夫鹵莽種之而怨天澤不潤雖欲弗餒可乎余幼聞先公僕射言立己以孝弟爲基恭默爲本畏怯爲務勤儉爲法肥家以忍順保交以簡恭廣記如不及求名如儻來莅官則絜己省事而後可以言家法家法備然後可以言養人直不近禍廉不沽名憂與禍不偕絜與富不並董生有云弔者在門賀者在閭言憂則恐懼恐懼則福至又曰賀者在門弔者在閭言受福則驕奢驕奢則禍至故世族遠長與命位豐約不假問龜蓍星數在處心行事而已昭國里崔山南琯子孫之盛仕族罕比山南曾祖母長孫夫人年高無齒祖母唐夫人事姑孝每旦櫛縰笄拜階下升堂乳姑長孫不粒食者數年一日病言無以報吾婦冀子孫皆得如婦孝然則崔之門安得不大乎東都仁和里裴尚書寬子孫衆盛實爲名閥天后時宰相魏玄同選尚書之先爲壻未成婚而魏陷羅織獄家徙嶺表及北還女已踰笄其家議無以爲衣食資願下髮爲尼有一尼自外

至曰女福厚豐必有令匹子孫將遍天下宜北歸家人遂不敢議及荆門則裴齎裝以迎矣今勢利之徒捨信誓如返掌則裴之蕃衍乃天之報施也余舊府高公先君兄弟三人俱居淸列非速客不二羹胾夕食齕蔔瓠而已皆保重名於世永寧王相國涯居位竇氏女歸請曰玉工貨釵直七十萬錢王曰七十萬錢豈於女惜但釵直若此乃妖物也禍必隨之女不敢復言後釵爲馮球外郎妻首飾涯曰爲郎吏妻首飾有七十萬錢其可久乎馮爲賈相國餗門人賈有奴頗橫馮愛賈召奴責之奴泣謝未幾馮晨謁賈賈未出有二青衣齎銀罌出曰公恐君寒奉地黃酒三杯馮悅盡舉之俄病渴且咽因暴卒賈爲歎息出涕卒不知其由明年王賈皆遘禍噫王以珍玩爲物之妖信知言矣而不知恩權隆赫之妖甚於物邪馮以卑位貪貨不能正其家忠於所事不能保其身不足言矣賈之奴害客于牆廡間而不知欲始終富貴其得乎舒相國元輿與李繁有隙爲御史鞫譙獄窮致繁罪後舒亦及禍今世人盛言宿業報應曾不思視履考祥事歟夫名門右族莫不由祖考忠孝勤儉以成立之莫不由子孫頑率

奢傲以覆墜之成立之難如升天覆墜之易如燎毛余家本以學識禮法稱於
士林比見諸家於吉凶禮制有疑者多取正焉喪亂以來門祚衰落基構之重
屬於後生夫行道之人德行文學爲根株正直剛毅爲柯葉有根無葉或可俟
時有葉無根膏雨所不能活也至於孝慈友悌忠信篤行乃食之醯醬可一日
無哉其大概如此

公權字誠懸公綽弟也年十二工辭賦元和初擢進士第李聽鎮夏州表爲掌
書記因入奏穆宗曰朕嘗於佛廟見卿筆蹟思之久矣卽拜右拾遺侍書學士
再遷司封員外郎帝問公權用筆法對曰心正則筆正筆正乃可法矣時帝荒
縱故公權及之帝改容悟其以筆諫也公綽嘗寓書宰相李宗閔言家弟本志
儒學先朝以侍書見用頗類工祝願徙散秩乃改右司郎中弘文館學士文宗
復召侍書遷中書舍人充翰林書詔學士嘗夜召對子亭燭窮而語未盡宮人
以蠟液濡紙繼之從幸未央宮帝駐輦曰朕有一喜邊戍賜衣久不時今中春
而衣已給公權爲數十言稱賀帝曰當賀我以詩宮人迫之公權應聲成文婉

切而麗詔令再賦復無停思天子甚悅曰子建七步爾乃三焉常與六學士對
便殿帝稱漢文帝恭儉因舉袂曰此三澣矣學士皆賀獨公權無言帝問之對
曰人主當進賢退不肖納諫諍明賞罰服澣濯之衣此小節耳非有益治道者
異日與周墀同對論事不阿墀爲惴恐公權益不奪帝徐曰卿有諍臣風可屈
居諫議大夫乃自舍人下遷仍爲學士知制誥開成三年轉工部侍郎召問得
失因言郭旼領邠寧而議者頗有臧否帝曰旼尚父從子太皇太后季父官無
玷郵自大金吾位方鎮何所更議答曰旼誠勳舊然人謂獻二女乃有是除信
乎帝曰女自參承太后豈獻哉公權曰疑嫌閒不可戶曉因引王珪諫廬江王
妃事是日帝命中宮自南內送女還旼家其忠益多類此遷學士承旨武宗立
罷爲右散騎常侍宰相崔珙引爲集賢院學士知院事李德裕不悅左授太子
詹事改賓客累封河東郡公復爲常侍進至太子少師大中十三年天子元會
公權稍耄忘先羣臣稱賀占奏忽謬御史劾之奪一季俸議者恨其不歸事咸
通初乃以太子太保致仕卒年八十八贈太子太師公權博貫經術於詩書左

氏春秋國語莊周書尤邃每解一義必數十百言通音律而不喜奏樂曰聞之令人驕怠其書法結體勁媚自目一家文宗嘗召與聯句帝曰人皆苦炎熱我愛夏日長公權屬曰薰風自南來殿閣生微涼宅學士亦屬繼帝獨諷公權者以爲詞情皆足命題於殿壁字率徑五寸帝歎曰鍾王無以尙也其遷少師宣宗召至御座前書紙三番作真行草三體奇祕賜以器幣且詔自書謝章無限真行當時大臣家碑誌非其筆人以子孫爲不孝外夷入貢者皆別署貨貝曰此購柳書嘗書京兆西明寺金剛經有鍾王歐虞褚陸諸家法自爲得意凡公卿以書貺遺蓋鉅萬而主藏奴或盜用嘗貯盃盂一笥縢識如故而器皆亡奴妄言叵測者公權笑曰銀盃羽化矣不復詰唯研筆圖籍自鐍祕之

子華公綽諸父也始辟嚴武劍南府累遷池州刺史代宗將幸華清宮先命完葺欲以子華爲京兆少尹尹惡其剛方沮解之遂爲昭應令檢校金部郎中修宮使設棘圍於市徇邑中曰民有得華清宮瓦石材用投圍中踰三日不還者死不終日已山積矣營辦略足宰相元載有別墅以奴主務自稱郎將怙勢縱

暴租賦未嘗入官子華因奴入謁收付獄劾發宿罪杖殺之一邑震伏載不敢
怨遣吏厚謝預知其終自爲墓銘子公器公度公度善攝生年八十餘有彊力
常云吾初無術但未嘗以氣海煖冷物熟生物不以元氣佐喜怒耳位光祿少
卿公器生遵遵生燦別有傳
楊於陵字達夫本漢太尉震之裔父太清倦宦客河朔死安祿山之亂於陵始
六歲間關至江左逮長有奇志十八擢進士調句容主簿節度使韓滉剛嚴少
許可獨奇於陵謂妻柳曰吾求佳壻無如於陵賢因以妻之辟鄂岳江西使府
滉居宰相領財賦權震中外於陵隨府罷避親不肯調退廬建昌以文書自娛
樂滉卒乃入爲膳部員外郎以吏部判南曹選者恃與宰相親文書不如式於
陵駁其違宰相怒以南曹郎出使弔宣武軍未幾遷右司郎中換吏部出爲絳
州刺史德宗雅聞其名留拜中書舍人時京兆李實恃恩暴橫於陵與所善許
孟容不離附爲所譖短徙祕書少監帝崩宣遺詔於太原幽州節府獻遺無所
納拜華州刺史還浙東觀察使越人飢請出米三十萬石抍贍貧民政聲流聞

入爲京兆尹先是編民多竄北軍籍中倚以橫閭里於陵請限丁制減三丁者不得著籍姦人無所影賴京師豪右大震還戶部侍郎元和初牛僧孺等以賢良方正對策於陵被詔程其文居第一宰相惡其言出爲嶺南節度使辟韋詞李翺等在幕府咨訪得失教民陶瓦易蒲屋以絕火患監軍許遂振者悍戾貪肆憚於陵不敢撓以私則爲飛語聞京師憲宗不能無惑有詔罷歸遂振領留事笞吏剔抉其贓吏呼曰楊公尙拒他方賂遺肯私官錢邪宰相裴垍亦爲帝別白言之乃授吏部侍郎而遂振終得罪初吏部程判別詔官參考齊抗當國罷之至是尙書鄭餘慶移疾乃循舊制於陵建言佗官但第判能否不知限員有司計員爲留遺之格事不相謀莫如勿置於是有詔三考官止較科目選至常調悉還吏部又請修甲曆南曹置別簿相檢實吏不能爲姦始奏選者納直給符告居四年凡調三千員時謂爲適以兵部兼御史大夫判度支王師討淮西於陵用所親爲供軍使主唐鄧而高霞寓牓牒度支以餉道乏及戰敗詔責之指以爲言帝怒貶於陵郴州刺史徙原王傅復以戶部侍郎知吏部選李師

道平詔宣慰淄青朝廷始議分其地而劉悟節度滑州未出鄆於陵趣使上道還奏帝悅其能會浙西觀察使李翛死皇甫鎛素忌於陵薦以代翛帝不之可穆宗立遷戸部尚書爲東都留守數上疏乞身不許授太子少傅封弘農郡公俄以尚書左僕射致仕詔賜實俸讓不受於陵器量方峻進止有常度節操堅明始終不失其正時人尊仰之太和四年卒年七十八冊贈司空諡曰貞孝四子景復仕至同州刺史紹復中書舍人師復大理卿中子嗣復位宰相自有傳

馬總字會元系出扶風少孤窶不妄交游貞元中辟署滑州姚南仲幕府監軍薛盈珍誣南仲不法總坐貶泉州別駕盈珍入用事福建觀察使柳冕希旨欲誅之會刺史穆贊保護乃免徙恩王傅元和中以虔州刺史遷安南都護廉清不撓用儒術教其俗政事嘉美獠夷安之建二銅柱於漢故處鑱著唐德以明伏波之裔徙桂管經略觀察使入爲刑部侍郎十二年兼御史大夫副裴度宣慰淮西吳元濟禽爲彰義節度留後蔡人習僞惡相掉訐獷戾有夷貊風總爲設教令明賞罰磨治洗汰其俗一變始奏改彰義爲淮西尋擢拜淮西節度使

徙忠武改華州防禦鎮國軍使李師道平析鄆曹濮等爲一道除總節度賜號天平軍長慶初劉總上幽鎮地詔總徙天平而召總還將大用之會總卒穆宗以鄆人附賴總復詔還鎮二年檢校尚書左僕射入爲戸部尚書總篤學雖吏事倥傯書不去前論著頗多卒贈右僕射謚曰懿

贊曰巢父恃正義觸羣不肖謀不以權遂喪其身寧邠皆所謂邦之司直者後世卒蕃衍公綽仁而勇於陵方重總沈懿皆有大臣風才堪宰相而用不至果時有不幸邪穆崔柳代爲孝友閨家君子之澤遠哉

唐書卷一百六十三

唐書卷一百六十三考證

崔邠傳父倕○宰相世系表作陲

柳公綽傳其廐馬害圉人公綽殺之○臣酉按韓愈與公綽書此事在元和用兵時今敘在長慶三年爲山南東道節度時與舊書同誤

唐書卷一百六十三考證

# 唐書卷一百六十四

宋　端　明　殿　學　士　宋　祁　撰

## 列傳第八十九

歸奚三崔盧二薛衞胡丁二王殷

歸崇敬字正禮蘇州吳人治禮家學多識容典擢明經遭父喪孝聞鄉里調國子直講天寶中舉博通墳典科對策第一遷四門博士有詔舉才可宰百里者復策高等授左拾遺肅宗次靈武再遷起居郎贊善大夫史館修撰兼集賢殿校理修國史儀注以貧求解歷同州長史潤州別駕未幾有事橋陵建陵召還參掌儀典改主客員外郎復兼修撰代宗幸陝召問得失崇敬極陳生人疲敝當以儉化天下則國富而兵可用時百官朝朔望皆服袴褶崇敬非之建言三代逮漢無其制隋以來始有服者事不稽古宜停詔可又言東都太廟不當置木主按禮虞主用桑練主用栗作栗主則瘞桑主猶天無二日土無二王也東都太廟本武后所建以祀諸武中宗去主存廟以備行幸遷都之置且商遷都

前八後五不必每都別立神主也若曰神主已經奉祀不得一日而廢則桑主以虞至練祭而埋之明是不然時有方士巨彭祖建言唐家土德請以四季月郊祀天地詔禮官儒者雜議崇敬議禮以先立秋十八日迎黃靈祀黃帝黃帝於五行爲土而火爲母故火用事之末而祭之三季月則否彭祖牽緯候說事詭不經不可用又議五人帝於國家爲前後無君臣義天子祭宜毋稱臣祭而稱臣於天帝無異又春秋釋奠孔子祝版皇帝署北面揖以爲太重宜准武王受丹書於師尚父行東面之禮事皆施行大曆初授倉部郎中充弔祭冊立新羅使海道風濤舟幾壞衆驚謀以單舸載而免答曰今共舟數十百人我何忍獨濟哉少選風息先是使外國多齎金帛貿舉所無崇敬囊橐惟衾衣東夷傳其清德還授國子司業兼集賢學士八年遣祀衡山未至而哥舒晃亂廣州監察御史憚之請望祀而還崇敬正色曰君命豈有畏邪遂往皇太子欲臨國學行齒胄禮崇敬以學與官名皆不正乃建議古天子學曰辟雍以制言之壅水環繚如璧然以誼言之以禮樂明和天下云爾在禮爲澤宮故前世或曰璧池

或曰璧沼亦言學省漢光武立明堂辟雍靈臺號三雍宮晉武帝臨辟雍行鄉
飲酒禮別立國子學以殊士庶永嘉南遷唯有國子學隋大業中更名國子監
今聲明之盛辟雍獨闕請以國子監爲辟雍省祭酒司業之名非學官所宜業
者桷簾大版今學不教樂於義無當請以祭酒爲太師氏位三品司業爲左師
右師位四品近世明經不課其義先取帖經頡門廢業傳受義絕請以禮記左
氏春秋爲大經周官儀禮毛詩爲中經尚書周易爲小經各置博士一員公羊
穀梁春秋共準一中經通置博士一員博士兼通孝經論語依章疏講解德行
純絜文詞雅正形容莊重可爲師表者委四品以上各舉所知在外給傳七十
者安車蒲輪敦遣國子太學四門三館各立五經博士品秩生徒有差舊博士
助教直講經直律館算館助教請皆罷教授法學生謁師贄用服脩一束酒一
壺衫布一裁色如師所服師出中門延入與坐割脩酹酒三爵止乃發篋出經
摳衣前請師爲說經大略然後就室朝晡請益師二時堂上訓授道義示以文
行忠信孝悌睦友旬省月試時考歲貢眡生徒及第多少爲博士考課上下有

不率教者檟楚之國子移禮部爲太學生太學又不變徙之四門四門不變徙
本州之學復不變繇役如初終身不齒雖率教九年學不成者亦歸之本州禮
部考試法請罷帖經於所習經問大義二十而得十八論語孝經十得八爲通
策三道以本經對通二爲及第其孝行聞鄉里者舉解具言試日義闕一二許
兼收焉天下鄉貢如之習業考試並以明經爲名得第授官與進士同有詔尚
書省集百官議皆以習俗久制度難分明省禁非外司所宜名周官世職者稱
氏國學非世官不得名辟雍省太師氏大抵憚改作故無施行者坐史給稟錢
不實貶饒州司馬德宗立召還復拜國子司業稍遷翰林學士左散騎常侍充
皇太子侍讀又兼晉王元帥參謀封餘姚郡公田悅李納稟命持節宣慰稱旨
表歸上冢寵賜繒帛儒生以爲榮遷工部尚書仍前職年老以兵部尚書致仕
卒年八十八贈尚書左僕射謚曰宣論撰數十篇子登
登字沖之事繼母篤孝大曆中舉孝廉高第貞元初策賢良爲右拾遺裴延齡
得幸德宗欲遂以相右補闕熊執易疏論之以示登登動容曰願竄吾名雷霆

之下君難獨處故同列有所諫正輒聯署無所回諱轉右補闕起居舍人凡十
五年儕類有出其下而進趨自喜得顯官惟登與右拾遺蔣武退然遠權勢終
不以淹晚概懷遷兵部員外郎順宗爲皇太子登父子侍讀及卽位以東宮恩
超拜給事中遷工部侍郎復爲皇太子諸王侍讀獻龍樓箴以諷徙左散騎常
侍入謝憲宗問政所先登知帝睿而果于斷勸順納諫爭內外傳爲讜言後判
國子祭酒事進工部尚書累封長洲縣男卒年六十七贈太子少師謚曰憲登
性溫恕家僮爲馬所踶笞折馬足登知不加責有遺金石不死藥者紿曰已嘗
及登服幾死訊之乃未之嘗人皆爲怒而登不爲慍常慕陸象先爲人世亦許
其類云子融

融字章之元和中及進士第累遷左拾遺事文宗爲翰林學士進至戶部侍郎
開成初拜御史中丞湖南觀察使盧周仁以南方屢火取羨錢億萬進京師融
劾奏天下一家中外之財皆陛下府庫周仁陳小利假異端公違詔書徇私希
恩恐海內效之因緣漁刻生人受斂罪始周仁請重責還所進代貧民租入詔

不從置錢河陰院以虞水旱初戶部員外郎盧元中左司員外郎判戶部案姚
康受平糴官秦季元絹六千匹貸乾沒錢八千萬俱貶嶺南尉數年金部員外
郎韓益判度支子弟受賕三百萬未入者半帝問融益所犯與盧元中姚康孰
甚對曰元中等枉失庫錢益所坐子弟受賄事異法輕故益止貶梧州參軍融
還京兆尹李固言爲相惡之徙祕書監固言罷擢權知兵部侍郎歲閒出爲山
南西道節度使徙東川還歷兵部尚書累封晉陵郡公會昌後儒臣少朝廷禮
典多本融議辭疾以太子少傅分司東都大中七年卒贈尚書左僕射
奚陟字殷卿其先自譙亳西徙故爲京兆人少篤志通羣書大曆末擢進士文
辭清麗科授弘文館校書郎德宗立諫議大夫崔河圖持節使吐蕃表陟自副
以親老辭不拜楊炎輔政召授左拾遺居親喪毀瘠過禮朱泚反走閒道及車
駕于興元拜起居郎翰林學士不就職賊平改太子司議郎歷金部吏部員外
會左右丞缺轉左司郎中貞元八年遷中書舍人於是江南淮西皆大水詔陟
勞問循慰所至人人便安中書吏倚宰相勢當姑息獨陟遇之無假借先是右

省雜給賦職田稟主事與拾遺等陟以奉稍爲率由是吏官有差中書令李晟有紙筆猥料積于省宅日以遺舍人而雜事舍人常私有之陟均舍寮無厚薄雖細務皆身親其勞久益彊力人以爲難遷刑部侍郎京兆尹李充有美政裴延齡惡之誣劾充比陸贄數遺金帛當抵罪又乾沒京兆錢六十八萬緡請付比部鉤校時郎中崔元翰怨贄揣延齡指逮繫搒掠甚急內以險文陟持平無所上下具獄上且言京兆錢給縣館傳餘以度支符用度略盡充既免元翰不得意以恚死陟尋知吏部選事遷侍郎銓綜平允時謂與李朝隱略等不能擿發清明如裴行儉盧從愿也十五年病癰帝遣醫療視敕曰陟賢臣爲我善治之卒年五十五贈禮部尚書陟少自厎厲著名節常薦權德輿爲起居舍人知制誥楊於陵爲郎中其後皆有名子敬玄位左補闕

崔衍字著深州安平人父倫字敘居父喪跣護柩行千里道路爲流涕盧冢彌年服除及進士第歷吏部員外郎安祿山反陷于賊不汙僞官使子弟間表賊事賊平下遷晉州長史李齊物訟其忠授長安令封武邑縣男寶應二年以右

庶子使吐蕃虜背約留二歲執倫至涇州逼爲書約城中降倫不從更因邏娑
城閱六歲終不屈乃許還代宗見之爲感動嗚咽即具陳虜情僞山川險易指
畫帝前人服其詳遷尙書左丞以疾改太子賓客卒年七十一贈工部尙書諡
曰敬衍天寶末擢明經調富平尉繼母李不慈倫自吐蕃歸李敝衣以見問故
曰衍不吾給倫怒召衍將袒而鞭之衍涕泣無所陳倫弟殷趨白衍所稟舉送
夫人所尙何云倫悟繇是譖無入調清源令勸民力田懷附流亡觀察使馬燧
表其能徙美原父卒事李益謹歲爲李子郃償負不勝計故官刺史妻子僅免
飢寒歷蘇虢二州虢居陝華閒而賦數倍入衍白太重裴延齡領度支方聚斂
私謂衍前刺史無發明公當止衍不聽復奏州部多巖田又郵傳劇道屬歲無
秋民舉流亡不蠲減租額人無生理臣見長吏之患在因循不以聞不患陛下
不憂恤也患申請不實不患朝廷不矜貸也陛下拔臣大州寧欲視民困而顧
望不言哉德宗公其言爲詔度支減賦還宣歙池觀察使簡靜爲百姓所懷慕
府奏聘皆有名士後多顯于時卒年六十九贈工部尙書衍儉約畏法室無妾

賸祿稍周於親族葬埋嫁娶倚以濟者數十家及卒不能葳喪表諸朝賜賻帛三百段米粟稱之先是天下以進奉結主恩州藏耗竭韋臯劉贊裴肅爲之倡贊死衍代之舊貢金錫凡十八品皆倍直市于州民匱多逃去衍至蠲革之居十年啬用度府庫充衍及穆贊代州以錢四十萬緡假民賦故雖旱人不流指由衍蓄積有素也路應爲觀察使以衍有惠在民言狀元和元年詔書褒美賜一子官云謚曰懿

盧景亮字長晦幽州范陽人少孤學無不覽第進士宏辭授祕書郎張延賞節度荆南表爲枝江尉掌書記入遷右補闕朱泚反景亮勸德宗曰陛下罪己不至則感人不深帝然之景亮志義苹然多激發與穆質同在諫爭地書數上鯁毅無所回宰相李泌劾景亮等嘗衆會漏所上語言引善在己卽有惡歸之君帝怒貶爲朗州司馬質亦斥去廢抑二十年至憲宗時由和州別駕召還再遷中書舍人景亮善屬文根於忠仁有經國志嘗謂人君足食足兵而又得士天下可爲也乃與軒頊以來至唐劉治道之要著書上下篇號三足記又作答問

言輓運大較及陳西戎利害切指當世公卿伏其達古今云元和初卒贈禮部侍郎憲宗時以直諫知名者又有王源中

源中字正蒙擢進士宏辭累遷左補闕是時中官領禁兵數亂法捕臺府吏屬繫軍中源中上言臺憲者紀綱地府縣責成之所設吏有罪宜歸有司無令北軍亂南衙麾下重於仗內帝納之累轉戶部郎中侍郎擢翰林學士進承旨學士源中嗜酒帝召之醉不能見及寤憂其慢不悔不得進也他日又如之遂失帝意以疾自言出爲山南西道節度使入拜刑部侍郎未幾領天平節度使開成三年卒贈尚書右僕射源中澹名利率身治人約而簡當時咨美

薛苹河中寶鼎人七世祖道實爲隋禮部尚書父順爲奉天尉與楊國忠有舊及用事將引之輒謝絕苹以吏最拜長安令歷虢州刺史憲宗時奏最擢湖南觀察使徙浙東以治行遷浙西加御史大夫累封河東郡公所居守法度務在安人治身觳薄所衣綠袍更十年至緋衣乃易居三鎮聲樂不聞于家所得祿卽分散親屬故人而無餘藏除左散騎常侍年七十致仕是時有年過苹不肯

去故論者高華居四年卒贈工部尚書謚曰宣華於文章中長於詩兄芳有器
幹蔌與華其母代宗從母也以外戚奉朝請皆贊善大夫
華子膺太和初爲右補闕內供奉其弟齊佐與元李絳幕府絳遇害齊死于難
膺聞不及請馳赴之哀甚聞者垂泣後歷工部員外郎
衞次公字從周河中河東人舉進士禮部侍郎潘炎異之曰國器也高其第調
渭南尉嚴震在興元辟佐其府累遷殿中侍御史貞元中擢左補闕翰林學士
德宗崩與鄭絪皆召至金鑾殿時皇太子久疾禁中或傳更議所立衆失色次
公曰太子雖久疾冢嫡也內外係心久矣必不得已宜立廣陵王絪隨贊之議
乃定順宗立王叔文等用事輕弄威柄次公與絪多所持正知禮部貢舉斥華
取實不爲權力僥撓由中書舍人充史館修撰改兵部侍郎絪以宰相罷坐與
善下除太子賓客久乃爲陝虢州觀察使蠲橫租錢歲三百萬復入爲兵部侍
郎故英公李勣大理卿徐有功之孫皆以負不得調次公召見曰子之祖勳在
王府寧限常格乎即優補而遣進尚書左丞時方討蔡數建請罷兵帝將相之

制稾具而蔡捷書至乃追止以檢校工部尙書爲淮南節度使久之召還道病
卒年六十六贈太子少傅諡曰敬次公本善琴方未顯時京兆尹李齊運使子
與游請授之法次公拒絕因終身不復鼓其節尙終始完絜
子洙舉進士尙臨真公主檢校祕書少監駙馬都尉文宗曰洙起名家以文進
宜諫官寵之乃爲左拾遺歷義成節度使咸通中卒
薛戎字元夫河中寶鼎人客毗陵陽羨山年四十餘不仕江西觀察使李衡辟
署幕府三返乃肯應故宰相齊映代衡奏留之府罷復歸陽羨福建觀察使柳
冕辟佐其府先是馬總佐鄭滑府監軍宦人誣劾之貶泉州別駕冕欲除總以
附倖家卽使戎攝刺史按置其罪戎曰以是待我邪我始不願仕正謂此爾不
肯從還白其狀冕怒據案引戎入戎叱引者曰見賓客乃爾乎由東廂進冕度
未可屈揖而去因之宅館環兵脅辱之累月戎終不爲屈淮南節度使杜佑聞
之書責冕會冕亦病死得解自放江湖間復爲藩府交奏稍遷河南令吐突承
璀討鎮州所過吏迎廷畏不及治道前驅惟戎境內按故無所治迓留府卒犯

令者縛置獄留守怒遣將略出之不與累遷浙東觀察使所部州觸酒禁者罪當死橘未貢先鬻者死戎弛其禁卒治下年七十五贈左散騎常侍戎爲吏不尚約束詭名譽其有譽歸之所部故居官時無灼灼可驚者已罷則懷之悉奉稟賙濟內外親無疏遠皆歸之既病以所有分遺之曰吾死矣可持爲歸資衆皆哭而去

弟放端厚寡言第進士擢累兵部郎中穆宗爲太子拜侍讀及即位參贊機命帝謂曰小子新立懼不克荷先生宜相以輔不逮放叩頭曰臣庸淺不足壓大任自有賢能處之帝美其誠進工部侍郎集賢學士寵待尤至改刑部侍郎帝嘗問朕欲學經與史何先放曰六經者聖人之言孔子所發明天人之極也史記道成敗得失亦足以鑒然謬於是非非六經比帝曰吾聞學者白首不能通一經安得其要乎對曰論語六經之菁華也孝經人倫之本也漢時論語首立於學官光武令虎賁士皆習孝經玄宗親爲注訓蓋人知孝慈則氣感和樂也帝曰聖人以孝爲至德要道信然終江西觀察使諡曰簡

胡証字啓中河中河東人舉進士第渾瑊美其才又以鄉府奏寘幕下繇殿中侍御史爲韶州刺史以母老辭爲太子舍人更從襄陽于頔署掌書記入爲戶部郎中田弘正以魏博內屬請使自副詔兼御史中丞爲弘正副使入遷諫議大夫元和九年党項屢擾邊而單于都護府累更武將職事廢証以儒而勇選拜振武軍節度使道河中時趙宗儒爲帥以州民入謁里人榮之居四年召任金吾大將軍又充京西京北巡邊使太和公主降回鶻以檢校工部尚書爲和親使舊制行人有私覿禮縣官不能具召富人子納貲於使而命之官証請儉受省費以絕鬻官之濫次漠南虜人欲屈脅之且言使者必易胡服又欲主便道疾驅者証固不從以唐官儀自將訖不辱命還拜工部侍郎改京兆尹左散騎常侍寶曆初以戶部尚書判度支固辭拜嶺南節度使卒年七十一贈尚書右僕射廣有舶貝奇寶証厚殖財自奉養奴數百人營第脩行里彌亘閭陌車服器用珍侈遂號京師高訾素與賈餗善李訓敗衛軍利其財聲言餗匿其家爭入剽劫執其子溵內左軍至斬以徇証旅力絕人晉公裴度未顯時羸服私

飲爲武士所窘訨鬭突入坐客上引觥三釂客皆失色因取鐵鐙爇摘枝葉櫟
合其跗横膝上謂客曰我欲爲酒令飲不釂者以此擊之衆唯唯訨一飲輒數
升次授客客流離盤杓不能盡訨欲擊之諸惡少叩頭請去訨悉驅出故時人
稱其俠

丁公著字平子蘇州吳人三歲喪母甫七歲見鄰媪抱子哀感不肯食請於父
緒願絕粒學老子道父聽之稍長父勉敕就學舉明經高第授集賢校書郎不
滿秩輒去侍養于家父喪負土作冢貌力癯憊見者憂其死孝觀察使薛苹表
上至行詔刺史弔問賜粟帛旌闕其閭淮南節度使李吉甫表授太子文學兼
集賢校理會入輔政擢爲右補闕遷直學士充皇太子諸王侍讀因著太子諸
王訓十篇穆宗立未聽政召居禁中條詢治理且許以相公著陳讓牢切乃擢
給事中遷工部侍郎知吏部選事公著內知帝欲進用故辭疾求外還授浙西
觀察使徙爲河南尹治以清靜聞四遷禮部尚書翰林侍講學士長慶中浙東
災癘拜觀察使詔賜米七萬斛使賑饑捐久之入爲太常卿太和中以病丐身

還鄉里卒年六十四贈尚書右僕射公著清約守道每進一官輒憂見顏閒四
十喪妻終身不畜妾及卒天下惜之
崔弘禮字從周系出博陵北齊左僕射懷遠六世孫磊磊有大志通兵略過宣
武從劉玄佐獵夷門玄佐酒酣顧曰崔生獨不知此樂邪弘禮笑曰我固喜武
請爲公歡玄佐劈鷹與弘禮馳逐急緩在手一軍驚曰安得此奇客玄佐大悅
欲留之固辭厚爲資餉至京師所善李觀病且死弘禮殫褚爲治喪葬畢乃去
及進士第平判異等靈武李欒表爲判官以親老不應更署東都留守呂元膺
參謀時天子討蔡李師道謀襲洛脅沮朝廷以釋蔡危弘禮爲籍揣賊情部分
設張東都卒無患遷留守判官擢忻汾二州刺史田弘正請朝表弘禮從衞州
兼魏博節度副使伐李師道弘正多所咨逮還魏博又表爲相州刺史長慶初
張弘靖鎭幽州詔弘禮往副未及行軍亂改絳州刺史李岕反于汴詔徙河南
尹倚以捍賊遷河陽節度使治河內秦渠溉田千頃歲收八萬斛徙華州刺史
改天平節度使李同捷叛與李聽合師討之至濮州大將李萬瑀劉寀擁兵自

固弘禮表萬瑀守沂州寀守黃州奪其兵擊賊禹城破之獲鎧裝數十萬時徐泗節度使王智興檄兗海鄆曹淄青當徐道者出車五千乘轉粟饋軍弘禮度道遠乃自兗開盲山故渠自黃隊抵青丘師人大濟李祐以鄆滑兵三千入齊而潰弘禮悉斬之爲出鄆兵二千祐遂大破賊尸藉十餘里祐望鄆拜曰活我者崔公也加檢校尚書左僕射徙東都留守召還以病自乞改刑部尚書復爲留守卒年六十五贈司空弘禮短於治民少愛利晚頗務多積素議訿之

崔玄亮字晦叔磁州昭義人貞元初擢進士第累署諸鎮幕府父喪客高郵臥苫終制地下溼因得痺病不樂進取元和初召爲監察御史累轉駕部員外郎清慎介特澹如也稍遷密歙二州刺史歙人馬牛生駒犢官籍蹄噭故吏得爲姦玄亮焚其籍一不問民山處輸租者苦之下令許計斛輸錢民賴其利歷湖曹二州辭曹不拜太和四年繇太常少卿改諫議大夫朝廷推爲宿望拜右散騎常侍每遷官輒讓形於色鄭注構宋申錫捕逮倉卒內外震駭玄亮率諫官叩延英苦諍反復數百言文宗未諭玄亮置笏在陛曰孟軻有言衆人皆曰殺

之未可也卿大夫皆曰殺之未可也天下皆曰殺之然後察之乃寘於法今殺一凡庶當稽典律況欲誅宰相乎臣爲陛下惜天下法不爲申錫言也俯伏流涕帝感悟衆亦服其不橈繇此名重朝廷頃之移疾歸東都召爲虢州刺史卒年六十六贈禮部尚書玄亮晚好黃老清靜術故所居官未久輒去遺言山東士人利便近皆葬兩都吾族未嘗還當歸葬滏陽正首丘之義諸子如命

王質字華卿五世祖通爲隋大儒質少孤客壽春力耕以養母講學不勌諸生從授業者甚衆年逾四十偃蹇無進取意姻友苦勸以仕乃舉進士中甲科繇祕書省正字累佐帥府五遷侍御史繇山南西道節度副使再轉諫議大夫宋申錫之得罪質與諫官伏閤文宗開延英召見泣涕陳諫帝稍寤申錫得不死爲宦豎所惡出虢州刺史李德裕素器之擢給事中河南尹徙宣歙觀察使卒年六十八贈左散騎常侍諡曰定質清白畏慎爲政必先究風俗所至有惠愛雖與德裕厚善而中立自將不爲黨奏署幕府者若河東裴夷直天水趙晳隴西李行方梁國劉蕡皆一時選云

殷侑陳州人幼有志於學不治貲產長通經術以講道爲娛貞元末及五經第
其學長於禮擢太常博士元和八年回鶻請和親朝廷以仰費廣劇欲紓以期
詔侑宗正少卿李孝誠使回鶻可汗驕甚盛陳甲兵欲臣使者侑不爲屈已傳
命虜責其倨宣言欲留不遣衆色怖侑徐曰可汗唐壻欲坐屈使者拜乃可汗
無禮非使臣倨也虜憚其言不敢逼還遷虞部員外郎王承宗叛遣侑招諭承
宗聽命進諫議大夫侑論朝廷治亂得失前後凡八十四通以語切出爲桂管
觀察使寶曆元年徙江西所至以潔廉稱入爲衞尉卿文宗卽位李同捷叛而
王廷湊陰爲脣齒兵久不解詔五品以上官議尚書省帝銳欲討賊羣臣無敢
異論者獨侑請舍廷湊而專事同捷且言願以宗社安危爲計善師攻心爲武
舍垢安人爲遠圖網漏吞舟爲至誠帝不納然內嘉尚同捷平以侑嘗爲滄州
行軍司馬遂拜義昌軍節度使於時瘼荒之餘骸骨蔽野墟里生荆棘侑單身
之官安足麤淡與下共勞苦以仁惠爲治歲中流戶襁屬而還遂爲營田丐耕
牛三萬詔度支賜帛四萬匹佐其市初州兵三萬仰稟度支侑始至一歲自以

賦入贍其半二歲則周用乃奏罷度支所賜戸口滋饒倉儲盈腐上下便安請
立石紀政以勞加檢校吏部尚書六年徙天平節度自李師道亂朝廷離析三
鎭然務安反側賦入盡爲軍貲無輸王府者侑以餉軍有羸當上送官乃裁制
經費歲以錢十五萬緡粟五萬石歸有司加檢校尚書右僕射御史大夫溫造
劾侑違制擅賦斂民爲無名之獻詔以庚承宣代還會濮州掾崔元武受吏賕
又率屬邑奉錢增私馬估售官疊三罪計絹百二十匹大理以入私馬一重削
三官刑部覆訊當流未決侑奏三犯不同坐所重律頻贓者累論元武犯皆枉
法當死詔用覆訊流元武賀州帝嘉侑守法進刑部尚書以造所奏不直復用
爲天平節度開成元年再召爲刑部尚書時李訓鄭注已誅帝問侑治安術侑
言朝廷宜任耆德毋輕用新進帝善之賜綵三百匹初鹽鐵度支使屬官悉得
以罪人繫在所獄或私置牢院而州縣不聞知歲千百數不時決侑奏許州縣
糾列所繫申本道觀察使并具獄上聞許之賜黃金十斤以酬直言涇原節度
使朱叔夜坐侵牟士卒贓數萬家畜兵器罷爲左武衛大將軍侑薄其罪天子

由是疏之賜叔夜死出侑爲山南東道節度使坐減兵不先論啓左遷太子賓客分司東都俄領忠武軍節度卒年七十二贈司空侑以經術進臨事鋭敏有彊直名晚節內冀台輔稍務交結而素望少衰云孫盈孫

盈孫廣明初爲成都諸曹參軍僖宗至蜀聞有禮學擢太常博士光啓三年帝將還京而七廟焚殘告享無所盈孫白宰相始乘輿西有司盡載神主以行至鄠悉爲盜奪今天子還宮宜前具其禮宰相建言脩復宗廟功費廣請與禮官議時佗博士不在獨盈孫從議曰故廟十一室二十三楹楹十一梁垣墉廣袤稱之今朝廷多難宜少變禮按至德時作神主長安殿饗告如宗廟廟成乃祔今正衙外無它殿伏聞詔旨以少府監寓太廟請因增完爲十一室其三太后廟權舍西南夾廡須廟成議還詔可自是神主樂縣皆所創定舊學禮家當其議龍紀元年昭宗郊祠兩中尉及樞密皆以宰相服侍上盈孫奏言先世典令無內官朝服侍祠必欲之當隨所攝資品雖無援據猶免僭逼詔可時喪亂後制度彫紊追補容典皆盈孫折衷焉終大理卿贈吏部尚書

王彥威其先出太原少孤家無貲自力於學舉明經甲科淹識古今典禮未得調求爲太常散吏卿知其經生補檢討官彥威采獲隋以來下訖唐凡禮沿革皆條次彙分號元和新禮上之有詔拜博士憲宗以正月崩有司議葬用十二月下宿彥威建言天子之葬七月春秋之義志崩不志葬必其時也舉天下葬一人故過期不葬則譏之高祖中宗葬皆六月太宗四月高宗九月睿代二宗皆五月德宗十月順宗七月惟玄肅二宗皆十二月有爲爲之非常典也且葬畢而虞虞而卒哭卒哭而祔皆卜日今葬卜歲暮則畢祔在明年正月是改元慶賜皆廢矣有詔更用五月淮南李夷簡上言大行皇帝功高宜稱祖穆宗下其議彥威奏古者始封爲太祖由太祖而降則又祖有功宗有德故夏人祖顓頊而宗禹商人祖契而宗湯周人祖文王而宗武王魏晉而下務欲推美自始祖外並建列祖之議叔世亂象不可以爲訓唐本周禮以景皇帝爲太祖祖神堯而宗太宗自高宗後咸稱宗以爲成法不然太宗致升平玄宗清內難肅宗收復兩都皆撥亂反正猶不稱祖今當本三代之制黜魏晉亂法大行廟號宜

稱宗制可又舊事祔廟必告於太極殿然後奉主入廟既事則已而有司祔主
畢又還告太極殿彥威以爲不可執政怒坐視辭誤奪二季俸削一階彥威終
不回屈後累擢司封郎中弘文館學士諫議大夫李師道既平其十二州賦法
未均詔彥威爲勘定兩稅使差量纖悉人不爲煩還兼史館修撰興平民上官
興殺人亡命吏囚其父興聞自首請罪京兆尹杜悰御史中丞宇文鼎以自歸
死免父之囚可勸風俗議減死彥威上言殺人者死百王共守原而不殺是教
殺人有詔貸死彥威詣宰相據法爭論下遷河南少尹俄改司農卿李宗閔執
政雅善之進拜平盧節度使開成初召爲戶部侍郎判度支彥威於儒學固該
邃亦善吏事但經總財用出入米鹽非所長也而性剛訐自恃嘗見文宗顯奏
曰百口家知有歲計而軍用一切可不謹邪臣按見財量入以爲出隨色占費
終歲用之無毫氂差假令臣一旦迷愚欲自欺沒亦不可得因上占領圖又言
至德迄元和天下觀察皆十節度者二十有九防禦者四經略者三大都通邑
皆有兵最凡八十餘萬長慶籍戶三百五十萬而兵乃九十九萬率三戶資一

兵今舉天下之入歲三千五百萬上供者三之一又三之二則衣賜仰給焉自
留州留使外餘四十萬衆皆仰度支又爲供軍圖上之彥威雖自謂犍梶姦冒
著定其費於利害無益也始神策軍多以稟縑於度支取直吏私增賈厚給之
經用益耗開成初有詔禁止時宦者仇士良魚弘志方用事彥威乃奏復與直
悅媚士良等又劾王播貢羨羸以冀速進會邊兵訴所賜不時縑皆敝惡攝吏
送臺獄而彥威視事自如及詔停務始惶恐就第貶衞尉卿俄檢校禮部尚書
爲忠武節度使毀山房三千餘所盜無所容徙節宣武封北海縣子性彊敏善
著書頗行于時卒贈尚書右僕射謚曰靖

贊曰韓愈稱郡邑通得祀社稷孔子獨孔子用王者事以門人爲配天子以下
北面拜跪薦祭禮如親弟子者句龍棄以功孔子則以德固自有次第崇敬乃
請東揖以殺太重方是時公卿無韓愈之賢無有折其非是者道州刺史薛伯
高嘗謂夫子稱顏回爲庶幾其從於陳蔡者亦各有號出於一時後世坐祀十
人以爲哲豈夫子志哉觀七十子之賢未有加於十人坐而祀之始於開元非

特牽於一時之稱號記曰祭有其舉之莫敢廢也如崇敬誠不知禮尊君以媚世歷朝循而不改矣伯高之語柳宗元志之於其書必有辨其妄者

唐書卷一百六十四

唐書卷一百六十四考證

崔衍傳○舊書入孝友傳

唐書卷一百六十四考證

# 唐書卷一百六十五

宋　端　明　殿　學　士　宋　祁　撰

## 列傳第九十

三鄭高權崔

鄭餘慶字居業鄭州滎陽人三世皆顯宦餘慶少善屬文擢進士第嚴震帥山南西道奏置幕府貞元初還朝擢庫部郎中爲翰林學士以工部侍郎知吏部選浮屠法湊以罪爲民訴闕下詔御史中丞宇文邈刑部侍郎張彧大理卿鄭雲逵爲三司與功德判官諸葛述參按述故史也餘慶劾述猥賤不宜與三司雜治時韙其言貞元十四年拜中書侍郎同中書門下平章事每奏對多傅經義素善度支使于頔凡所陳必左右之頔坐事貶又歲旱饑朝廷議賑禁衞十軍爲中書史漏言疊二忤故貶郴州司馬順宗以尚書左丞召會憲宗立即其官復拜同中書門下平章事時主書滑渙與宦人劉光琦相倚爲姦每宰相議爲光琦沮變者令渙往請必得由是四方賞餉奔委之弟泳至官刺史杜佑鄭

絪執政頗姑息而佑常行輩待不名也至餘慶議事渙傲然指畫諸宰相前餘慶叱去未幾罷爲太子賓客後渙以贓敗帝寖聞叱去事善之改國子祭酒累遷吏部尚書醫工崔環者自淮南小將除黃州司馬餘慶執奏諸道散將無功受五品正員開徼幸路不可權者不悅改太子少傅兼判太常卿事自朱泚亂都輦數驚太常肄樂禁用鼓餘慶以時久平奏復舊制出爲山南西道節度使入拜太子少師請老不許時數赦官多汎階又帝親郊陪祠者授三品五品不計考使府賓吏以軍功借賜朱紫率十八近臣謝郎官出使多所賜與每朝會朱紫滿廷而少衣綠者品服太濫人不以爲貴帝亦惡之始詔餘慶條奏懲革還尚書左僕射僕射比非其人及餘慶以宿德進公論浩然歸重帝患典制不倫謂餘慶淹該前載乃詔爲詳定使俾參裁訂正餘慶引韓愈李程爲副崔鄾陳佩楊嗣復庾敬休爲判官凡損增儀矩號稱詳衷俄拜鳳翔尹節度鳳翔復爲太子少師封滎陽郡公兼判國子祭酒事建言兵興以來學校廢諸生離散今天下承平臣願率文吏月俸百取一以資完葺詔可穆宗立加檢校司徒卒

年七十五贈太保諡曰貞帝以其貧特給一月奉料爲賵襚餘慶少砥礪行己完潔仕四朝其祿悉賙所親或濟人急而自奉纔狹至官府乃開肆廣大常語人曰祿不及親友而後僕妾者吾鄙之大抵中外姻嫁其禮獻皆親閱之後生內謁必引見諄諄教以經義務成就儒學自至德後方鎮除拜必遣內使持幢節就第至則多饋金帛且以媚天子唯恐不厚故一使者納至數百萬緡憲宗每命餘慶必誡使曰是家貧不可妄求取議者或詆其沽激餘慶不屑也奏議類用古語如仰給縣官馬萬蹄有司不曉何等語人嗤其不適時與從父絪家昭國坊絪第在南餘慶第在北世謂南鄭相北鄭相云子澣

澣本名涵避文宗故名改焉第進士累遷右補闕敢言無所諱憲宗謂餘慶曰涵卿令子而朕直臣也可更相賀遷起居舍人考功員外郞時刺史或迫吏下紀功愛涵請責觀察使以杜其欺餘慶爲僕射避除國子博士史館脩撰文宗立入翰林爲侍講學士帝使稡擿經史爲要錄愛其博而精試舉諸條擿問之隨即酬析無留答因賜金紫服累進尚書左丞出爲山南西道節度使始餘慶

在與元創學盧瀚嗣完之養生徒風化大行以戶部尚書召未拜卒年六十四
贈尚書右僕射謚曰宣四子處晦從讜尤知名
處晦字廷美文辭秀拔仕歷刑部侍郎浙東觀察宣武節度使卒先是李德裕
次柳氏舊聞處晦謂未詳更撰明皇雜錄爲時盛傳
從讜字正求及進士第補校書郎遷累左補闕令狐綯魏扶皆瀚門生數進譽
之還中書舍人咸通中爲吏部侍郎銓次明允出爲河東節度使徙宣武以善
最聞改嶺南東道節度先是林邑蠻內侵召天下兵進援會龐勛亂不復遣而
北兵寡弱從讜募士豪署其酋右職爲約束使相捍禦交廣晏然僖宗立召爲
刑部尚書久之擢同中書門下平章事進門下侍郎沙陀都督李國昌閒邊多
虞入據振武雲朔等州南略太谷河東節度使康傳圭遣大將伊釗張彥球蘇
弘軫引兵拒之賊數負傳圭斬軫以徇彥球所部反攻傳圭殺之劫府庫爲亂
朝廷以爲憂帝欲大臣臨制乃拜從讜檢校司徒以宰相秩復爲河東節度兼
行營招討使詔自擇參佐從讜即表長安令王調自副兵部員外郞劉崇龜司

勳員外郎趙崇爲節度觀察府判官前進士劉崇魯推官左拾遺李渥掌書記長安尉崔澤支使皆一時選京師士人比太原爲小朝廷言得才多也時承軍亂剽敓日旁午從讜既視事姦無廋情乃推捕反賊誅其首惡以彥球本善意且才可任釋不問而付以兵曠無餘猜故得其死力渠凶宿狡不敢發又輒得士皆寒毛惕伏會黃巢犯京師帝駐梁漢詔從讜發部兵屬北面招討副使諸葛爽入討從讜團士五千遣將論安從爽而李克用謂太原可乘以沙陀兵奄入其地壁汾東釋言討賊須索繁仍從讜以餼醪犒軍克用隃謂曰我且引而南欲與公面約從讜登城開勉感槩使立功報天子厚恩克用辭窮再拜去然陰縱其下肆掠以撼人心從讜追安使與將王蟾高弁等踵擊亦會振武契苾通至與沙陀戰沙陀大敗引還即遣安等屯北百井安擅還從讜合諸將命持安出斬之鞠場中和二年朝廷赦沙陀使擊賊自贖兵不敢道太原繇嵐石並河而南獨克用從數百騎過辭城下從讜以名馬器幣歸之明年賊平詔克用代領河東克用使來曰方省親鴈門願公徐行從讜即日以監軍周從寓知

兵馬留後掌書記劉崇魯知觀察留後敕克用至按籍效之乃行黃頭軍以糧
少劫其貲從讜間走絳州方道梗不通數月召拜司空復秉政進太傅兼侍中
從帝至興元以疾乞骸骨拜太子太保還第卒諡文忠從讜進止有禮法性不
矜滿沈毅有謀在汴時以處晦歿於鎮訖代不奏樂牙中識陸扆於後生數稱
譽之扆後位宰相張彥球者拳摯善斷累破虜有功奏爲行軍司馬後署金吾
將軍初盜流中原沙陀彊悍而卒收其用者蓋從讜爲太原重也時鄭畋以宰
相鎭鳳翔移檄討賊兩人以忠義相提衡賊尤憚之號二鄭云
鄭珣瑜字元伯鄭州滎澤人少孤值天寶亂退耕陸渾山以養母不干州里轉
運使劉晏奏補寧陵宋城尉山南節度使張獻誠表南鄭丞皆謝不應大曆中
以諷諫主文科高第授大理評事調陽翟丞以拔萃爲萬年尉崔祐甫爲相擢
左補闕出爲涇原帥府判官入拜侍御史刑部員外郞以母喪解訖喪還吏部
貞元初詔擇十省郞治畿赤珣瑜檢校本官兼奉先令明年進饒州刺史入爲
諫議大夫四遷吏部侍郞爲河南尹未入境會德宗生日尹當獻馬吏欲前取

印白珣瑜視事且內贄珣瑜徐曰未到官而遽事獻禮歟不聽性嚴重少言未
嘗以私託人而人亦不敢謁以私既至河南清靜惠下賤斂貴發以便民方是
時韓全義將兵伐蔡河南主餽運珣瑜密儲之陽翟以給官軍百姓不知僦運
勞凡迎送敕使皆有常處吏密識其馬進退不數步差也全義與監軍別檄有
所取非詔約者珣瑜輒挂壁不酬至軍罷凡數百封有諫者曰軍須期會爲急
公可不報珣瑜曰武士統戎多恃以取求苟以爲罪尹宜坐之終不爲萬人產
沴也故下無怨讟時謂治河南比張延賞而重厚堅正過之復以吏部侍郎召
進門下侍郎同中書門下平章事李實爲京兆尹剝下務進奉珣瑜顯詰曰留
府縉帛入有素餘者應內度支今進奉乃出何色邪具以對實方幸依違以免
順宗立卽還吏部尚書王叔文起州吏爲翰林學士鹽鐵副使內交奄人攘撓
政機韋執誼爲宰相居外奉行叔文一日至中書見執誼直吏白方宰相會食
百官無見者叔文恚叱吏吏走入白執誼起就閤與叔文語珣瑜與杜佑高郢
輟饔以待頃之吏白二公同飯矣珣瑜喟曰吾可復居此乎命左右取馬歸臥

家不出七日罷爲吏部尚書亦會有疾數月卒年六十八贈尚書左僕射太常博士徐復謚文獻兵部侍郎李巽言文者經緯天地用二謚非春秋之正請更議復謂二謚周漢以來有之威烈愼靜周也文終文成漢也況瑱瑜名臣二謚不嫌巽曰謚一正也堯舜是也二謚非古也法所不載詔從復議子覃

覃以父蔭補弘文校書郎擢累諫議大夫憲宗取五中官爲和糴使覃奏罷之穆宗立不卹國事數荒昵吐蕃方彊覃與崔郾等廷對曰陛下新卽位宜側身勤政而內耽宴嬉外盤游畋今吐蕃在邊狙候中國假令緩急臣下乃不知陛下所在不敗事乎夫金繒所出困民膏血可使倡優無功濫被賜與願節用之以所餘備邊毋令有司重取百姓天下之幸也帝不懌顧宰相蕭俛曰是皆何人俛曰諫官也帝意解乃曰朕之闕下能盡規忠也因詔覃曰閤中殊不款款後有爲我言者當見卿延英時閤中奏久廢至是士相慶王承元徙鄭滑節度使鎮人固留不出承元請以重臣勞安其軍詔覃爲宣諭使起居舍人王璠副之始鎮人慢甚及覃傳詔開曉大義軍遂安承元乃得去寶曆初擢京兆尹文

宗召爲翰林侍講學士進工部侍郎覃於經術該深諄篤守正帝尤重之李宗閔牛僧孺知政以覃與李德裕厚忌其親近爲助力陽遷工部尚書罷侍講欲推遠之帝雅向學頗思覃復召爲侍講學士德裕既相以爲御史大夫帝嘗謂殷侑善言經其爲人鄭覃比也宗閔猥曰二人誠通經然其議論不足取德裕曰覃侑之言它人不欲聞惟陛下宜聞之俄德裕罷宗閔復用覃繇戸部尚書下除祕書監宗閔得罪還刑部尚書進尚書右僕射判國子祭酒李訓誅帝召覃視詔禁中遂拜同中書門下平章事封滎陽郡公不喜文辭病進士浮夸建廢其科曰南北朝所以不治文采勝質厚也士惟用才何必文辭又言文人多佻薄帝曰純薄似賦性之異奚特進士耶且設是科二百年渠可易乃止帝嘗謂百司不可使一日弛惰因指香案爐曰此始華好用久則晦不治飾何由復新覃曰救世之敝在先責實比皆不攝職事至慕王夷甫以不及爲慚此本于治平人人無事安逸致然帝曰要在謹法度而已進門下侍郎弘文館大學士帝坐延英論詩工否覃曰孔子所刪三百篇是已其非雅正者烏足爲天子道

哉夫風大小雅皆下刺上之變非上化下爲之故王者采詩以考風俗得失若
陳後主隋煬帝特能詩之章解而不知王術故卒歸於亂章什諓諓願陛下不
取也帝每言順宗事不詳實史臣韓愈豈當時屈人邪昔漢司馬遷與任安書
辭多怨懟故武帝本紀多失實覃曰武帝中年大發兵事邊生人耗瘁府庫殫
竭還所述非過言李石曰覃所陳因武帝以諫欲陛下終究盛德帝曰誠然靡
不有初鮮克有終覃曰陛下樂觀書然要義不過一二陛下所道是矣宜寢饋
以之覃既名儒故以宰相領祭酒請太學五經經置博士祿廩比王府官再遷
太子太師開成三年旱帝多出宮人李珏入賀曰漢制八月選人晉武帝平吳
多采擇仲尼所謂未見好德者陛下以爲無益放之盛德也覃又推贊曰晉以
采擇之失舉天下爲左衽宜陛下以爲殷鑒帝善其將美以病乞去位有詔解
太子太師許五日一入中書商量政事俄罷爲尚書左僕射武宗初李德裕復
用欲援覃共政固辭乃授司空致仕卒覃清正退約與人未嘗串狎位相國所
居第不加飾內無妾媵女孫適崔臯官裁九品衞佐帝重其不昏權家覃之侍

講每以厚風俗黜朋比再三爲天子言故終爲相然疾惡多所不容世以爲太過憚之始覃以經籍刓繆博士陋淺不能正建言願與鉅學鴻生共力讎刊準漢舊事鏤石太學示萬世法詔可覃乃表周墀崔球張次宗孔温業等是正其文刻于石子裔綽

裔綽峭立有父風以門廕進爲李德裕所知擢渭南尉直弘文館累遷諫議大夫宣宗初劉潼繇鄭州刺史授桂管觀察使裔綽固爭潼被責未久不宜付廉察帝已遣使者頒詔追罷之遷給事中楊漢公爲荆南節度使坐貪沓貶祕書監尋拜同州刺史裔綽與鄭公輿封還制書帝自卽位諫臣規正無不納至是有爲漢公地者遂終不易會賜宴禁中天子擊球至門下官謂二人曰近論漢公事類朋黨者裔綽曰同州太宗興王地陛下爲人子孫當慎所付且漢公墨沒敗官奈何以重地私之帝變色翌日貶商州刺史時猶衣綠因詔賜緋魚後繇祕書監還浙東觀察使終太子少保覃弟朗

朗字有融始辟柳公綽山南幕府入還右拾遺開成中擢起居郎文宗與宰相

議政適見朗執筆螭頭下謂曰向所論事亦記之乎朕將觀之朗曰臣執筆所書者史也故事天子不觀史昔太宗欲觀之朱子奢曰史不隱善不諱惡自中主而下或飾非護失見之則史官無以自免且不敢直筆褚遂良亦稱史記天子言動雖非法必書庶幾自飭帝悅謂宰相曰朗援故事不畀朕見起居注可謂善守職者然人君之爲善惡必記朕恐平日言之不協治體爲將來羞庶一見得以自改朗遂上之累遷諫議大夫爲侍講學士由華州刺史入拜御史中丞戶部侍郎爲鄂岳浙西觀察使進義武宣武二節度歷工部尚書判度支御史大夫復爲工部尚書同中書門下平章事中人李敬寔排朗騶導馳去朗以聞宣宗詰敬寔自言供奉官不避道帝曰傳我命則絕道行可也而私出不避宰相邪即斥敬寔右拾遺鄭言者故在幕府朗以諫臣與輔相爭得失不論則廢職奏徙宅官久之以疾自陳罷爲太子少師卒贈司空始朗舉進士有相者言君當貴然不可以科第進俄而有司擢朗第一既又覆實被放相者賀曰安之已而果相

高郢字公楚其先自渤海徙衞州遂爲衞州人九歲通春秋工屬文著語默賦諸儒稱之父伯祥爲好時尉安祿山陷京師將誅之郢尚幼解衣請代賊義幷貸之寶應初及進士第代宗爲太后營章敬寺郢以白衣上書諫曰陛下大孝因心與天罔極烝烝之思要無以加臣謂悉力追孝誠爲有益妨時勦人不得無損捨人就寺何福之爲昔魯莊公丹桓公廟楹而刻其桷春秋書之爲非禮漢孝惠孝景孝宣令郡國諸侯立高祖文武廟至元帝與博士議郎斟酌古禮一罷之夫廟猶不越禮而立況寺非宗祏所安神靈所宅乎殫萬人之力邀一切之報其爲不可亦明矣間者昆吾孔熾荐食生人百姓懍懍無日不惕遑將攘却亡尺寸功隴外壤地委諸豺狼太宗艱難之業傳之陛下一夫不獲尺土見侵告成之時猶恐有闕況用武以來十三年傷者不救死者不收繕卒補乘于今未已夫興師十萬日費千金計十三年舉百萬之衆資糧屝屨取足於人勞罷宛轉十不一在父子兄弟相視無聊延頸嗷嗷以役王命縱未能出禁財贍鰥寡猶當稍息勞敝以噢休之奈何戎虜未平侵地未復金革未戢疲人未

撫太倉無終歲之儲大農有權酤之斂欲以此時興力役哉比八月雨不潤下
菽麥失時黔首狼顧憂在艱食若遂不給將何以救之無寺猶可無人其可乎
然土木之勤功用之費不虛府庫將焉取之府庫既竭則又誅求若人不堪命
盜賊相挺而興戎狄乘閒以爲風塵得不爲陛下深憂乎臣聞聖人受命於天
以人爲主苟功濟于天天人同和則宗廟受福子孫蒙慶傳曰德教加于百姓
刑于四海此天子之孝也又曰無念爾祖聿脩厥德既受帝祉施于孫子是知
王者之孝在於承順天地嚴配宗考恭慎德教以臨兆民俾四海之內懽心助
祭延福流祚永永無窮未聞崇樹梵宮雕琢金玉之爲孝者夏禹卑宮室盡力
溝洫人到於今稱之梁武帝窮土木飾塔廟人無稱焉陛下若節用愛人當與
夏后齊美何必勞人動衆踵梁武遺風乎及制作之初支費尚淺人貴量力不
貴必成事貴相時不貴必遂陛下若回思慮從人心則聖德孝思格于天地千
福萬祿先後受之曾是一寺較功德邪書奏未報復上言王者將有爲也將有
行也必稽于衆而順于人則自然之福不求而至未然之禍不除而絕臣聞神

人無功者不爲有功之功聖人無名者不爲可名之名不爲有功之功故功莫
大不爲可名之名故名莫厚古之明王積善以致福不費財以求福脩德以銷
禍不勞人以攘禍陛下之營作臣竊惑之若以爲功則天覆地載陰施陽化未
曾有爲也若以爲名則至德要道以順天下未曾有待也若以致福則通于神
明光于四海不在費財若以攘禍則方務厥德罔有天災不在勞人今興造趣
急人徒竭作土木並起日課萬工不遑食息搒笞愁痛盈於道路以此望福臣
恐不然陛下戡定多難勵精思治務行寬仁以幸天下今固違羣情徇左右過
計臣竊爲陛下惜之不納以茂才異行高第累擢咸陽尉郭子儀取爲朔方掌
書記子儀怒判官張曇奏抵死郢引救甚力忤子儀意下徙猗氏丞李懷光引
佐邠寧府懷光將還河中郢勸不如西迎乘輿懷光反方銳不聽既又欲悉兵
鼓而西時渾瑊提孤軍抗賊羣將未集郢恐爲懷光所乘與李鄘固止之會懷
光子璀候郢郢因脅說曰君視天寶以來稱兵者今尚誰在且國家固有天命
人力不豫焉今若恃衆而動自絕于天十室之小必得忠信安知三軍不有奔

潰而助順者乎琟大懼流汗不能語鄖因與其將呂鳴岳張延英謀間道歸國
事洩懷光先斬二將然後引鄖詰誚鄖抗詞無所愧隱觀者爲泣下懷光慙赦
之孔巢父遇害鄖撫屍而哭懷光已誅李晟表其忠馬燧奏管書記召拜主客
員外郎遷中書舍人久之進禮部侍郎時四方士務朋比更相譽薦以動有司
徇名亡實鄖疾之乃謝絶請謁顓行藝司貢部凡三歲甄幽獨抑浮華流競之
俗爲衰遷太常卿貞元末擢中書侍郎同中書門下平章事順宗立病不能事
王叔文黨根據朝廷帝始詔皇太子監國而鄖以刑部尙書罷明年爲華州刺
史政尙仁靜初駱元光自華引軍戍良原元光卒軍入神策而州仍歲餉其糧
民困輸入累刺史憚不敢白鄖奏罷之復召爲太常卿除御史大夫數月改兵
部尙書固乞骸骨以尙書右僕射致仕卒年七十二贈太子太保諡曰貞鄖恭
愼不與人交常掌制誥家無留稾或勸盍如前人傳制集者答曰王言不可藏
私家生平不治產有勸營之者答曰祿廩雖薄在我則有餘田莊何所取乎鄖
之相也與鄭珣瑜同拜旣叔文用事珣瑜憂甚爭不能得乃稱疾不出鄖未有

所建白俄與珣瑜免故議者賢珣瑜而咎郢子定

贊曰王叔文雖內連姍尹外倚姦回以攘天權然是時太子已長朝無嫌鏬若珣瑜郢與杜佑等毅然引東宮監國執退叔文輩其力不難顧循嘿苟安所謂焉用彼相者矣珣瑜一忿臥第與郢佑固位二者亦不足相輕重云

定辯慧七歲讀尙書至湯誓跪問郢曰奈何以臣伐君郢曰應天順人何云伐邪對曰用命賞于祖不用命戮于社是順人乎郢異之小字董二世重其早惠以字顯長通王氏易爲圖合入出上圓下方合則重轉則演七轉而六十四卦六甲八節備焉仕至京兆府參軍

鄭絪字文明餘慶從父行也幼有奇志善屬文所交皆天下有名士擢進士宏辭高第張延賞帥劍南奏署掌書記入爲起居郎翰林學士累遷中書舍人德宗自興元還置六軍統軍視六尙書以處功臣除制用白麻付外又廢宣武軍益左右神策以監軍爲中尉竇文場恃功陰諷宰相進擬如統軍比絪當作制奏言天子封建或用宰相以白麻署制付中書門下今以命中尉不識陛下特

以寵文場邪遂著爲令也帝悟謂文場曰武德貞觀時中人止內侍諸衛將軍同正賜緋者無幾自魚朝恩以來無復舊制朕今用爾不謂無私若麻制宣告天下謂爾脅我爲之文場叩頭謝更命中書作詔弁罷統軍用麻矣明日帝見絪曰宰相不能拒中人得卿言乃悟順宗病不得語王叔文與牛美人用事權震中外憚廣陵王雄睿欲危之帝召絪草立太子詔絪不請輒書曰立嫡以長跪白之帝頷乃定憲宗卽位拜中書侍郞同中書門下平章事遷門下侍郞始盧從史陰與王承宗連和有詔歸潞從史辭潞乏糧請留軍山東李吉甫密譖絪漏言於從史帝怒坐浴堂殿召學士李絳語其故且曰若何而處絳曰誠如是罪當族然誰以聞陛下者曰吉甫爲我言絳曰絪任宰相識名節不當如犬彘梟獍與姦臣外通恐吉甫勢軋內忌造爲醜辭以怒陛下帝良久曰幾誤我先是杜黃裳方爲帝夷削節度彊王室建議裁可不關決于絪絪常默默居位四年罷爲太子賓客久乃檢校禮部尚書出爲嶺南節度使後累遷河中節度入爲御史大夫檢校尚書左僕射兼太子少保文宗太和中年老乞骸骨以太

子太傅致仕卒年七十八贈司空諡曰宣絪本以儒術進守道寡欲所居不爲
烜赫事以篤實稱善名理學世以耆德推之
孫顥舉進士以起居郎尚萬壽公主拜駙馬都尉有器識宣宗時恩寵無比終
檢校禮部尚書河南尹
權德輿字載之父皐見卓行傳德輿七歲居父喪哭踊如成人未冠以文章稱
諸儒閒韓洄黜陟河南辟置幕府復從江西觀察使李兼府爲判官杜佑裴胄
交辟之德宗聞其材召爲太常博士改左補闕貞元八年關東淮南浙西州縣
大水壞廬舍漂殺人德輿建言江淮田一善熟則旁資數道故天下大計仰於
東南今霪雨二時農田不開逋亡日衆宜擇羣臣明識通方者持節勞徠問人
所疾苦蠲其租入與連帥守長講求所宜賦取於人不若藏於人之固也帝乃
遣奚陟等四人循行慰撫裴延齡以巧倖進判度支德輿上疏斥言延齡以常
賦正額用度未盡者爲羨利以夸己功用官錢售常平雜物還取其直號別貯
羨錢因以罔上邊軍乏不稟糧召禍疆場其事不細陛下疑爲流言胡不以新

利召延齡質覈本末擇中朝臣按覆邊資如言者不謬則邦國之務不宜委非其人疏奏不省遷起居舍人歲中兼知制誥進中書舍人當是時帝親攬庶政重除拜凡命諸朝皆手制中下始德輿知制誥而徐岱給事中高郢爲舍人居數歲岱卒郢知禮部德輿獨直兩省數旬一還舍乃上書言左右掖垣承天子誥命奉行詳覆各有攸司舊制分曹十員以相防檢大抵事有所壅則吏得爲非四方聞者或以朝廷爲乏士要重之司不宜久廢帝曰非不知卿之勞但擇如卿者未得其人耳久之知禮部貢舉真拜侍郎凡三歲甄品詳諦所得士相繼爲公卿宰相取明經初不限員十九年大旱德輿因是上陳闕政曰陛下齋心減膳閔惻元元告于宗廟禱諸天地一物可祈必致其禮一士有請必聽其言憂人之心可謂至已臣聞銷天災者脩政術感人心者流惠澤和氣洽則祥應至矣畿甸之內大率赤地而無所望轉徙之人斃踣道路慮種麥時種不得下宜詔在所裁留經用以種貸民今茲租賦及宿逋遠貸一切蠲除設不蠲除亦無可斂之理不如先事圖之則恩歸於上矣十四年夏旱吏趣常賦至縣令

爲民毆辱者不可不察又言漕運本濟關中若轉東都以西緣道倉廩悉入京
師督江淮所輸以備常數然後約太倉一歲計斥其餘者以糶于民則時價不
踴而蓄藏者出矣又言大曆中一縑直錢四千今止八百稅入如舊則出於民
者五倍其初四方銳於上獻爲國掊怨廣軍實之求而兵有虛籍剝取多方雖
有心計巧曆能商功利其於割股啖口困人均也又言比經紲放者自謂技拭
無期坐爲匪人以動和氣而冬薦官踰三年未受命衣食旣空溘然就斃此亦
窮人之一端也近陛下洗宥紲放者或起爲二千石其徒更相勉知牽復可望
惟因而弘之使人人自效帝頗采用之憲宗元和初歷兵部侍郎坐累徙太子
賓客俄還前官時澤潞盧從史詐傲寖不制其父虔卒京師而成德王承宗父
死求襲德輿諫以爲欲變山東先擇昭義之帥從史拔自軍校偃蹇不法今可
因其喪選守臣代之成德習俗旣久當制以漸許成德之請則可許昭義則不
可帝不聽及王承宗叛從史乃詭計以撓王師兵老無功德輿復請赦承宗徙
從史後皆略如所料會裴垍病德輿自太常卿拜禮部尚書同中書門下平章

事王鍔繇河中入朝求兼宰相李藩以爲不可德輿亦奏平章事非序進宜得
比方鎭帶宰相必有大忠若勳否則彊不制者不得已與之今鍔無功又非姑
息時一假此名以開後人不可帝乃止董溪于皐蕃以運糧使盜軍與流嶺南
帝悔其輕詔中使半道殺之德輿諫溪等方山東用兵乾沒庫財死不償責陛
下以流斥太輕當責臣等繆誤審正其罪明下詔書與衆同棄則人人懼法臣
知已事不諍然異時或有此比要須有司論報罰一勸百孰不甘心帝深然之
嘗問政之寬猛孰先對曰唐家承隋苛虐以仁厚爲先太宗皇帝見明堂圖始
禁鞭背列聖所循皆尚德教故天寶大盜竊發俄而夷滅蓋本朝之化感人心
之深也帝曰誠如公言德輿與嘗辨論開陳古今本末以覺悟人主爲輔相寬和
不爲察察名李吉甫再秉政帝又自用李絳參贊大機是時帝切于治事鉅細
悉責宰相吉甫絳議論不能無持異至帝前遽言亟辯德輿從容不敢有所輕
重坐是罷爲本官以檢校吏部尚書留守東都進扶風郡公于頔以子殺人自
因親戚莫敢過門朝廷無爲請者德輿將行言于帝曰頔之罪既貸不竟宜因

賜寬詔帝曰然卿爲吾過諭之復拜太常卿徙刑部尙書先是詔許孟容蔣乂刊彙格敕既成上之留禁中德輿請出其書與侍郎劉伯芻參復研考定三十篇奏上復檢校吏部尙書出爲山南西道節度使後二年以病乞還卒於道年六十贈尙書左僕射諡曰文德輿生三歲知變四聲四歲能賦詩積思經術無不貫綜自始學至老未曾一日去書不觀嘗著論辨漢所以亡西京以張禹東京以胡廣大指有補於世其文雅正贍縟當時公卿侯王功德卓異者皆所銘紀十常七八雖動止無外飾其醞藉風流自然可慕貞元元和閒爲搢紳羽儀云

子璩字大圭元和初擢進士歷監察御史有美稱宰相李宗閔乃父門生故薦爲中書舍人時李訓挾寵以周易博士在翰林璩與舍人高元裕給事中鄭肅韓佽等連章劾訓傾覆陰巧且亂國不宜出入禁中不聽及宗閔貶璩屢表辨解貶閬州刺史文宗憐其母病徙鄭州訓誅時人多璩明禍福大體能世其家

崔羣字敦詩貝州武城人未冠舉進士陸贄主貢舉梁肅薦其有公輔才擢甲

第舉賢良方正授祕書省校書郎累遷右補闕翰林學士中書舍人數陳讜言憲宗嘉納因詔學士凡奏議待羣署乃得上羣以禁密之言人人當自陳一爲故事後或有惡直醜正則宅學士不得上書矣固讓見聽惠昭太子薨是時遂王嫡而澧王長多內助帝將建東宮詔羣爲澧王作讓羣奏大凡已當得則讓不當得之烏用讓今遂王嫡宜爲太子帝從其議魏博田季安以五千縑助營開業佛祠羣以爲無名之獻不當受有詔却之進戶部侍郎元和十二年以中書侍郎同中書門下平章事李師道既誅師古等妻子沒入掖廷帝疑以問羣羣請釋之并還其奴婢貲產鹽鐵院官權長孺坐罪抵死其母耄丐子以養帝頗然欲赦之以問宰相羣對陛下幸憐其老宜卽遣使諭旨若須出敕無及矣於是免死羣凡啓奏平恕如此帝嘗語宰相聽受之際不亦難乎比詔學士集前世事爲辨謗略以自儆鑒其要云何羣對無情曲直辨之至易有情則欺爲難審也故孔子有衆好衆惡浸潤膚受之說以其難辨也若陛下擇賢而任待之以誠繩之以法則人自歸正而不敢以欺帝韙其言處州刺史苗積進羨錢

七百萬羣以受之失信天下請還賜其州以紓下戶之賦是時皇甫鎛言利幸於帝陰藉左右求宰相羣數言其佞邪不可用旣入對及開元天寶事羣因推言其極曰安危在出令存亡繫所任昔玄宗少歷屯險更民閒疾苦故初得姚崇宋璟盧懷愼輔以道德蘇頲李元紘孜孜守正則開元爲治其後安于逸樂遠正士昵小人故宇文融以言利進李林甫楊國忠怙寵朋邪則天寶爲亂願陛下以開元爲法以天寶爲戒社稷之福也又言世謂祿山反爲治亂分明臣謂罷張九齡相林甫則治亂固已分矣左右爲感動羣以是諷帝故鎛銜之帝卒自相鎛會羣臣上帝號鎛欲兼用孝德爲號羣獨以爲有睿聖則孝德幷見帝聞不樂會度支稟賜邊士不時物多弊惡李光顏憂甚至欲引佩刀自決中外皆恐鎛奏邊鄙無事乃羣鼓動欲以買直歸怨天子於是罷爲湖南觀察使穆宗立以吏部侍郎召之勞曰我爲太子卿力也羣曰此先帝意臣何力焉且陛下向爲淮西節度使臣起制草其言有能辨南陽之牘允符東海之貴先帝然之則傳付久矣俄拜御史大夫未幾檢校兵部尙書充武寧節度使羣以其

副王智與得士心不若假以節度不報智與討幽鎭還籍兵逐羣羣失守左遷
秘書監分司東都改華州刺史歷宣歙池觀察使進兵部尙書出爲荆南節度
使召拜吏部尙書卒年六十一贈司空
贊曰聖人不畏多難畏無難何哉多難之世人人長慮而深謀曰惕于中猶以
爲未也曰吾覆亡不暇又何以安故能舉天下付之與畏之也禍難已平上恬
下嬉施施自如曰賢難得雖無賢尙可治也佞可去雖存佞不遽亂也視漏弗
塡忽傾弗支偃然自慰曰我曷以畏故能舉天下付之亡不畏也常人所畏聖
人易之所不畏聖人難之觀孝明皇帝本中主遭變可與謀始持成不可與共
終崔羣以爲相李林甫則治亂已分其言信哉是扁鵲所以誚桓侯也

唐書卷一百六十五

唐書卷一百六十五考證

鄭餘慶子澣○澣舊書作瀚

鄭珣瑜傳○舊書無

鄭絪傳累遷河中節度入爲御史大夫○沈炳震曰按舊書本紀長慶元年鄭絪自東都留守遷吏部尚書二年爲太子少傅四年自兵部尚書復爲吏部尚書太和二年以吏部尚書改太子少保其間無爲河中節度文未詳孰是

唐書卷一百六十五考證

# 唐書卷一百六十六

宋端明殿學士宋祁撰

## 列傳第九十一

### 賈杜令狐

賈耽字敦詩滄州南皮人天寶中舉明經補臨清尉上書論事徙太平河東節度使王思禮署爲度支判官累進汾州刺史治凡七年政有異績召授鴻臚卿兼左右威遠營使俄爲山南西道節度使梁崇義反東道耽進屯穀城取均州建中三年徙東道德宗在梁耽使司馬樊澤奏事澤還耽大置酒會諸將俄有急詔至以澤代耽召爲工部尚書耽納詔于懷飲如故既罷召澤曰詔以公見代吾且治行勅將吏謁澤大將張獻甫曰天子播越而行軍以公命問行在乃規旄鉞利公土地可謂事人不忠矣軍中不平請爲公殺之耽曰是何謂邪朝廷有命即爲帥矣吾今趨覲得以君俱乃行軍中遂安俄爲東都留守故事居守不出城以耽善射優詔許獵近郊遷義成節度使淄青李納雖削僞號而陰

蓄姦謀冀有以逞其兵數千自行營還道出滑或謂館于外耽曰與我鄰道奈何疑之使暴于野命館城中宴廡下納士皆心服耽每畋從數百騎往往入納境納大喜然畏其德不敢謀貞元九年以尚書右僕射同中書門下平章事俄封魏國公常以方鎭帥缺當自天子命之若謀之軍中則下有背向人固不安帝然之不用也順宗立進檢校司空左僕射時王叔文等干政耽病之屢移疾乞骸骨不許卒年七十六贈太傅諡曰元靖耽嗜觀書老益勤尤悉地理四方之人與使夷狄者見之必從詢索風俗故天下地土區產山川夷岨必究知之方吐蕃盛彊盜有隴西異時州縣遠近有司不復傳耽乃繪布隴右山南九州且載河所經受爲圖又以洮湟甘涼屯鎭額籍道里廣狹山險水原爲別錄六篇河西戎之錄四篇上之詔賜幣馬珍器又圖海內華夷廣三丈從三丈三尺以寸爲百里幷撰古今郡國縣道四夷述其中國本之禹貢外夷本班固漢書古郡國題以墨今州縣以朱刊落疏舛多所釐正帝善之賜予加等或指圖問其邦人咸得其眞又著貞元十道錄以貞觀分天下隸十道在景雲爲按察開

元爲採訪廢置升降備焉至陰陽雜數罔不通其器恢然蓋長者也不喜臧否人物爲相十三年雖安危大事亡所發明而檢身厲行自其所長每歸第對賓客無少倦家人近習不見其喜慍世謂淳德有常者

杜佑字君卿京兆萬年人父希望重然諾所交游皆一時俊傑爲安陵令都督宋慶禮表其異政坐小累去官開元中交河公主嫁突騎施詔希望爲和親判官信安郡王禕表署靈州別駕關內道度支判官自代州都督召還京師對邊事玄宗才之屬吐蕃攻勃律勃律乞歸右相李林甫方領隴西節度故拜希望鄯州都督知留後馳傳度隴破烏莽衆斬千餘級進拔新城振旅而還擢鴻臚卿於是置鎮西軍希望引師部分塞下吐蕃懼遣書求和希望報曰受和非臣下所得專虜悉衆爭壇泉希望大小戰數十俘其大酋至莫門焚積蓄卒城而還授二子官時軍屢興府庫虛寡希望居數歲芻粟金帛豐餘宦者牛仙童行邊或勸希望結其驩答曰以貨藩身吾不忍仙童還奏希望不職下遷恒州刺史徙西河而仙童受諸將金事泄抵死畀金者皆得罪希望愛重文學門下所

引如崔顥等皆名重當時佑以蔭補濟南參軍事剡縣丞嘗過潤州刺史韋元
甫元甫以故人子待之不加禮它日元甫有疑獄不能決試訊佑佑爲辨處契
要無不盡元甫奇之署司法參軍府徙浙西淮南皆表置幕府入爲工部郎中
充江淮青苗使再遷容管經略使楊炎輔政歷金部郎中爲水陸轉運使改度
支兼和糴使於是軍興餽漕佑得劇決以戶部侍郎判度支建中初河朔兵挐
戰民困賦無所出佑以爲救敝莫若省用省用則省官乃上議曰漢光武建武
中廢縣四百吏率十署一魏太和時分遣使者省吏員正始時幷郡縣晉太元
省官七百隋開皇廢郡五百貞觀初省內官六百員設官之本以治衆庶故古
者計人置吏不肯虛設自漢至唐因征戰艱難以省吏員誠救弊之切也昔咎
繇作士今刑部尚書大理卿則二咎繇也垂作共工今工部尚書將作監則二
垂也契作司徒今司徒戶部尚書則二契也伯夷爲秩宗今禮部尚書禮儀使
則二伯夷也伯益爲虞今虞部郎中都水使司則二伯益也伯冏爲太僕今太
僕卿駕部郎中尚輦奉御閑廄使則四伯冏也古天子有六軍漢前後左右將

軍四人今十二衞神策八軍凡將軍六十員舊名不廢新資日加且漢置別駕
隨刺史巡察猶今觀察使之有副也參軍者參其府軍事猶今節度判官也官
名職務直遷易不同爾詎有事實哉誠宜斟酌繁省欲致治者先正名神龍中
官紀蕩然有司大集選者既無闕員則置員外官二千人自是以爲常當開元
天寶中四方無虞編戶九百餘萬帑藏豐溢雖有浮費不足爲憂今黎苗凋瘵
天下戶百三十萬陛下詔使者按比纔得三百萬比天寶三分之一就中浮寄
又五之二出賦者已耗而食之者如舊安可不革議者以天下尚有跋扈不廷
一省官吏被罷者皆往託焉此常情之說類非至論且才者薦用不才者何患
其亡又況顧姻戚家產哉建武時公孫述隗囂未滅太和正始太元時吳蜀鼎
立開皇時陳尚割據皆羅取俊乂猶不慮失人以資敵今田悅輩繁刑暴賦惟
軍是卹遇士人如奴囚無范雎業秦賈季彊狄之患若以習久不可以遽改且
應權省別駕參軍司馬州縣額內官約戶置尉當罷者有行義在所以聞不如
狀舉者當坐不爲人舉者任參常調亦何患哉如魏置柱國當時宿德盛業者

居之貴寵第一周隋閒授受已多國家以爲勳級纔得地三十頃耳又開府儀同三司光祿大夫亦官名以其太多回作階級隨時立制遇弊則變何必因循憚改作邪議入不省盧杞當國惡之出爲蘇州刺史前刺史母喪解佑母在辭不行改饒州俄遷嶺南節度使佑爲開大衢疏析廛閈以息火災朱厓黎氏三世保險不賓佑討平之召拜尚書右丞俄出爲淮南節度使以母喪解詔不許徐州節度使張建封卒軍亂立其子愔請于朝帝不許乃詔佑檢校尚書左僕射同中書門下平章事節度徐泗討定之佑具舠艦遣屬將孟準度淮擊徐不克引還佑於出師應變非所長因固境不敢進乃詔授愔徐州節度使析濠泗二州隸淮南初佑決雷陂以廣灌漑斥海瀕棄地爲田積米至五十萬斛列營三十區士馬整飭四鄰畏之然寬假僚佐故南宮僔李亞鄭元均至爭權亂政帝爲佑斥去之十九年拜檢校司空同中書門下平章事德宗崩詔攝冢宰進檢校司徒兼度支鹽鐵使於是王叔文爲副佑既以宰相不親事叔文遂專權後叔文以母喪還第佑有所按決郎中陳諫請須叔文佑曰使不可專邪乃出

諫爲河中少尹叔文欲搖東宮冀佑爲助佑不應乃謀逐之未決而敗佑更薦李巽以自副憲宗在諒闇復攝冢宰盡讓度支鹽鐵於巽始度支嗇用度多署吏權攝百司繁而不綱佑以營繕還將作木炭歸司農染還少府職務簡修明年拜司徒封岐國公党項陰導吐蕃爲亂諸將邀功請討之佑以爲無良邊臣有爲而叛卽上疏曰昔周宣中興獫狁爲害追之太原及境而止不欲弊中國怒遠夷也秦恃兵力北拒匈奴西逐諸羌結怨階亂實生謫戍蓋聖王之治天下惟欲綏靜生人西至于流沙東漸于海在北與南止存聲教豈疲內而事外邪昔馮奉世矯詔斬莎車王傳首京師威鎮西域宣帝議加爵土蕭望之獨謂矯制違命雖有功不可爲法恐後奉使者爲國家生事夷狄比突厥默啜寇害中國開元初郝靈佺捕斬之自謂功莫與二宋璟慮邊臣由此邀功但授郞將而已繇是訖開元之盛不復議邊中國遂安此成敗鑒戒之不遠也党項小蕃與中國雜處間者邊將侵刻利其善馬子女斂求繇役遂致叛亡與北狄西戎相誘盜邊傳曰遠人不服則修文德以來之管仲有言國家無使勇猛者爲

邊境此誠聖哲識微知著之略也今戎醜方彊邊備未實誠宜慎擇良將使之完輯禁絶誅求示以信誠來則懲禦去則謹備彼當懷柔革其姦謀何必亟興師役坐取勞費哉帝嘉納之歲餘乞致仕不聽詔三五日一入中書平章政事佑每進見天子尊禮之官而不名後數年固乞骸骨帝不得已許之仍拜光祿大夫守太保致仕俾朝朔望遣中人錫予備厚元和七年卒年七十八册贈太傅謚曰安簡佑資嗜學雖貴猶夜分讀書先是劉秩摭百家侔周六官法爲政典三十五篇房琯稱才過劉向佑以爲未盡因廣其闕參益新禮爲二百篇自號通典奏之優詔嘉美儒者服其書約而詳爲人平易遜順與物不違忤人皆愛重之方漢胡廣然練達文采不及也朱坡樊川頗治亭觀林芿鑿山股泉與賓客置酒爲樂子弟皆奉朝請貴盛爲一時冠天性精於吏職爲治不皦察數斡計賦相民利病而上下之議者稱佑治行無缺惟晚年以妾爲夫人有所蔽云

子式方字考元以蔭授揚州參軍事再遷太常寺主簿考定音律卿高郢稱之

佑旣相出爲昭應令遷太僕卿子悰尙公主式方以右戚輒病不視事穆宗立授桂管觀察使弟從鄅痼疾躬爲營方藥羞膳及死期而泣世稱其篤行卒贈禮部尙書從鄅元和初爲左補闕崔羣等以宰相子爲嫌再徙祕書丞終駕部員外郞子牧

悰字永裕以門蔭三遷太子司議郞權德輿爲相其壻翰林學士獨孤郁以嫌自白憲宗見郁文雅歎曰德輿有壻乃爾時岐陽公主帝愛女舊制選多戚里將家帝始詔宰相李吉甫擇大臣子皆辭疾唯悰以選召見麟德殿禮成授殿中少監駙馬都尉太和初由澧州刺史召爲京兆尹遷鳳翔忠武節度使入爲工部尙書判度支會公主薨悰久不謝文宗怪之戶部侍郞李珏曰比駙馬都尉皆爲公主服斬衰三年故悰不得謝帝矍然始詔杖而期著于令會昌初爲淮南節度使武宗詔揚州監軍取倡家女十七人進禁中監軍請悰同選又欲閱良家有姿相者悰曰吾不奉詔而輒與罪也監軍怒表于帝帝以悰有大臣體乃詔罷所進伎有意倚悰爲相矣踰年召拜檢校尙書右僕射同中書門下

平章事仍判度支劉積平進左僕射兼門下侍郎未幾以本官罷出爲劍南東川節度使徙西川復鎭淮南時方旱道路流亡藉藉民至漉漕渠遺米自給呼爲聖米取陂澤茭蒲實皆盡悰更表以爲祥獄囚積數百千人而荒湎宴適不能事罷兼太子太傅分司東都踰歲起爲留守復節度劍南西川召爲右僕射判度支進兼門下侍郎同平章事始宣宗世夔王以下五王處大明宮內院而鄆王居十六宅帝大漸樞密使王歸長馬公儒等以遺詔立夔王而左軍中尉王宗實等入殿中以爲歸長等矯詔乃迎鄆王立之是爲懿宗久之遺樞密使楊慶詣中書獨揖悰宅宰相畢諴杜審權蔣伸不敢進乃授悰中人請帝監國奏因諭悰劾大臣名不在者抵罪悰遽封授使者復命謂慶曰上踐祚未久君等秉權以愛憎殺大臣公屬禍無日矣慶色沮去帝怒亦釋大臣遂安未幾冊拜司空封邠國公以檢校司徒爲鳳翔荊南節度使加兼太傅會黔南觀察使秦匡謀討蠻兵敗奔于悰悰因之劾不能伏節有詔斬之悰不意其死駭愕得疾卒年八十贈太師葬日詔宰相百官臨奠悰於大議論往往有所合然才不

周用雖出入將相而厚自奉養未嘗薦進幽隱佑之素風衰焉故時號禿角犀

子裔休懿宗時歷翰林學士給事中坐事貶端州司馬

弟孺休字休之累擢給事中大順初錢鏐遣弟銶率兵擊徐約於蘇州破之以海昌都將沈粲行刺史事而昭宗更命孺休爲之以粲爲制置指揮使鏐不悅密遣粲害焉始孺休見攻也曰勿殺我當與爾金粲曰殺爾金焉往與兄述休

同死悰弟慆

慆咸通中爲泗州刺史會龐勛反圍城處士辛讜自廣陵來見慆勸出家屬獨以身守慆曰吾出百口求生衆心搖矣不如與將士生死共之衆聞皆泣下慆之聞難完濬城隍閱器械無不具賊將李圓易慆馳勇士百人欲入封府庫慆爲好言厚禮迎勞賊不虞慆之謀也明日伏甲士三百宴毬場賊皆殲焉圓怒傅城戰慆殺數百人圓退壁城西勛聞益其兵而以書射城中促降會夜慆擊鼓乘城大呼圓氣奪奔還徐州未幾賊焚淮口晝夜戰不息讜乃請救於戍將郭厚本賊解去浙西節度使杜審權遣將以兵千人來援反爲圓軍所包一軍

盡沒愔使人閒道走京師詔戴可師以沙陀吐渾兵二萬招討淮南節度使令狐綯遣牙將李湘屯淮口與郭厚本合爲團所敗湘等並沒於是援絕賊乃以鐵鎖絕淮流梯衝乘城糧盡爲薄饘以給懿宗遣使加愔檢校右散騎常侍勉以堅守勛遣圍入城見愔約降愔怒殺之勛復遺之書愔答書言安祿山朱泚等終底覆滅者以陰攜其黨勛累攻不得志會招討使馬舉率兵至遂解去圍凡十月愔拊循士皆殊死奮而辛讜冒圍出入糾輯援師卒完一州時稱爲難賊平愔遷義成軍節度使檢校兵部尚書卒

牧字牧之善屬文第進士復舉賢良方正沈傳師表爲江西團練府巡官又爲牛僧孺淮南節度府掌書記擢監察御史移疾分司東都以弟顗病棄官復爲宣州團練判官拜殿中侍御史內供奉是時劉從諫守澤潞何進滔據魏博頗驕蹇不循法度牧追咎長慶以來朝廷措置亡術復失山東鉅封劇鎮所以繫天下輕重不得承襲輕授皆國家大事嫌不當位而言實有罪故作罪言其辭曰生人常病兵兵祖於山東羨於天下不得山東兵不可去山東之地禹畫九

土曰冀州舜以其分太大離爲幽州爲并州程其水土與河南等常重十三故其人沈鷙多材力重許可能辛苦魏晉以下工機纖雜意態百出俗益卑弊人益脆弱唯山東敦五種本兵矢他不能蕩而自若也產健馬下者日馳二百里所以兵常當天下冀州以其恃彊不循理冀其必破弱雖已破冀其復彊大也并州力足以并吞也幽州幽陰慘殺也聖人因以爲名黃帝時蚩尤爲兵階自後帝王多居其地周劣齊霸不一世晉大常傭役諸侯至秦萃銳三晉經六世乃能得韓遂折天下脊復得趙因拾取諸國韓信聯齊有之故蒯通知漢楚輕重在信光武始於上谷成於鄗魏武舉官渡三分天下有其二晉亂胡作至宋武號英雄得蜀得關中盡有河南地十分天下之八然不能使一人度河以窺胡至高齊荒蕩宇文取之隋文因以滅陳五百年間天下乃一家隋文非宋武敵也是宋不得山東隋得山東故隋爲王宋爲霸由此言之山東王者不得不爲王霸者不得不爲霸猾賊得之足以致天下不安天寶末燕盜起出入成皐函潼間若涉無人地郭李輩兵五十萬不能過鄴自爾百餘城天下力盡不得

尺寸人望之若回鶻吐蕃義無敢窺者國家因之畦河修障戍塞其街蹊齊魯
梁蔡被其風流因以爲寇以裏拓表以表撑裏混須回轉顛倒橫邪未常五年
間不戰生人日頓委四夷日日熾天子因之幸陝幸漢中焦焦然七十餘年運
遭孝武澣衣一肉不畋不樂自卑冗中拔取將相凡十三年乃能盡得河南山
西地洗削更革罔不能適唯山東不服亦再攻之皆不利豈天使生人未至於
怙泰邪豈人謀未至邪何其艱哉今日天子聖明超出古昔志於平治若欲悉
使生人無事其要先去兵不得山東兵不可去今者上策莫如自治何者當貞
元時山東有燕趙魏叛河南有齊蔡叛梁徐陳汝白馬津盟津襄鄧安黄壽春
皆戍厚兵十餘所纔足自護治所實不輟一人以他使遂使我力解勢弛熟視
不軌者無可奈何階此蜀亦叛吴亦叛其他未叛者迎時上下不可保信自元
和初至今二十九年間得蜀得吴得蔡得齊收郡縣二百餘城所未能得唯山
東百城耳土地人戶財物甲兵較之往年豈不綽綽乎亦足自以爲治也法令
制度品式條章果自治乎賢才姦惡搜選置捨果自治乎障戍鎮守干戈車馬

果自治乎井閭阡陌倉廩財賦果自治乎如不果自治是助虜爲虜環土三千里植根七十年復有天下陰爲之助則安可以取故曰上策莫如自治中策莫如取魏魏於山東最重於河南亦最重魏在山東以其能遮趙也既不可越魏以取趙固不可越趙以取燕是燕趙常取重於魏魏常操燕趙之命故魏在山東最重黎陽距白馬津三十里新鄉距盟津一百五十里陴壘相望朝駕暮戰是二津虜能潰一則馳入成皐不數日間故魏於河南亦最重元和中舉天下兵誅蔡誅齊頓之五年無山東憂者以能得魏也昨日誅滄頓之三年無山東憂亦以能得魏也長慶初誅趙一日五諸侯兵四出潰解以失魏也昨日誅趙罷如長慶時亦以失魏也故河南山東之輕重在魏非魏彊大地形使然也故曰取魏爲中策最下策爲浪戰不計地勢不審攻守是也兵多粟多毆人使戰者便於守兵少粟少人不毆自戰者便於戰故我常失於戰虜常困於守山東叛且三五世後生所見言語舉止無非叛也以爲事理正當如此沉酣入骨髓無以爲非者至有圍急食盡啖屍以戰以此爲俗豈可與決一勝一負哉自十

餘年凡三收趙食盡且下郗士美敗趙復振杜叔良敗趙復振李聽敗趙復振
故曰不計地勢不審攻守爲浪戰最下策也累遷左補闕史館修撰改膳部員
外郎宰相李德裕素奇其才會昌中黠戛斯破回鶻回鶻種落潰入漠南牧說
德裕不如遂取之以爲兩漢伐虜常以秋冬當匈奴勁弓折膠重馬免乳與之
相校故敗多勝少今若以仲夏發幽并突騎及酒泉兵出其意外一舉無類矣
德裕善之會劉稹拒命詔諸鎮兵討之牧復移書於德裕以河陽西北去天井
關彊百里用萬人爲壘窒其口深壁勿與戰成德軍世與昭義爲敵王元逵思
一雪以自奮然不能長驅徑擣上黨其必取者在西面今若以忠武武寧兩軍
益青州精甲五千宣潤弩手二千道絳而入不數月必覆賊巢昭義之食盡仰
山東常日節度使率留食邢州山西兵單少可乘虛襲取故兵聞拙速未睹巧
之久也俄而澤潞平略如牧策歷黃池睦三州刺史入爲司勳員外郎常兼史
職改吏部復乞爲湖州刺史踰年以考功郎中知制誥遷中書舍人牧剛直有
奇節不爲齪齪小謹敢論列大事指陳病利尤切至少與李甘李中敏宋邧善

其通古今善處成敗甘等不及也牧亦以疏直時無右援者從兄悰更歷將相而牧困躓不自振頗怏怏不平卒年五十初牧夢人告曰爾應名畢復夢書皎皎白駒字或曰過隙也俄而炊甑裂牧曰不祥也乃自爲墓誌悉取所爲文章焚之牧於詩情致豪邁人號爲小杜以別杜甫云

顗字勝之幼病目母禁其爲學舉進士禮部侍郎賈餗語人曰得杜顗足敵數百人授祕書省正字李德裕奏爲浙西府賓佐德裕貴盛賓客無敢忤惟顗數諫正之及謫袁州歎曰門下愛我皆如顗吾無今日太和末召爲咸陽尉直史館常語人曰李訓鄭注必敗行未及都聞難作疏辭疾歸顗亦善屬文與牧相上下竟以喪明卒

令狐楚字殼士德棻之裔也生五歲能爲辭章逮冠貢進士京兆尹將薦爲第一時許正倫輕薄士有名長安閒能作蜚語楚嫌其爭讓而下之旣及第桂管觀察使王拱愛其材將辟楚懼不至乃先奏而後聘雖在拱所以父官并州不得奉養未嘗豫宴樂滿歲謝歸李說嚴綬鄭儋繼領太原高其行引在幕府由

掌書記至判官德宗喜文每省太原奏必能辨楚所爲數稱之儋暴死不及占後事軍大讙將爲亂夜十數騎挺刃邀取楚使草遺奏諸將圜視楚色不變秉筆輒就以偏示士皆感泣一軍乃安由是名益重以親喪解既除召授右拾遺憲宗時累擢職方員外郎知制誥其爲文於牋奏制令尤善每一篇成人皆傳諷皇甫鎛以言利幸與楚蕭俛皆厚善故薦于帝帝亦自聞其名召爲翰林學士進中書舍人方伐蔡久未下議者多欲罷兵帝獨與裴度不肯赦元和十二年度以宰相領彰義節度使楚草制其辭有所不合度得其情時宰相李逢吉與楚善皆不助度故帝罷逢吉停楚學士但爲中書舍人俄出爲華州刺史後宅學士比比宣事不切旨帝抵其草思楚之材鎛既相擢楚河陽懷節度使代烏重胤始重胤徙滄州以河陽士三千從士不樂半道潰歸保北城將轉掠旁州楚至中潬以數騎自往勞之衆甲而出見楚不疑乃皆降楚斬其首惡衆遂定度出太原鎛薦楚爲中書侍郎同中書門下平章事穆宗即位進門下侍郎鎛得罪時謂楚緣鎛以進且嘗逐裴度天下所共疾會蕭俛輔政乃不敢言方

營景陵詔楚爲使而親吏韋正牧奉天令于翬等不償傭錢十五萬緡楚獻以爲羨餘怨訴係路詔捕翬等下獄誅出楚爲宣歙觀察使俄貶衡州刺史再徙以太子賓客分司東都長慶二年擢陝虢觀察使諫官論執不置楚至陝一日復罷還東都會逢吉復相力起楚以李紳在翰林沮之不克敬宗立逐出紳即拜楚爲河南尹遷宣武節度使汴軍以驕故而韓弘弟兄務以峻法繩治士偷于安無革心楚至解去酷烈以仁惠鐫諭人人悅喜遂爲善俗入爲戶部尚書俄拜東都留守徙天平節度使始汴鄆帥每至以州錢二百萬入私藏楚獨辭不取又毁李師古園檻僭制者久之徙節河東召爲吏部尚書檢校尚書右僕射故事檢校官重則從其班楚以吏部自有品固辭有詔嘉允俄兼大常卿進拜左僕射彭陽郡公會李訓亂將相皆繫神策軍文宗夜召楚與鄭覃入禁中楚建言外有三司御史不則大臣雜治內仗非宰相繫所也帝頷之既草詔以王涯賈餗寃指其罪不切仇士良等怨之始帝許相楚乃不果更用李石而以楚爲鹽鐵轉運使先是鄭注奏建榷茶使王涯又議官自治園植茶人不便楚

請廢使如舊法從之元和中出禁兵畀左右街使衞宰相入朝至建福門及是
亂乃罷楚卽奏鎭帥初拜必戎服屬仗詣省謁辭本於鄭注實爲亂兆故王璠
郭行餘驅將吏蹀血京師所宜停止詔可開成元年上巳賜羣臣宴曲江楚以
新誅大臣暴骸未收怨沴感結稱疾不出乃請給衣衾棺櫝以斂刑骨順陽氣
是時政在宦豎數上䟽辭位拜山南西道節度使卒年七十二贈司空謚曰文
楚外嚴重不可犯而中寬厚待士有禮客以星步鬼神進者一不接爲政善撫
御治有續人人得所宜疾甚諸子進藥不肯御曰士固有命何事此物邪自力
爲奏謝天子召門人李商隱曰吾氣魄且盡可助我成之其大要以甘露事誅
譴者衆請霽威普見昭洗辭致曲盡無所謬脫書已敕諸子曰吾生無益於時
無請謚勿求鼓吹以布車一乘葬銘誌無擇高位是夕有大星霣寢上其光燭
廷坐與家人訣乃終有詔停鹵簿以申其志子緒綯顯于時緒以蔭仕歷隋壽
汝三州刺史有佳政汝人請刻石頌德緒以綯當國固讓宣宗嘉其意乃止
綯字子直舉進士擢累左補闕右司郎中出爲湖州刺史大中初宣宗謂宰相

白敏中曰憲宗葬道遇風雨六宮百官皆避獨見頎而髯者奉梓宮不去果誰邪敏中言山陵使令狐楚帝曰有子乎對曰緒少風痺不勝用綯今守湖州因曰其爲人宰相器也卽召爲考功郎中知制誥入翰林爲學士它夜召與論人間疾苦帝出金鏡書曰太宗所著也卿爲我舉其要綯擿語曰至治未嘗任不肖至亂未嘗任賢任賢享天下之福任不肖罹天下之禍帝曰善朕讀此嘗三復乃已綯再拜曰陛下必欲興王業捨此孰先詩曰惟其有之是以似之進中書舍人襲彭陽男還御史中丞再遷兵部侍郎還爲翰林承旨夜對禁中燭盡帝以乘輿金蓮華炬送還院吏望見以爲天子來及綯至皆驚俄同中書門下平章事輔政十年懿宗嗣位由尚書左僕射門下侍郎再拜司空未幾檢校司徒平章事爲河中節度使徙宣武又徙淮南副大使安南平以饋運勞封涼國公龐勛自桂州還道浙西白沙入濁河剽舟而上綯聞遣使慰撫且餽之裨將李湘曰徐兵擅還果反矣雖未有詔一切制亂我得專之今其兵不二千而廣舟艦張旗幟示侈於人其畏我甚高郵厓峭水狹若使荻艚火其前勁兵乘其

後一舉可覆不然使得絶淮泗合徐之不逞禍亂滋矣綯懦緩不能用又自以
不奉詔因曰彼不爲暴聽其度淮何豫我哉勛還果盜徐州其衆六七萬徐乏
食分兵攻滁和楚壽陷之糧盡啖人以飽詔綯爲徐州南面招討使賊方攻泗
州杜慆堅守綯命湘率兵五千救之勛謾辭謝綯曰數蒙赦所以未卽降者一
二將爲異耳願圖去之以身聽命綯喜卽請假勛節而敕湘曰賊已降第謹戍
淮口無庸戰湘乃徹警釋械日與勛衆歡言後賊乘閒直襲湘壘悉俘而食之
醢湘及監軍郗厚本時浙西杜審權使票將翟行約率千兵與湘會未至而湘
覆賊僞建淮南旌幟誘之亦皆陷綯既師敗乃以左衞大將軍馬舉代之以綯
爲太子太保分司東都僖宗初拜鳳翔節度使頃之就加同平章事徙封趙卒
年七十八贈太尉子滈渙渢
滈避嫌不舉進士綯輔政而滈與鄭顥爲姻家怙勢驕僨通賓客招權以射取
四方貨財皆側目無敢言懿宗嗣位數爲人白發其事故綯去宰相因丐滈與
羣進士試有司詔可是歲及第諫議大夫崔瑄劾奏綯以十二月去位而有司

解牒盡十月屈朝廷取士法爲鄗家事請委御史按實其罪不聽鄗乃以長安尉爲集賢校理稍遷右拾遺史館修撰詔下左拾遺劉蛻起居郎張雲交疏指其惡且言綯用李琢爲安南都護首亂南方贓虐流著使天下兵戈調斂不給琢本進賂于鄗鄗爲人子陷綯於惡顧可爲諫臣乎又劾綯大臣當調護國本而大中時乃引諫議大夫豆盧籍刑部侍郎李鄴爲夔王等侍讀亂長幼序使先帝貽厥之謀幾不及陛下且鄗居當時謂之白衣宰相鄗未嘗舉進士而妄言已解使天下謂無解及第不已罔乎鄗亦懼求換宅官改詹事府司直綯方守淮南上奏自治帝爲貶雲爲興元少尹蛻華陰令鄗亦湮阨不振死渙渢皆舉進士渙終中書舍人

定字履常楚弟及進士第太和末以駕部郎中爲弘文館直學士李訓亂王涯休方以是日就職定往賀爲神策軍幷收欲殺者屢矣已而免終桂管觀察使

贊曰耽佑楚皆惇儒大衣高冠雍容廟堂道古今處成務可也以大節責之蓋碏中而玉表歟悰綯世當國亦無足譏牧論天下兵曰上策莫如自治賢矣哉

唐書卷一百六十六

宋　端　明　殿　學　士　宋　祁　撰

列傳第九十二

白裴崔韋二李皇甫王

白志貞者本名琇珪故太原史也事節度使李光弼碅碅自力有智數光弼善之使與帳下議代宗素聞及光弼卒擢累司農卿在官十年德宗以爲敏遂倚腹心進授神策軍使賜今名有所建白善窺億帝指故言無不從從狩奉天以爲行在都知兵馬使懼李懷光暴其惡乃與趙贊盧杞等抑懷光不使朝懷光反論斥其姦貶恩州司馬贊播州司馬稍徙閬州別駕貞元二年起爲果州刺史宰相李勉固諫不許明年拜浙西觀察使死于官

裴延齡河中河東人乾元末爲汜水尉賊陷東都去客江夏華州刺史董晉表署判官稍遷太常博士盧杞秉政引爲膳部員外郎集賢院直學士崔造表知東都度支院召爲祠部郎中不待命輒還集賢院宰相張延賞疾其易出爲昭

應令與尉交訴所賕京兆尹鄭叔則佑尉而御史中丞竇參善延齡卒逐尹德宗用參輔政即擢延齡司農少卿會班宏卒假領度支延齡素不善財計乃廣鉤距取宿姦老吏與謀以固帝幸因建言左藏天下歲入不貲耗登不可校請列別舍以檢盈虛於是以天下宿負八百萬緡析爲負庫抽貫三百萬緡爲賸庫樣物三十萬緡爲季庫帛以素出以色入者爲月庫帝皆可之然天下負皆窮人償入無期抽貫與給皆盡樣物與帛固有籍延齡但多其簿最吏員以詭帝於財用無所加也俄以戶部侍郎爲真又請以京兆苗錢市草千萬俾民輸諸苑宰相陸贄等以爲非是不從京右偏故有萑葦地數頃延齡妄言長安咸陽間得陂芳數百頃願以爲內廄牧地水甘草薦與苑廄等帝信之以問宰相皆曰當無有帝遣使按覆果詐延齡大慚帝不責也京兆積歲和市不得直尹李充請之官延齡誣其妄反令還輸號曰底折錢嘗請斂財以實府帝曰安得而實之延齡曰開元天寶閒戶口繁息百司務殷官且有缺者比兵與戶不半在今一官治數司足矣請後官闕不即補收其稟以實帑簿它日帝謂延齡曰

朕所居浴堂殿一棟將壓念易之未能也延齡曰宗廟至重殿棟微矣且陛下本分錢用之亡窮何所難哉帝驚曰本分錢奈何對曰此在經誼愚儒不能知臣能言之按禮天下賦三之一以充乾豆一以事賓客一君之庖廚陛下奉宗廟能竭天下賦三之一乎鴻臚禮賓勞予四夷用十一爲有羸陛下所御饔餼節儉以所餘爲百官廩料飧錢未盡也則所不盡者爲本分錢以治殿數十尙不乏況一棟哉帝頷曰人未嘗爲朕言之又造神龍佛祠須材五十尺者延齡妄奏同州得大谷木數十章度皆八十尺帝曰吾聞開元時近山無巨木求之嵐勝間今何地之近材之良邪延齡曰異材瓌產處處有之待聖主乃出今生近輔豈開元所當得也帝悅是時陸贄爲宰相帝素所信重極論其譎妄不可任帝以爲排媢愈益厚延齡贄上疏列其狀具言延齡嘗奏句獲乾隱二千萬緡請舍別庫爲羨餘供天子私費故上之與作廣宣索多矣延齡欲實其言乃大搜市廛奪所入獻逮捕匠徒迫脅就功號曰敕索弗讎其直名曰和雇弗與之庸又度支出納與太府交相關制出物旬計見物月計符按覆覈有御史以

監董之則財用不得回隱延齡乃言掊糞土得銀十三萬兩它貨且百萬已棄而獲皆羨餘也悉移舍以供別敕太府卿韋少華劾其妄陛下縱之不爲治此乃侵削兆民爲天子取怨于下又引建中橫斂多積致播遷者其言甚深切帝得奏不悅會鹽鐵使張滂京兆尹李充司農卿李銛皆指延齡專以憸僞罔上帝怒乃罷贄宰相左除滂等官時大旱人情愁惴延齡言贄等失權怨望顯言歲饑民流度支糧芻乏以激怒衆士它日帝畋苑中而神策軍訴度支不賦廏芻者天子惑延齡言乃下詔斥逐贄等朝廷震恐延齡又捕充所善吏張忠搒掠之誣充沒官錢五十萬緡以餌結權幸令妻以犢車載金飾贄忠具獄其母投訴光順門匭有詔御史審劾一夕得狀乃釋忠延齡不得逞復奏充妄用京兆錢穀願下有司比句以比部郎中崔元翰欲釋憾於贄也賴刑部侍郎奚陟辨治充等得不冤延齡資苛刻又劫于利專剝下附上肆騁譎怪其進對皆他人莫敢言而延齡言之不疑亦人之所未聞者帝頗知其詐但以其不隱欲聞外事故斷用不疑延齡恃得君謂必輔政少所降下至嫚罵邇臣時人側目屬

疾臥第載度支官物輸之家無敢言帝念之使者日三輩往死年六十九人語以相安唯帝悼不已冊贈太子太傅上柱國永貞初度支建言建齡曩列別庫分藏正物無實益而有吏文之煩乃詔復以還左藏元和中有司謚曰繆

崔損字至無系本博陵大曆間中進士博學宏辭補校書郎咸陽尉避親改大理評事累勞至右諫議大夫于時宰相趙憬卒盧邁屬疾裴延齡素善損薦之德宗貞元十二年以本官同中書門下平章事始中書虛位十日議者謂選有德及用損中外悵失而損性齪齪能自將延英進見不敢出一言及天下事踰年進門下侍郎嘗以疾臥家久賜絹三百爲醫藥費損無卓卓稱于人者而歷二省華要至宰相母殯而不葬亦不展殯女兄爲尼沒不臨喪建中後宰相無久任者損以便柔遜愿中帝意乃留八年帝亦知公議病其持祿然憐遇彌渥卒贈太子太傅謚曰靖

韋渠牟京兆萬年人工部侍郎述從子也少警悟工爲詩李白異之授以古樂府去爲道士不終更爲浮屠已而復冠浙西韓滉表試校書郎進至四門博士

貞元十二年德宗誕日詔給事中徐岱兵部郎中趙需禮部郎中許孟容與渠牟及佛老二師並對麟德殿質問大趣渠牟有口辯雖於三家未究解然答問鋒生帝聽之意動遷祕書郎進詩七百言未浹旬擢右補闕內供奉始同列易之後數遣中人專召渠牟繇是皆屬目歲中至諫議大夫大抵延英對雖大臣率漏下二三刻止渠牟每奏事輒五六刻乃罷天子歡甚渠牟爲人佻躁志向浮淺不根於道德仁義特用憸巧中帝意非有嘉謨正辭感悟得君也自陸贄免帝躬攬庶政不復委權于下宰相取充位行文書而已至守宰御史皆自推簡然處深宮所倚而信者裴延齡李齊運王紹李齊韋執誼與渠牟等其權侔人主延齡實皆姦虐紹無所建明渠牟後出望最輕張恩勢以動天下召崔芊于茅山起鄭隨布衣至補闕引醴泉令馮伉爲給事中太子侍讀帝既偏于任聽士之浮競甘進者爭出其門赫然勢焰可炙再擢太常卿卒年五十三贈刑部尚書謚曰忠所論著甚多傳于時

李齊運者蔣王惲孫始補寧王府東閤祭酒擢累監察御史復辟江淮都統李

峘府由工部郎中爲長安令政頗修辦宗正少卿李瀚從子有所訟齊運於瀚
爲卑行而不禮訟者瀚怒辱諸朝齊運以聞代宗貶瀚由是稍擢京兆少尹出
爲河中尹晉絳慈隰觀察使德宗出狩李懷光還兵奔難晝夜馳及河中士罷
困乃休三日齊運悉所賦勞軍牛酒豐甘人人喜悅及懷光反還守河中齊運
棄城走詔拜京兆尹時李晟壁渭橋齊運發民築城保督芻粟以餉晟賊平頗
有助萬年丞源邃不事齊運怒捽辱之死於廷邃家告寃御史大夫崔縱請窮
治帝不許御史聯章深劾齊運訴于帝言爲朋黨所擠天子使宰相諭諫官御
史後毋得羣署章以劾然卒不直邃寃久之大蝗旱齊運不能政乃以韓洄代
之改宗正卿閑廏宮苑使進至禮部尚書宰相內殿對已齊運常次進帝與參
決大事既無學暗于大體第以甘言阿匼而已嘗薦李錡爲浙西受賂數十萬
又薦李詞爲湖州刺史人告其贓帝置不問齊運臥疾滿歲不能謁每除吏往
往遣使即家咨逮晚以妾爲妻具冕服行禮士人蚩之卒年七十二贈尚書左
僕射

李實道王元慶四世孫以蔭仕嗣曹王皐辟署江西府判官遷蘄州刺史皐節度山南東道復從之皐卒實知後務刻薄軍費士怨怒欲殺之夜縋亡歸京師累進司農卿擢拜京兆尹封嗣道王怙寵而愎不循法度貞元二十年旱關輔饑實方務聚斂以結恩民訴府上一不問德宗訪外疾苦實詭曰歲雖旱不害有秋乃峻責租調人窮無告至撤舍鬻苗輸于官優人成輔端爲俳語諷帝實怒奏賤工謗國帝爲殺之或言古者瞽誦箴諫雖恢諧託諭何誅焉帝悔然不罪實故事京兆避臺官實嘗與御史王播遇而騶唱爭道播鉤責從者實怒奏播爲三原令廷辱之惡萬年令李衆誣逐虔州司馬以所善虞部員外郎房啓代之其怙權作威若此公卿爲譏短遷斥者甚衆專情督色見顏閒權德輿爲禮部而實私薦士二十人迫語曰應用此第不爾君且外遷德輿雖拒之然常憚其誣吏部每奏科目頗嚴密以杜請託實公詣曹劫請趙宗儒無所畏詔書蠲人逋租實格詔固斂畿民大困官吏皆被榜罰掊取二十萬緡吏乞貸毫氂輒死按之無罪者猥曰死亦非枉復殺之專以殘忍爲政順宗在諒闇不踰月

實殺數十人于府貶通州長史市人爭懷瓦石邀劫之實懼夜遁去長安中相賀以赦令內移死虢州

皇甫鎛涇州臨涇人貞元初第進士又擢制科爲監察御史居喪游處不度下除詹事府司直久之遷吏部員外郎典南曹鈐制吏姦稍知名進郎中遷累司農卿判度支改戶部侍郎憲宗方伐蔡急於用度鎛裒會嚴亟以辦濟師帝悅進兼御史大夫蔡平之明年遂同中書門下平章事猶領度支鎛以吏道進既由聚斂句剝爲宰相至雖市道皆嗤之崔羣裴度以聞帝怒不聽度乃表罷政事極論鎛姦邪苛刻天下怨之將食其肉且言天下安否繫朝廷朝廷輕重在輔相今承宗削地程權赴闕韓弘輿疾討賊非力能制之顧朝廷處置能服其心也若相鎛則四方解矣請授以浙西觀察使其辭切至帝以天下略平亦欲崇臺沼宮觀自娛樂鎛與程异知帝意故數貢羨財陰佐所欲又賂吐突承璀爲奧援故帝排衆論決任之反以度爲朋黨不內其言鎛乃益以巧媚自固建損內外官稟佐國用給事中崔植上還詔書乃止帝斥內帑所餘詔度支評直

鏄貴售之以給邊兵故繒陳綵觸手輒壞士怨怒聚焚之裴度以其事聞鏄指所著韡曰此內庫所出牢韌可服彼言不可用詐也帝信之鏄銜度乃與李逢吉令狐楚合擠之出度太原又以崔羣有天下重望勁正敢言後議帝號鏄乃譖羣抑損徽稱帝怒逐羣湖南鏄罷度支進門下侍郎平章事嘗與金吾將軍李道古共薦方士柳泌浮屠大通爲長年藥帝惑之穆宗在東宮聞其姦妄始聽政集羣臣於月華門貶鏄崖州司戶參軍死其所泌者本楊仁晝也習方伎道古薦于鏄召入禁中自云能致藥爲不死者因言天台山靈仙所舍多異草願官天台求采之起徒步拜天台刺史賜金紫諫臣固爭以爲列聖亦有寵方士未嘗使牧民帝曰煩一州而致長年于君父何愛哉後不敢言泌驅吏民采藥山谷間鞭笞苛急歲餘無所獲懼詐窮舉族遁去浙東觀察使捕得鏄與道古營解乃復待詔翰林帝餌泌藥寖躁怒不常宦侍懼以弑崩大通自言百五十歲鏄敗與泌皆誅初吏責泌妄答曰皆道古教我解衣即刑卒無它異鏄之貶前坊州刺史班肅以嘗僚獨餞於野朝廷義之擢爲司封員外郎

鑄弟鏞字穌卿第進士鑄爲相時任河南少尹見權寵太盛每極言之鑄不悅乃求分司爲太子右庶子鑄敗朝廷賢之授國子祭酒開成初以太子少保卒鏞能屬文工詩爲人寡言正色衣冠甚偉不屑世務所交皆知名士著書數十篇

王播字明敭其先太原人父恕爲揚州倉曹參軍遂家焉播貞元中與弟炎起皆有名並擢進士而播起舉賢良方正異等補盩厔尉以善治獄御史中丞李汶薦爲監察御史雲陽丞源咸季坐贓免賂有司復得調播劾解其官歷侍御史李實爲京兆尹與播遇諸衢故事尹當避道揖實不肯播移文詆之實大怒表播爲三原令將折之播受命趨府謝如禮邑中豪彊犯法未嘗輒貸歲終課最實重其才更薦之德宗將擢以要近會母喪解還除駕部員外郎長安令于頔奴客與民盜馬吏繫民而縱奴播捕取均其罰遷工部郎中知御史雜事刺舉不阿有能稱關中饑諸鎮或閉糴播以爲言三輔不乏歷虢州刺史李巽領鹽鐵奏以副己擢御史中丞歲終改京兆尹時禁屯列畿內者出入屬鞬佩劍

姦人冒之以剽劫又勳戚將馳獵近郊播請一切呵止盜賊不能隱皆走出境憲宗以爲能進刑部侍郎領諸道鹽鐵轉運使是時天下多故大理議讞科條叢繁播悉置格律坐隅商處重輕剖決如流吏不能竄其私帝討淮西也切於饋餉播引程异自副异尤通萬貨盈虛使馳傳江淮裒財用以給軍與兵得無乏帝嘉其功超拜禮部尚書稍以賞賄結宦要中外以爲言播薦皇甫鎛及鎛用事更忌播而以异代使播罷守本官久之檢校戶部尚書爲劍南西川節度使穆宗立逐鎛播求還長慶初召爲刑部尚書復領鹽鐵進中書侍郎同中書門下平章事時權幸競進播賴其力至宰相專務將迎居位無所裨益復失河北衆望不厭乃以檢校尚書右僕射出爲淮南節度使仍領使職不肯易印詔聽自隨是時南方旱歉人相食播掊斂不少衰民皆怨之然浚七里港以便漕引後賴其利敬宗即位即拜檢校司空以王涯代使播失職見王守澄方得君厚以金謝守澄乘間薦之天子有意復用播於是諫議大夫獨孤朗張仲方起居郎孔敏行柳公權宋申錫補闕韋仁實劉敦儒拾遺李景讓薛廷老等見廷

英言播傾邪闕通帝左右狀帝沖闇不內其言遂復領使天下公議益不與文
宗立就進檢校司徒太和元年入朝拜左僕射復輔政累封太原郡公時韋處
厚當國以獻替自任天子嚮之播專以錢穀進不甚與事居位四年卒年七十
二贈太尉諡曰敬播少孤貧自刻苦至成立居官以彊濟稱天性勤吏職每視
簿領紛積於前人所不堪者播反用爲樂所署吏苟無大罪以歲勞增秩而已
卒不易所職雅善占奏雖數十事未嘗書于笏再領鹽鐵嗜權利不復初操重
賦取以正額月進爲羨餘歲百萬緡自淮南還獻玉帶十有三銀盌數千綾四
十萬遂再得相云
起字舉之釋褐校書郎補藍田尉李吉甫辟爲淮南掌書記以殿中侍御史入
兼集賢殿直學士元和末累遷中書舍人數上疏諫穆宗畋游事歲中考第一
錢徽坐貢舉失實貶詔起覆核起建言以所試送宰相閱可否然後付有司詔
可議者謂起爲失職拜禮部侍郎李㝏叛與播俱上疏請詔王智興討之卒定
其亂賜金紫拜河南尹進吏部侍郎方播以僕射居相避選曹改兵部爲集賢

殿學士拜陝虢觀察使時亳州刺史李繁以擅誅賊抵罪起言繁父有功而二千石不宜償賊死不報入拜尚書左丞以戶部尚書判度支靈武邠寧多曠土奏爲營田以省餽輓歷河中節度使方蝗旱粟價騰踊起下令家得儲三十斛斥其餘以市否者死神策士怙勢不從寘于法繇是廥積咸出民賴以生召授兵部尚書以檢校尚書右僕射爲山南東道節度使濱漢塘堰聯屬吏弗完治起至部先修復與民約爲水令遂無凶年李訓爲宰相起門生也欲引與共政卽加銀青光祿大夫復以兵部尚書召判戶部訓敗起素長厚人不以訓諉之止罷其判俄加皇太子侍讀文宗上文好古學是時鄭覃以經術進起以敦博顯帝數訪逮時政因積雨願寬逐臣過惡又短鮑叔終身不忘人過以解帝錮人意俄兼太常卿禮儀使帝題詩太子笏以賜詔畫象便殿號當世仲尼其寵遇如此又使廣五位圖俾太子知古今治亂開成三年入翰林爲侍講學士改太子少師起治生無檢所得祿賜爲僮婢盜有貧不能自存帝知之詔月益仙部院錢三十萬議者謂與玩臣分給可恥也起賴其入不克讓武宗立爲章陵

鹵簿使東都留守召爲吏部尚書判太常卿帝患選士不得才特命起典貢舉進尚書左僕射封魏郡公凡四舉士皆知名者人伏其鑒擢山南西道節度使同中書門下平章事以夙儒兼宰相秩前世所罕入辭帝勞曰宰相無內外公國者老朕有闕當以聞宴賜備厚宣宗初檢校司空以疾願代不許卒年八十八贈太尉諡曰文懿喪還命使者弔其家葬及祥亦如之起性友悌播喪哀戚加於人嗜學非寢食不輒廢天下之書無不讀一經目弗忘也莊恪太子薨詔爲哀冊詞情悽惋當世稱之帝嘗以疑事令使者口質起具牓子附使者上凡成十篇號曰寫宣宅撰集亦多炎終太常博士子鐸鐐自有傳起子龜式

龜字大年性高簡博知書傳無貴胄氣常以光福第賓客多更住永達里林木窮僻構半隱亭以自適侍父至河中廬中條山朔望一歸省州人號郎君谷未始以人事自嬰武宗雅知之以左拾遺召入謝自陳病不任職詔許終父喪召爲右補闕再擢屯田員外郎稱疾去崔璵觀察宣歙表爲副龜樂宛陵山水故從之入爲祠部郎中史館修撰咸通中知制誥鐸爲相改太常少卿同州刺史

牙家白約素暴橫嘗譁言月稟薄以動士心爲亂龜捕殺之人皆震慄徙浙東
觀察使初式臨州有惠政人聞其至歡迎之卒贈工部尚書子蕘力學有文辭
以鐸當國不貢進士終右司員外郎
式以廕爲太子正字擢賢良方正科累遷殿中侍御史少節儉巧于宦因鄭注
以交王守澄中丞歸融劾之出爲江陵少尹大中中爲晉州刺史飾郵傳器用
畢給會河曲大歉民流徙佗州不納獨式勞卹之活數千人時特峨胡亦饑將
入寇汾澮聞式嚴備不敢道境報其種落曰晉州刺史當避之以善最稱徙安
南都護故都護田早作木柵歲率緡錢既不時完而所責益急式取一年賦市
芀木豎周十二里罷歲賦外率以紓齊人淩壕繚柵外植刺竹寇不可冒後蠻
兵入掠錦田步式使譯者開諭一昔去謝曰我自縛叛獠非爲寇也忠武戍卒
服短後褐以黃冒首南方號黃頭軍天下銳卒也初交阯數有變懼式威不自
安譁曰黃頭軍將度海襲我矣相率夜圍城合譟請都護北歸我當抗黃頭軍
式徐被甲引家僮乘城責讓矢檐交發叛者走翌日盡捕斬之初容管災歉不

歲貢式始上輸大犒宴軍中歸質外蕃而占城真臘慕義悉入獻亦還所掠王民寧國劇賊仇甫亂明越觀察使鄭祗德不能討宰相選式往代詔可因至京師懿宗問方略對曰第假臣兵寇不足平也左右宦要皆曰兵衆則餽多當惜天下費式奏盜若猖狂天誅不亟決東南征賦闕矣寧得以億萬計之乎兵多則功速費寡二者孰利帝顧左右曰宜與兵於是詔益許滑淮南兵式發自光福里第麾幟皆東靡獵獵有聲喜曰是謂得天時矣聞賊用騎兵乃閱所部得吐蕃回鶻遷隸數百發龍陂監牧馬起用之集土團諸兒爲向導擒甫斬之加檢校右散騎常侍餘姚民徐澤專魚鹽之利慈溪民陳瑊冒名仕至縣令皆豪縱州不能制式曰甫竊發不足畏若澤瑊乃巨猾也窮治其姦皆榜死咸通三年徐州銀刀軍亂以式檢校工部尚書徙武寧節度使詔許滑兵自隨視事三日悉以計誅亂兵會詔降武寧爲團練罷歸終左金吾大將軍

贊曰裴延齡引經誼惑其主以不忠爲忠德宗倚延齡韋渠牟等商天下成敗自謂明而卒昭不明君臣回沈可不戒哉憲宗銳於立功而皇甫鎛以聚斂取

宰相夫宰相者乃天下選彼暫勞一功烏足勝任哉中興之不終有爲而然

唐書卷一百六十七

唐書卷一百六十七考證

王起傳炎子鐸鐐自有傳○臣酉按宰相世系表以鐸爲炎子以鐐爲起子與傳異

起子龜式○舊書以式爲播子

唐書卷一百六十七考證

珍做宋版钚

唐書卷一百六十八

宋　端　明　殿　學　士　宋　祁　撰

列傳第九十三

韋王陸劉柳程

韋執誼京兆舊族也幼有才及進士第對策異等授右拾遺年踰冠入翰林爲學士便敏側媚得幸於德宗使豫詩歌屬和被詔稱旨與裴延齡韋渠牟等寵任相埒出入備顧問帝誕日皇太子獻畫浮屠象帝使執誼贊之太子賜以帛詔執誼到東宮謝太子卒見無所藉言者乃曰君知王叔文乎美才也執誼繇是與叔文善以母喪解終喪爲吏部郎中數召至禁中補闕張正一以上書召見所善王仲舒韋成季劉伯芻裴茝常仲孺呂洞往賀之或謂執誼曰彼將論君與叔文鉤黨事執誼即白成季等朋比有所窺望帝詔金吾伺得相過食飲狀悉逐出之順宗立以疾不親政叔文用事乃擢執誼爲尚書左丞同中書門下平章事叔文與王伾居中竊命欲執誼据以奉行因用迷奪朝權執誼既爲

所引然外迫公議欲示天下非黨與者乃時時異論相可否而密謝叔文曰不敢負約欲共濟國家事爾叔文數爲所梗遂詬怒反成仇怨及憲宗受內禪流叔文俓分北支黨貶執誼爲崖州司戸參軍帝以宰相杜黄裳之埍故最後貶執誼已失形勢知禍且及雖尚在位而臨事奄奄無氣聞人足聲輒悸動至于敗始未顯時不喜人言嶺南州縣既爲郎嘗詣職方觀圖至嶺南輒瞑目命左右徹去及爲相所坐堂有圖不就省既易旬試觀之崖州圖也以爲不祥惡之果貶死

王叔文越州山陰人以棋待詔頗讀書班班言治道德宗詔直東宮太子引以侍讀因論政及宮市之弊太子曰寡人見上將極言之坐皆趣贊叔文獨嘿然既罷太子曰向君無言何哉叔文曰太子之事上非視膳問安無與也且陛下在位久有如小人閒之謂殿下收㕔羣情則安解乎太子謝曰非先生不聞此言繇是重之宮中事咸與參訂叔文淺中浮表遂肆言不疑曰某可爲相某可爲將宅日幸用之陰結天下有名士而士之欲速進者率諧附之若韋執誼陸

質呂温李景儉韓曄韓泰陳諫柳宗元劉禹錫爲死友而凌準程异又因其黨進出入詭祕外莫得其端彊藩劇帥或陰相賂遺以自結順宗立不能聽政深居施幄坐以牛昭容宦人李忠言侍側羣臣奏事從帷中可其奏王伾密語諸黃門陛下素厚叔文即繇蘇州司功參軍拜起居郎翰林學士大抵叔文因伾伾因忠言忠言因昭容更相依仗伾主傳受叔文主裁可乃授之中書執誼作詔文施行焉時景儉居親喪温使吐蕃惟質泰諫準曄宗元禹錫等倡譽之以爲伊周管葛復出憪然謂天下無人叔文每言錢穀者國大本操其柄可因以市士乃白用杜佑領度支鹽鐵使己副之實專其政不淹時遷戶部侍郎宦人俱文珍忌其權罷叔文學士詔出駭悵曰吾當數至此議事不然無繇入禁中伾復力請乃聽三五日一至翰林然不得舊職矣在省不事所職日引其黨謀取神策兵制天下之命乃以宿將范希朝爲西北諸鎮行營兵馬使泰爲司馬副之於是諸將移書中尉告且去宦人始悟奪其權大怒曰吾屬必死其手乃諭諸鎮慎毋以兵屬人希朝泰到奉天諸將不至乃還叔文母死匿不發置酒

翰林忠言文珍等皆在裒金以餉因揚言曰天子適射兎苑中跨鞍若飛敢異議者斬又自陳親疾病以身任國大事朝夕不得侍今當請急宜聽然向之悉心戮力難易亡所避報天子異知爾今一去此則百謗至孰爲吾助者又言羊士諤毀短我我將杖殺之而執誼懦不果劉闢來爲韋皐求三川吾生平不識闢便欲前執吾手非凶人邪掃木場將斬之而執誼持不可每念失此二賊令人悵恨又陳領度支所以興利去害者爲己勞文珍隨語詰折叔文不得對左右竊語曰母死已腐方留此將何爲邪明日乃發喪執誼益不用其語乃謀起復斬執誼與不附己者聞者恟懼廣陵王爲太子羣臣皆喜獨叔文有憂色誦杜甫諸葛祠詩以自況歔欷泣下太子已監國貶渝州司戶參軍明年誅死

王伾者杭州人始以書待詔翰林入太子宮侍書順宗立遷左散騎常侍待詔伾本闒茸貌邋陋楚語無宅大志帝褻寵之不如叔文任氣好言事爲帝所禮至出處又不及伾之無閒也叔文入止翰林而伾至柿林院見牛昭容等當其黨盛門皆若沸羹而伾尤通天下賕謝日月不闋爲巨匱裁竅以受珍使不可

出則寢其上叔文既居喪伾日請中人及杜佑起叔文爲宰相且總北軍不許又請以威遠軍使同中書門下平章事復不可乃一日三表皆不報憂悸行且臥至夕大呼曰吾疾作輿歸第貶開州司馬死其所支黨皆逐惟質以前死免曄者滉族子有俊才以司封郎中貶饒州司馬終永州刺史諫警敏嘗覽染署歲簿悉能言其尺寸所治一閱籍終身不忘自河中少尹貶台州司馬終循州刺史準字宗一有史學自翰林學士貶連州司馬死于貶泰字安平有籌畫伾叔文所倚重能決大事以戶部郎中神策行營節度司馬貶虔州司馬終湖州刺史

陸質字伯沖七代祖澄仕梁爲名儒世居吳明春秋師事趙匡匡師啖助質盡傳二家學陳少游鎮淮南表在幕府薦之朝授左拾遺累遷左司郎中歷信台二州刺史質素善韋執誼方執誼附叔文竊威柄用其力召爲給事中憲宗爲太子詔侍讀質本名淳避太子名故改時執誼懼太子怒己專故以質侍東宮陰伺意解釋左右之質伺閒有所言太子輒怒曰陛下命先生爲寡人講學何

可及宅質惶懼出執誼未敗時質病甚太子已即位爲臨問加禮卒門人以質
能文聖人書通于後世私共諡曰文通先生所著書甚多行于世
劉禹錫字夢得自言系出中山世爲儒擢進士第登博學宏辭科工文章淮南杜佑表管書記入爲監察御史素善韋執誼時王叔文得幸太子禹錫以名重一時與之交叔文每稱有宰相器太子即位朝廷大議祕策多出叔文引禹錫及柳宗元與議禁中所言必從擢屯田員外郎判度支鹽鐵案頗馮藉其勢多中傷士若武元衡不爲宗元所喜自御史中丞下除太子右庶子御史竇羣劾禹錫挾邪亂政羣即日罷韓皐素貴不肯親叔文等斥爲湖南觀察使凡所進退視愛怒重輕人不敢指其名號二王劉柳憲宗立叔文等敗禹錫貶連州刺史未至斥朗州司馬州接夜郎諸夷風俗陋甚家喜巫鬼每祠歌竹枝鼓吹裴回其聲傖儜禹錫謂屈原居沅湘間作九歌使楚人以迎送神乃倚其聲作竹枝辭十餘篇於是武陵夷俚悉歌之始坐叔文貶者八人憲宗欲終斥不復乃詔雖後更赦令不得原然宰相哀其才且困將澡濯用之會程异復起領運務

乃詔禹錫等悉補遠州刺史而元衡方執政諫官頗言不可用遂罷禹錫久落魄鬱鬱不自聊其吐辭多諷託幽遠作問大鈞謫九年等賦數篇又叙張九齡爲宰相建言放臣不宜與善地悉徙五谿不毛處然九齡自內職出始安有瘴癘之歎罷政事守荆州有拘囚之思身出遐陬一失意不能堪矧華人士族必致醜地然後快意哉議者以爲開元良臣而卒無嗣豈忮心失恕陰責最大雖它美莫贖邪欲感諷權近而憾不釋久之召還宰相欲任南省郎而禹錫作玄都觀看花君子詩語譏忿當路者不喜出爲播州刺史詔下御史中丞裴度爲言播極遠猿狖所宅禹錫母八十餘不能往當與其子死訣恐傷陛下孝治請稍內遷帝曰爲人子者宜慎事不貽親憂若禹錫望它人尤不可赦度不敢對帝改容曰朕所言責人子事終不欲傷其親乃易連州又徙夔州刺史禹錫嘗歎天下學校廢乃奏記宰相曰言者謂天下少士而不知養材之道鬱堙不揚非天不生材也是不耕而歎廩庾之無餘可乎貞觀時學舍千二百區生徒三千餘外夷遣子弟入附者五國今室廬圮廢生徒衰少非學官不振病無貲以

給也凡學官春秋釋奠于先師斯止辟雍頖宮非及天下今州縣咸以春秋上丁有事孔子廟其禮不應古甚非孔子意漢初羣臣起屠販故孝惠高后間置原廟於郡國逮元帝時韋玄成遂議罷之夫子孫尚不敢違禮饗其祖況後學師先聖道而欲違之傳曰祭不欲數又曰祭神如神在與其煩於薦饗孰若行其教今教頹靡而以非禮之祀媚之儒者所宜疾竊觀歷代無有是事武德初詔國學立周公孔子廟四時祭貞觀中詔修孔子廟兗州後許敬宗等奏天下州縣置三獻官其佗如立社玄宗與儒臣議罷釋奠牲牢薦酒脯時王孫林甫爲宰相不涉學使御史中丞王敬從以明衣牲牢著爲令遂無有非之者今夔四縣歲釋奠費十六萬舉天下州縣歲凡費四千萬適資三獻官飾衣裳飴妻子於學無補也請下禮官博士議罷天下州縣牲牢衣幣春秋祭如開元時籍其資半畀所隸州使增學校舉半歸太學猶不下萬計可以營學室具器用豐饔食增掌故以備使令儒官各加稍食州縣進士皆立程督則貞觀之風粲然可復當時不用其言由和州刺史入爲主客郎中復作游玄都詩且言始謫十

年還京師道士植桃其盛若霞又十四年過之無復一存唯兔葵燕麥動搖春風耳以詆權近聞者益薄其行俄分司東都宰相裴度兼集賢殿大學士雅知禹錫薦爲禮部郎中集賢直學士度罷出爲蘇州刺史以政最賜金紫服徙汝同二州遷太子賓客復分司禹錫恃才而廢褊心不能無怨望年益晏偃蹇寡所合乃以文章自適素善詩晚節尤精與白居易酬復頗多居易以詩自名者嘗推爲詩豪又言其詩在處應有神物護持會昌時加檢校禮部尙書卒年七十二贈戶部尙書始疾病自爲子劉子傳稱漢景帝子勝封中山子孫爲中山人七代祖亮元魏冀州刺史遷洛陽爲北部都昌人墳墓在洛北山後其地隘不可依乃葬滎陽檀山原德宗棄天下太子立時王叔文以善弈得通籍因間言事積久衆未知至起蘇州掾超拜起居舍人翰林學士陰薦丞相杜佑爲度支鹽鐵使翊日自爲副貴震一時叔文北海人自言猛之後有遠祖風東平呂溫隴西李景儉河東柳宗元以爲信然三子者皆予厚善日夕過言其能叔文實工言治道能以口辯移人既得用所施爲人不以爲當太上久疾宰臣及用

事者不得對宮掖事祕建桓立順功歸貴臣由是及貶其自辨解大略如此
柳宗元字子厚其先蓋河東人從曾祖奭爲中書令得罪武后死高宗時父鎮
天寶末遇亂奉母隱王屋山常間行求養後徙於吳肅宗平賊鎮上書言事擢
左衛率府兵曹參軍佐郭子儀朔方府三遷殿中侍御史以事觸竇參貶夔州
司馬還終侍御史宗元少精敏絕倫爲文章卓偉精緻一時輩行推仰第進士
博學宏辭科授校書郎調藍田尉貞元十九年爲監察御史裏行善王叔文韋
執誼二人者奇其才及得政引內禁近與計事擢禮部員外郎欲大進用俄而
叔文敗貶邵州刺史不半道貶永州司馬既竄斥地又荒癘因自放山澤間其
堙厄感鬱一寓諸文倣離騷數十篇讀者咸悲惻雅善蕭俛詒書言情曰僕嚮
者進當輗軏不安之勢平居閉門口舌無數又久與游者岌岌而操其間其求
進而退者皆聚爲仇怨造作粉飾蔓延益肆非的然昭晰自斷于內孰能了僕
於冥冥間哉僕當時年三十三自御史裏行得禮部員外郎超取顯美欲免世
之求進者怪怒媢疾可得乎與罪人交十年官以是進辱在附會聖朝寬大貶

黜甚薄不塞衆人之怒謗語轉侈囂囂嗷嗷漸成怪人飾智求仕者更詈僕以
悅仇人之心日爲新奇務相悅可自以速援引之路僕輩坐益困辱萬罪橫生
不知其端悲夫人生少六七十者今三十七矣長來覺日月益促歲歲更甚大
都不過數十寒暑無此身矣是非榮辱又何足道云云不已秪益爲罪居蠻夷
中久慣習炎毒昏眊重膇意以爲常忽遇北風晨起薄寒中體則肌革慘懍毛
髮蕭條瞿然注視怵惕以爲異候意緒殆非中國人也楚越閒聲音特異鴂舌
啅譟今聽之恬然不怪已與爲類矣家生小童皆自然曉曉晝夜滿耳聞北人
言則啼呼走匿雖病夫亦怛然駭之出門見適州閭市井者其十八九杖而後
興自料居此尚復幾何豈可更不知止言說長短重爲一世非笑哉讀易困卦
至有言不信尚口乃窮往復益喜曰嗟乎余雖家置一喙以自稱道詬益甚耳
用是更樂瘖默與木石爲徒不復致意今天子興教化定邪正海內皆欣欣怡
愉而僕與四五子者淪陷如此豈非命歟命乃天也非云云者所制又何恨然
居治平之世終身爲頑人之類猶有少恥未能盡忘儻因賊平慶賞之際得以

見白使受天澤餘潤雖朽枿敗腐不能生植猶足蒸出芝菌以爲瑞物一釋廢錮移數縣之地則世必曰罪稍解矣然後收召魂魄買土一廛爲耕甿朝夕歌謠使成文章庶木鐸者采取獻之法宮增聖唐大雅之什雖不得位亦不虛爲太平人矣又詒京兆尹許孟容曰宗元早歲與負罪者親善始奇其能謂可以共立仁義裨教化過不自料勤勤勉勵唯以忠正信義爲志與堯舜孔子道利安元元爲務不知愚陋不可以彊其素意如此也末路阨塞臲卼事既壅隔很忤貴近狂疎繆戾蹈不測之辜今黨與幸獲寬貸各得善地無公事坐食奉祿德至渥也尚何敢更俟除棄廢痼希望外之澤哉年少氣銳不識幾微不知當否但欲一心直遂果陷刑法皆自所求取又何怪也宗元於衆黨人中罪狀最甚神理降罰又不能即死猶對人語言飲食自活迷不知耻日復一日然亦有大故自以得姓來二千五百年代爲冢嗣今抱非常之罪居夷獠之鄉卑濕昏霿恐一日塡委溝壑曠墜先緒以是怛然痛恨心骨沸熱煢煢孤立未有子息荒陬中少士人女子無與爲婚世亦不肯與罪人親昵以是嗣續之重不絕如

纏每春秋時饗孑立捧奠顧眄無後繼者懍懍然欷歔惴惕恐此事便已摧心
傷骨若受鋒刃此誠丈人所共閔惜也先墓在城南無異子弟爲主獨託村鄰
自謹逐來消息存亡不一至鄉閭主守固以益怠晝夜哀憤懼便毀傷松柏芻
牧不禁以成大戾近世禮重拜掃今闕者四年矣每遇寒食則北向長號以首
頓地想田野道路士女徧滿皁隸庸丐皆得上父母丘墓馬醫夏畦之鬼無不
受子孫追養者然此已息望又何以云哉城西有數頃田樹果數百株多先人
手自封植今已荒穢恐便斬伐無復愛惜家有賜書三千卷尚在善和里舊宅
宅今三易主書存亡不可知皆付受所重常繫心腑然無可爲者立身一敗萬
事瓦裂身殘家破爲世大僇是以當食不知辛鹹節適洗沐盥漱動逾歲時一
搔皮膚塵垢滿爪誠憂恐悲傷無所告愬以至此也自古賢人才士秉志遵分
被謗議不能自明者以百數故有無兄盜嫂娶孤女撾婦翁者然賴當世豪傑
分明辨列卒光史冊管仲遇盜升爲功臣匡章被不孝名孟子禮之今已無古
人之實爲而有詬欲望世人之明己不可得也直不疑買金以償同舍劉寬下

車歸牛鄉人此誠知疑似之不可辯非口舌所能勝也鄭詹束縛於晉終以無死鍾儀南音卒獲返國叔向囚虜自期必免范痤騎危以生易死蒯通據鼎耳爲齊上客張蒼韓信伏斧鑕終取將相鄒陽獄中以書自治賈生斥逐復召宣室兒寬擯厄後至御史大夫董仲舒劉向下獄當誅爲漢儒宗此皆瓌偉博辯奇壯之士能自解脫今以恇怯淟涊下才末伎又嬰痼病雖欲慷慨攘臂自同昔人愈疏闊矣賢者不得志於今必取貴於後古之著書者皆是也宗元近欲務此然力薄志劣無異能解欲秉筆覼縷神志荒耗前後遺忘終不能成章往時讀書自以不至觗滯今皆頑然無復省錄讀古人一傳數紙後則再三伸卷復觀姓氏旋又廢失假令萬一除刑部囚籍復爲士列亦不堪當世用矣伏惟興哀於無用之地垂德於不報之所以通家宗祀爲念有可動心者操之勿失雖不敢望歸掃塋域退託先人之廬以盡餘齒姑遂少北益輕瘴癘就婚娶求胄嗣有可付託即冥然長辭如得甘寢無復恨矣然衆畏其才高懲刈復進故無用力者宗元久汩振其爲文思益深嘗著書一篇號貞符曰臣所貶州流人

吳武陵爲臣言董仲舒對三代受命之符誠然非邪臣曰非也何獨仲舒爾司馬相如劉向揚雄班彪彪子固皆沿襲嗤嗤推古瑞物以配受命其言類淫巫瞽史誑亂後代不足以知聖人立極之本顯至德揚大功甚失厥趣臣爲尙書郎時嘗著貞符言唐家正德受命於生人之意累積厚久宜享無極之義本末閎闊會貶逐中輟不克備究武陵即叩頭邀臣此大事不宜以辱故休缺使聖王之典不立無以抑詭類拔正道表覈萬代臣不勝奮激即具爲書念終泯沒蠻夷不聞于時獨不爲也苟一明大道施于人世死無所憾用是自決臣宗元稽首拜手以聞曰孰稱古初朴蒙空侗而無爭厥流以訛越乃奮敚鬭怒振動專肆爲淫威曰是不知道惟人之初總總而生林林而羣雪霜風雨雷雹暴其外於是乃知架巢空穴挽草木取皮革饑渴牝牡之欲敺其內於是乃噬禽獸咀果穀合偶而居交焉而爭睽焉而鬭力大者搏齒利者齧爪剛者決羣衆者軋兵良者殺披披藉藉草野塗血然後彊有力者出而治之往往爲曹於險阻用號令起而君臣什伍之法立德紹者嗣道怠者奪於是有聖人焉曰黃帝游

其兵車交貫乎其內一統類齊制量然猶大公之道不克建於是有聖人焉曰堯置州牧四岳持而綱之立有德有功有能者參而維之運臂率指屈伸把握莫不統率年老舉聖人而禪焉大公乃克建由是觀之厥初罔匪極亂而後稍可爲也而非德不樹故仲尼敘書於堯曰克明俊德於舜曰濬哲文明於禹曰文命祗承於帝於湯曰克寬克仁章信兆民於武王曰有道曾孫稽揆典誥貞哉惟茲德實受命之符以奠永祀後之祆淫囂昏好怪之徒乃始陳大電大虹玄鳥巨跡白狼白魚流火之烏以爲符斯皆詭譎闊誕其可羞也莫知本於厥貞漢用大度克懷于有氓登能庸賢濯痍煦寒以瘳以熙茲其爲符也而其妄臣乃下取虺蛇上引天光推類號休用夸誣于無知氓增以騶虞神鼎脅毆縱踴俾東之泰山石閭作大號謂之封禪皆尚書所無有莽述承效卒奮驁逆其後有賢帝曰光武克綏天下復承舊物猶崇赤伏以玷厥德魏晉而下尨亂鉤裂厥符不貞邦用不靖亦罔克久駮乎無以議爲也積大亂至于隋氏環四海以爲鼎跨九垠以爲鑪爨以毒燎煽以虐焰其人沸湧灼爛號呼騰蹈莫有救

止於是大聖乃起丕降霖雨濬滌盪沃蒸爲清氛疏爲泠風人乃漻然休然相晞以生相持以成相彌以寧琢斮屠剔膏流節離之禍不作而人乃克完平舒愉尸其肌膚以達于夷塗焚坼抵掎奔走轉死之害不起而人乃克鳩類集族歌舞悅懌用抵于元德徒奮袒呼犒迎義旅讙動六合至于麾下大盜豪據阻命遏德義威殄戮咸墜厥緒無劉于虐人乃並受休嘉去隋氏克歸于唐踴躍謳歌灝灝和寧帝庸威栗惟人之爲敬奠厥賦積藏于下是謂豐國鄉爲義廩斂發謹飭歲丁大侵人以有年簡于厥刑不殘而懲是謂嚴威小屬而支大生而孥愷悌祗敬用底于治凡其所欲不謁而獲凡其所惡不祈而息四夷稽服不作兵革不竭貨力丕揚于後嗣用垂于帝式十聖濟厥治孝仁平寬惟祖之則澤久而逾深仁增而益高人之戴唐永永無窮是故受命不于天于其人休符不于祥于其仁惟人之仁匪祥于天匪祥于天茲爲貞符哉未有喪仁而久者也未有恃祥而壽者也商之王以桑穀昌以雉雊大宋之君以法星壽鄭以龍衰魯以麟弱白雉亡漢黃犀死莽惡在其爲符也不勝唐德之代光紹明濬

深鴻庬大保人斯無疆宜薦于郊廟文之雅詩祗告于德之休帝曰諶哉乃黜休祥之奏究貞符之奧思德之所未大求仁之所未備以極于邦治以敬于人事其詩曰於穆敬德黎人皇之惟貞厥符浩浩將之仁函于膚刃莫畢屠澤熯于爨灊炎以澣勃厥凶德乃敺乃夷懿其休風是喣是吹父子熙熙相寧以嬉賦徹而藏厚我糗粻刑輕以清我完靡傷貽我子孫百代是康十聖嗣于治仁后之子子思孝父易患于己拱之戴之神其爾宜載揚于雅承天之嘏天之誠神宜鑒于仁神之曷依宜仁之歸濮鉛于北祝栗于南幅員西東祗一乃心祝唐之紀後天罔墜祝皇之壽與地咸久曷徒祝之心誠篤之神協人同道以告之俾彌億萬年不震不危我代之延永永毗之仁增以崇曷不爾思有號于天僉曰嗚呼咨爾皇靈無替厥符宗元不得召內閔悼悔念往咎作賦自儆曰懲咎愆以本始兮孰非余心之所求處卑汙以閔世兮固前志之爲尤始余學而觀古兮怪今昔之異謀惟聰明爲可考兮追駿步而遐游絜誠之既信直兮仁友藹而萃之日施陳以繫縻兮邀堯舜禹之爲上睢盱而混茫兮下駁詭而懷

私旁羅列以交貫兮求大中之所宜曰道有象兮而無其形推變乘時兮與志相迎不及則殆兮過則失貞謹守而中兮與時偕行萬類芸芸兮率由以寧剛柔弛張兮出入綸經登能抑枉兮白黑濁清蹈乎大方兮物莫能嬰奉訏謨以植內兮欣余志之有獲再明信乎策書兮謂耿然而不惑愚者果於自用兮惟懼夫誠之不一不顧慮以周圖兮專茲道以爲服讒妬構而不戒兮猶斷斷於所執哀吾黨之不淑兮遭任遇之卒迫勢危疑而多詐兮逢天地之否隔欲圖退而保己兮悼乖期乎曩昔欲操術以致忠兮衆呀然而互嚇進與退吾無歸兮甘脂潤兮鼎鑊幸皇鑒之明宥兮纍郡印而南適惟罪大而寵厚兮宜夫重仍乎禍謫既明懼乎天討兮又幽慄乎鬼責惶惶乎夜寤而晝駭兮類麏麚之不息凌洞庭之洋洋兮泝湘流之沄沄飄風擊以揚波兮舟摧抑而迴邅日霾曀以昧幽兮黝雲涌而上屯暮屑窣以淫雨兮聽嗷嗷之哀猿衆鳥萃而啾號兮沸洲渚以連山漂遙逐其詎止兮逝莫屬余之形魂攢巒奔以紆委兮束洶涌之崩湍畔尺進而尋退兮盪洄汨乎淪漣際窮冬而止居兮羈纍棼以縈纏

哀吾生之孔艱兮循凱風之悲詩罪通天而降酷兮不亟死而生爲逾再歲之寒暑兮猶貿貿而自持將沈淵而隕命兮詎蔽罪以塞禍惟滅身而無後兮顧前志猶未可進路呀以劃絕兮退伏匿又不果爲孤因以終世兮長拘攣而轗軻曩余志之脩謇兮今何爲此戾也豈貪食而盜名兮不混同於世也將顯身以直遂兮衆之所宜蔽也不擇言以危肆兮固羣禍之際也御長轅之無橈兮行九折之峨峨却驚棹以橫江兮泝淩天之騰波幸余死之已緩兮完形軀之既多苟餘齒之有懲兮蹈前烈而不頗死蠻夷固吾所兮雖顯寵其焉加配大中以爲偶兮諒天命之謂何元和十年徙柳州刺史時劉禹錫得播州宗元曰播非人所居而禹錫親在堂吾不忍其窮無辭以白其大人如不往便爲母子永決卽具奏欲以柳州授禹錫而自往播會大臣亦爲禹錫請因改連州柳人以男女質錢過期不贖子本均則沒爲奴婢宗元設方計悉贖歸之尤貧者令書庸視直足相當還其質已沒者出己錢助贖南方爲進士者走數千里從宗元游經指授者爲文辭皆有法世號柳柳州十四年卒年四十七宗元少時嗜

進謂功業可就既坐廢逐不振然其才實高名蓋一時韓愈評其文曰雄深雅健似司馬子長崔蔡不足多也既沒柳人懷之託言降于州之堂人有慢者輒死廟於羅池愈因碑以實之云

程异字師舉京兆長安人居鄉以孝稱第明經再補鄭尉精吏治爲叔文所引繇監察御史爲鹽鐵揚子院留後叔文敗貶郴州司馬李巽領鹽鐵薦异心計可任請拔擢用之乃授侍御史復爲揚子留後稍遷淮南等道兩稅使异起退廢能厲己竭節悉矯革征利舊弊入遷累衛尉卿鹽鐵轉運副使方討蔡异使江表調財用因行諭諸帥府以羨贏貢故异所至不剝下不加斂經用以饒遂兼御史大夫爲鹽鐵使元和十三年以工部侍郎同中書門下平章事猶領鹽鐵异以錢穀奮而至宰相自以非人望久不敢當印秉筆明年西北軍政不治議置巡邊使憲宗問孰可者乃自請行會卒贈尚書左僕射謚曰恭身歿官第無留貲世重其廉云

贊曰叔文沾沾小人竊天下柄與陽虎取大弓春秋書爲盜無以異宗元等橈

節從之徼幸一時貪帝病昏抑太子之明規權遂私故賢者疾不肖者媢一儧
而不復宜哉彼若不傳匪人自勵材猷不失爲明卿才大夫惜哉

唐書卷一百六十八

唐書卷一百六十九

宋　端　明　殿　學　士　宋　祁　撰

列傳第九十四

杜裴李韋

杜黃裳字遵素京兆萬年人擢進士第又中宏辭郭子儀辟佐朔方府子儀入朝使主留事李懷光與監軍陰謀矯詔誅大將等以動衆心欲代子儀黃裳得詔判其非以質懷光懷光流汗服罪於是諸將狠驕難制者黃裳皆以子儀令易置衆不敢亂入爲侍御史爲裴延齡所惡十期不遷貞元末拜太子賓客居韋曲時中人欲請其地賜公主德宗曰城南杜氏鄉里不可易遷太常卿時王叔文用事黃裳未嘗過其門壻韋執誼輔政黃裳勸請太子監國執誼曰公始得一官遽開口議禁中事黃裳怒曰吾受恩三朝豈以一官見賣卽拂衣出皇太子總軍國事擢黃裳門下侍郎同中書門下平章事於是夏綏銀節度使韓全義愞佞無功因其來朝白罷之俄而劉闢叛議者以闢恃險討之或生事唯

黃裳固勸不赦因奏罷中人監軍而專委高崇文凡兵進退黃裳自中指授無不切于機崇文素憚劉澭黃裳使人謂曰公不奮命者當以澭代崇文懼一死力縛賊以獻蜀平羣臣賀憲宗目黃裳曰時卿之功始德宗創艾多難務姑息藩鎮每帥臣死遣中人伺其軍觀衆所欲立者故大將私金幣結左右以求節制晏年尤甚方鎮選不出朝廷黃裳每從容具言陛下宜鑒貞元之弊整法度朘損諸侯則天下治帝嘗問前古王者所以治亂云云黃裳知帝銳於治恐不得其要因推言王者之道在修己任賢而已操執綱領要得其大者至簿書獄訟百吏能否本非人主所自任昔秦始皇帝親程決事見嗤前世魏明帝欲按尚書事陳矯不從隋文帝日昃聽政衞士傳飡太宗笑之故王者擇人任而責成見功必賞有罪信罰孰敢不力孔子之稱帝舜恭己南面以其能舉十六相去四凶而至無爲豈必刓神疲體勞耳目之察然後爲治哉帝以黃裳言忠嘉納之由是平夏翦齊滅蔡復兩河以機秉還宰相紀律設張赫然號中興自黃裳啓之元和二年以檢校司空同中書門下平章事爲河中晉絳節度使俄封

邠國公明年卒年七十贈司徒諡曰宣獻黃裳達權變有王佐大略性雅澹未始忤物初不爲執誼所禮及敗悉力營救既死表還其柩葬焉嘗被疾醫者誤進藥疾遂甚終不怒譴然除吏不甚別流品通饋謝無潔白名當大政未久不究其才及處外天下常所屬意卒後數年御史劾奏黃裳納邠寧節度使高崇文錢四萬五千緡按故吏吳憑及黃裳子載辭服帝念舊功但流憑昭州原載不問載終太僕少卿

載弟勝字斌卿寶曆初擢進士第楊嗣復數薦材堪諫官不爲鄭覃所佑宣宗感章武舊事元和時大臣子若孫在者多振拔之帝嘗問勝勝具道黃裳首建憲宗監國議帝嘉歎拜給事中遷戶部侍郎判度支欲倚爲宰相及蕭鄴罷爲中人沮毀而更用蔣伸以勝檢校禮部尚書出爲天平節度使不得意卒

裴垍字弘中絳州聞喜人擢進士第以賢良方正對策第一補美原尉藩府交辟不就四遷考功員外郎吏部侍郎鄭珣瑜委垍校辭判研覈精密皆值才實憲宗元和初召入翰林爲學士再遷中書舍人李吉甫始執政以情謂垍曰吾

落魄遠裔更十年始相天子比日人物吾儕不及知且宰相職當進賢任能君
精鑒爲我言之垍即崖略疏三十許人吉甫籍以薦于朝天下翕然稱得人坐
覆視皇甫湜牛僧孺等對策非是罷學士爲戶部侍郎帝器垍方直以爲任公
卿薄其過眷信彌厚吉甫罷乃拜垍中書侍郎同中書門下平章事加集賢殿
大學士監修國史垍始承旨翰林天子新翦蜀亂厲精致治中外機筦垍多所
參與以小心愼默稱帝意旣當國請繩不軌課吏治分明淑慝帝降意順納吐
突承璀自東宮得侍恩顧親渥承間欲有關說帝憚垍誠使勿言帝在殿中常
呼垍官而不名嶺南節度使楊於陵爲監軍許遂振所誣詔授冗官垍曰以一
中人罪藩臣陛下之法安在更授美官嚴綬守太原政一出監軍李輔光垍劾
其懦以李鄘代之王承宗擅襲節度方帝屢削叛族意必取之又吐突承璀每
欲撓垍權因探帝意自請往于時澤潞盧從史詭獻征討計垍固爭以爲從史
苞逆節內連承宗外請興師以圖身利且武俊有功於國陛下前以地授李師
道而今欲奪承宗地有之賞罰不一沮勸廢矣帝猶違不能決久之卒用承璀

謀會兵討承宗從史果反覆兵久暴無功王師告病旣而從史遣部將王翊元
奏事垍從容以語動之翊元因言從史惡稔可圖狀垍比遣往得其大將烏重
胤等要領垍乃爲帝陳從史暴戾不君視承璀若小兒往來神策軍不甚戒可
因其機致之後無興師之勞帝初瞿然徐乃許之垍請祕其計帝曰惟李絳梁
守謙知之俄而承璀縛從史獻于朝因班師垍奏承璀首謀無功陛下雖詘法
人心不厭請流斥以謝天下乃罷所領兵先是天下賦法有三曰上供曰送使
曰留州建中初釐定常賦而物重錢輕其後輕重相反民輸率一倍其初而所
在以留州送使之入捨公估更實私直以自潤故賦益苛齊民重困垍奏禁之
一以公估準物觀察使得用所治州租調至不足乃取支郡以贍故送使之財
悉爲上供自是起淮江而南民少息矣垍器局峻整持法度雖宿貴前望造詣
不敢干以私諫官言得失大抵執政多忌之惟垍奬勵使盡言初拾遺獨孤郁
李正辭嚴休復三人皆還及過謝垍垍獨讓休復曰君異夫二人孜孜獻納者
前日進擬上固爲疑休復大慚垍爲學士時引李絳崔羣與同列及相又擢韋

貫之裴度知制誥李夷簡御史中丞皆踵躡爲輔相號名臣自宅選任罔不精明人無異言士大夫不以垍年少柄用爲嫌故元和之治百度修舉稱朝無幸人五年暴風痺帝悵惜遣使致問藥膳進退輒疏聞居三月益痼乃罷爲兵部尚書垍之進李吉甫薦頗力及居中多變更吉甫時約束吉甫復用銜之會垍與史官蔣武等上德宗實錄吉甫以垍引疾解史任不宜冒奏乃徙垍太子賓客罷武等史官會卒不加贈給事中劉伯芻表其忠帝乃贈太子太傅垍始相建言集賢院官登朝自五品上爲學士下爲直學士餘皆校理史館以登朝者爲修撰否者直史館以準六典遂著于令京兆少尹裴武使王承宗還得德棣二州已而地不入或言武還先見垍明日乃朝帝怒召學士李絳議斥武絳言垍身備宰相明練時事勢不容先見武帝悟釋之議者謂帝知垍明倚任方篤尚不免疑嫌以信處位之難云

李藩字叔翰其先趙州人父承仕爲湖南觀察使有名于時藩少沈靖有檢局姿制閑美敏于學居父喪家本饒財姻屬來弔有持去者未嘗問益務施與居

數年略盡年四十餘困廣陵間不自振妻子追咎藩晏如也杜亞居守東都表致府中亞嘗疑牙將令狐運爲盜掠服之藩爭不從輒去後果獲真盜稍知名徐州張建封辟節度府未嘗察苛細建封卒濠州刺史杜兼疾驅至陰有覬望藩泣謂曰公今喪君宜謹守土何棄而來宜速還否則以法劾君兼錯忤去恨之因誣奏建封死藩撼其軍有非望德宗怒密詔徐泗節度使杜佑殺之佑雅器藩得詔十日不發召見藩曰世謂生死報應驗乎藩曰殆然曰審若此君宜遇事無恐因出詔示藩藩色不變曰信乎杜兼之報也佑曰慎毋畏吾以闔門保君矣帝未之信亟追藩既入帝望其狀貌曰是豈作亂人邪釋之拜祕書郎時王紹得君邀藩與相見當即用終不詣王仲舒與同舍郎韋成季呂洞日置酒邀賓客相樂慕藩名彊致之仲舒等爲俳說廋語相狎昵藩一見謝不往曰吾與終日不曉所語何哉後仲舒等果坐斥廢憲宗爲皇太子王紹避太子諱始改名時議以爲諂藩曰自古故事由不識體之人敗之不可復正雖紹何誅累擢吏部郎中坐小累左授著作郎再遷給事中制有不便就敕尾批卻之吏

驚請聯宅紙藩曰聯紙是牒豈曰敕邪裴垍白憲宗謂藩有宰相器會鄭絪罷因拜門下侍郎同中書門下平章事藩忠謹好醜必言帝以爲無隱嘗問前世所以家給或國匱乏者何致而然及祈禳之數藩具對儉則足用敦本則百姓富反是則匱又言孔子病止子路之禱漢文帝每祭敕有司敬而不祈使神無知則不能降福有知固不可私己求媚而悅之也且義於人者和於神人乃神之主人安而福至帝悅曰當與公等上下相勗以保此言後復問神仙長年事藩知帝且有所惑極陳荒妄謾誕不可信後入柳泌等語果爲累云河東節度使王鍔賂權近求兼宰相密詔中書門下曰鍔可兼宰相藩遽取筆滅宰相字署其左曰不可還奏之宰相權德輿失色曰有不可應別爲奏可以筆塗詔邪藩曰勢迫矣出今日便不可止既而事得寢李吉甫復相藩頗沮止會吳少陽襲淮西節度吉甫已見帝潛欲中藩卽奏曰道逢中人假印節與吳少陽臣爲陛下恨之帝變色不平翌日罷藩爲太子詹事後數月帝復思藩召對殿中事寖釋明年爲華州刺史未行卒年五十八贈戶部尚書諡曰貞簡藩材能不及

韋貫之裴垍然人物清整是其流亞云

韋貫之名純避憲宗諱以字行後周柱國夐八世孫父肇大曆中爲中書舍人累上疏言得失爲元載所惡左遷京兆少尹久之改祕書少監載曰肇若過我當擇善地處之終不肯詣載誅除吏部侍郎代宗欲相之會卒謚曰貞貫之及進士第爲校書郎擢賢良方正異等補伊闕渭南尉河中鄭元澤潞郗士美以厚幣召皆不應居貧啜豆糜自給再遷長安丞或薦之京兆尹李實實舉笏示所記曰此其姓名也與我同里素聞其賢願識之而進於上或者喜以告曰子今日詣實而明日賀者至矣貫之唯唯不往官亦不遷永貞時始爲監察御史舉其弟纁自代及爲右補闕纁代爲御史議者不謂之私宰相杜佑子從郁爲補闕貫之與崔羣持不可換左拾遺復奏拾遺補闕爲諫官等宰相政有得失使從郁議是子而議父殆不可訓卒改它官遷禮部員外郎新羅人金忠義以工巧幸擢少府監蔭子補齋郎貫之不與曰是將奉郊廟祠祭階爲守宰者安可以賤工子爲之又劾忠義不宜汙朝籍忠義竟罷於是權幸側目進吏部員

外郎坐考賢良方正牛僧孺等策獨署奏出爲果州刺史半道貶巴州久之召
爲都官郎中知制誥進中書舍人宰相裴垍嘗三奏事憲宗不從貫之曰公亦
以進退決請乎垍曰奉教事果見聽垍因曰君異時當位於此改禮部侍郎所
取士抑浮華先行實于時流競爲息嘗從容奏曰禮部侍郎重於宰相帝曰侍
郎是宰相除安得重曰然爲陛下柬宰相者得無重乎帝美其言改尚書右丞
俄同中書門下平章事遷中書侍郎討吳元濟也貫之請釋鎮州專力淮西且
言陛下豈不知建中事乎始於蔡急而魏應也齊趙同起德宗引天下兵誅之
物力殫屈故朱泚乘以爲亂此非它速於撲滅也今陛下獨不能少忍俟蔡平
而誅鎮邪時帝業已討鎮不從終之蔡平鎮乃服初討蔡以宣武韓弘爲都統
又詔河陽烏重胤忠武李光顏合兵以進貫之諫諸將戰方力今若置都統又
令二帥連營則各持重養威未可歲月下也亦不從後四年乃克蔡皆如貫之
策云帝以段文昌張仲素爲翰林學士貫之謂學士所以備顧問不宜專取辭
藝奏罷之皇甫鎛張宿皆以幸進宿使淄青裴度欲爲請銀緋貫之曰宿姦佞

吾等縱不能斥奈何欲假以寵乎由是宿等恐陰構之又與度論兵帝前議頗駮故罷爲吏部侍郎於是翰林學士左拾遺郭求上疏申理詔免求學士出貫之爲湖南觀察使不三日韋顗李正辭薛公幹李宣韋處厚崔韶坐與貫之厚善悉貶爲州刺史顗正辭處厚皆清正以鉤黨去由是中外始大惡宿時國用不足遣鹽鐵副使程异督諸道賦租异諷州縣厚斂以獻貫之不忍橫賦而所獻不中异意因取屬內六州留錢繼之左遷太子詹事分司東都穆宗立即拜河南尹以工部尚書召未行卒年六十二贈尚書右僕射謚曰貞後更謚曰文

貫之沈厚寡言與人交終歲無款曲不爲僞辭以悅人爲右丞時內僧造門曰君且相貫之命左右引出曰此妄人也居輔相嚴身律下以正議裁物室居無所改易裴均子持萬縑請撰先銘答曰吾寧餓死豈能爲是哉生平未嘗通饋遺故家無羨財

子澳字子裴第進士復擢宏辭方靜寡欲十年不肯調御史中丞高元裕與其兄溫善欲薦用之諷澳謁己溫歸以告澳不答溫曰元裕端士若輕之邪澳曰

然恐無呈身御史周墀節度鄭滑表署幕府會墀入相私謂曰何以教我澳曰願公無權墀愕眙澳曰爵賞刑罰人主之柄公無以喜怒行之俾庶官各舉其職則公斂衽廟堂上天下治矣烏用權墀歎曰吾先居此得無愧乎擢考功員外郎史館修撰歲中知制誥召爲翰林學士累遷兵部侍郎進學士承旨與蕭寘皆爲宣宗禮遇每兩人直必偕召問政得失嘗夜被旨草詔書事有不安者即還延須見帝開陳可否未嘗不順納一日召入屏左右問曰朕於敕使何如澳陳帝威制前世無比帝搖首曰未也策安出澳倉卒答曰若謀之外廷則太和事可用追鑒不若就擇可任者與計事帝曰朕固行之矣自黃至綠自綠至緋猶可衣紫即合爲一矣澳愧汗不能對乃罷改京兆尹帝舅鄭光主墅吏豪肆積年不輸官賦澳逮繫之宅日延英帝問其故澳具道姦狀且言必寘以法帝曰可貸否答曰陛下自內署擢臣尹京邑安可使畫一法獨行於貧下乎帝入白太后曰是不可犯后爲輸租乃免由是豪右斂跡會戶部闕判使帝以問澳澳三不對帝曰任卿可乎曰臣老矣力疲氣耗煩劇非所任者帝默不樂出

謂其甥柳玭曰吾本不爲宰相知上便委以使務脫謂吾伉岐而得卒無以自白今時事寖惡皆吾輩貪爵位致然未幾授河陽節度使入辭帝曰卿自便而遠我非我去卿懿宗立徙平盧軍入爲吏部侍郎復出爲邠寧節度使宰相杜審權素不悅坐吏部時史盜簿書爲姦貶祕書監分司東都就遷河南尹辭疾不拜匄歸樊川逾年以吏部侍郎召不起卒贈戶部尚書謚曰貞澳在河陽累年宣宗遣使至魏博道出澳所帝以簿紙手作詔賜澳曰密飭裝秋當見卿蓋將以爲相也因問輔養術澳具言金石非可御方士怪妄宜斥遠之其八月帝崩不果相爲學士時帝嘗曰朕每遣方鎭刺史欲各悉州郡風俗者卿爲朕撰一書澳乃取十道四方志手加紬次題爲處分語後鄧州刺史薛弘宗中謝帝敕戒州事人人驚服

綬貫之兄舉孝廉又貢進士禮部侍郎潘炎將以爲舉首綬以其友楊凝親老故讓之不對策輒去凝遂及第後擢明經辟東都幕府德宗時以左補闕爲翰林學士密政多所參逮帝常幸其院韋妃從會綬方寢學士鄭絪欲馳告之帝

不許時大寒以妃蜀襭袍覆而去其待遇若此每入直踰月不得休以母老屢
匄解職每請帝輒不悅出入八年而性謹畏甚晚乃感心疾罷還第不極於用
九月九日帝爲黃菊歌顧左右曰安可不示韋綬即遣使持往綬遽奉和附使
進帝曰爲文不已豈頤養邪敕自今勿復爾終左散騎常侍弟纁有精識爲士
林器許兄弟皆名重當時綬子温
温字弘育方七歲日誦書數千言十一舉兩經及第以拔萃高等補咸陽尉父
愕然疑假權謁進召而試諸廷文就無留思喜曰兒無愧矣入爲監察御史以
臺制苛嚴不可以省養不拜換著作郎既謝輒解歸侍親疾調適湯劑彌二十
年衣不弛帶既居喪毀瘠不支服除李逢吉辟置宣武府頻遷右補闕宰相宋
申錫被搆罪不測温倡曰丞相操履有初不宜反乃姦人陷之吾等豈避雷霆
使上蒙蔽咎邪率同舍伏閤切爭由是益知名太和五年太廟室漏甎詔宗正
將作營治不時畢文宗怒責卿李銳監王堪奪其稟自敕中人葺之温諫吏舉
其職國以治事歸於正法以修夫設制度立官司度經費則宗廟最重也比詔

下閱月有司弛墮不力正可黜慢官懲不恪擇可任者繕完之則吏舉職事歸正矣今慢吏奪稟而易以中人是許百司公廢職以宗廟之重爲陛下所私臣竊惜之請還將作則官修業矣帝乃罷宦人會羣臣請上尊號溫固諫令河南水江淮旱歉京師雪積五尺老稚凍仆此非崇飾虛名時帝順納乃謝羣臣改侍御史李德裕入輔擢禮部員外郎或言雅爲牛僧孺厚德裕曰是子堅正可以私廢乎鄭注節度鳳翔表爲副溫曰拒則遠黜從之禍不測吾焉能爲注起邪注誅由考功員外郎拜諫議大夫未幾爲翰林學士先是綬在禁廷積憂畏病廢故誡溫不得任近職至是固辭帝怒曰寧綬治命邪禮部侍郎崔蠡曰溫用亂命我所以爲孝帝意釋換知制誥引疾徙太常少卿宰相李固言薦溫給事中帝曰溫素避事肯爲我論駁乎須太子長以爲賓客久之卒爲給事中初兼莊恪太子侍讀晨詣宮日中見太子諫曰殿下盛年宜雞鳴蚤作問安天子如文王故事太子不悅辭侍讀見聽王晏平罷靈武節度使以馬及鎧仗自隨貶康州司戶參軍厚賂貴近浹日改撫州司馬樂工尉遲璋授光州長史溫悉

封上詔書太子得罪詔諭羣臣温曰陛下訓之不早非獨太子罪時頗直其言
遷尚書右丞鹽鐵推官姚勗按大獄帝以爲能擢職方員外郎將趨省温使戶
止郎上言郎官清選不可賞能吏帝命中人諭送温執議不移詔改勗檢校禮
部郎中帝問故於楊嗣復對曰勗名臣後治行無疵若吏材幹而不入清選他
日孰肯當劇事者此衰晉風不可以法帝素重温出爲陝虢觀察使民當輸租
而麥未熟吏白督之温曰使民貸田中穗以供賦可乎爲緩期而賦辦武宗立
擢吏部侍郎李德裕欲引同輔政温苦言李漢可釋德裕悵然出宣歙觀察使
池民訟刺史劾無狀榜殺之威行部中既疾召親屬賦綬詩在室愧屋漏因泣
下曰今知沒身不負斯誡矣卒年五十八贈工部尚書諡曰孝温性剛峻人望
見無敢戲慢者與楊嗣復李珏善嘗勸與李德裕平故憾二人不從及皆謫温
歎曰用吾言孰至是邪一女歸薛蒙女工屬文續曹大家女訓行于世温少合
所善惟蕭祐
祐者字祐之惠澹君子也少貧窶隱居以孝養聞司農卿李實督官租祐居喪

未及輸召至將責之會有賜與倩祐爲奏寶稱善卽薦於朝終制以處士拜左拾遺累遷諫議大夫終桂州觀察使贈右散騎常侍精畫及書自鍾王蕭張以來皆能識其眞瞥然不以塵事自蒙故溫號山林友云

贊曰杜黃裳善謀裴垍能持法李藩鯁挺韋貫之忠實皆足繆天緯經國體撥衰奮王畓攘四方憲宗中興寧不謂得人而致然邪昔子貢孔堂高第而貨殖韓安國漢名宰而資貪黃裳亦以受餉見疵至於忠烈嶢然則不可掩已

唐書卷一百六十九

# 唐書卷一百七十

宋　端　明　殿　學　士　宋　祁　撰

## 列傳第九十五

二高伊朱二劉范二王孟趙李任張

高崇文字崇文其先自渤海徙幽州七世不異居開元中再表其閭崇文性樸重寡言少籍平盧軍貞元中從韓全義鎮長武城治軍有聲累官金吾將軍吐蕃三萬寇寧州崇文率兵三千往救戰佛堂原大破之封渤海郡王全義入朝留知行營節度後務遷長武城都知兵馬使劉闢反宰相杜黃裳薦其才詔檢校工部尚書左神策行營節度使俾統左右神策麟游奉天諸屯兵討闢時顯功宿將人人自謂當選及詔出皆大驚始崇文選兵五千常若寇至至是卯漏受命辰巳出師器良械完無一不具過興元士有折逆旅匕箸者卽斬以徇乃西自閬中出卻劍門兵解梓潼之圍賊將邢泚退守梓州詔拜崇文東川節度使初闢陷東川執節度使李康不殺也至是歸康以匄雪崇文數康失守罪斬

之鹿頭山南距成都百五十里扼二川之要闢城之旁連八屯以拒東兵崇文始破賊二萬于城下會雨不克攻明日戰萬勝堆直鹿頭左使驍將高霞寓鼓之士扳緣上矢石如雨募死士奪而有之盡殺戍者焚其柵下瞰鹿頭城人可頭數凡八戰皆捷賊心始搖大將阿跌光顏與崇文約後期懼罪請深入自贖乃軍鹿頭西斷賊糧道賊大震其將李文悅以兵三千自歸仇良輔舉鹿頭城二萬衆降執闢子方叔壻蘇彊遂趣成都餘兵皆面縛送款闢走追禽之檻送京師入成都也師屯大逵市井不移珍貨如山無秋毫之犯邢泚已降而貳斬于軍衣冠脅汙者詣牙請命崇文爲條上全活之進檢校司空西川節度副大使南平郡王實封三百戶刻石紀功于鹿頭山崇文不通書厭案牘諮判以爲繁且蜀優富無所事請扞邊自力乃詔同中書門下平章事邠寧慶節度使爲京西諸軍都統崇文恃功而侈舉蜀帑藏百工之巧者皆自隨又不曉朝廷儀憚於覲謁有詔聽便道之屯居邠三年戎備整修卒年六十四贈司徒謚曰威武會昌六年詔配享憲宗廟

子承簡少事忠武軍後更隸神策以崇文平蜀功除嘉王傅裴度征蔡奏署牙將蔡平詔析上蔡郾城遂平西平四縣爲溵州拜承簡刺史治郾城始開屯田列防庸瀕溵綿地二百里無復水敗皆爲腴田先是賊築武宮以夸戰勞承簡夷其丘庀家財以葬葺儒宮備俎豆歲時行禮野有菽實民得以食將吏立石頌功還邢州刺史觀察府責賦尤急承簡代下戶數百輸租還宋州會宣武將李㝏反遣使責財于宋承簡因之前後數輩輒繫獄一日并出斬于牙門威震部中㝏悉兵攻之宋有三城南城陷承簡保北兩城數與賊確會徐州救至㝏爲李質所執兵遂潰拜兗海沂密節度使還義成軍檢校尚書左僕射入拜右金吾衞大將軍復節度邠寧先是虜多以盛秋犯邊承簡請屯寧州以制其侵屬疾還朝道卒贈司空謚曰敬崇文孫騈自有傳

伊慎字寡悔兗州人通春秋戰國策天官五行書用善射爲折衝都尉喪母將合葬而不知父墓晝夜哭夢若有導者既發之舊志可按也乃得葬江西路嗣恭討哥舒晃以慎爲先鋒疾戰破賊斬首三千級下韶州戰把江口水湍駛乃

爲桴寘薪焉乘風縱火賊焚且溺不可計與諸將追斬晃滸溪授連州長史知
團練副使三遷江州別駕討梁崇義也愼以江西牙兵屬李希烈希烈署漢南
北兵馬使不受獨率所部破崇義於蠻水效俘三萬襄漢平功多希烈愛其材
數饋遺欲縻止之卒以計免明年希烈果反嗣曹王臯至鍾陵得而壯之拔爲
大將希烈恐爲臯所任遺以七屬甲詐爲愼書行反間帝遣使卽軍中斬之臯
表列其誣未報賊泝江徇地臯授愼兵勞而遣與賊大戰破之收黃梅次長平
殺賊將斬級千餘拔蔡山尤力遂下蘄州卽拜刺史封南充郡王天子在梁州
包佶轉東南財糧次蘄口賊遣驍將杜少誠以兵萬人遏江道不得西愼選士
七千列三屯相望偃旗以待少誠分圍之未合愼自中屯鼓之諸屯悉出奮擊
賊亂少誠走斬別將許少華封其尸爲京冡漕無留艱進圍安州希烈之甥劉
戒虛以兵八千來援愼逆擊于應山禽之示城下州開門降以功爲安州刺史
實封百戶攻隋州戰厲鄉斬首五千級喻降李惠登卽薦惠登爲刺史拜愼安
黃州節度使吳少誠反詔領步騎五千兼統荆南湖南江西兵當一面遇賊于

三州港營義陽戰于申斬首數千加檢校刑部尚書貞元末詔安黃爲奉義軍
卽爲奉義節度憲宗卽位以兵付其子宥身入朝拜尚書右僕射改金吾衛大
將軍以錢三千萬賂宦人求帥河中事暴帝沒其半贓貶右衛將軍明年念舊
勞復檢校右僕射兼右衛上將軍卒贈太子太保謚曰壯繆乾符中盜發其墓
賜絹二百修瘞云

朱忠亮字仁輔汴州浚儀人舉明經不中往事昭義節度使薛嵩爲裨將屯普
潤開田峙糧以功擢太子賓客朱泚亂率麾下四十騎至奉天封東陽郡王爲
定難功臣扈狩梁州爲賊鈔獲繫長安獄賊平李晟釋之奏隸本軍累遷定平
軍使憲宗立加御史大夫涇州將楊琦謀拒詔爲亂方集諸校計事屋壞琦壓
死乃授忠亮涇原四鎮節度使本名士明至是賜今名隱覈軍籍得竄名者三
千人歲收乾沒十萬緡吏白耄卒不任戰者可罷答曰古於老馬不棄況戰士
乎聞者莫不感奮涇俗舊多賣子忠亮以財贖免者前後數百築潘原城有勞
改封丹陽卒贈尚書右僕射謚曰靈

劉昌裔字光後太原陽曲人幼重遲不好戲常若有所思度及壯策說邊將不售去入蜀楊惠琳亂昌裔說之惠琳順命拜瀘州刺史署昌裔州佐惠琳死客河朔間曲環方攻濮州表爲判官爲環檄李納剴曉大誼環上其稿德宗異之環領陳許軍又從府遷累進營田副使環卒上官涚知後務吳少誠引兵薄城涚欲遁去昌裔止曰受詔而守死其職也況士馬完奮足支賊若堅壁不戰七日賊氣必衰我以全制之可也涚許諾賊攻堞壞不得修昌裔密造飛棚聯柵即募突將千人鑿城以出擊賊走之比還柵已立守陴遂安兵馬使安國寧謀應賊昌裔以計斬之召其麾下千人爲饗人賞二縑乃伏兵于道令持縑者斬一不能脫賊聞解去以功擢涚陳許節度使昌裔陳州刺史韓全義敗于溵水引軍走陳求入保昌裔登陴揖曰天子命君討蔡何爲來陳且賊不敢至我城下君其舍外無恐明日從十餘騎持牛酒抵全義營勞軍全義不自意迎拜歎服改陳許行軍司馬涚卒軍中推昌裔有詔檢校工部尚書代節度命境上吏不得犯蔡人少誠吏有來犯者捕得縛送使自治之少誠慚其軍亦禁境上暴

掠者封彭城郡公元和八年大水壞廬舍溺居人以檢校尚書左僕射兼左龍武統軍召還京師始憲宗惡昌裔自立欲召之而重生變宰相李吉甫曰陛下乘人心愁苦可召也遂以韓皐代之至長樂驛知帝意因稱風眩臥第歲中卒贈潞州大都督謚曰威

范希朝字致君河中虞鄉人初從邠寧軍爲別將事節度使韓游瓌德宗在奉天以戰守功累兼御史中丞治軍整毅游瓌畏其才將伺隙殺之希朝懼奔鳳翔帝聞召寘左神策軍貞元四年以游瓌政無狀使代之希朝曰始偪而來終代其任非所以防覬覦安反仄也固讓左金吾衞將軍張獻甫軍中憚獻甫嚴以兵脅監軍使請於帝必得希朝方止詔拜寧州刺史邠寧節度副使俾佐獻甫俄還振武節度使部有党項室韋雜居暴掠放肆日入慝作謂之刮城門希朝度要害置屯保斥邏嚴密鄙民以安至小竊取亦殺無赦虜人憚伏相謂曰是必張光晟紿姓名來也邊州每長帥至必效橐它駿馬雖甚廉者猶受之以結其歡希朝一不納積十四年虜保塞不敢横初單于城池不樹希朝命蒔柳

數歲成林貞元末請朝時諸鎮不以事自述職者希朝而已帝悅拜右金吾衛大將軍王叔文用事謂其易制用爲右神策統軍充左右神策京西諸城鎮行營節度使屯奉天以韓泰爲副因欲使泰代之會不能得神策軍而罷憲宗立檢校尚書左僕射復爲右金吾衛大將軍俄檢校司空出爲朔方靈鹽節度使遷河東率師討王承宗敗之木刀溝然老病不能有大功還朝改左龍武統軍以太子太保致仕卒贈太子太師諡忠武改曰宣武希朝號當世善將或比之趙充國在朔方時招突厥別部沙陀千落衆萬餘有之其後用沙陀戰者所至有功

王鍔字昆吾自言太原人始隸湖南團練府爲裨將楊炎道潭與語異其才嗣曹王皐爲團練使俾鍔誘降武岡叛將王國良以功擢邵州刺史皐之節度江西也李希烈南侵皐與鍔兵三千使屯潯陽而皐全軍臨九江襲蘄州遂以衆濟表鍔江州刺史兼御史中丞充都虞候鍔小心善刺軍中情僞事無細大皐悉知之因推以腹心雖家人燕居或預焉皐攻安州使伊慎盛兵圍之而遣鍔

入城中約降使殺不從者翌日城開愼以賊降乃己功不下鍔鍔稱疾避之阜
爲荆南節度使欲署府少尹而上佐鄙其人乃復檄都虞候從阜朝京師阜奏
鍔文用雖不足而宅可試德宗擢爲鴻臚少卿先是天寶末西域朝貢酋長及
安西北廷校吏歲集京師者數千人隴右既陷不得歸皆仰稟鴻臚禮賓月四
萬緡凡四十年名田養子孫如編民至是鍔悉籍名王以下無慮四千人畜馬
二千奏皆停給宰相李泌盡以隸左右神策軍以酋長署牙將歲省五十萬緡
帝嘉其公擢容管經略使凡八年谿落安之遷嶺南節度使廣人與蠻雜處地
征薄多牟利於市鍔租其廛權所入與常賦埒以爲時進裒其餘悉自入諸蕃
舶至盡有其稅於是財蓄不貲日十餘艘載皆犀象珠琲與商賈雜出于境數
年京師權家無不富鍔之財召爲刑部尚書淮南節度使杜佑數請代乃以鍔
檢校兵部尚書爲佑副厚事佑以悅之坐必就司馬聽事不數日遂代佑久之
入拜尚書左僕射又檢校司徒爲河中節度使進兼太子太傅徙河東河東自
范希朝討鎮無功兵才三萬騎六百府庫殘耗鍔能補完嗇費未幾兵至五萬

騎五千財用豐餘會回鶻幷麾尼師入朝鍔欲示威武傾駭之乃悉軍迎廷列五十里旗幟光鮮戈鎧犀密回鶻恐不敢仰視鍔偃然受其禮帝聞嘉之即除檢校司空同中書門下平章事鍔自見居財多且懼謗納錢二千萬李絳奏言鍔雖有勞然僉望不屬恐天下議以爲宰相可市而取帝曰鍔當太原殘破後成雄富之治官爵所以待功功之不圖何以爲勸王播所獻數萬萬亦可以平章政事乎不聽卒贈太尉謚曰魏鍔初附太原王翃爲從子以婚閥自高翃子弟亦藉鍔多得官又常讀春秋自稱儒者士頗笑之嘗任數持下在淮南時嘗得無名書內韡中俄取宅書焚之人信其無名者異日因小罪幷以所告窮驗示衆以神明性纖嗇有所程作雖碎瑣無所遺官曹簾壞吏將易之鍔取壞者付船坊以緘箸每燕饗輒錄其餘賣之以收利故鍔家錢徧天下

子稷歷鴻臚少卿鍔在藩稷常留京師視勢高下輕重以納賞焉嘗請籍坊以廣第舍作複垣洞穴實金錢其中鍔卒奴告稷更遺占沒所獻裴度爲言乃論殺奴長慶二年用稷爲德州刺史悉全寶賸侍以行節度使李全略利其貨因

軍亂殺稷納其女爲媵開成中滄州節度使劉約奏稷子叔泰生五歲值全略
亂爲郡人匿養得不死送叔泰京師文宗憫焉詔授九品官使奉鍔祀
孟元陽史失其何所人起陳許軍中以嚴整稱曲環領節度使時已爲大將使
董作西華屯盛夏臅而立于塗役休乃就舍故田輒歲稔而軍食常足環卒吳
少誠來寇元陽嬰城守圍甚急然終不能傅城韓全義敗五樓列將多私去獨
元陽與神策將蘇元策宣州將王幹以所部屯溵水破賊二千詔拜陳州刺史
憲宗立遷河陽節度使五年盧從史敗檢校尚書右僕射徙帥昭義軍入爲右
羽林統軍封趙國公改右金吾大將軍復拜統軍卒贈揚州大都督
王栖曜濮州濮陽人安祿山反尙衡裒義兵討賊署牙將徇兗鄆諸縣下之進
牙前總管賊將邢超然守曹州乘城指顧栖曜曰彼可取也一矢殪之遂拔曹
州累授試金吾衞將軍袁晁亂浙東御史中丞袁傪討之表爲偏將與賊戰日
十餘遇生禽晁收州縣十六授常州別駕浙西都知兵馬使時江介未定詔內
常侍馬日新以汴滑軍五千鎭之中人暴横賊蕭廷蘭乘衆怨逐日新劫其衆聚

栖曜方游弈近郊賊脅取之與圍蘇州栖曜乘賊怠挺身登城率城中兵出戰賊衆大敗遷試金吾大將軍李靈耀反汴州浙西觀察使李涵使提兵四千爲河南犄角有功李希烈陷汴州也乘勝東略次寧陵將襲宋州浙西節度使韓滉使栖曜以彊弩三千涉水夜入寧陵希烈不之知晨朝矢集帳前驚曰江淮弩士入矣遂不敢東貞元初拜左龍武大將軍出爲鄜坊節度使十九年卒贈尚書右僕射謚曰成栖曜性謹厚善騎射始將兵時涉寇境遇游騎環合乃規百步立表而射每射破的虜相顧懼引去

子茂元少好學德宗時上書自薦擢試校書郎改太子贊善大夫呂元膺留守東都署防禦判官淄青留邸卒謀亂元膺率兵圍之士無敢先者茂元取一人斬之衆乃進賊遂出奔累遷嶺南節度使蠻落安之家積財交煽權貴鄭注用事遷涇原節度使注敗悉出家貲餉兩軍得不誅封濮陽郡侯召爲將作監領陳許節度使又徙河陽討劉稹也李德裕以茂元兵寡詔王宰領陳許合義成兵援之以河陰所貯兵械内庫甲弓矢陌刀賜之會病以宰兼河陽行營攻討

使卒贈司徒謚曰威
劉昌字公明汴州開封人善騎射天寶末從河南防禦使張介然討安祿山授易州遂城府左果毅史朝義兵圍宋州城中食盡且降昌說刺史李岑曰李光弼在河陽江淮足兵勢必來援今廩麴尚多若屑以食可支二十日則救至岑聽之昌乃被鎧登城以忠義諭賊賊畏不敢攻俄而光弼援軍至賊夜潰光弼聞其謀召置軍中將用之會光弼卒還爲宋州牙門將李靈耀以汴州反刺史李僧惠欲應之昌請見陳逆順計且泣僧惠悟即馳奏請自將討賊故靈耀失助不得逞汴州平李忠臣疾僧惠攻殺之昌遁去劉玄佐領宣武節度使擢昌左廂兵馬使李納反以偏師收考城充行營諸軍馬步都虞候玄佐攻濮州以昌攝刺史李希烈取汴玄佐別將高翼提精卒守襄邑城陷翼赴水死江淮大震昌以兵三千守寧陵希烈衆五萬攻之昌掘塹以遏地道相拒凡四十餘日賊數敗乃解圍去更攻陳州昌從玄佐以浙西兵三萬救之西去陳五十里昌薄其軍大戰破之禽賊將翟曜希烈奔還蔡州加檢校工部尚書累實封一百

戶貞元三年入朝詔以宣武兵八千北出五原士卒有逗留沮事者斬三百人乃行舉軍慴伏尋授京西行營節度使歲餘改四鎮北廷行營兼涇原節度七年城平涼開地二百里扼彈箏峽又西築保定扞青石嶺凡七城二堡旬日就以功檢校尚書右僕射累封南川郡王十四年歸化堡軍亂逐大將張國誠詔昌經略昌入堡誅數百人復使國誠統之昌在邊凡十五年身率士墾田三年而軍有羨食兵械鋭新邊障妥寧及感疾詔赴京師未行卒年六十五贈司空初城平涼當劫盟後將士骸骨不藏昌始命瘞之夕夢若詣昌厚謝者昌具以聞德宗下詔哀痛出衣數百稱官爲賽具斂以棺櫝分建二冢大將曰旌義冢士曰懷忠冢葬淺水原詔翰林學士爲銘識其所昌盛陳兵衞具牢醴率諸將素服臨之邊兵莫不感泣

子士涇尚雲安公主拜駙馬都尉累遷少卿家積財内結權近善胡琴故得幸於貴人後遷太僕卿給事中韋弘景等封還制書以士涇交通近倖不當居九卿憲宗曰昌有功於邊士涇又尙主官少卿已十餘年制書宜下弘景等乃奉

詔

贊曰唐杜牧稱寧陵之圍解劉玄佐召昌問曰君以孤城用一當十何以能守昌泣曰始昌令守陴內顧者斬昌孤甥張俊守西北未嘗內顧捽下斬之士有死志故能守因伏地流涕玄佐亦泣曰國家將富貴汝史臣謂不然且勒兵乘城與賊抗所賴賞罰耳今無罪而斬其甥士心且離不祥莫大焉寧好事者傳此以益其美非昌志也牧以爲張巡許遠陷睢陽其名傳昌全寧陵而事不得暴于世寧牧未之思邪

趙昌字洪祚天水人始爲昭義李承昭節度府屬累遷虔州刺史安南酋獠杜英翰叛都護高正平以憂死拜昌安南都護夷落嚮化毋敢桀居十年足疾請還朝以兵部郎中裴泰代之入爲國子祭酒未幾州將逐泰德宗召昌問狀時年踰七十占對精明帝奇之復拜安南都護詔書至人相賀叛兵即定憲宗初立檢校戶部尙書還嶺南節度使降輯陬荒以勞徙節荊南召入再還工部尙書兼大理卿出爲華州刺史對麟德殿趨拜強駃帝訪其所以頤養還太子少

保率年八十五贈揚州大都督謚曰成
李景略幽州良鄉人父承悅檀州刺史密雲軍使景略以蔭補幽州府功曹參軍大歷末客河中闔門讀書李懷光爲朔方節度使署巡官五原將張光殺其妻以貲市獄前後不能決景略覈實論殺之既而有若女厲者進謝廷中如光妻云遷大理司直懷光屯咸陽將襲東渭橋召幕府計議景略曰殺朱泚還軍諸道杖策詣行在此轉禍爲福也不聽既出軍門慟哭曰豈意此軍乃陷不義乎遂遁歸靈武節度使杜希全表置于府累轉侍御史豐州刺史豐州當回紇通道前刺史軟柔每虜使至與抗禮時梅錄將軍入朝景略欲折之因郊勞前遣人謂曰可汗新沒欲弔使者乃坐高壠待之梅錄俯僂前哭景略卽撫之曰可汗棄代助爾號慕於是虜容氣沮索不敢抗以父行呼景略自此回紇使至者皆拜于庭威名顯聞希全忌之誣奏貶袁州司馬希全死還左羽林將軍對德宗延英殿論奏衎衎有大臣風會河東節度使李說病以景略爲太原少尹行軍司馬時方鎭旣重故少召還者惟不幸則司馬代之自說有疾人心固屬

景略矣會梅錄復入朝說夫會虜人爭坐說不敢遏景略叱之梅錄識其聲驚拜曰非李豐州邪遂就坐將吏相顧嚴憚說愈不平賂中尉竇文場謀毀去之歲餘塞下傳言回紇將南寇文場方侍帝傍卽言豐州當得良將且舉景略乃拜豐州刺史天德軍西受降城都防禦使窮塞苦寒地塉鹵邊戶勞悴景略至節用約己與士同甘蓼鑿咸應永清二渠溉田數百頃儲稟器械畢具威令肅然聲雄北疆回紇畏之卒于屯年五十五天下惜用景略才有所未盡贈工部尙書

任迪簡京兆萬年人擢進士第天德李景略表佐其軍嘗宴客而行酒者誤進醯景略用法嚴迪簡不忍其死飲爲釂徐以宅辭請易之歸衉血不以聞軍中悅其長者景略卒舉軍請爲帥監軍使拘迪簡不聽衆大呼破戶出之德宗遣使者察變具得所以然乃授豐州刺史天德軍使由殿中侍御史授兼大夫散騎常侍入爲太常少卿太子左庶子張茂昭以易定歸擢迪簡行軍司馬代之大將楊伯玉據牙不納衆殺之別將張佐元復叛迪簡斬以徇乃入以檢校工

部尙書爲節度使承茂昭奢縱後公私屈乏欲饗士無所給至與下同糲食身居戟戶踰月軍中感其公請安臥內迪簡乃許三年上下完充以疾入除工部侍郎不能朝改太子賓客卒贈刑部尙書謚曰襄

張萬福魏州元城人三世明經止縣令州佐萬福以業儒不顯乃學騎射從王斛斯以別校征遼東有功李峘伐劉展署爲部將效首萬級累攝壽州刺史舒廬壽都團練使州送租賦詣都至潁爲盜所奪萬福領輕兵尾襲賊倉卒不得戰悉禽之盡得所亡幷先掠人妻女財畜萬計還其家不能自致者給船車以遣眞拜刺史兼淮南節度副使而節度崔圓忌之失刺史改鴻臚卿使將千人鎭壽州不以爲恨時許杲以平盧行軍司馬將卒三千駐濠州陰窺淮南圓使萬福攝濠州刺史杲聞卽移戍當塗賊陳莊陷舒州圓又令攝舒州刺史督淮南盜賊窮破株黨大曆三年召見代宗曰欲一識卿面且將以許杲累卿萬福辭謝因前曰陛下以一許杲召臣如河北諸將叛欲屬何人帝笑曰姑爲我了杲事且當大用乃拜和州刺史兼行營防禦使督盜淮南萬福至州杲懼徙屯

上元過楚州大掠節度使韋元甫使萬福追討未至杲爲其將康自勸所逐自勸循淮鈔而東萬福倍道追殺之免者十三盡還所剽於民元甫將厚賞士萬福曰官健坐仰衣食無所事今一小煩之不足過賞請用三之一帝下詔褒美賜具衣宮錦十雙久之詔以本鎮兵千五百人防秋京西萬福詣揚州還所領兵會元甫死諸將願得萬福爲帥監軍使邀請之對曰我非幸人勿以此待我遂去以利州刺史鎮咸陽且留宿衞李正己反屯兵埇橋江淮漕船積千餘不敢踰渦口德宗乃以萬福爲濠州刺史召謂曰先帝改爾名正者所以褒也朕謂江淮草木亦知爾威名若從所改恐賊不曉是卿也復賜舊名萬福因馳至渦口駐馬于岸悉發漕船相銜進賊兵倚岸熟視不敢動改泗州刺史魏州飢父子相賣萬福曰魏州吾鄉里安忍其困令兄子將米百車鑲之贖魏人自賣者給資遣之爲杜亞所忌召拜右金吾將軍及見帝驚曰亞乃言爾昏耄何邪詔圖形淩烟閣數賜與弁敕度支籍口畜給其費陽城等詣延英門論裴延齡事伏閤不去帝震怒左右懼不測萬福大言曰國有直臣天下無慮矣吾年八

十與見戚事偏揖城等勞之天下益重其名以工部尙書致仕卒年九十萬福
自始終祿食七十年未嘗一日言病蒞凡九州皆有惠愛初在泗州遇李希烈
反陳少游悉以部刺史妻子質揚州萬福獨不遣謂使者爲我白公妻老且醜
不足慁公意卒不行人稱其直

高固不知何許人或言四世祖侃永徽中爲北廷安撫使禽車鼻可汗以功爲
安東都護固生微賤爲家所賣轉爲渾瑊童奴字黄芩性敏慧有旅力善騎射
能讀左氏春秋瑊愛養之以齊有高固因以名以乳媪女女固從瑊屯朔方德
宗在奉天固仍從瑊賊突入東壅門固引銳士長刀殺賊數十人曳車塞闔賊
不能入封渤海郡王李懷光反使邠寧留後張昕將兵萬人先趣河中固在行
乃伺間入帳下斬昕首以徇拜檢校右散騎常侍前軍兵馬使貞元十七年邠
寧節度使楊朝晟卒詔將并邠寧朔方爲一軍議以李朝寀爲節度劉南金副
之以詢邠軍咸曰如詔數日復劫固爲帥固曰然能聽吾言乃可衆唯唯固徇
曰毋殺人毋肆掠三軍皆順悅帝亦念固功乃拜邠寧節度使固本宿將且寬

厚人皆安之然久在散位數爲儕類輕笑及受命衆多懼固一釋不問憲宗時檢校尚書右僕射入爲右羽林統軍卒贈陝州大都督

郝玼不記其鄉里貞元中爲臨涇鎮將嘗從數百騎出野還說節度使馬璘曰臨涇扼洛口其川饒衍利畜牧其西走戎道曠數百里皆流沙無水草願城之爲休養便地玼出或謂璘曰玼言信然雖然公所以蒙恩大幸以邊防未固也上心日夜念此故厚於公今若用玼言則邊已安尚何事爲璘遂不聽及段佑代節度玼又說曰天寶時天下以兵爲防獨西戎耳而塞至京師且萬里自祿山反西陲盡亡寰內爲邊郡每虜入寇驅井閭父子與馬牛焚積聚殘室廬邊人耗盡今若築臨涇以折虜勢便甚佑唯許請于朝卒詔城臨涇爲行原州以玼爲刺史戍之自是虜不敢過臨涇玼在邊積三年每討賊不持糗糧取之於敵獲虜必刳剔而歸其屍虜大畏道其名以怖啼兒遷檢校左散騎常侍涇原行營節度使封保定郡王贊普嘗等玼身鑄金象令于國曰得生玼者以金玼償之朝廷畏失名將徙爲慶州刺史卒佑本郭子儀牙將征伐有功貞元末爲

涇原節度使虜畏憚之終右神策大將軍

史敬奉者靈州人事朔方軍爲牙將元和中吐蕃數犯塞十四年敬奉白節度使杜叔良請兵三千齎一月糧深入虜地分賊勢叔良以二千兵予之行十餘日不聞問皆謂已歿敬奉乃由間道繞出虜後部落奔駭因大破之驅其餘衆於瓠蘆河獲馬牛雜畜迨萬數賜實封五十戶敬奉遬陋類不勝衣其走逐奔馬挾鞍勒以上而後羈帶之矛矢在手前無彊敵甥姪部曲二百人每出輒分其隊爲四五隨水草數日不相知及相遇已皆有獲與鳳翔將野詩良輔及郝玼皆以名雄邊良輔者後爲隴州刺史朝廷遣使至吐蕃虜輒言唐家稱和好豈妄邪不爾安得任良輔爲隴州刺史

唐書卷一百七十

唐書卷一百七十考證

范希朝傳以游瓌政無狀使代之○舊書游瓌歿邠州諸將列名上請希朝爲節度兩書不合 臣酉按游瓌傳遣兵築豐義二板而潰寧卒大掠游瓌不能禁詔用張獻甫代之是時游瓌未歿也及還京後乃歿耳當從新書

唐書卷一百七十考證

珍做宋版邦

唐書卷一百七十一

宋　端　明　殿　學　士　宋　祁　撰

列傳第九十六

李烏王楊曹高劉石

李光進其先河曲諸部姓阿跌氏貞觀中內屬以其地爲雞田州世襲刺史隸朔方軍光進與弟光顏少依舍利葛旃葛旃妻其女兄也初葛旃殺僕固瑒歸河東辛雲京遂與光進俱家太原以沈果稱從馬燧救臨洛戰洹水有功歷前後軍牙門將兼御史大夫代州刺史元和四年王承宗苑希朝引師救易定表光進爲都將時光顏亦至大夫故軍中呼大小大夫俄檢校工部尚書爲振武節度使賜姓以光寵之別詔光顏拜洛州刺史弟兄榮冠當時光進徙靈武卒年六十五贈尚書左僕射有至性居母喪三年不歸寢光顏先娶而母委以家事及光進娶母已亡弟婦籍貲貯納管鑰於姒光進命反之曰婦逮事姑且嘗命主家事不可改因相持泣乃如初

光顏字光遠葛旃少教以騎射每歎其天資票健己所不逮長從河東軍爲裨將節度使馬燧謂曰若有奇相終必光大解所佩劒贈之討李懷光楊惠琳戰有功從高崇文平劒南數搴旗蹈軍出入若神益知名進兼御史大夫歷代洺二州刺史元和九年討蔡以陳州刺史充忠武軍都知兵馬使始踰月擢本軍節度使詔以其軍當一面光顏乃壁溵水明年大破賊時曲初賊晨壓其營以陣衆不得出光顏毀其柵將數騎突入賊中反往一再衆識光顏矢集其身如蝟子攬馬鞅諫無深入光顏挺刃叱之於是士爭奮賊乃潰北當此時諸鎮兵環蔡十餘屯相顧不肯前獨光顏先敗賊始裴度宣慰諸軍還爲憲宗言光顏勇而義必立功俄又與烏重胤破賊小溵河初都統韓弘約諸軍攻賊賊先薄重胤壘重胤中矛創甚請救於光顏光顏策賊出則小溵河之堡可乘且重胤不可破遣大將田穎宋朝隱襲其城夷之賊失贄聚弘怒不救重胤違節度取穎等將戮之舉軍惜其材光顏不敢拒會中人景忠信至知其然即矯詔械繫在所馳以聞有詔釋之弘及光顏更以表言帝謂弘使曰違都統令當死但以

功可贖赦之以爲後圖弘不悅自是與弘有隙十一年屢困賊遂拔凌雲柵捷
奏入帝大悅厚賚其使進檢校尚書左僕射十二年四月敗賊於郾城死者什
三數其甲凡三萬悉畫雷公符斗星署曰破城北軍郾守將鄧懷金大恐其令
董昌齡因是勸懷金降且來請曰城中兵父母妻子皆質賊有如不戰而屈且
赤族請公攻城我舉火求援援至公迎破之我以城下光顏許之賊已北昌齡
奉僞印懷金率諸將素服開門待光顏入之城自壞者五十版弘素蹇縱陰挾
賊自重且惡光顏忠力思有以撓蟣之乃飭名姝教歌舞六博襦襹珠琲舉止
光麗費百鉅萬遣使以遺光顏曰公以君暴露于外恭進侍者慰君征行之勤
光顏約旦日納焉乃大合將校置酒引使者以侍姝至秀曼都雅一軍驚視光
顏徐曰我去室家久以爲公憂誠無以報德然戰士皆棄妻子蹈白刃奈何獨
以女色爲樂爲我謝公天子於光顏恩厚誓不與賊同生指心曰雖死不貳因
嗚咽泣下將卒數萬皆感激流涕乃厚賂使者還之於是士氣益勵裴度築赫
連城於沲口率輕騎觀之賊以奇兵自五溝至大呼薄戰城爲震壞度危甚光

顏力戰却之先是光顏策賊必至密遣田布伏精騎溝下扼其歸賊敗棄騎去
顛死溝中者千餘由是賊悉銳士當光顏而李愬得乘虛入蔡矣董重質弃洄
曲軍降愬光顏躍馬入賊營大呼衆萬餘人投甲請命賊平加檢校司空入朝
召對麟德殿賜與蕃渥命宴其第歸芻米二十車帝討李師道徙義成節度使
許以忠武兵自隨不三旬再敗賊濮陽拔斗門斬數千級上言許鄭兵合不可
用遂復鎮忠武吐蕃入寇徙邠寧軍時虜毁鹽州城使光顏復城之亦以忠武
兵從初田縉鎮夏州以叨沓開邊隙故党項引吐蕃圍涇州郝玭力戰破之光
顏聞賊至料兵以赴邠人慢言恟恟騰譟不肯行光顏爲陳說大義感慨流涕
聞者亦泣下遽即路虜走出塞穆宗立召還賜開化里第加同中書門下平章
事還軍賚況不貲以寵示羣臣俄徙鳳翔帝將伐鎮州復還忠武又兼深冀行
營節度使宰相百官班錢帝御通化門臨送賜珍器良馬玉帶光顏提軍深入
而餽運不至有詔以滄景德棣州益之光顏以宰相處置失宜辭兼領亦會赦
王廷湊復所治李㝏亂汴州詔總軍出討朝受命暮即戎翌日拔尉氏與汴人

戰琵琶溝未陣薄之賊走夵平進兼侍中敬宗初眞拜司徒河東節度使寶曆二年卒年六十六贈太尉諡曰忠賻賜良厚及葬文宗以其功高復賜帛二千匹光顏性忠義善撫士其下樂爲用許師勁悍常爲諸軍鋒故數立勳王仙芝黃巢反諸道告急多請以助守大校曹師雩以千五百人隸招討使宋威張貫以四千人隸副使曾元裕僖宗倚許軍以屛蔽東都有請以爲援率不報大將張自勉討雲南党項龐勛亂解圍壽州戰淮口以功累擢右威衞上將軍至是表請討賊詔乘傳赴軍解宋州圍威忌自勉成功請以隸麾下且欲殺之宰相得其謀不聽以自勉代元裕

烏重胤字保君河東將承玼子也少爲潞牙將兼左司馬節度使盧從史奉詔討王承宗陰與賊連吐突承璀將圖之以告重胤乃縛從史帳下士持兵合譟重胤叱曰天子有命從者賞違者斬士斂手還部無敢動憲宗嘉其功擢河陽節度使封張掖郡公帝討淮蔡詔重胤以兵壓賊境劃汝州隸其軍與李光顏相掎角大小百餘戰凡三年賊平再遷檢校司空進邠國公徙橫海軍建言河

朔能拒朝命者蓋刺史失權鎮將領軍能作威福也使刺史得職大帥雖有祿山思明之姦能據一州爲叛哉臣所管三州輒還刺史職各主其兵因請廢景州法制條立時以爲宜討王廷湊也出屯深州方朝廷號令乖迕賊寖不制重胤久不敢進穆宗以爲觀望詔杜叔良代之以重胤爲太子太保長慶末以檢校司徒同中書門下平章事爲山南西道節度使召至京師改節天平軍文宗初真拜司徒李同捷請襲父位帝方務靜安授同捷兗海以重胤者將兼節度滄景以齊州隸軍未幾卒年六十七贈太尉謚懿穆重胤出行伍善撫士與下同甘苦蔡將李端降重胤蔡人執其妻殺之妻呼曰善事烏僕射得士心大抵如此待官屬有禮當時有名士如溫造石洪皆在幕府既歿士二十餘人刲股以祭子漢弘嗣爵居母喪奪爲左領軍衛將軍固辭帝嘉許之

石洪者字濬川其先姓烏石蘭後獨以石爲氏有至行舉明經爲黃州錄事參軍罷歸東都十餘年隱居不出公卿數薦皆不答重胤鎮河陽求賢者以自重或薦洪重胤曰彼無求於人其肯爲我來邪乃具書幣邀辟洪亦謂重胤知己

故欣然戒行重胤喜其至禮之後詔書召爲昭應尉集賢校理又有李珙者世
儒家珙獨尙材武有崖岸嘗至澤潞見李抱真欲署牙將聞其使酒不用都將
王虔休曰珙奇士不能用卽殺之無爲它人得也抱真不納虔休代節度引爲
將重胤禽從史珙將救之旣聞謀出朝廷乃止重胤愛其才討淮西也表爲行
營都將終右武衞上將軍
王沛許州許昌人少勇決爲節度使上官涚所器妻以女署牙門將涚卒宅壻
田偁脅涚子襲領其軍謀殺監軍沛知其計密告之支黨悉禽德宗嘉美卽拜
行軍司馬而劉昌裔領節度奏沛爲監察御史有詔護涚喪還京師帝召見歎
息以爲功異等嫌昌裔所請薄謂沛曰吾意殊未厭爾歸矣方使別奏沛未至
許拜兼御史中丞李光顏討吳元濟奇沛風槪署行營兵馬使使將勁兵別屯
數破賊有功時詔書趣戰諸將觀望不敢度㶏以壁沛引兵五千夜濟合流扼
賊衝遂城以居於是河陽宣武太原魏博等軍繼度圍郾城沛先結壘與賊對
蔡將鄧懷金遂降蔡平加兼大夫復從光顏定淄青及光顏鎭邠詔分許兵往

戍沛又爲都將救鹽州敗吐蕃以功擢寧州刺史徙陳州李岕之亂以忠武節
度副使率師討岕加檢校右散騎常侍進拜兗海沂密節度使是時新建府俗
獷鷙沛明示法制蒐閱以時軍政大治以檢校工部尚書徙忠武大和元年卒
贈尚書右僕射
子逢從父征伐累功署忠武都知兵馬使太和中入爲諸衞將軍從劉沔石雄
破回鶻於天德有士二千人未嘗戰欲冒賞賜逢不與或爲請之答曰士奮死
取賞若無功而賞何哉武宗以逢用法嚴使宰相李德裕讓之逢曰戰者前蹈
白刃不以法人孰用命討劉稹也爲大原道行營將領陳許兵七千屯翼城積
平加檢校右散騎常侍後亦至忠武節度使云
楊元卿史失其何所人少孤慷慨有術略客江海上時時高論人謂狂生吳少
誠跋扈蔡州元卿以褐衣見署劇縣俄召入幕府又事少陽每奏事至京師頗
爲宰相李吉甫慰納元卿還與少陽言君臣大義以動其心賊黨惡而共構之
判官蘇肇保救乃免然元卿陰橈少陽事而輸款朝廷及元濟擅襲節度元卿

欲困其財使不振謬說曰先公丞于財諸將至寒餒府之有士我具知之君若大賜將士以自固又卑辭厚禮邀事諸鎮則諸將悅庶幾助我吾爲君持表見天子安有不從者元濟許之既至則具條賊虛實請赦諸道執元濟誅之元濟覺乃殺其妻幷四子圬爲一堋射之肇亦被害憲宗拜元卿岳王府司馬與李愬議僑置蔡州以元卿爲刺史優納降附壞賊黨與元卿入見願假度支錢及宅奏請不合旨又裴度以諸將討蔡三年功且成若又以州與元卿恐觖望生事議格更授光祿少卿蔡平超拜左金吾衞將軍建言淮西多怪珍寶帶往取必得帝曰我討賊爲人除害賊平我求得矣焉用寶止勿復言出爲汾州刺史復入爲金吾長慶初鎮魏易帥元卿具道所以成敗事穆宗久乃悟賜白玉帶擢涇原渭節度使元卿墾發屯田五千頃屯築高垣牢鍵閉寇至耕者保垣以守居六年涇人德之徙節河陽何進滔亂魏博元卿請自齎三月糧舉軍出討文宗嘉美加檢校司空獻粟二十萬石助天子經費進光祿大夫徙宣武軍太和七年以疾歸東都授太子太保卒贈司徒然性憸巧所至聚斂諂結權近故

累更方任云
子延宗開成中爲磁州刺史與河陽兵謀逐帥自立事敗詔以元卿嘗毀家歸
忠全其宗杖死延宗於京兆府賜還田產
曹華宋州楚丘人始從宣武軍縛亂將李迺送闕下節度使董晉署爲牙將後
避仇奔東都會吳少誠叛留守王翃署華襄城戍將華浚隍埤堞日與賊搏數
禽馘賊憚之憲宗初累拜檢校右散騎常侍召至京師賜矛甲繒錦還屯拜寧
州刺史未行屬吳元濟不受命詔河陽懷汝節度使烏重胤討之重胤請華自
副戰青陵城賊大奔拔凌雲柵以功封陳留郡王蔡平進棣州刺史州與鄆比
時賊略定滴河華遽逐賊斬二千級復其縣又募羣盜可用者貸死補屯卒使
據孔道賊至輒擊卻之不敢北擢橫海節度副使時朝廷披鄆爲三鎮其明年
兗海軍亂殺觀察使王遂詔華往代視事三日合軍大饗幕甲士于廡酒中令
曰天子以鄆人參別而戍有轉徙勞欲厚賞之請鄆人右州兵左既而出州兵
乃闔門大言曰天子有命誅殺帥者甲起于幕環之凡斬千二百人血流殷渠

赤氛冒門高丈餘海沂之人重足屏息華惡沂地褊請治兗許之自李正己盜
齊魯俗益汙驁華下令曰鄒魯禮義鄉不可忘本乃身見儒士春秋祀孔子祠
立學官講誦斥家貲佐贍給人乃知教成就諸生仕諸朝鎮人害田弘正華亟
請以本軍進討不從進華檢校工部尚書就充節度使李岕叛以兵取宋州華
不待命以兵逆擊破之岕平檢校尚書右僕射徙鎮義成軍盜殺商賈吏捕得
乃華嬖人華怒斷其頸以祭死者卒年六十九贈左僕射華雖出戎伍而動必
由禮愛重士大夫不以貴倨人至廝豎必待以誠信人以爲難
高瑀冀州蓨人少沈邃喜言兵釋褐右金吾胄曹參軍累遷陳蔡二州刺史入
爲太僕卿忠武節度使王沛死衞軍諸將多自謂得之宰相裴度韋處厚以瑀
治陳蔡素有狀習軍中情僞欲任之會其軍表丐瑀乃檢校左散騎常侍領忠
武節度使自大曆後擇帥悉出宦人中尉所輸貨至鉅萬貧者假貸富人既得
所欲則椎斵膏血倍以酬息十常六七及瑀有命士相告曰韋裴作相天下無
債帥州比水旱無年瑀相地宜築隄庸百八十里時其鍾洩民賴不饑再加檢

校尚書右僕射六年徙節武寧軍以刑部尚書召辭疾拜太子少傅不閱月復詔節度忠武卒于鎮贈司空瑀寬和居官無赫赫然譽所至稱治士人懷之

劉沔字子汪徐州彭城人父廷珍以羽林軍扈德宗奉天以戰功官左驍衛大將軍東陽郡王沔少孤客振武節度使范希朝署牙將軍中大會沔捉刀立堂下希朝奇之召謂曰後日必處吾坐希朝卒入爲神策將大和末還累大將軍擢涇原節度使徙振武開成三年突厥劫營田沔發吐渾契苾沙陀部萬人擊之賊一轡無返者悉頒所獲馬羊于戰卒築都護府西北四壘進檢校戶部尚書武宗立遷檢校尚書左僕射回鶻寇天德詔以兵據雲伽關虜引去會昌二年又掠太原振武天子使兵部郎中李拭調兵食因視諸將能否拭獨稱沔乃拜河東節度兼招撫回鶻進屯鴈門關虜寇雲州沔擊之斬七裨將敗其衆以還太和公主功加檢校司空議者恨其薄又進金紫光祿大夫賜一子官虜殘衆走詔沔追北仍錄李靖平頡利事賜之軍還次代州歸義軍降虜三千使隸食諸道不受詔據滹沱河叛沔悉禽誅之劉稹阻命詔沔南討屯榆社沔素與

張仲武不協時方追幽州兵故徙義成會王宰逗留宰相李德裕表沔鎮河陽以滑兵二千壁萬善居宰肘腋下激之俾出軍稹平進檢校司徒徙忠武節度使以病改太子少保不任謁拜太子太傅致仕卒年六十五贈司徒

石雄徐州人系寒不知其先所來少爲牙校敢毅善戰氣蓋軍中王智興討李同捷收棣州使雄先驅度河鼓行無前初徐軍惡智興苛酷謀逐之而立雄智興懼變因立功奏除州刺史詔以爲壁州刺史智興由是殺雄素所善百餘人誣雄陰結士搖亂請以軍法論文宗素知其能不殺流白州徙爲陳州長史党項擾河西召雄隸振武劉沔軍破羌有勞帝難智興久不擢會昌初回鶻入寇連年掠雲朔牙五原塞下詔雄爲天德防禦副使兼朔州刺史佐劉沔屯雲州沔召雄謀曰虜離散當掃除久矣國家以公主故不欲亟攻我若徑趨其牙彼不及備必棄公主走我當迎主歸有如不捷吾則死之雄曰諾即選沙陀李國昌及契苾拓拔雜虜三千騎夜發馬邑旦登振武城望之見氊車十餘乘從者朱碧衣諜者曰公主帳也雄潛使喻之曰天子取公主兵合第無動雄穴城夜

出縱牛馬鼓譟直擣烏介帳可汗大駭單騎走追至殺胡山斬首萬級獲馬牛羊不貲迎公主還進豐州防禦使武寧李彥佐討劉稹逗留以雄爲晉絳行營諸軍副使助彥佐是時王宰屯萬善劉沔屯石會關顧望莫先進雄受命卽勒兵越烏嶺破賊五壁斬獲千計賊大震雄臨財廉每朝廷賜與輒置軍門自取一匹縑餘悉分士伍繇是衆感發無不奮武宗喜曰今將帥義而勇罕雄比者就拜行營節度使代彥佐徙河中稹危蹙其大將郭誼密獻款請斬稹首自歸衆疑其詐雄大言曰稹之叛誼爲謀主今欲殺稹乃誼自謀又何疑雄以七千人徑薄潞受誼降進檢校兵部尙書徙河陽初雄討稹水次見白鷺謂衆曰使吾射中其目當成功一發如言帝聞下詔褒美宣宗立徙鎭鳳翔雄素爲李德裕識拔王宰者智興子於雄故有隙潞之役雄功最多宰惡之數欲沮陷會德裕罷宰相因代歸白敏中猥曰黑山天井功所酬已厭拜神武統軍失勢怏怏卒

贊曰世皆謂李愬提孤旅入蔡縛賊爲奇功殊未知光顏於平蔡爲多也是時

賊戰日窘盡取銳卒抗光顏憑空堞以居故愬能乘一切勢出賊不意然則無光顏之勝愬烏能奮哉

唐書卷一百七十一

珍做宋版珍

唐書卷一百七十一考證

石雄傳李彥佐討劉稹逗留以雄爲晉絳行營諸軍副使助彥佐○舊書李彥佐爲招撫使以晉州刺史李丕爲副　臣酉按紀會昌三年九月李彥佐爲招討使石雄爲副四年三月以雄爲招討李丕爲副是丕爲雄副非爲彥佐副也副彥佐者乃雄耳舊書有脫文當從新書

唐書卷一百七十一考證

# 唐書卷一百七十二

宋　端　明　殿　學　士　宋　祁　撰

## 列傳第九十七

### 于王二杜范

于頔字允元後周太師謹七世孫蔭補千牛調華陰尉累勞遷侍御史爲吐蕃計會使有專對材擢長安令駕部郎中出爲湖州刺史部有湖陂異時溉田三千頃久廞廢頔行縣命脩復隄閼歲獲秔稻蒲魚無慮萬計州地庳薄葬者不掩欜頔爲坎瘞枯骨千餘人賴以安未幾改蘇州罷淫祠濬溝澮端路衢爲政有績然暴橫少恩杖前部尉以逞憾觀察使王緯以聞德宗不省俄遷大理卿爲陝虢觀察使慢言謝緯曰始足下劾我三進官矣益自肆峻罰苛懲官吏惴恐皆重足一迹參軍事姚峴不勝虐自沉于河貞元十四年拜山南東道節度使是時吳少誠叛頔率兵自唐州戰吳房朗山取之禽其將李璨又勝之濯神溝於是請升襄州爲大都督府廣募戰士儲良械搁然有專漢南意所牾者類

治軍法帝晚務姑息頔所奏建無不開允公斂私輸持下益急而慢於奉上誣
劾鄧州刺史元洪朝廷重違爲流端州命中人護送至棗陽頔遣兵劫洪還拘
之表責洪太重改吉州長史遣使厚諭乃已嘗怒判官薛正倫奏貶陝州長史
比詔下頔中悔奏復署舊職正倫死以兵圍其居彊使孽子與婚昵吏高洪縱
使刺下別將陳儀不勝忿刺殺洪一府驚潰累遷檢校尚書左僕射同中書門
下平章事封燕國公俄擅以兵取鄧州天子未始誰何初襄有槃器天下以爲
法至頔驕蹇故方帥不法者號襄樣節度憲宗立權綱自出頔稍懼願以子尚
主帝許之遂入朝拜司空同中書門下平章事請準杜佑月三奉朝詔可時宦
者梁守謙幸於帝頔用事有梁正言者與頔子敏善敏因正言厚賂守謙求頔
出鎮久不報敏怒其紿責所饋誘正言家奴支解之棄溷中家童上變詔捕頔
吏沈壁及宅奴送御史獄命中丞薛存誠刑部侍郎王播大理卿武少儀雜問
之頔與諸子素服待罪建福門門史不內屏營負牆立更遣人上章有司拒不
聞翌日復往宰相諭使還第貶爲恩王傅子敏竄雷州至商山賜死次子季友

奪二官正及方免官流壁封州正言誅死久之拜戶部尙書帝討蔡頔獻家財
以助國帝卻之又坐季友居喪荒宴削金紫光祿大夫帝初欲頔告老宰相李
逢吉謂得謝乃優禮非所以示責明年乃致仕宰司將以太子少保官之帝改
署賓客鬱鬱不得意卒贈太保太常諡曰厲頔嘗制順聖樂舞獻諸朝又教女
伎爲八佾聲態雄侈號孫吳順聖樂云季友尙憲宗永昌公主拜駙馬都尉從
穆宗獵苑中求改頔諡會徐泗節度使李愬亦爲請更賜諡曰思尙書右丞張
正甫封還詔書右補闕高釴博士王彥威持不可謂頔文吏倔彊犯命擅軍襄
鄧欲脅制朝廷殺不辜留制囚遮使者僭正樂勢迫而朝非其宿心得全腰領
而歿猶以爲幸不宜更諡帝不從方長慶時以勳家子通豪俠欲事河朔以策
干宰相元稹而李逢吉黨謀傾執政乃告稹結客刺裴度事下有司驗無狀方
坐誅

王智興字匡諫懷州溫人少驍銳爲徐州牙兵事刺史李洧洧棄李納挈州自
歸納怒急攻洧智興能駛步奉表不數日至京師告急德宗出朔方軍五千擊

納解去自是爲徐特將討吳元濟也李師道謀撓王師數侵徐救蔡節度使李愿遣智興率步騎拒賊其將王朝晏方攻沛智興逆擊敗之朝晏脫身保沂州進破姚海兵五萬於豐北獲美妾三人智興曰軍中有女子安得不敗卽斬以徇朝晏自沂以輕兵襲沛夜戰狄丘復破之累遷侍御史元和十三年伐師道智興以步騎八千次胡陵與忠武軍會以騎畀其子晏平晏宰爲先鋒自率軍繼之壞河橋收黃隊遂攻金鄉拔魚臺俘斬萬計賊平進御史中丞明年召還爲沂州刺史長慶初河朔用兵加檢校左散騎常侍充武寧軍副使河北行營諸軍都知兵馬使帥兵三千度河屬朝廷用崔羣爲武寧節度使羣畏智興難制密請追還京師未報會赦王廷湊諸節度班師智興還羣遣寮屬迎之令士委甲而入智興心不悅因勒兵斬關入殺異己者十餘輩然后謁羣謝曰此軍情也羣乃治裝去智興以兵衞送還朝至埇橋掠鹽鐵院及貢物劫商旅逐濠州刺史侯弘度朝廷甫罷兵不能討卽詔檢校工部尚書充本軍節度使智興由是擊索財賂交權幸以買虛名用度不足始稅泗口以佐軍須李㝏攻宋州

智興悉銳師出宋西鄙破之漳口夰平加檢校尚書左僕射李同捷以滄德叛智興請悉師三萬齎五月糧討賊詔拜檢校司徒同中書門下平章事滄德行營招撫使既戰降其將十輩銳士三千遂拔棣州諸將聞戰愈力遂有功入朝燕麟德殿賜予備厚冊拜太傅封鴈門郡王進兼侍中改忠武河中宣武三節度卒年七十九贈太尉子九人晏平晏宰知名

晏平幼從父軍以討同捷功檢校右散騎常侍朔方靈鹽節度使父喪擅取馬四百兵械七千自衛歸洛陽御史劾之有詔流康州不卽行陰求援於河北三鎮三鎮表其困改撫州司馬給事中韋温薛廷老盧弘宣等還詔不敢下改永州司戸參軍温固執文宗諭而止

晏宰後去晏獨名宰少拳果長隸神策軍甘露之變以功兼御史大夫爲光州刺史有美政觀察使段文昌薦之朝除鹽州刺史持法嚴人不甚便累擢邠寧慶節度使回鶻平徙忠武軍討劉稹也詔宰以兵出魏博趨磁州當是時何弘敬陰首鼠聞宰至大懼卽引軍濟漳水宰相李德裕建言河陽兵寡以忠武爲

援既以捍洛則并制魏博遂詔宰以兵五千椎鋒兼統河陽行營進取天井關
賊黨離沮德裕以宰乘破竹勢不遂取澤州以其子晏實守磁爲顧望計帝有
詔切責宰懼急攻陵川破賊石會關進攻澤州其將郭誼殺稹降宰傳稹首京
師遂節度太原宣宗初入朝厚結權幸求宰相周墀劾之乃還軍吐蕃引党項
回鶻寇河西詔統代北諸軍進擊以疾不任事徙河陽罷爲太子少保分司東
都進少傅卒晏實幼機警智與自養之故名與諸父齒稹平擢淄州刺史終天
雄節度使

杜兼字處弘中書令正倫五世孫初正倫無子故以兄子志靜爲後父廙爲鄭
州錄事參軍事安祿山亂逃去賊索之急宋州刺史李岑以兵迎之爲追騎所
害兼尚幼逃入終南山伯父存介爲賊執臨刑兼號呼願爲奴以贖遂皆免建
中初進士高第徐泗節度使張建封表置其府積勞爲濠州刺史性浮險尚豪
侈德宗既厭兵大抵刺史重代易至歷年不徙兼探帝意謀自固即脩武備募
占勁兵三千帝以爲才遂橫恣僚官韋賞陸楚皆聞家子有美譽論事忤兼誣

劾以罪帝遣中人至兼廷勞畢出詔執賞等殺之二人無罪死衆莫不寃又妄
繫令狐運而諂李藩欲殺之不克元和初入爲刑部郎中改蘇州刺史比行上
書言李錡必反留爲吏部郎中尋擢河南尹杜佑素善兼終始倚爲助力所至
大殺戮裒蓺財貲極者欲適幸其時未嘗敗卒年七十家聚書至萬卷署其末
以墜鬻爲不孝戒子孫云
從弟羔貞元初及進士第有至性父死河北母更兵亂不知所之羔憂號終日
及兼爲澤潞判官鞫獄有媪辯對不凡乃羔母因得奉養而不知父墓區處晝
夜哀慟宅日舍佛祠觀柱間有文字乃其父臨死記墓所在羔奔往亦有耆老
識其壠因是乃得葬元和中爲萬年令時許季同爲長安令京兆尹元義方責
租賦不時繫二縣吏將罪之羔等辯列尤苦尹不爲縱羔乃謁宰相請移散官
憲宗遣中使問狀具對府政苛細力不堪奉詔皆免官奪尹三月俸議者以羔
爲直未幾授戶部郎中後歷振武節度使以工部尙書致仕卒贈尙書右僕射
諡曰敬

子中立字無爲以門廕歷太子通事舍人開成初文宗欲以真源臨真二公主降士族謂宰相曰民間脩婚姻不計官品而上閥閱我家二百年天子顧不及崔盧耶詔宗正卿取世家子以聞中立及校書郎衞洙得召見禁中拜著作郎月中遷光祿少卿駙馬都尉尚真源長公主中立數求自試憒憒不樂因言朝廷法令備具吾若不任事何賴貴戚撓天下法耶帝聞異之轉太僕衞尉二少卿歷左右金吾大將軍京師惡少優戲道中具騶唱呵衞自謂盧言京兆驅放自如中立部從吏捕繫立箠死還司農卿繩吏急反爲中傷左徙慶王傅久之復拜司農卿入謝帝曰卿用法深信乎答曰轂下百司養名不肯事如司農尤叢劇陛下無遽信流言假臣數月事可濟帝許之初度支度六宮飧錢移司農司農季一出付吏大吏盡舉所給於人權其子錢以給之既不以時黃門來督責慢罵中立取錢納帑舍率五日一出吏不得爲姦後遂以爲法加檢校右散騎常侍京兆尹缺宣宗將用之宰相以年少欲歷試其能更出爲義武節度使舊傜車三千乘歲輓鹽海瀕民苦之中立置飛雪將數百人具舟以載自是民

不勞軍食足矣大中十二年大水汎徐兗青鄆而滄地積卑中立自按行引御水入之毛河東注海州無水災卒年四十八贈工部尚書中立居官精明吏下寒慄畏伏中雖坐累免及復用亦不爲寬假其天資所長云

杜亞字次公自云本京兆人肅宗在靈武上書論當世事擢校書郎杜鴻漸節度河西奏署幕府入朝歷吏部員外郎鴻漸爲山南劍南副元帥亞與楊炎並爲判官再遷諫議大夫亞自以當衡柄悒悒不悅李栖筠風望高時謂當宰相故亞厚結納元載得罪亞與劉晏等劾治載死遷給事中常衮惡之出爲江西觀察使德宗立召還亞意必任台宰倍道進與人語皆天下大政或以事祈謁輒相然可帝知不悅也既又建奏疏闊不稱旨罷爲陝虢觀察兼轉運使徙河中劉晏抵罪貶睦州刺史興元初入遷刑部侍郎又拜淮西節度使至則治漕渠引湖陂築防庸入之渠中以通大舟夾隄高卬田因得溉灌疏啓道衢徹壅通堙人皆悅賴然承陳少游後哀率煩重用度無藝人冀有所矯革而亞雅意丞弼厭外官往往不親事日夜召賓客言噱流連方春南民爲競度戲亞欲輕

駛乃繫船底使篙人衣油綵衣沒水不濡觀沼華邃費皆千萬隴西李衡在坐曰使桀紂為之不是過也既泛九曲池曳繡為颿詫曰要當稱是林沼衡曰未有錦纜云何亞大慚自是府財耗竭貞元中罷歸宰相竇參憚其宿望以檢校吏部尚書留守東都病風痺且廢猶欲固寵奏墾苑中為營田可減度支歲稟詔許之先是苑地可耕者皆留司中人及屯士占假亞計窘更舉軍帑錢與甸人至秋取菽粟償息輸軍中貧不能償者發囷窖略盡流亡過半又賂中人求兼河南尹帝審其妄使禮部尚書董晉代之賜亞還病不能謁卒年七十四贈太子少傅謚曰肅

范傳正字西老鄧州順陽人父惀為戶部員外郎與趙郡李華善有當世名傳正舉進士宏辭皆高第授集賢殿校書郎歷歙湖蘇三州刺史有殊政進拜宣歙觀察使代還坐治第過制憲宗薄不用改光祿卿以風痺卒贈左散騎常侍傳正好古性精悍初自整飭宦益達用度益奢侈傾貲貨市權貴驩私公府如家帑亦幸素有名得不敗云

唐書卷一百七十二

珍做宋版邦

宋　端　明　殿　學　士　宋　祁　撰

列傳第九十八

裴度

裴度字中立河東聞喜人貞元初擢進士第以宏辭補校書郎舉賢良方正異等調河陰尉遷監察御史論權嬖梗切出爲河南功曹參軍武元衡帥西川表掌節度府書記召爲起居舍人元和六年以司封員外郎知制誥田弘正效魏博六州于朝憲宗遣度宣諭弘正知度爲帝高選故郊迎趨跽受命且請徧至屬州布揚天子德澤魏人由是歡服還拜中書舍人久之進御史中丞宣徽五坊小使方秋閱鷹狗所過撓官司厚得餉謝乃去下邽令裴寰才吏也不爲禮因構寰出醜言送詔獄當大不恭宰相武元衡婉辭諍帝怒未置度見延英言寰無辜帝恚曰寰誠無罪杖小使小使無罪且杖寰度曰責若此固宜第寰爲令惜陛下百姓安可罪帝色霽乃釋寰王師討蔡以度視行營諸軍還奏攻取

策與帝意合且問諸將才否度對李光顏義而勇當有成功不三日光顏破時曲兵帝歎度知言進兼刑部侍郎王承宗李師道謀緩蔡兵乃伏盜京師刺用事大臣已害宰相元衡又擊度刃三進斷鞾刜背裂中單又傷首度冒氈得不死哄導騶伏獨騶王義持賊大呼賊斷義手度墜溝賊意已死因亡去議者欲罷度安二鎮反側帝怒曰度得全天也若罷之是賊計適行吾倚度足破二賊矣度亦以權紀未張王室陵遲常憤愧無死所自行營歸知賊曲折帝益信杖及病創一再旬分衛兵護第存候踵路疾愈詔毋須宣政衙即對延英拜中書侍郎同中書門下平章事時方連諸道兵環挐不解內外大恐人累息及度當國外內始安由是討賊益急始德宗時尙苛伺中朝士相過金吾輒飛啓宰相至闔門謝賓客度以時多故宜延天下髦英咨籌策乃建請還第與士大夫相見詔可會莊憲太后崩爲禮儀使帝不聽政議置冢宰度曰冢宰商周六官首秉統百僚王者諒闇有權聽之制歷世官廢故國朝置否不常不宜徇空名稽樞務乃詔百司權聽中書門下處可王鍔死家奴告鍔子稷易父奏末冒遺獻

帝留奴伇內遣使者如東都按責其貲度諫曰自鍔死數有獻今因告訐而檢省其私臣恐天下將帥聞之有以家爲計者帝悟殺二奴還使者于時討蔡數不利羣臣爭請罷兵錢徽蕭俛尤確苦度奏病在腹心不時去且爲大患不然兩河亦將視此爲逆順會唐鄧節度使高霞寓戰卻宅相揣帝厭兵欲赦賊鉤上指帝曰一勝一負兵家常勢若師常利則古何憚用兵耶雖累聖亦不應留賊付朕今但論帥臣勇怯兵彊弱處置何如耳渠一敗便沮成計乎於是左右不能容其閒十二年宰相逢吉涯建言餉億煩匱宜休師唯度請身督戰帝獨目度留曰果爲朕行乎度俯伏流涕曰臣誓不與賊偕存卽拜門下侍郎平章事彰義軍節度淮西宣慰招討處置使度以韓弘領都統乃上還招討以避弘然實行都統事又制詔有異辭欲激賊怒弘者意弘怏怏則度無與共功度請易其辭窒疑閒之嫌於是表馬總爲宣慰副使韓愈行軍司馬李正封馮宿李宗閔備兩使幕府入對延英曰主憂臣辱義在必死賊未授首臣無還期帝壯之爲流涕及行御通化門臨遣賜通天御帶發神策騎三百爲衞初逢吉忌度

帝惡居中撓沮出之外度屯郾城勞諸軍宣朝廷厚意士奮于勇是時諸道兵悉中官統監自處進退度奏罷之使將得顓制號令一戰氣倍未幾李愬夜入縣瓠城縛吳元濟以報度遣馬總先入蔡明日統洄曲降卒萬人持節徐進撫定其人初元濟禁偶語於道夜不然燭酒食相饋遺者以軍法論度視事下令唯盜賊鬬死抵法餘一蠲除往來不限晝夜民始知有生之樂度以蔡牙卒侍帳下或謂反側未安不可去備度笑曰吾爲彰義節度元惡已擒人皆吾人也衆感泣既而申光平定以馬總爲留後度入朝會帝以二劍付監軍梁守謙使悉誅賊將度遇諸郾城復與入蔡商罪議誅守謙請如詔度固不然騰奏申解全宥者甚衆策勳進金紫光祿大夫弘文館大學士上柱國晉國公戶三千復知政事程异皇甫鎛以言財賦幸俄得宰相度三上書極論不可帝不納自上印又不聽纖人始得乘罅初蔡平王承宗懼度遣辯士柏耆脅說乃獻德棣二州納質子又諭程權入覲始判滄景德棣爲一鎮朝廷命帥而承宗勢乃離李師道怙彊度密勸帝誅之乃詔宣武義成武寧橫海四節度會田弘正致討弘

正請自黎陽濟合諸節度兵宰相皆謂宜度曰魏博軍度黎陽卽叩賊境封畛比聯易生顧望是自戰其地弘正光顏素少斷士心盤桓果不可用不如養威河北須霜降水落絶陽劉深抵鄆以營陽穀則人人殊死賊勢窮矣上曰善詔弘正如度言弘正奉詔師道果禽大賈張陟負五坊息錢上命坊使楊朝汶收其家簿閱貸錢雖已償悉鈎止根引數十百人列箠挺脅不承又獲盧大夫逋券捕盧坦家客責償久乃悟盧羣券坦子上訴朝汶讕語錢入禁中何可得御史中丞蕭俛及諫官列陳中人横恣度亦極言之時方討鄆帝曰姑議東軍此細事我自處辦度曰兵事不理止山東中人横暴將亂都下帝不悅徐乃悟讓朝汶曰以爾使我羞見宰相命殺之而原繫者緜是京師澄肅帝嘗語臣事君當勵善底公朕惡夫樹黨者度曰君子小人以類而聚未有無徒者君子之徒同德小人之徒同惡外甚類中實遠在陛下觀所行則辦帝曰言者大抵若此朕豈易辨之度退喜曰上以爲難辨則易以爲易辨則難君子小人行判矣已而卒爲异鎛所構以檢校尚書右僕射兼門下侍郎平章事爲河東節度使穆

宗卽位進檢校司空朱克融王廷湊亂河朔加度鎭州行營招討使時帝以李光顏烏重胤爪牙將倚以擊賊兵十餘萬有所畏無尺寸功度旣受命入賊境數斬將以聞俄兼押北山諸蕃使時元稹顯結宦官魏弘簡求執政憚度復當國因經置軍事數居中持梗不使有功度恐亂作卽上書痛暴稹過惡帝不得已罷弘簡稹近職俄擢稹宰相以度守司空平章事東都留守諫官叩延英言不可罷度兵搖衆心帝不召於是交章極論未之省會中人使幽鎭還言軍中謂度在朝而兩河諸侯忠者懷彊者畏今居東人人失望帝悟詔度由太原朝京師及陛見始陳二賊畔換受命無功并陳所以入覲意感槪流涕伏未起謁者欲宣旨帝遽曰朕當延英待卿始議者謂度無與援且久外爲姦憸報抑慮帝未能明其忠及進見辭切氣怡卓然當天子意在位聞者皆竦毅將貴臣至齎咨出涕舊儀閤中羣臣未退宰相不奏事稱賀則謁者答帝以度勳德故待以殊禮度之行移克融廷湊書開說諄沓傳以大誼二人不敢桀皆願罷兵帝方憂深州圍欲必出牛元翼更使度騰書布旨或曰賊知度失兵柄必背約顧

望帝釋然乃拜度守司徒領淮南節度使會昭義監軍劉承偕慢劉悟舉軍譁
怒執承偕悟拘以聞帝怒問度何施而可度頓首謝藩臣不與政辭不對帝彊
之度曰臣素知承偕怙寵悟不能堪嘗以書訴臣是時中人趙弘亮在行營知
狀欲持悟書以奏陛下亦知之邪帝曰我不及知顧悟誠惡之胡不自聞何哉
度曰雖悟得聞恐陛下不必聽且臣覗天顏不咫尺比尙未能決千里單言可
悟聖聽哉帝亟曰前語姑置直謂今日奈何度曰必欲收忠義心使帥臣死節
獨斬承偕則四方羣盜隱然破膽矣帝曰顧太后養爲子且我何愛更言其次
度曰投諸荒裔可乎帝曰可悟果出承偕昭義遂安是時徐州王智興逐崔羣
諸軍盤互河北進退未一議者交口請相度乃以本官兼中書侍郎平章事權
倖側目謂李逢吉險賊善謀可以構度共諷帝自襄陽召逢吉還拜兵部尙書
度居位再閱月果爲逢吉所閒罷爲左僕射帝暴風眩中外不聞問者凡三日
度數請到內殿求立太子翼日乃見帝遂立景王爲嗣逢吉旣代相思有以牙
孽之引所厚李仲言張又新李續張權輿等內結宦官種支黨醜沮日聞乃出

度山南西道節度使奪平章事長慶四年王廷湊屠元翼之家敬宗嗟惋歎宰
輔非其人使兇賊熾肆學士韋處厚上疏曰臣聞汲黯在朝淮南寢謀干木處
魏諸侯息兵王霸之理以一士止百萬之師一賢制千里之難裴度元勳巨德
文武兼備若位嚴廟委參決必使戎虜畏威幽鎮自臣管仲曰人離而聽之則
愚合而聽之則聖治亂之本非有他術陛下當饋而歎恨無蕭曹今一裴度擯
棄于外所以馮唐知漢文帝有頗牧不能用也帝感悟謂處厚曰度累爲宰相
而官無平章事謂何處厚具道其由帝於是復度兼平章事帝雖孺蒙然注意
度中人至度所必丁寧尉安且示召期寶曆二年度請入朝逢吉黨大懼權輿
作僞謠云非衣小兒坦其腹天上有口被驅逐以度平元濟也都城東西岡六
民間以爲乾數而度第平樂里直第五岡權輿乃言度名應圖讖第據岡原不
召而來其意可見欲以傾度天子獨能明其誣詔復使輔政先是帝將幸東都
大臣切諫不納帝恚曰朕意決矣雖從官宮人自挾糗無擾百姓趣有司檢料
行宮中外莫敢言度從容奏國家建別都本備巡幸自艱難以來宮闕署屯百

司之區荒圮弗治假歲月完新然後可行倉卒無備有司且得罪帝悅曰羣臣
諫朕不及此如卿言誠有未便安用往邪因止行汴宋觀察使令狐楚言亳州
聖水出飲者疾輒愈度判曰妖由人興水不自作命在所禁塞朱克融執賜衣
使者楊文端詭言慢己并訴所賜濫惡又匄假度支帛三十萬匹不者軍必有
變且請遣工五千助治東都須天子東巡帝怒患之欲遣重臣臨慰度曰克融
無恙而悖是將亡譬猛虎自嗥躍山林憑窟穴則然勢不得離其處人亦不爲
懼陛下無庸遣重使第以詔書言中人倨驕須還我自責譴春服不謹方詰有
司所上工宜即遣已詔在所供擬此則賊謀窮矣陛下若未能然則答宮室營
繕既有序毋遣工爲重勞朝廷緣召發乃有賜與朕無所愛獨與范陽體不可
爾帝曰善用度次策克融聽命歸文端未幾軍亂殺克融帝縱弛日晏坐朝度
諫曰比陛下月率六七臨朝天下人知勤政河朔賊臣皆聳畏近開延英益稀
恐萬機奏稟有所壅閼夫頤養之道當順適時候則六氣平和萬壽可保道家
法春夏蚤起取雞鳴時秋冬晏起取日出時蓋在陽勝之以陰在陰勝之以陽

今方居盛夏謂宜詰旦數坐殿加延問漏及巳午則炎赫可畏聖躬勞矣帝嘉
納爲數視朝未幾判度支帝崩定策誅劉克明等迎立江王是爲文宗加門下
侍郎李全略死子同捷求襲滄景軍度奏討平之卽陳調兵食非宰相事請罷
度支歸有司奏可進階開府儀同三司賜實封戶三百度懇讓不得可乃受實
封太和四年數引疾不任機重願上政事帝擇上醫護治中人日勞問相躡乃
詔進司徒平章軍國重事須疾已三日若五日一至中書度讓免冊禮度自見
功高位極不能無慮稍詭跡避禍於是牛僧孺李宗閔同輔政媢度勛業久居
上欲有所逞乃共訾其跡損短之因度辭位卽白帝進兼侍中出爲山南東道
節度使白罷元和所置臨漢監數千馬納之校以善田四百頃還襄人頃之固
請老不許八年徙東都留守俄加中書令李訓之禍宦官肆威以逞凡訓注宗
姻賓客悉收逮訊報苛慘度上疏申理全活數十姓武德縣主藏史盜錢亡命
捕不得河陽節度使溫造獄其令王賞責負繫三年母死弗許喪度爲帝言之
賞得釋時閹豎擅威天子擁虛器搢紳道喪度不復有經濟意乃治第東都集

賢里沼石林叢岑縈幽勝午橋作别墅具燠館涼臺號綠野堂激波其下度野
服蕭散與白居易劉禹錫爲文章把酒窮晝夜相歡不問人閒事而帝知度年
雖及神明不衰每大臣自洛來必問度安否開成二年復以本官節度河東度
牢辭老疾帝命吏部郎中盧弘宣諭意曰爲朕臥護北門可也趣上道度乃之
鎮易定節度使張璠卒軍中將立其子元益度遣使曉譬禍福元益懼束身歸
朝三年以病匄還東都真拜中書令臥家未克謝有詔先給俸料上巳宴羣臣
曲江度不赴帝賜詩曰注想待元老識君恨不早我家柱石衰憂來學丘禱别
詔曰方春慎疾爲難勉醫藥自持朕集中欲見公詩故示此異日可進使者及
門而度薨年七十六帝聞震悼以詩置靈几册贈太傅諡文忠賵禮優縟命京
兆尹鄭復護喪度臨終自爲銘誌帝怪無遺奏敕家人索之得半藁以儲貳爲
請無私言會昌元年加贈太師大中初詔配享憲宗廟廷度退然纔中人而神
觀邁爽操守堅正善占對既有功名震四夷使外國者其君長必問度年今幾
狀貌孰似天子用否其威譽德業比郭汾陽而用不用常爲天下重輕事四朝

以全德始終及歿天下莫不思其風烈葬管城逮今廟食五子識諗知名
識字通理性敏悟凡經目未始忘推蔭補京兆參軍擢累大理少卿王師討劉
稹爲供軍使稹平改司農卿進湖南觀察使入拜大理卿襲晉國公半封爲涇
原節度使時蕃酋尚恐熱上三州七關列屯分守宣宗擇名臣以識帥涇原畢
誠帥邠寧李福帥夏州帝親臨遣識至治堞障整戎器開屯田初將士守邊或
積歲不得還識與立戍限滿者代親七十近戍由是人感悅加檢校刑部尚書
徙鳳翔忠武天平邠寧靈武等軍進檢校尚書右僕射靈武地斥鹵無井識誓
神而鑿之果得泉歷六節度所莅皆有可述卒贈司空謚曰昭
諗有文籍蔭累官考功員外郎宣宗訪元和宰相子思度勳望故待諗有加爲
翰林學士累遷工部侍郎詔加承旨適會帝幸其院諗即稱謝帝曰可歸與妻
子相慶取御奩果以賜諗舉衣跽受帝顧宮人取巾裹賜之後爲太子少師封
河東郡公黃巢盜國迫以僞官不從遇害
贊曰憲宗討蔡出入四年元濟外連姦臣刺宰相及用事者沮駭朝謀惟天子

赫然排羣議任度政事倚以討賊身督戰遂平淮西非度破賊之難任度之爲
難也韓愈頌其功曰凡此蔡功惟斷乃成其知言哉穆宗不君憸人腐夫乘釁
鐫詆而度遂無顯功非前智後愚用不用勢當然矣前史稱度晚節頗浮沉爲
自安計是不然大雅曰既明且哲以保其身度何訿云

唐書卷一百七十三

唐書卷一百七十三考證

裴度傳自見功高位極不能無慮稍詭跡避禍于是牛僧孺李宗閔同輔政媢度勳業久居上欲有所逞乃共訾其跡損短之○臣酉按舊書云初王播廣事進奉度亦掇拾羨餘以効播後進宰相李牛等不悅其所爲其語意覓似牛李以公心惡度者當以新書爲實

唐書卷一百七十三考證

珍做宋版邸

# 唐書卷一百七十四

宋　端　明　殿　學　士　宋　祁　撰

## 列傳第九十九

### 二李元牛楊

李逢吉字虛舟系出隴西父顏有錮疾逢吉自料醫劑遂通方書舉明經又擢進士第范希朝表爲振武掌書記薦之德宗拜左拾遺元和時遷給事中皇太子侍讀改中書舍人知禮部貢舉未已事拜門下侍郎同中書門下平章事詔禮部尚書王播署榜逢吉性忌刻險譎多端及得位務償好惡裴度討淮西逢吉慮成功密圖沮止趣和議者請罷諸道兵憲宗知而惡之出爲劍南東川節度使穆宗即位徙山南東道緣講侍恩陰結近倖長慶二年召入爲兵部尚書時度與元稹知政度嘗條稹憸佞逢吉以爲其隙易乘遂幷中之遣人上變言和王傅于方結客欲爲稹刺度帝命尚書左僕射韓皐給事中鄭覃與逢吉參鞫方無狀稹度坐是皆罷逢吉代爲門下侍郎平章事因以恩爵動詭薄者更

相挺以詆傷度於是李伸韋處厚等誦言度爲逢吉排迮度初得留時已失河
朔王智興以徐叛李㝏以汴叛國威不振天下延頸俟相度而中外交章言之
帝訖不省度遂外遷㝏平進尙書右僕射帝暴疾中外阻遏逢吉因中人梁守
謙劉弘規王守澄議請立景王爲皇太子帝不能言頷之而已明日下詔皇太
子遂定鄭注得幸於王守澄逢吉遣從子訓賂注結守澄爲奥援自是肆志無
所憚其黨有張又新李續張權輿劉栖楚李虞程昔範姜洽及訓八人而傅會
者又八人皆任要劇故號八關十六子有所求請先賂關子後達於逢吉無不
得所欲未幾封涼國公敬宗新立度求入覲逢吉不自安張權輿爲作讖言以
沮度而韋處厚亟爲帝言之計卒不行有武昭者陳留人果敢而辯度之討蔡
遣說吳元濟元濟臨以兵辭不撓厚禮遣還度署以軍職從鎮太原除石州刺
史罷歸不得用怨望與太學博士李涉金吾兵曹參軍茅彙居長安中以氣俠
相許逢吉與李程同執政不叶程族人仍叔謂昭曰丞相欲用君顧逢吉持不
可昭愈憤酒所語其友劉審欲刺逢吉審竊語權輿逢吉因彙召見昭厚相結

納忿隙得解逢吉素厚待彙嘗與書曰足下當以自求字僕吾當以利見字君辭頗猥昵及度將還復命人發昭事由是昭彙皆下獄命御史中丞王播按之訓諷彙使誣昭與李程同謀不然且死彙不可曰誣人以自免不爲也獄成昭榜死彙流崖州涉康州仍叔貶道州司馬訓流象州擢審長壽主簿而逢吉謀益露昭死人皆寃之初逢吉與昭獄以止度入而不果天子知度忠卒相之逢吉於是寖疎以檢校司空平章事爲山南東道節度使表李續自副張又新行軍司馬頃之檢校司徒初門下史田伾倚逢吉親信顧財利進婢嬖之伾坐事匿逢吉家名捕弗獲及出鎮表隨軍滿歲不敢集使人僞過門下省調房州司馬爲有司所發卽襄州捕之詭讕不遣御史劾奏詔奪一季俸因是貶續爲涪州刺史又新汀州刺史久乃徙宣武以太子太師爲東都留守及訓用事召拜尚書左僕射足病不能朝以司徒致仕卒年七十八贈太尉謚曰成無子以從弟子植嗣

元稹字微之河南河南人六代祖巖爲隋兵部尚書稹幼孤母鄭賢而文親授

書傳九歲工屬文十五擢明經判入等補校書郎元和元年舉制科對策第一拜左拾遺性明銳遇事輒舉始王叔文王伾蒙幸太子宮而橈國政稹謂宜選正人輔導因獻書曰伏見陛下降明詔脩廢學增胄子然而事有先於此臣敢昧死言之賈誼有言三代之君仁且久者教之然也周成王本中才近管蔡則讒入任周召則善聞豈天聰明哉而克終于道者教也始爲太子也太公爲師周公爲傅召公爲保伯禽唐叔與游目不閱淫豔耳不聞優笑居不近庸邪玩不備珍異及爲君也血氣既定游習既成雖有放心不能奪已成之性則彼道德之言固吾所習聞陳之者易諭焉回佞庸違固吾所積懼諂之者易辨焉人之情莫不耀所能黨所近苟得志必快其所蘊物性亦然故魚得水而游鳥乘風而翔火得薪而熾夫成王所蘊道德也所近聖賢也快其蘊則與禮樂朝諸侯措刑罰教之至也秦則不然滅先王之學黜師保之位胡亥之生也詩書不得聞聖賢不得近彼趙高刑餘之人傳之以殘忍戕賊之術日恣睢天下之人未盡愚而亥不能分馬鹿矣高之威懾天下而亥自幽深宮矣若秦亡則有以

致之也太宗爲太子選知道德者十八人與之游即位後雖間宴飲食十八人者皆在上之失無不言下之情無不達不四三年而名高盛古斯游習之致也貞觀以來保傅皆宰相兼領餘官亦時重選故馬周恨位高不爲司議郎其驗也母后臨朝翦棄王室中睿爲太子雖有骨鯁敢言之士不得在調護保安職及讒言中傷惟樂工剖腹爲證豈不哀哉比來茲弊尤甚師資保傅不疾廢眊曠即休戎罷帥者處之又以僻滯華首之儒備侍直侍讀越月踰時不得召夫以匹士之愛其子猶求明哲慈惠之師豈天下元良而反不及乎臣以爲高祖至陛下十一聖生而神明長而仁聖以是爲屑屑者故不之省設萬世之後有周成中才生於深宮無保助之教則將不能知喜怒哀樂所自況稼穡艱難乎願令皇太子洎諸王齒胄講業行嚴師問道之禮輟禽色之娛資游習之善豈不美哉又自以職諫諍不得數召見上疏曰臣聞治亂之始各有萌象容直言廣視聽躬勤庶務委信大臣使左右近習不得蔽疏遠之人此治象也大臣不親直言不進抵忌諱者殺犯左右者刑與一二近習決事深宮中羣臣莫得與

此亂萌也人君始即位萌象未見必有狂直敢言者上或激而進之則天下君子望風曰彼狂而容於上其欲來天下士乎吾之道可以行矣其小人則竦利曰彼之直得幸於上吾將直言以徼利乎由是天下賢不肖各以所忠貢於上上下之志濡然而通合天下之智治萬物之心人人樂得其所戴其上如赤子之親慈母也雖欲誘之爲亂可得乎及夫進計者入而直言者戮則天下君子內謀曰與其言不用而身爲戮吾寧危行言遜以保其終乎其小人則擇利曰吾君所惡者拂心逆耳吾將苟順是非以事之由是進見者革而不內言事者寢而不聞若此則十步之事不得見況天下四方之遠乎故曰聾瞽之君非無耳目左右前後者屏蔽之不使視聽欲不亂可得哉太宗初即位天下莫有言者孫伏伽以小事持諫厚賜以勉之自是論事者唯懼言不直諫不極不能激上之盛意曾不以忌諱爲虞於是房杜王魏議可否於前四方言得失於外不數年大治豈文皇獨運聰明於上哉蓋下盡其言以宣揚發暢之也夫樂全安惡戮辱古今情一也豈獨貞觀之人輕犯忌諱而好戮辱哉蓋上激而進之也

喜順從怒謇犯亦古今情一也豈獨文皇甘逆耳怒從心哉蓋以順從之利輕
而危亡之禍大思爲子孫建永安計也爲後嗣者其可順一朝意而蔑文皇之
天下乎陛下卽位已一歲百辟卿士天下四方之人曾未有獻一計進一言而
受賞者左右前後拾遺補闕亦未有奏封執諫而蒙勸者設諫鼓置匭函曾未
聞雪冤決事明察幽之意者以陛下睿博洪深勵精求治豈言而不用哉蓋下
不能有所發明耳承顧問者獨一二執政對不及頃而罷豈暇陳治安議教化
哉宅有司或時召見僅能奉簿書計錢穀登降耳以陛下之政視貞觀何如哉
貞觀時尙有房杜王魏輔翊之智日有獻可替否者今陛下當致治之初而言
事進計者歲無一人豈非羣下因循竊位之罪乎輒昧死條上十事一教太子
正邦本二封諸王固磐石三出宮人四嫁宗女五時召宰相講庶政六次對羣
臣廣聰明七復正衙奏事八許方幅糾彈九禁非時貢獻十省出入畋游于時
論傪高弘本豆盧靖等出爲刺史閱旬追還詔書積諫詔令數易不能信天下
又陳西北邊事憲宗悅召問得失當路者惡之出爲河南尉以母喪解服除拜

監察御史按獄東川因劾奏節度使嚴礪違詔過賦數百萬沒入塗山甫等八十餘家田產奴婢時礪已死七刺史皆奪俸礪黨怒俄分司東都時浙西觀察使韓皐杖安吉令孫澥數日死武寧王紹護送監軍孟昇喪乘驛內喪郵中吏不敢止內園擅繫人踰年臺不及知河南尹誣殺諸生尹太階飛龍使誘亡命奴爲養子田季安盜取洛陽衣冠女汴州沒入死賈錢千萬凡十餘事悉論奏會河南尹房式坐罪稹舉劾按故事追攝移書停務詔薄式罪召稹還次敷水驛中人仇士良夜至稹不讓中人怒擊稹敗面宰相以稹年少輕樹威失憲臣體貶江陵士曹參軍而李絳崔羣白居易皆論其枉久乃徙通州司馬次虢州長史元和末召拜膳部員外郎稹尤長於詩與居易名相埒天下傳諷號元和體往往播樂府穆宗在東宮妃嬪近習皆誦之宮中呼元才子稹之謫江陵善監軍崔潭峻長慶初潭峻方親幸以稹歌詞數十百篇奏御帝大悅問稹今安在曰爲南宮散郎卽擢祠部郎中知制誥變詔書體務純厚明切盛傳一時然其進非公議爲士類訾薄稹內不平因誠風俗詔歷詆羣有司以逞其憾俄遷

中書舍人翰林承旨學士數召入禮遇益厚自謂得言天下事中人爭與稹交魏弘簡在樞密尤相善裴度出屯鎮州有所論奏共沮郤之度三上疏劾弘簡稹傾亂國政陛下欲平賊當先清朝廷乃可帝迫羣議乃罷弘簡而出稹爲工部侍郎然眷倚不衰未幾進同中書門下平章事朝野雜然輕笑稹思立奇節報天子以厭人心時王廷湊方圍牛元翼於深州稹所善于方言王昭于友明皆豪士雅游燕趙間能得賊要領可使反間而出元翼願以家貲辦行得兵部虛告二十以便宜募士稹然之李逢吉知其謀陰令李賞訹裴度曰于方爲稹結客將刺公度隱不發神策軍中尉以聞詔韓皐鄭覃及逢吉雜治無刺度狀而方計暴聞遂與度偕罷宰相出爲同州刺史諫官爭言度不當免而黜稹輕帝獨憐稹但削長春宮使初獄未具京兆劉遵古遣吏羅禁稹第稹訴之帝怒責京兆免捕賊尉使使者慰稹再朞徙浙東觀察使明州歲貢蚶役郵子萬人不勝其疲稹奏罷之太和三年召爲尚書左丞務振綱紀出郎官尤無狀者七人然稹素無檢望輕不爲公議所右王播卒謀復輔政甚力訖不遂俄拜武昌

節度使卒年五十三贈尙書右僕射所論著甚多行于世在越時辟竇鞏鞏天
下工爲詩與之酬和故鏡湖秦望之奇益傳時號蘭亭絶唱稹始言事峭直欲
以立名中見斥廢十年信道不堅乃喪所守附宦貴得宰相居位纔三月罷晚
節彌沮喪加廉節不飾云

牛僧孺字思黯隋僕射奇章公弘之裔幼孤下杜樊鄉有賜田數頃依以爲生
工屬文第進士元和初以賢良方正對策與李宗閔皇甫湜俱第一條指失政
其言骾訐不避宰相宰相怒故楊於陵鄭敬韋貫之李益等坐考非其宜皆調
去僧孺調伊闕尉改河南還監察御史進累考功員外郎集賢殿直學士穆宗
初以庫部郎中知制誥徙御史中丞按治不法內外澄肅宿州刺史李直臣坐
賕當死賂宦侍爲助具獄上帝曰直臣有才朕欲貸而用之僧孺曰彼不才者
持祿取容耳天子制法所以束縛有才者祿山朱泚以才過人故亂天下帝異
其言乃止賜金紫服以戶部侍郎同中書門下平章事始韓弘入朝其子公武
用財賂權貴杜塞言者俄而弘公武卒孫弱不能事帝遣使者至其家悉收貲

簿校計出入所以餉中朝臣者皆在至僧孺獨注其左曰某月日送錢千萬不納帝善之謂左右曰吾不謬知人繇是遂以相尋遷中書侍郎敬宗立進封奇章郡公是時政出近倖僧孺數表去位帝爲於鄂州置武昌軍授武昌節度使同平章事鄂城土惡亟圮歲增築賦蓑茅於民吏倚爲擾僧孺陶甓以城五年畢鄂人無復歲費又廢沔州以省冗官文宗立李宗閔當國屢稱僧孺賢不宜棄外復以兵部尚書平章事幽州亂楊志誠逐李載義帝不時召宰相問計僧孺曰是不足爲朝廷憂夫范陽自安史後國家無所繫休戚前日劉總挈境歸國荒財耗力且百萬終不得范陽尺帛斗粟入天府俄復失之今志誠繇向載義也第付以節使扞奚契丹彼且自力不足以逆順治也帝曰吾初不計此公言是也因遣使慰撫之進門下侍郎弘文館大學士是時吐蕃請和約弛兵而大酋悉怛謀舉維州入之劍南於是李德裕上言韋皐經略西山至死恨不能致今以生羌二千人燒十三橋擣虜之虛可以得志帝使羣臣大議請如德裕策僧孺持不可曰吐蕃緜地萬里失一維州無害其彊今脩好使者尚未至遽

反其言且中國禦戎守信爲上應敵次之彼來責曰何故失信贊普牧馬蔚茹川若東襲隴坂以騎綴回中不三日抵咸陽橋則京師戒嚴是雖得百維州何益帝然之遂詔返降者時皆謂僧孺挾素怨横議沮解之帝亦以爲不直會中尉王守澄引纖人竊議朝政宅日延英召見宰相曰公等有意於太平乎何道以致之僧孺曰臣待罪宰相不能康濟然太平亦無象今四夷不内擾百姓安生業私室無彊家上不壅蔽下不怨讟雖未及至盛亦足爲治矣而更求太平非臣所及退謂宅宰相曰上責成如是吾可久處此耶固請罷乃檢校尚書左僕射平章事爲淮南節度副大使天子既急於治故李訓等投隙得售其妄幾至亡國開成初表解劇鎮以檢校司空爲東都留守僧孺治第洛之歸仁里多致嘉石美木與賓客相娛樂三年召爲尚書左僕射僧孺入朝會莊恪太子薨既見陳父子君臣人倫大經以悟帝意帝泫然流涕以足疾不任謁檢校司空平章事爲山南東道節度使賜彝樽龍勺詔曰精金古器以比況君子卿宜少留僧孺固請乃行會昌元年漢水溢壞城郭坐不謹防下遷太子少保進少師

明年以太子太傅留守東都劉稹誅而石雄軍吏得從諫與僧孺李宗閔交結狀又河南少尹呂述言僧孺聞稹誅恨歎之武宗怒黜爲太子少保分司東都累貶循州長史宣宗立徙衡汝二州還爲太子少師卒贈太尉年六十九謚曰文簡諸子蔚叢最顯

蔚字大章少擢兩經又第進士繇監察御史爲右補闕大中初屢條切政宣宗喜曰牛氏果有子差尉人意出金州刺史遷累吏部郎中失權倖意貶國子博士分司東都復以吏部召兼史館修撰咸通中進至戶部侍郎襲奇章侯坐累免未一歲復官久之檢校兵部尙書山南西道節度使治梁三年徐州盜起神策兩中尉諷諸藩悉財助軍蔚索府帛三萬以獻中人嫌其吝用吳行魯代之黃巢入京師遁山南故吏民喜蔚至爭迎候因請老以尙書右僕射致仕卒子

徽

徽舉進士累擢吏部員外郞乾符中選濫吏多姦歲調四千員徽治以剛明梶杜干請法度復振蔚避地于梁道病徽與子扶監輿歷閣路盜擊其首血流面

持輿不息盜追之徽拜曰人皆有父今親老而疾幸無駭驚盜感之乃止及前谷又逢盜輒相語曰此孝子也共舉輿舍之家進帛裹創以饘飲奉蔚留信宿去抵梁徽趨蜀謁行在丏歸侍親疾會拜諫議大夫固辭見宰相杜讓能曰上還幸當從親有疾當侍而徽兄在朝廷身乞還營醫藥時兄循已位給事中許之父喪客梁漢終喪以中書舍人召辭疾改給事中留陳倉張濬伐太原引爲判官敕在所敦遣徽太息曰王室方復廥藏殫耗當協和諸侯以爲藩屏而又濟以兵諸侯離心必有後憂不肯起濬果敗復召爲給事中楊復恭叛山南李茂貞請假招討節伐之未報而與王行瑜輒出兵昭宗怒持奏不下茂貞亟請帝召羣臣議無敢言徽曰王室多難茂貞誠有功今復恭阻兵而討之罪在不俟命爾臣聞兩鎮兵多殺傷不早有所制則梁漢之人盡矣請假以節明約束則軍有所畏帝曰然乃以招討使授茂貞果有功然益偃蹇帝使宰相杜讓能將兵誅討徽諫曰岐國西門茂貞憑其衆而暴若令萬分一不利屈威重奈何願徐制之不聽師出帝復召徽曰今伐茂貞彼衆烏合取必萬全卿計何日有

捷對曰臣職諫爭所言者軍國大體如索賊平之期顧陛下考著龜責將帥非臣職也旣而師果敗遂殺大臣王室益弱俄錄中書舍人爲刑部侍郎襲奇章男崔胤忌徽之正換左散常侍徙太子賓客以刑部尚書致仕歸樊川卒贈吏部尚書

叢字表齡第進士繇藩帥幕府任補闕數言事會宰相請廣諫員宣宗曰諫臣惟能舉職爲可奚用衆耶今張符趙璘牛叢使朕聞所未聞三人足矣以司勳員外郎爲睦州刺史帝勞曰卿非得怨宰相乎對曰陛下比詔不由刺史縣令不任近臣宰相以是擢臣非嫌也卽賜金紫謝曰臣今衣刺史所假緋卽賜紫爲越等乃賜銀緋咸通末拜劍南西川節度使時蠻犯邊抵大渡進略黎雅叩邛崍關謾書求入朝且曰假道叢囚其使四十人釋二人還之蠻懼卽引去僖宗幸蜀授太常卿以病求爲巴州刺史不許還京爲吏部尚書嗣襄王亂叢客死太原

李宗閔字損之鄭王元懿四世孫擢進士調華州參軍事舉賢良方正與牛僧

孺詆切時政觸宰相李吉甫惡之補洛陽尉久流落不偶去從藩府辟署入授監察御史禮部員外郎裴度伐蔡引爲彰義觀察判官蔡平遷駕部郎中知制誥穆宗卽位進中書舍人時翺爲華州刺史父子同拜世以爲寵長慶初錢徽典貢舉宗閔託所親於徽而李德裕李紳元稹在翰林有寵於帝共白徽納干丐取士不以實宗閔坐貶劍州刺史由是嫌忌顯結樹黨相磨軋凡四十年搢紳之禍不能解俄復爲中書舍人典貢舉所取多知名士若唐沖薛庠袁都等世謂之玉筍寶歷初累進兵部侍郎父喪解太和中以吏部侍郎同中書門下平章事時德裕自浙西召欲以相而宗閔中助多先得進卽引僧孺同秉政相唱和去異己者德裕所善皆逐之遷中書侍郎久之德裕爲相與宗閔共當國德裕入謝文宗曰而知朝廷有朋黨乎德裕曰今中朝半爲黨人雖後來者趨利而靡往往陷之陛下能用中立無私者黨與破矣帝曰衆以楊虞卿張元夫蕭澣爲黨魁德裕因請皆出爲刺史帝然之卽以虞卿爲常州元夫爲汝州蕭澣爲鄭州宗閔曰虞卿位給事中州不容在元夫下德裕居外久其知黨人不

如臣之詳虞卿日見賓客於第世號行中書故臣未嘗與美官德裕質之曰給事中非美官云何宗閔大沮不得對俄以同平章事爲山南西道節度使李訓鄭注始用事疾德裕共訾短之乃罷德裕復召宗閔知政事進封襄武縣侯恣肆附託會虞卿以京兆尹得罪極言營解帝怒叱曰爾嘗詆鄭覃爲妖氣今自爲妖耶卽出爲明州刺史貶處州長史訓注乃劾宗閔異時陰結駙馬都尉沈𥩟內人宋若憲宦者韋元素王踐言等求宰相且言頃上有疾密問術家呂華迎考命曆曰惡十二月而踐言監軍劍南受德裕賕復與宗閔家私乃貶宗閔潮州司戶參軍事𥩟逐柳州元素等悉流嶺南親信並斥時訓注欲以權市天下凡不附己者皆指以二人黨逐去之人人駭栗連月霿晦帝乃詔宗閔德裕姻家門生故吏自今一切不問所以慰安中外嘗歎曰去河北賊易去此朋黨難開成初幽州史元忠河陽李載義累表論洗乃徙爲衢州司馬楊嗣復輔政與宗閔善欲復用而畏鄭覃乃託宦人諷帝帝因紫宸對果曰朕念宗閔久斥應授一官覃曰陛下徙令少近則可若再用臣請前免陳夷行曰宗閔之罪不

卽死爲幸寶曆時李續張又新等號八關十六子朋比險妄朝廷幾危李珏曰
此李逢吉罪今續喪闋不可不任以官夷行曰不然舜逐四凶天下治朝廷何
惜數憸人使亂紀綱嗣復曰事當適宜不可以憎愛奪帝曰州刺史可乎覃請
授洪州別駕夷行曰宗閔始庇鄭注階其禍幾覆國嗣復曰陛下向欲官鄭注
而宗閔不奉詔尚當記之覃質曰嗣復黨宗閔者彼其惡似李林甫嗣復曰覃
言過矣林甫妬賢忌功夷滅十餘族宗閔固無之始宗閔與德裕俱得罪德裕
再徙鎮而宗閔故在貶地夫懲勸宜一不可謂黨因折覃曰比殷侑爲韓益求
官臣以其昔坐贓不許覃託臣勿論是豈不爲黨乎遂擢宗閔杭州刺史遷太
子賓客分司東都旣而覃夷行去位嗣復謀引宗閔輔政未及而文宗崩會昌
中劉稹以澤潞叛德裕建言宗閔素厚從諫今上黨近東都乃拜宗閔湖州刺
史稹敗得交通狀貶漳州長史流封州宣宗卽位徙柳州司馬卒宗閔性機警
始有當世令名旣寖貴喜權勢初爲裴度引拔後度薦德裕可爲相宗閔遂與
爲怨韓愈爲作南山猛虎行規之而宗閔崇私黨薰熾中外卒以是敗子琨瓚

皆擢進士令狐綯作相而瓚以知制誥歷翰林學士綯罷亦爲桂管觀察使不善御軍爲士卒所逐貶死宗閔弟宗冉其子湯累官京兆尹黃巢陷長安殺之

楊嗣復字繼之父於陵始見識於浙西觀察使韓滉妻以其女歸謂妻曰吾閱人多矣後貴且壽無若生者有子必位宰相既而生嗣復滉撫其頂曰名與位皆踰其父楊氏之慶也因字曰慶門八歲知屬文後擢進士博學宏辭與裴度柳公綽皆爲武元衡所知表署劍南幕府進右拾遺直史館尤善禮家學改太常博士再遷禮部員外郎時於陵爲戶部侍郎嗣復避同省換他官有詔同司親大功以上非聯判句檢官長皆勿避官同職異雖父子兄弟無嫌遷累中書舍人嗣復與牛僧孺李宗閔雅相善二人輔政引之然不欲越父當國故權知禮部侍郎凡二朞得士六十八人多顯官文宗嗣位進戶部侍郎於陵老求侍不許喪除擢尚書左丞太和中宗閔罷嗣復出爲劍南東川節度使宗閔復相徙西川開成初以戶部侍郎召領諸道鹽鐵轉運使俄與李珏並拜同中書門下平章事弘農縣伯仍領鹽鐵後紫宸奏事嗣復爲帝言陸洿屏居民間而上

書論兵可勸以官珏趣和曰士多趨競能獎涔貪夫廉矣比賓洵直以論事見
賞天下釋然況官涔耶帝曰朕賞洵直褒其心爾鄭覃不平曰彼包藏固未易
知嗣復曰洵直無邪臣知之覃曰陛下當察朋黨嗣復曰覃疑臣黨臣應免即
再拜祈罷珏見言切繆曰朋黨固少弭覃曰附離復生帝曰向所謂黨與不已
盡乎覃曰楊漢公張又新李續故在珏乃陳邊事欲絕其語覃曰論邊事安危
臣不如珏嫉朋比珏不如臣嗣復曰臣聞左右佩劍彼此相笑未知覃果謂誰
爲黨邪因當香案頓首曰臣位宰相不能進賢退不肖以朋黨獲譏非所以重
朝廷固乞罷帝方委以政故慰安之它日帝問符讖可信乎何從而生嗣復曰
漢光武以讖決事隋文帝亦喜之故其書蔓天下班彪王命論有所引述特以
止賊亂非重之也珏曰治亂宜直推人事耳帝曰然又問天后時有起布衣爲
宰相者未可用乎嗣復曰天后重用刑輕用官自爲之計耳必責能否要待歷
試乃可是時延英訪對史官不及知嗣復建言故事正衙起居注在前便坐無
所紀錄姚璹趙憬皆請置時政記不能行臣請延英對宰相語關道德刑政者

委中書門下直日紀錄月付史官宅宰相議不同止久之帝又問延英政事孰當記之珏監修國史對曰臣之職也陳夷行曰宰相所錄恐掩蔽聖德自盜矣名臣向言不欲威權在下者此也珏曰夷行疑宰相賣威權貨刑賞不然何自居位而爲此言邪臣得罷爲幸覃曰陛下開成初政甚善三年後日不逮前嗣復曰開成初覃夷行當國三年後臣與李珏同進臣不能悉心奉職使政事日不逮前臣之罪也縱陛下不忍加誅當自殄滅即叩頭請從此辭不敢更至中書乃趨出帝使使者召還曰覃言失何及此邪覃起謝曰臣愚不知忌諱近事雖善猶未盡公臣非專斥嗣復而遽求去乃不使臣言耳嗣復曰陛下月費俸稟數十萬時新異賜必先及將責臣輔聖功求至治也使不及初豈臣當死累陛下之德柰何惟陛下別求賢以自輔帝曰覃偶及之奚執咎嗣復闔門不肯起帝乃免覃夷行相而嗣復專天下事進門下侍郎建言使府官屬多宜省帝曰無反滯才乎對曰才者自異汰去粃滓者菁華乃出帝曰昔蕭復秉政難言者必言卿其志之未幾帝崩中尉仇士良廢遺詔立武宗帝之立非宰相意故

內薄執政臣不加禮自用李德裕而罷嗣復爲吏部尚書出爲湖南觀察使會誅薛季稜劉弘逸中人多言嘗附嗣復珏不利於陛下帝剛急卽詔中使分道誅嗣復等德裕與崔鄲崔珙等詣延英言故事大臣非惡狀明白未有誅死者昔太宗玄宗德宗三帝皆常用重刑後無不悔願徐思其宜使天下知盛德有所容不欲人以爲冤帝曰朕纘嗣之際宰相何嘗比數且珏等各有附會若珏季稜屬陳王猶是先帝意如嗣復弘逸屬安王乃內爲楊妃謀且其所給書曰姑何不斆天后德裕曰飛語難辨帝曰妃昔有疾先帝許其弟入侍得通其謀禁中證左尤具我不欲暴于外使安王立肯容我耶言畢戚然乃曰爲卿赦之因追使者還貶嗣復潮州刺史宣宗立起爲江州刺史以吏部尚書召道岳州卒年六十六贈尚書左僕射謚曰孝穆嗣復領貢舉時於陵自洛入朝乃率門生出迎置酒第中於陵坐堂上嗣復與諸生坐兩序始於陵在考功擢浙東觀察使李師稷及第時亦在焉人謂楊氏上下門生世以爲美嗣復五子其顯者授損

授字得符於昆弟最賢由進士第遷累戶部侍郎以母病求爲祕書監後以刑部尙書從昭宗幸華徙太子少保卒贈尙書左僕射
子聓字公隱累擢左拾遺昭宗初立數遊晏上疏極諫歷戶部員外郎崔胤招朱全忠入京師聓挈族客湖南終諫議大夫
損字子默繇蔭補藍田尉至殿中侍御史家新昌里與路巖第接巖方爲相欲易其廄以廣第損族仕者十餘人議曰家世盛衰繫權者喜怒不可拒損曰今尺寸土皆先人舊貲非吾等所有安可奉權臣邪窮達命也卒不與巖不悅使損按獄黔中踰年還三遷絳州刺史巖罷去召爲給事遷京兆尹與宰相盧攜雅不叶復除給事中陝號軍亂逐觀察使崔蕘命損代之至則盡誅有罪者拜平盧節度使徙天平未赴復留卒官下
贊曰夫口道先王語行如市人其名曰盜儒僧儒宗閔以方正敢言進既當國反奮私昵黨排擊所憎是時權震天下人指曰牛李非盜謂何逢吉險邪稹浮躁嗣復辯給固無足言幸主孱昏不底於戮治世之罪人歟

唐書卷一百七十四

唐書卷一百七十四考證

李逢吉傳父顏○舊書作祖顏父歸期與新書異沈炳震曰按宰相世系表與舊書同則新書似誤

李伸○伸當作紳

唐書卷一百七十四考證

宋 端 明 殿 學 士 宋 祁 撰

## 列傳第一百

### 竇劉二張楊熊柏

竇羣字丹列京兆金城人父叔向以詩自名代宗時位左拾遺羣兄弟皆擢進士第獨羣以處士客毗陵母卒齧一指置棺中廬墓次終喪從盧庇傳啖助春秋學著書數十篇蘇州刺史韋夏卿薦之朝并表其書報聞不召後夏卿入爲京兆尹復言之德宗擢爲左拾遺時張薦持節使吐蕃乃遷羣侍御史爲薦判官入見帝曰陛下即位二十年始自草茅擢臣爲拾遺何其難也以二十年難進之臣爲和蕃判官一何易帝壯其言不遣王叔文黨盛雅不喜羣羣亦悻悻不肯附欲逐之韋執誼不可乃止羣往見叔文曰事有不可知者叔文曰奈何曰去年李實伐恩恃權震赫中外君此時逡巡路傍江南一吏耳今君又處實之勢豈不思路傍復有如君者乎叔文悚然亦卒不用憲宗立轉膳部員外郎

兼侍御史知雜事出爲唐州刺史節度使于頔聞其名與語奇之表以自副武
元衡李吉甫皆所厚善故召拜吏部郎中元衡輔政薦羣代爲中丞羣引吕温
羊士諤爲御史吉甫以二人躁險持不下羣忮狠反怨吉甫吉甫節度淮南羣
謂失恩因擠之陳登者善術夜過吉甫家羣卽捕登掠考上言吉甫陰事憲宗
面覆登得其情大怒將誅羣吉甫爲救解乃免出爲湖南觀察使改黔中會水
壞城郛調谿洞羣蠻築作因是羣蠻亂貶開州刺史稍還容管經略使召還卒
于行年五十五贈左散騎常侍羣狠自用果於復怨始召將大任之衆皆懼及
聞其死乃安兄常牟弟庠鞏皆爲郎工詞章爲聯珠集行於時義取昆弟若五
星然

常字中行大曆中及進士第不肯調客廣陵多所論著隱居二十年鎭州王武
俊聞其才奏辟不應杜佑鎭淮南署爲參謀歷朗夔江撫四州刺史國子祭酒
致仕卒贈越州都督

牟字貽周累佐節度府晚從昭義盧從史從史寖驕牟度不可諫卽移疾歸東

都從史敗不以覺微避去自賢位國子司業

庠字冑卿終婺州刺史

鞏字友封雅裕有名于時平居與人言若不出口世號囁嚅翁元稹節度武昌奏鞏自副卒

劉栖楚其出寒鄙爲鎮州小史王承宗奇之薦於李逢吉繇鄧州司倉參軍擢右拾遺逢吉之罷裴度逐李紳皆嗾而爲奸者敬宗立視朝常晏數游畋失德栖楚諫曰惟前世王者初嗣位皆親庶政坐以待旦陛下新卽位安臥寢內日晏乃作大行殯宮密邇鼓吹之聲日聞諸朝且憲宗及先帝皆長君朝夕恪勤四方猶有叛者陛下以少主踐阼未幾惡德流布恐福祚之不長也臣以諫爲官使陛下負天下譏請碎首以謝遂頷叩龍墀血被面李逢吉傳詔毋叩頭待詔旨栖楚捧首立帝動容揚袂使去栖楚曰不聽臣言臣請死于此有詔尉諭乃出遷起居郎辭疾歸洛後諫官對延英帝問向廷爭者在邪以諫議大夫召未幾宣授刑部侍郎故事侍郎無宣授者逢吉喜助己故不次任之數月改京

兆尹峻誅罰不避權豪先是諸惡少竄名北軍淩藉衣冠有罪則逃軍中無敢
捕栖楚一切窮治不閱旬宿姦老蠹爲斂迹一日軍士乘醉有所凌突諸少年
從旁譟曰癡男子不記頭上尹邪然其性詭激敢爲怪行乘險抵巇若無顧藉
內實恃權怙寵以干進詣宰相厲色慢辭韋處厚惡之出爲桂管觀察使卒贈
左散騎常侍
張又新字孔昭工部侍郎薦之子元和中及進士高第歷左右補闕性傾邪李
逢吉用事惡李紳冀得其罪求中朝凶果敢言者厚之以危中紳又新與拾遺
李續劉栖楚等爲逢吉搏吠所憎故有八關十六子之目敬宗立紳貶端州司
馬朝臣過宰相賀閽者曰止宰相方與補闕語姑伺之及又新出流汗揖百官
曰端溪之事竊不敢讓人皆辟易畏之尋轉祠部員外郎嘗買婢遷約爲牙儈
搜索陵突御史劾舉逢吉庇之事不窮治及逢吉罷領山南東道節度表又新
爲行軍司馬坐田伾事貶汀州刺史李訓有寵又新復見用遷刑部郎中爲申
州刺史訓死復坐貶終左司郎中又新善文辭再以諂附敗喪其家聲云

楊虞卿字師皐虢州弘農人父寧有高操談辯可喜擢明經調臨渙主簿棄官還夏與陽城爲莫逆交德宗以諫議大夫召城城未拜詔寧卽諭與俱來陝虢觀察使李齊運表置幕府齊運入爲京兆尹表奉先主簿拜監察御史坐累免順宗初召爲殿中侍御史終國子祭酒虞卿第進士博學宏辭爲校書郎抵淮南委婚幣焉會陳商葬其先貧不振虞卿未嘗與游悉所齎助之擢累監察御史穆宗初立逸游荒恣虞卿上疏曰烏鳶遭害仁鳥逝誹謗不誅良臣進臣敢冒誅獻瞽言臣聞堯舜以天下爲憂不以位爲樂況今北虜方梗西戎弗靖兩河有瘡痏之虞五嶺罹氛厲之役人之疾苦積下朝之制度莫脩邊亡見儲國用寖屈固未可以高枕而息也陛下初臨萬幾宜有憂天下心當日見輔臣公卿百執事垂意以問使四方內外灼有所聞而聽政六十日入對延英獨三數大臣承聖問而已宅內朝臣偕入齊出無所咨詢諫臣盈廷忠言不聞臣實羞之蓋主恩疏而正路塞也公卿大臣宜朝夕燕見則君臣情接而治道得矣今宰臣四五人或頃刻侍坐鞠躬隕越隨旨上下無能往來此繇君太尊臣太卑

故也公卿列位雖陟降清地曾未奉優睠承下問雖陛下神聖如五帝猶宜周爰顧逮惠以氣色使支體相成君臣昭明陛下求治於宰相宰相求治於臣等進忠若趨利論政若訴寃此而不治無有也自古天子居危思安之心同而居安慮危之心則異故不得皆爲聖明也時又有衡山布衣趙知微亦上書指言帝倡優在側馳騁無度內作色荒外作禽荒辭頗危切帝詔宰相尉謝宰相因是賀天子納諫然不能用也俄詔行勞西北邊還遷侍御史改禮部員外郎史館脩撰進吏部會曹史李賨等鬻僞告調官六十五員贓千六百萬以上虞卿發其姦賨等繫御史府而虞卿親吏嘗受二百萬亡命私奴受三十萬虞卿縛奴送獄三司嚴休復高釴韋景休雜推賨等皆誅死虞卿坐不檢下免官李宗閔牛僧孺輔政引爲右司郎中弘文館學士再遷給事中虞卿佞柔善諧麗權幸倚爲姦利歲舉選者皆走門下署第注員無不得所欲升沈在牙頰間當時有蘇景胤張元夫而虞卿兄弟汝士漢公爲人所奔向故語曰欲趨舉場問蘇張蘇張猶可三楊殺我宗閔待之尤厚就黨中爲最能唱和者以口語軒輊事

機故時號黨魁德裕之相出爲常州刺史宗閔復入以工部侍郎召還京兆尹
太和九年京師訛言鄭注爲帝治丹剔小兒肝心用之民相驚扃護兒曹帝不
悅注亦內不安而雅與虞卿有怨卽約李訓奏言語出虞卿家因京兆騶伍布
都下御史大夫李固言素嫉虞卿周比因傅左端倪帝大怒下虞卿詔獄於是
諸子弟自囚闕下稱冤虞卿得釋貶虔州司戶參軍死子知退知權擅堪漢公
皆擢進士第漢公最顯

漢公字用乂始辟與元李絳幕府絳死不與其禍還累戶部郎中史館修撰轉
司封郎中坐虞卿下除舒州刺史徙湖亳蘇三州擢桂管浙東觀察使繇戶部
侍郎拜荊南節度使召爲工部尙書或劾漢公治荊南有貪贓降祕書監稍遷
國子祭酒宣宗擢爲同州刺史於是給事中鄭裔綽鄭公輿共奏漢公冒猥無
廉概不可處近輔三還制書帝宅日凡門下論執駮正未嘗卻漢公素結左右
有奥助至是帝惑不從制卒行會寒食宴近臣帝自擊毬爲樂巡勞從臣見裔
綽等曰省中議無不從唯漢公事爲有黨裔綽獨對同州太宗興王地陛下爲

人子孫當精擇守長付之漢公旣以墨敗陛下容可舉劇部私貪人帝恚見顔閒翌日斥裔綽爲商州刺史漢公自同州更宣武天平兩節度使卒子籌範仕亦顯

汝士字慕巢中進士第又擢宏辭牛李待之善引爲中書舍人開成初繇兵部侍郎爲東川節度使時嗣復鎭西川乃族昆弟對擁旄節世榮其門終刑部尙書子知温知至悉以進士第入官知温終荆南節度使知至爲宰相劉瞻所善以比部郎中知制誥瞻得罪亦貶瓊州司馬擢累戶部侍郎楊氏自汝士後貴赫爲冠族所居靜恭里兄弟並列門戟咸通後在臺省方鎭率十餘人

張宿者本寒人自名諸生憲宗爲廣陵王時因張茂宗薦尉得出入邸中誕譎敢言及監撫自布衣授左拾遺交通權幸四方賂遺滿門數召對不能愼密坐漏禁中語貶郴丞十餘年累還比部員外郎宰相李逢吉數言其狡譎不可信白爲濠州刺史宿上疏自言留不遣帝欲以爲諫議大夫逢吉曰諫議職要重當待賢者宿細人不可使汙是官陛下必用之請先去臣乃可帝不悅後逢吉

罷召權知諫議大夫宰相崔羣王涯同請曰諫議大夫前世或自山林擢行伍
任之者然皆道義卓異於時今宿望輕若待以不次未足以寵適以累之也請
授他官不聽使中人宣授焉宿怨執政不與己乃日肆譏慕與皇甫鎛相附離
多中傷正人君子元和末持節至淄青李師道願割地遣子入侍既而悔復遣
宿往暴卒于道贈祕書監
熊望者字原師擢進士第性險躁以辯說游公卿間劉栖楚爲京兆尹樹權勢
望日出入門下爲刺取事機陰佐計畫敬宗喜爲歌詩議置東頭學士以備燕
狎栖楚薦望未及用帝崩文宗立韋處厚秉政詔望因緣險薄營密職圖褻幸
讙沸衆議貶漳州司戸參軍
柏耆者有縱橫學父良器爲時威名將耆志健而望高急于立名是時王承宗
以常山叛朝廷厭兵耆杖策詣淮西行營謁裴度且言願得天子一節馳入鎮
可掉舌下之度爲言乃以左拾遺往既至以大誼動承宗至泣下乃請獻二州
以二子入質眞擢耆左拾遺由是聲震一時還起居舍人王承元徙義成軍遣

諫議大夫鄭覃往慰成德軍賚緡錢百萬賚未至舉軍譁議穆宗遣者諭天子意衆乃信悅轉兵部郎中諫議大夫太和初李同捷反詔兩河諸鎮出兵久無功乃授者德州行營諸軍計會使與判官沈亞之諭吉會橫海節度使李祐平德州同捷窮請降祐使大將萬洪代守滄州同捷未出也者以三百騎馳入滄以事誅洪與同捷朝京師旣行諜言王廷湊欲以奇兵劫同捷者遂斬其首以獻諸將嫉者功比奏攢詆文宗不獲已貶者循州司戶參軍亞之南康尉宦人馬國亮譖者受同捷先所得王稷女及奴婢珍貲初祐聞者殺洪大驚疾遂劇帝曰祐若死是者殺之至是積前怒詔長流愛州賜死

贊曰詩人斥譖人最甚投之豺虎有北不置也如羣栖楚輩則然肆訐以示公構黨以植私其言纚纚若可聽卒而入于敗亂也孔子所謂順非而澤者歟利口覆邦家者歟者掩衆取功自速其死哀哉

唐書卷一百七十五考證

竇羣傳京兆金城人○舊書扶風平陵人

唐書卷一百七十五考證

# 唐書卷一百七十六

宋　端　明　殿　學　士　宋　祁　撰

## 列傳第一百一

### 韓愈

韓愈字退之鄧州南陽人七世祖茂有功於後魏封安定王父仲卿爲武昌令有美政既去縣人刻石頌德終祕書郎愈生三歲而孤隨伯兄會貶官嶺表會卒嫂鄭鞠之愈自知讀書日記數千百言比長盡能通六經百家學擢進士第會董晉爲宣武節度使表署觀察推官晉卒愈從喪出不四日汴軍亂乃去依武寧節度使張建封建封辟府推官操行堅正鯁言無所忌調四門博士遷監察御史上疏極論宮市德宗怒貶陽山令有愛在民民生子多以其姓字之改江陵法曹參軍元和初權知國子博士分司東都三歲爲真改都官員外郎即拜河南令遷職方員外郎華陰令柳澗有辠前刺史劾奏之未報而刺史罷澗諷百姓遮索軍頓役直後刺史惡之按其獄貶澗房州司馬愈過華以爲刺史

陰相黨上疏治之既御史覆問得澗贓再貶封溪尉愈坐是復爲博士既才高
數黜官又下遷乃作進學解以自諭曰國子先生晨入太學召諸生立館下誨
之曰業精于勤荒于嬉行成于思毀于隨方今聖賢相逢治具畢張拔去兇邪
登崇畯良占小善者率以錄名一藝者無不庸爬羅剔抉刮垢磨光蓋有幸而
獲選孰云多而不揚諸生業患不能精無患有司之不明行患不能成無患有
司之不公言未既有笑于列者曰先生欺予哉弟子事先生于兹有年矣先生
口不絕唫於六藝之文手不停披於百家之編記事者必提其要纂言者必鉤
其玄貪多務得細大不捐燒膏油以繼晷常矻矻以窮年先生之業可謂勤矣
觝排異端攘斥佛老補苴罅漏張皇幽眇尋墜緒之茫茫獨旁搜而遠紹停百
川而東之回狂瀾於既倒先生之於儒可謂有勞矣沈浸醲郁含英咀華作爲
文章其書滿家上規姚姒渾渾亡涯周誥商盤佶屈聱牙春秋謹嚴左氏浮夸
易奇而法詩正而葩下逮莊騷太史所錄子雲相如同工異曲先生之於文可
謂閎其中而肆其外矣少始知學勇於敢爲長通於方左右具宜先生之於爲

人可謂成矣然而公不見信於人私不見助於友跋前躓後動輒得咎暫爲御史遂竄南夷三年博士冗不見治命與仇謀取敗幾時冬煖而兒號寒年豐而妻啼饑頭童齒豁竟死何裨不知慮此而反教人爲先生曰吁子來前夫大木爲宋細木爲桷欂櫨侏儒椳闑居楔各得其所施以成室者匠氏之工也玉札丹砂赤箭青芝牛溲馬勃敗鼓之皮俱收並蓄待用無遺者醫師之良也登明選公雜進巧拙紆餘爲妍卓犖爲傑校短量長唯器是適者宰相之方也昔者孟軻好辯孔道以明轍環天下卒老于行荀卿宗王大倫以興逃讒于楚廢死蘭陵是二儒者吐詞爲經舉足爲法絕類離倫優入聖域其遇於世何如也今先生學雖勤而不繇其統言雖多而不要其中文雖奇而不濟於用行雖脩而不顯於衆猶且月費奉錢歲靡廩粟子不知耕婦不知織乘馬從徒安坐而食踵常途之促促窺陳編以盜竊然而聖主不加誅宰臣不見斥茲非其幸歟動而得謗名亦隨之投閑置散乃分之宜若夫商財賄之有無計班資之崇庳忘量己之所稱指前人之瑕疵是所謂詰匠氏之不以杙爲楹而訾醫師以昌陽

引年欲進其豨苓也執政覽之奇其才改比部郎中史館脩撰轉考功知制誥
進中書舍人初憲宗將平蔡命御史中丞裴度使諸軍按視及還且言賊可滅
與宰相議不合愈亦奏言淮西連年脩器械防守金帛糧畜耗於給賞執兵之
卒四向侵掠農夫織婦餉於其後得不償費比聞畜馬皆上槽櫪此譬有十夫
之力自朝抵夕跳躍叫呼勢不支久必自委頓當其已衰三尺童子可制其命
況以三州殘弊困劇之餘而當天下全力其敗可立而待也然未可知者在陛
下斷與不斷耳夫兵不多不足以取勝必勝之師利在速戰兵多而戰不速則
所費必廣疆場之上日相攻劫近賊州縣賦役百端小遇水旱百姓愁苦方此
時人人異議以惑陛下陛下持之不堅半塗而罷傷威損費為弊必深所要先
決於心詳度本末事至不惑乃可圖功又言諸道兵羇旅單弱不足用而界賊
州縣百姓習戰鬭知賊深淺若募以內軍教不三月一切可用又欲四道置兵
道率三萬畜力伺利一日俱縱則蔡首尾不救可以責功執政不喜會有人詆
愈在江陵時為裴均所厚均子鍔素無狀愈為文章字命鍔謗語讙暴由是改

太子右庶子及度以宰相節度彰義軍宣慰淮西奏愈行軍司馬愈請乘遽先入汴說韓弘使叶力元濟平遷刑部侍郎憲宗遣使者往鳳翔迎佛骨入禁中三日乃送佛祠王公士人奔走膜唄至為夷法灼體膚委珍貝騰沓係路愈聞惡之乃上表曰佛者夷狄之一法耳自後漢時始入中國上古未嘗有也昔黃帝在位百年年百一十歲少昊在位八十年年百歲顓頊在位七十九年年九十歲帝嚳在位七十年年百五歲堯在位九十八年年百一十八歲帝舜在位及禹年皆百歲此時天下太平百姓安樂壽考然而中國未有佛也其後湯亦年百歲湯孫太戊在位七十五年武丁在位五十年書史不言其壽推其年數蓋不減百歲周文王年九十七歲武王年九十三歲穆王在位百年此時佛法亦未至中國非因事佛而致然也漢明帝時始有佛法明帝在位纔十八年其後亂亡相繼運祚不長宋齊梁陳元魏以下事佛漸謹年代尤促唯梁武帝在位四十八年前後三捨身施佛宗廟祭不用牲牢晝日一食止於菜果後為侯景所逼餓死臺城國亦尋滅事佛求福乃更得禍由此觀之佛不足信亦可知

矣高祖始受隋禪則議除之當時羣臣識見不遠不能深究先王之道古今之宜推闡聖明以救斯弊其事遂止臣常恨焉伏惟睿聖文武皇帝陛下神聖英武數千百年以來未有倫比即位之初即不許度人爲僧尼道士又不許別立寺觀臣當時以爲高祖之志必行於陛下今縱未能即行豈可恣之令盛也今陛下令羣僧迎佛骨於鳳翔御樓以觀舁入大內又令諸寺遞加供養臣雖至愚必知陛下不惑於佛作此崇奉以祈福祥也直以豐年之樂徇人之心爲京都士庶設詭異之觀戲玩之具耳安有聖明若此而肯信此等事哉然百姓愚冥易惑難曉苟見陛下如此將謂真心信佛皆云天子大聖猶一心信向百姓微賤於佛豈合更惜身命以至灼頂燔指十百爲羣解衣散錢自朝至暮轉相倣效唯恐後時老幼奔波棄其生業若不即加禁遏更歷諸寺必有斷臂臠身以爲供養者傷風敗俗傳笑四方非細事也佛本夷狄之人與中國言語不通衣服殊製口不道先王之法言身不服先王之法服不知君臣之義父子之情假如其身尚在奉其國命來朝京師陛下容而接之不過宣政一見禮賓一設

賜衣一襲衛而出之於境不令貳於衆也況其身死已久枯朽之骨凶穢之餘豈宜以入宮禁孔子曰敬鬼神而遠之古之諸侯弔於其國必令巫祝先以桃茢祓除不祥然后進弔今無故取朽穢之物親臨觀之巫祝不先桃茢不用羣臣不言其非御史不舉其失臣實恥之乞以此骨付之水火永絶根本斷天下之疑絶前代之惑使天下之人知大聖人之所作爲出於尋常萬萬也佛如有靈能作禍祟凡有殃咎宜加臣身上天鑒臨臣不怨悔表入帝大怒持示宰相將抵以死裴度崔羣曰愈言訐牾罪之誠宜然非內懷至忠安能及此願少寬假以來諫爭帝曰愈言我奉佛太過猶可容至謂東漢奉佛以後天子咸夭促言何乖剌邪愈人臣狂妄敢爾固不可赦於是中外駭懼雖戚里諸貴亦爲愈言乃貶潮州刺史既至潮以表哀謝曰臣以狂妄戇愚不識禮度陳佛骨事言涉不恭正名定罪萬死莫塞陛下哀臣愚忠恕臣狂直謂言雖可罪心亦無他特屈刑章以臣爲潮州刺史既免刑誅又獲祿食聖恩寬大天地莫量破腦刳心豈足爲謝臣所領州在廣府極東過海口下惡水濤瀧壯猛難計期程颶風

鱷魚患禍不測州南近界漲海連天毒霧瘴氛日夕發作臣少多病年纔五十髮白齒落理不久長加以罪犯至重所處遠惡憂惶慚悸死亡無日單立一身朝無親黨居蠻夷之地與魑魅同羣苟非陛下哀而念之誰肯爲臣言者臣受性愚陋人事多所不通惟酷好學問文章未嘗一日暫廢實爲時輩所見推許臣於當時之文亦未有過人者至於論述陛下功德與詩書相表裏作爲歌詩薦之郊廟紀太山之封鏤白玉之牒鋪張對天之宏休揚厲無前之偉蹟編於詩書之策而無愧措於天地之間而無虧雖使古人復生臣未肯讓伏以皇唐受命有天下四海之內莫不臣妾南北東西地各萬里自天寶以後政治少懈文致未優武剋不剛孽臣姦隸蠹居棋處搖毒自防外順內悖父死子代以祖以孫如古諸侯自擅其地不朝不貢六七十年四聖傳序以至陛下陛下即位以來躬親聽斷旋乾轉坤關機闔開雷厲風飛日月清照天戈所麾無不從順宜定樂章以告神明東巡泰山奏功皇天具著顯庸明示得意使永永年服我成烈當此之際所謂千載一時不可逢之嘉會而臣負罪嬰舋自拘海島戚戚

嗟嗟日與死迫曾不得奏薄伎於從官之內隸御之間窮思畢精以贖前過懷痛窮天死不閉目伏惟陛下天地父母哀而憐之帝得表頗感悔欲復用之持示宰相曰愈前所論是大愛朕然不當言天子事佛乃年促耳皇甫鎛素忌愈直即奏言愈終狂疏可且內移乃改袁州刺史初愈至潮州問民疾苦皆曰惡溪有鱷魚食民畜產且盡民以是窮數日愈自往視之令其屬秦濟以一羊一豚投谿水而祝之曰昔先王既有天下迾山澤罔繩擉刃以除蟲蛇惡物爲民物害者驅而出之四海之外及德薄不能遠有則江漢之間尚皆棄之以與蠻夷楚越況潮嶺之間去京師萬里哉鱷魚之涵淹卵育於此亦固其所今天子嗣唐位神聖慈武四海之外六合之內皆撫而有之況禹跡所揜揚州之近地刺史縣令之所治出貢賦以供天地宗廟百神之祀之壤者哉鱷魚其不可與刺史雜處此土也刺史受天子命守此土治此民而鱷魚睅然不安谿潭據處食民畜熊豕鹿麞以肥其身以種其子孫與刺史拒爭爲長雄刺史雖駑弱亦安肯爲鱷魚低首下心伈伈俔俔爲吏民羞以偷活於此也且承天子命以來

爲吏固其勢不得不與鱷魚辨鱷魚有知其聽刺史潮之州大海在其南鯨鵬之大蝦蟹之細無不容歸以生以食鱷魚朝發而夕至也今與鱷魚約盡三日其率醜類南徙于海以避天子之命吏三日不能至五日五日不能至七日七日不能是終不肯徙也是不有刺史聽從其言也不然則是鱷魚冥頑不靈刺史雖有言不聞不知也夫傲天子之命吏不聽其言不徙以避之與頑不靈而爲民物害者皆可殺刺史則選材技民操彊弓毒矢以與鱷魚從事必盡殺乃止其無悔祝之夕暴風震電起谿中數日水盡涸西徙六十里自是潮無鱷魚患袁人以男女爲隸過期不贖則沒入之愈至悉計庸得贖所沒歸之父母七百餘人因與約禁其爲隸召拜國子祭酒轉兵部侍郎鎭州亂殺田弘正而立王廷湊詔愈宣撫既行衆皆危之元稹言韓愈可惜穆宗亦悔詔愈度事從宜無必入愈至廷湊嚴兵迓之甲士陳廷既坐廷湊曰所以紛紛者乃此士卒也愈大聲曰天子以公爲有將帥材故賜以節豈意同賊反邪語未終士前奮曰先太師爲國擊朱滔血衣猶在此軍何負乃以爲賊乎愈曰以爲爾不記先太

師也若猶記之固善天寶以來安祿山史思明李希烈等有子若孫在乎亦有居官者乎衆曰無愈曰田公以魏博六州歸朝廷官中書令父子受旗節劉悟李祐皆大鎮此爾軍所共聞也衆曰弘正刻故此軍不安愈曰然爾曹亦害田公又殘其家矣復何道衆讙曰善廷湊慮衆變疾麾使去因曰今欲廷湊何所爲愈曰神策六軍將如牛元翼者爲不乏但朝廷顧大體不可棄之公久圍之何也廷湊曰卽出之愈曰若爾則無事矣會元翼亦潰圍出廷湊不追愈歸奏其語帝大悅轉吏部侍郎時宰相李逢吉惡李紳欲逐之遂以愈爲京兆尹兼御史大夫特詔不臺參而除紳中丞紳果劾奏愈愈以詔自解其後文刺紛然宰相以臺府不協遂罷愈爲兵部侍郎而出紳江西觀察使紳見帝得留愈亦復爲吏部侍郎長慶四年卒年五十七贈禮部尚書謚曰文愈性明銳不詭隨與人交始終不少變成就後進士往往知名經愈指授皆稱韓門弟子愈官顯稍謝遣凡內外親若交友無後者爲嫁遺孤女而卹其家嫂鄭喪爲服期以報每言文章自漢司馬相如太史公劉向揚雄後作者不世出故愈深探本元卓

然樹立成一家言其原道原性師說等數十篇皆奥衍閎深與孟軻揚雄相表
裏而佐佑六經云至宅文造端置辭要為不襲蹈前人者然惟愈為之沛然若
有餘至其徒李翺李漢皇甫湜從而效之遽不及遠甚從愈游者若孟郊張籍
亦皆自名於時
孟郊者字東野湖州武康人少隱嵩山性介少諧合愈一見為忘形交年五十
得進士第調溧陽尉縣有投金瀨平陵城林薄蒙翳下有積水郊閒往坐水旁
裴回賦詩而曹務多廢令白府以假尉代之分其半奉鄭餘慶為東都留守署
水陸轉運判官餘慶鎮興元奏為參謀卒年六十四張籍謚曰貞曜先生郊為
詩有理致最為愈所稱然思苦奇澀李觀亦論其詩曰高處在古無上平處下
顧二謝云
張籍者字文昌和州烏江人第進士為太常寺太祝久次遷祕書郎愈薦為國
子博士歷水部員外郎主客郎中當時有名士皆與游而愈賢重之籍性狷直
嘗責愈喜博簺及為駮雜之說論議好勝人其排釋老不能著書若孟軻揚雄

以垂世者愈最後答書曰吾子不以愈無似意欲推之納諸聖賢之域拂其邪心增其所未高謂愈之質有可以至於道者浚其源道其所歸溉其根將食其實此盛德之所辭讓況於愈者哉抑其中有宜復者故不可遂已昔者聖人之作春秋也既深其文辭矣然猶不敢公傳道之口授弟子至於後世其書出焉其所以慮患之道微也今夫二氏之所宗而事之者下及公卿輔相吾豈敢昌言排之哉擇其可語者誨之猶時與吾悖其聲嘵嘵若遂成其書則見而怒之者必多矣必且以我爲狂爲惑其身之不能恤書於何有夫子聖人也而曰自吾得子路而惡聲不入於耳其餘輔而相者周天下猶且絕糧於陳畏於匡毀於叔孫奔走於齊魯宋衞之郊其道雖尊其窮亦至矣賴其徒相與守之卒有立於天下嚮使獨言之而獨書之其存也可冀乎今夫二氏行乎中土也蓋六百年有餘矣其植根固其流波漫非可以朝令而夕禁也自文王沒武王周公成康相與守之禮樂皆在及乎夫子未久也自夫子而至乎孟子未久也自孟子而至乎揚雄亦未久也然猶其勸若此其困若此而后能有所立吾豈可易

而爲之哉其爲也易則其傳也不遠故余所以不敢也然觀古人得其時行其道則無所爲書爲書者皆所爲不行乎今而行乎後世者也今吾之得吾志失吾志未可知則俟五十六十爲之未失也天不欲使茲人有知乎則吾之命不可期如使茲人有知乎非我其誰哉其行道其爲書其化今其傳後必有在矣吾子其何遽戚戚於吾所爲哉前書謂吾與人論不能下氣若好勝者雖誠有之抑非好己勝也好己之道勝也非好己之道勝也己之道乃夫子孟軻揚雄之道傳者若不勝則無所爲道吾豈敢避是名哉夫子之言曰吾與回言終日不違如愚則其與衆人辯也有矣駮雜之譏前書盡之吾子其復之昔者夫子猶有所戲詩不云乎善戲謔兮不爲虐兮記曰張而不弛文武不爲也惡害於道哉吾子其未之思乎籍爲詩長於樂府多警句仕終國子司業

皇甫湜字持正睦州新安人擢進士第爲陸渾尉仕至工部郎中辨急使酒數忤同省求分司東都留守裴度辟爲判官度脩福先寺將立碑求文於白居易湜怒曰近捨湜而遠取居易請從此辭度謝之湜即請斗酒飲酣援筆立就度

贈以車馬繒綵甚厚湜大怒曰自吾爲顧況集序未常許人今碑字三千字三縑何遇我薄邪度笑曰不羈之才也從而酬之湜嘗爲蜂螫指購小兒斂蜂擣取其液一日命其子錄詩一字誤詬躍呼杖杖未至嚙其臂血流

盧仝居東都愈爲河南令愛其詩厚禮之仝自號玉川子嘗爲月蝕詩以譏切元和逆黨愈稱其工時又有賈島劉乂皆韓門弟子

島字浪仙范陽人初爲浮屠名无本來東都時洛陽令禁僧午後不得出島爲詩自傷愈憐之因教其爲文遂去浮屠舉進士當其苦唫雖逢值公卿貴人皆不之覺也一日見京兆尹跨驢不避謼詰之久乃得釋累舉不中第文宗時坐飛謗貶長江主簿會昌初以普州司倉參軍遷司戶未受命卒年五十六

劉乂者亦一節士少放肆爲俠行因酒殺人亡命會赦出更折節讀書能爲歌詩然恃故時所負不能俛仰貴人常穿屐破衣聞愈接天下士步歸之作冰柱雪車二詩出盧仝孟郊右樊宗師見爲獨拜能面道人短長其服義則又彌縫若親屬然後以爭語不能下賓客因持愈金數斤去曰此諛墓中人得耳不若

與劉君爲壽愈不能止歸齊魯不知所終

贊曰唐興承五代剖分王政不綱文弊質窮𩥇俚混并天下已定治荒剔蠹討究儒術以興典憲薰醲涵浸殆百餘年其後文章稍稍可述至貞元元和閒愈遂以六經之文爲諸儒倡障隄末流反刓以樸剗僞以真然愈之才自視司馬遷揚雄至班固以下不論也當其所得粹然一出於正刊落陳言橫騖別驅汪洋大肆要之無牴牾聖人者其道蓋自比孟軻以荀況揚雄爲未淳寧不信然至進諫陳謀排難卹孤矯拂媮末皇皇於仁義可謂篤道君子矣自晉汔隋老佛顯行聖道不斷如帶諸儒倚天下正議助爲怪神愈獨喟然引聖爭四海之惑雖蒙訕笑跲而復奮始若未之信卒大顯於時昔孟軻拒揚墨去孔子才二百年愈排二家乃去千餘歲撥衰反正功與齊而力倍之所以過況雄爲不少矣自愈沒其言大行學者仰之如泰山北斗云

唐書卷一百七十六考證

韓愈傳父仲卿爲武昌令有美政旣去縣人刻石頌德終祕書郎○舊書父仲卿無名位二書不合

唐書卷一百七十六考證

唐書卷一百七十七

宋　端　明　殿　學　士　宋　祁　撰

列傳第一百二

錢崔二韋二高馮三李盧封鄭敬

錢徽字蔚章父起附見盧綸傳徽中進士第居穀城穀城令王郢善接僑士游客以財貸饋坐是得辠觀察使樊澤視其簿獨徽無有乃表署掌書記蔡賊方熾澤多募武士于軍澤卒士頗希賞周澈主留事重擅發軍廥不敢給時大雨雪士寒凍徽先冬頒衣絮士乃大悅又辟宣歙崔衍府王師討蔡檄遣采石兵會戰戍還頗驕蹇會衍病亟徽請召池州刺史李遜署副使遜至而衍死一軍賴以安入拜左補闕以祠部員外郎爲翰林學士三遷中書舍人加承旨憲宗嘗獨召徽從容言它學士皆高選宜預聞機密廣參決帝稱其長者是時內積財圖復河湟然禁無名貢獻而至者不甚却徽懇諫罷之帝密戒後有獻毋入右銀臺門以避學士梁守謙爲院使見徽批監軍表語簡約歎曰一字不可益

邪銜之以論淮西事忤旨罷職徙太子右庶子出虢州刺史入拜禮部侍郎宰相段文昌以所善楊渾之學士李紳以周漢賓並諉徽求致第籍渾之者憑子也多納古帖祕畫於文昌皆世所寶徽不能如二人請自取楊殷士蘇巢巢者李宗閔壻殷士者汝士之弟皆與徽厚文昌怒方帥劍南西川入辭即奏徽取士以私訪紳及元稹時稹與宗閔有隙因是共擿其非有詔王起白居易覆試而黜者過半遂貶江州刺史汝士等勸徽出文昌紳私書自直徽曰苟無愧於心安事辨證邪敕子弟焚書初州有盜劫貢船捕吏取濱江惡少年二百人繫訊徽按其枉悉縱去數日舒州得真盜州有牛田錢百萬刺史以給宴飲贈餉者徽曰此農耕之備可佗用哉命代貧民租入轉湖州時宣歙旱左丞孔戣請徙徽領宣歙宰相以其本文辭進不用戣曰相君宜知天下事徽江虢之治不及知況其宅邪還遷工部侍郎出爲華州刺史文宗立召拜尚書左丞會宣墨麻羣臣在廷方大寒稍稍引避徽素恭謹不去位久而仆因上疏告老不許太和初復爲華州俄以吏部尚書致仕卒年七十五贈尚書右僕射徽與薛正倫

魏弘簡善二人前死徽撫其孤至婚嫁成立任庶子時韓公武以賂結公卿遺徽錢二十萬不納或言非當路可無讓徽曰取之在義不在官時稱有公望子可復方義可復死鄭注時方義終太子賓客子玥字瑞文善文辭宰相王搏薦知制誥進中書舍人搏得罪玥貶撫州司馬

崔咸字重易博州博平人元和初擢進士第又中宏辭鄭餘慶李夷簡皆表在幕府與均禮入朝爲侍御史處正特立風采動一時敬宗將幸東都裴度在興元憂之自表求覲與韋偕來於是李逢吉當國畏度復相使京兆尹劉棲楚等十餘人悉力根却之雖度門下賓客皆有去就意宅日度置酒延客棲楚曲意自解附耳語咸嫉其矯舉酒讓度曰丞相乃許所由官囁嚅耳語願上罰爵度笑受而飲棲楚不自安趨出坐上莫不壯之累遷陝虢觀察使日與賓客僚屬痛飲未嘗醒夜分輒決事裁剖精明無一毫差吏稱爲神入拜右散騎常侍祕書監太和八年卒咸素有高世志造詣蘄遠閒游終南山乘月吟嘯至感慨泣下諸文中歌詩最善

韋表微字子明隋郿城公元禮七世孫羈丱能屬文母訓諭稍厲輒不敢食以是未嘗讓責韋皐鎮西川王緯司空曙獨孤良弼裴說居幕府皆厚相推挹說嘗謂表微似衛玠自以不能及也擢進士第數辟諸使府久之入授監察御史裏行不樂曰爵祿譬滋味也人皆欲之吾年五十拭鏡攏白冒游少年間取一班一級不見其味也將為松菊主人不愧陶淵明云俄為翰林學士是時李紳忤宰相貶端州龐嚴蔣防皆謫去學士缺人人爭薦丞相所善者表微獨薦韋處厚人服其公進知制誥後與處厚議增選學士復薦路隋處厚以諸父事表微因曰隋位崇入且翁右奈何答曰選德進賢初不計私也久之遷中書舍人敬宗嘗語左右欲相二韋會崩文宗立獨相處厚進表微戶部侍郎亓志沼叛詔李聽率師討之次河上天子憂無成功表微曰以聽軍勢不十五日必破賊及捷書上止浹日志沼殘兵六千奔昭義宰相請推處首惡者誅之歸脅從者于魏表微上言逆子降又殺之非好生也請以聽代史憲誠于魏志沼之徒可使招納不聽以病痼罷學士卒年六十贈禮部尚書始被病醫藥不能具所居

堂寢隘陋既沒弔客咨嗟篤故舊雖庸下與攜手語笑無間然尤好春秋病諸儒執一概是非紛然著三傳總例完會經趣又以學者薄師道不如聲樂賤工能尊其師著九經師授譜詆其違

高釴字翹之史失其何所人與弟銖鍇俱擢進士第累遷右補闕史館脩撰元和末以中人爲和糴使釴繼疏論執轉起居郎數陳政得失穆宗嘉之面賜緋魚召入翰林爲學士張韶變興倉卒釴從敬宗夜駐左軍翌日進知制誥拜中書舍人入見帝因勸躬聽擘以示憂勤帝納其言賜錦綵俄罷學士累進吏部侍郎人善其振職出爲同州刺史卒贈兵部尚書遺命薄葬釴少孤窶介然無黨援以致宦達諸弟皆檢愿友愛爲搢紳景重子湜字澄之第進士累官右諫議大夫咸通末爲禮部侍郎時士多繇權要干請湜不能裁既而抵帽于地曰吾決以至公取之得譴固吾分乃取公乘億許棠聶夷中等以兵部侍郎判度支出爲昭義節度使爲下所逐貶連州司馬以太子賓客分司東都卒億字壽仙棠字文化夷中字坦之皆有名當時

銖字權仲既擢第署太原張弘靖幕府入遷監察御史太和時擢累給事中文宗得李訓驟拜侍講學士銖率諫官伏閤言訓素行憸邪不可任必亂天下帝遣使者諭曰朕留訓時時講繹前命不可改當是時已旱而水彗變未息鄭注權震赫人情危駭既銖等弗見省羣臣失色明年訓當國出銖爲浙東觀察使歷義成節度使大中初遷禮部尙書判戶部徙太常卿嘗罰禮生博士李慤愠見曰故事禮院不關白太常故卿莅職博士不參集不宜罰小史瀆舊典銖歎曰吾老不能退乃爲小兒所辱卒

鍇字弱金連中進士宏辭科辟河東府參謀歷吏部員外郎還中書舍人開成元年權知貢舉文宗自以題畀有司鍇以籍上帝語侍臣曰比年文章卑弱今所上差勝於前鄭覃曰陛下矯革近制以正頹俗而鍇乃能爲陛下得人帝曰諸鎭表奏太浮華宜責掌書記以誡流宕李石曰古人因事爲文今人以文害事懲弊抑末誠如聖訓卽以鍇爲禮部侍郎閱三歲頗得才實始歲取四十人才益少詔減十人猶不能滿遷吏部侍郎出爲鄂岳觀察使卒贈禮部尙書

子湘字濬之擢進士第歷長安令右諫議大夫從兄湜與路巖親善而湘厚劉
瞻巖既逐瞻貶湘高州司馬僖宗初召爲太子右庶子終江西觀察使
馮宿字拱之婺州東陽人父子華廬親墓有靈芝白兎號孝馮家宿貞元中與
弟定從弟審寬並擢進士第徐州張建封表掌書記建封卒子愔爲軍中脅主
留事李師古將乘喪復故地愔大懼於是王武俊擁兵覸釁宿以書説曰張公
與公爲兄弟欲共力驅兩河歸天子天下莫不知今張公不幸幼兒爲亂兵所
脅内則誠款隔絶外則彊寇侵逼公安得坐視哉誠能奏天子不忘舊勳赦愔
辠使束身自歸則公有靖亂之功繼絶之德矣武俊悅即以表聞遂授愔留後
宿不樂佐愔更從浙東賈全觀察府愔憾其去奏貶泉州司戶參軍召爲太常
博士王士真死子承宗阻命不得謚宿謂世勞不可遺乃上佳謚示不忘忠再
遷都官員外郎裴度節度彰義軍表爲判官淮西平除比部郎中長慶時進知
制誥牛元翼徙節山南東道爲王廷湊所圍以宿總留事還進中書舍人出華
州刺史避諱不拜徙左散騎常侍兼集賢殿學士拜河南尹洛苑使姚文壽縱

部曲奪民田匿于軍吏不敢捕府大集部曲輒與文壽偕來宿掩取榜殺之歷
工部刑部二侍郞脩格後敕三十篇行于時累封長樂縣公擢東川節度使完
城郛增兵械十餘萬詔分餘甲賜黔巫道涪水數壞民廬舍宿脩利防庸一方
便賴疾革將斷重刑家人請宥之宿曰命脩短天也撓法以求祐吾不敢卒年
七十贈吏部尚書諡曰懿治命薄葬悉以平生書納墓中子圖字昌之連中進
士宏辭科大中時終戸部侍郞判度支寬爲起居郞
定字介夫偉儀觀與宿齊名人方漢二馮于頔素善之頔在襄陽定徒步上謁
吏不肯白乃亟去頔聞斥吏歸錢五十萬及諸境定返其遺以書讓頔不下士
頔大慚第進士異等辟浙西薛苹府以鄠尉爲集賢校理始定居喪號毀甚故
數移疾大學士疑其簡怠奪職三遷祠部員外郞出爲郢州刺史吏告定略民
妻乾沒庫錢御史鞫治無狀坐游宴不節免官起爲國子司業再遷太常少卿
文宗嘗詔開元霓裳羽衣舞奓以雲韶肄于廷定部諸工立縣閒端凝若植帝
異之問學士李玨玨以定對帝喜曰豈非能古章句者邪親誦定送客西江詩

召升殿賜禁中瑞錦詔悉所著以上遷諫議大夫是歲訓注敗多誅公卿中外危惴及改元天子御前殿仇士良請以神策仗衞殿門定力爭罷之又請許左右史從宰相至延英記所言執政不悅改太子詹事鄭覃兼太子太師上曰欲會尚書省定據禮當集詹事府詔可論者多其正換衞尉卿以散騎常侍致仕卒贈工部尚書謚曰節初源寂使新羅其國人傳定黑水碑畫鶴記韋休符使西蕃所館寫定商山記於屏其名播戎夷如此

審字退思開成中爲諫議大夫拜桂管觀察使歷國子祭酒監有孔子碑武后所立睿宗署頟審請琢周著唐終祕書監子緘字宗之乾符初歷京兆河南尹

李虞仲字見之父端附見文藝傳虞仲第進士宏辭累遷太常博士建言謚者所以表德懲惡春秋褒貶法也茆土爵祿僇辱流放皆緣一時非以明示百代然而後之所以知其行者惟謚是觀古者將葬請謚今近或二三年遠乃數十年然後請謚人歿已久風績湮歇採諸傳聞不可考信誄狀雖在言與事浮臣請凡得謚者前葬一月請考功刺太常定議其不請與請而過時者聽御史劾

舉居京師不得過半期居外一期若善惡著而不請許考功察行諡之節行卓
異雖無官及官卑者在所以聞詔可寶曆初以兵部郎中知制誥進中書舍人
出爲華州刺史歷吏部侍郎簡儉寡欲時望歸重卒年六十五贈吏部尚書
李翺字習之後魏尚書左僕射沖十世孫中進士第始調校書郎累遷元和初
爲國子博士史館脩撰常謂史官紀事不得實乃建言大氐人之行非大善大
惡暴於世者皆訪於人人不周知故取行狀諡牒然其爲狀者皆故吏門生苟
言虛美溺于文而忘其理臣請指事載功則賢不肖易見如言魏徵但記其諫
爭語足以爲直言段秀實但記倒用司農印追逆兵笏擊朱泚足以爲忠烈不
者願敕考功太常史館勿受如此可以傳信後世矣詔可又條興復太平大略
曰陛下即位以來懷不廷臣誅畔賊刷五聖憤恥自古中興之盛無以加臣見
聖德所不可及者若淄青生口夏侯澄等四十七人爲賊逼脅質其父母妻子
而驅之戰陛下俘之赦不誅詔田弘正隨材授職欲歸者縱之澄等得生歸轉
以相謂賊衆莫不懷感德無肯拒戰劉悟所以能一昔斬師道者以三軍皆苦

賊而暱就陛下故不淹日成大功一也今歲關中麥不收陛下哀民之窮下明
詔蠲賦十萬石羣臣動色百姓歌樂遍畎晦二也昔齊遺魯以女樂季桓子受
之君臣共觀三日不朝孔子行今韓弘獻女樂陛下不受遂以歸之三也又出
李宗奭妻女於掖廷以田宅賜沈遵師聖明寬恕億兆欣感臣愚不能盡識若
宅詔令一皆類此武德貞觀不難及太平可覆掌而致臣聞定禍亂者武功也
復制度與太平者文德也今陛下既以武功定海內若遂革弊事復高祖太宗
舊制用忠正而不疑屏邪佞而不邇改稅法不督錢而納布帛絕進獻寬百姓
租賦厚邊兵以制蕃戎侵盜數引見待制官問以時事通壅蔽之路此六者政
之根本太平所以興陛下既已能行其難若何而不爲其易者乎以陛下資上
聖如不惑近習容悅之辭任骨鯁正直與之脩復故事以興大化可不勞而成
也若一日不事臣恐大功之後逸樂易生進言者必曰天下既平矣陛下可以
高枕自安逸如是則高祖太宗之制度不可以復制度不復則太平未可以至
臣竊惜陛下當可興之時而謙讓未爲也再遷考功員外郎初諫議大夫李景

儉表翺自代景儉斥翺下除朗州刺史久之召爲禮部郎中翺性峭鯁論議無所屈仕不得顯官怫鬱無所發見宰相李逢吉面斥其過失逢吉詭不校翺恚懼即移病滿百日有司白免官逢吉更表爲廬州刺史時州旱遂疫逋捐係路亡籍口四萬權豪賤市田屋牟厚利而窶戶仍輸賦翺下教使以田占租無得隱收豪室稅萬二千緡貧弱以安入爲諫議大夫知制誥改中書舍人柏耆使滄州翺盛言其才耆得罪由是左遷少府少監後歷遷桂管湖南觀察使山南東道節度使卒翺始從昌黎韓愈爲文章辭致渾厚見推當時故有司亦謚曰文

盧簡辭字子策父綸別傳與兄簡能弟弘止簡求皆有文並第進士歷佐帥府入遷侍御史習知法令及臺閣舊事寶曆中黎幹子煟詣臺請復葉縣故田有司莫能知簡辭獨詰曰按幹坐黨魚朝恩誅貲田皆沒大曆後數十年比有赦令無原洗之言煟安得冒論不爲治福建鹽鐵院官盧昂坐贓簡辭窮按乃得金牀瑟瑟枕大如斗敬宗曰禁中無此昂爲吏可知矣李程鎮太原表爲節度

判官入授考功員外郎累擢湖南浙西觀察使以檢校工部尚書爲忠武節度使徙山南東道坐事貶衢州刺史卒

簡能見鄭注傳其子知猷字子藝中進士第登宏辭補祕書省正字蕭鄴鎮荆南劍南再辟掌書記入遷右補闕出爲饒州刺史以政最聞累進中書舍人朱玫亂避難不出僖宗還京召拜工部侍郎史館脩撰歷太常卿戶部尚書至太子太師昭宗爲劉季述所幽感憤卒贈太尉知猷器量渾厚世推爲長者善書有楷法文辭贍麗子文度亦貴顯

弘止字子彊佐劉悟府累擢監察御史沈傳師表爲江西團練副使入拜侍御史華州刺史宇文鼎戶部員外盧允中坐贓詔弘止按訊文宗將殺鼎弘止執據辠由允中鼎乃連坐不應死帝釋之累遷給事中會昌中詔河北三節度討劉稹何弘敬王元逵先取邢洺磁三州宰相李德裕畏諸帥有請地者乃以弘止爲三州團練觀察留後制未下稹平卽詔爲三州及河北兩鎮宣慰使還拜工部侍郎以戶部領度支初兩池鹽法弊得費不相償弘止使判官司空輿檢

鉤鼇正條上新法即表輿兩池使自是課入歲倍用度賴之踰年出爲武寧節度使徐自王智興後吏卒驕沓銀刀軍尤不法弘止戮其尤無狀者終弘止治不敢譁優詔褒勞弘止羸病丐身還東都不許徙宣武卒于鎮贈尚書右僕射子虔灌有美才終祕書監

簡求字子臧始從江西王仲舒幕府兩爲裴度元稹所辟又佐牛僧孺鎮襄陽入遷戶部員外郎會昌中討劉稹以忠武節度使李彥佐爲招討使各選簡求副之俾知後務歷蘇壽二州刺史大中九年党項擾邊拜涇原渭武節度使徙義武鳳翔河東三鎮簡求爲政長權變文不害居邊善綏御人皆安之太原統退渾契苾沙陀三部難馴制宅帥或與詛盟質子弟然寇掠不爲止簡求歸所質開示至誠虜憚其恩信不敢亂久之辭疾以太子少師致仕還東都治園沼林芳與賓客置酒自娛卒年七十六贈尚書左僕射子嗣業汝弼皆中進士第汝弼以祠部員外郎知制誥從昭宗還洛方柳璨斲喪王室汝弼懼移疾去客上黨後依李克用克用表爲節度副使太原府子亭簡求所署多在每宴亭中

未嘗居賓位西向俛首人美其有禮嗣業子文紀後貴顯
高元裕字景圭其先蓋渤海人第進士累辟節度府以右補闕召道商州會方
士趙歸真擅乘驛馬元裕詆曰天子置驛爾敢疾驅邪命左右奪之還具以聞
敬宗視朝不時稍稍決事禁中宦豎恣放大臣不得進見元裕諫曰今西頭勢
乃重南衙樞密之權過宰相帝頗寤而不能有所檢制人皆危之俄換侍御史
內供奉士始相賀李宗閔高其節擢諫議大夫進中書舍人鄭注入翰林元裕
當書命乃言以醫術侍注愧憾及宗閔得辠元裕坐出餞貶閬州刺史注死復
授諫議大夫翰林侍講學士莊恪太子立擇可輔導者乃兼賓客進御史中丞
即建言紀綱地官屬須選有不稱職者請罷之於是監察御史杜宣猷柳瓌崔
郢侍御史魏中庸高弘簡並奪職故事三司監院官帶御史者號外臺得察風
俗舉不法元和中李夷簡因請按察本道州縣後益不職元裕請監院御史隸
本臺得專督察詔可累擢尚書左丞領吏部選出爲宣歙觀察使入授吏部尚
書拜山南東道節度使封渤海郡公奏蠲逋賦甚衆在鎮五年復以吏部尚書

召卒于道年七十六贈尚書右僕射元裕性勤約通經術敏於爲吏嚴嚴有風采推重于時自侍講爲中丞文宗難其代元裕表言兄少逸才可任因以命之世榮其遷少逸長慶末爲侍御史坐失舉劾貶贊善大夫累遷諫議大夫乃代元裕稍進給事中出爲陝虢觀察使中人責峽石驛吏供餅惡鞭之少逸封餅以聞宣宗怒召使者責曰山谷間是餅豈易具邪謫隸恭陵中人皆斂手以兵部尚書致仕卒元裕始名允中太和中改今名

元裕子璩字瑩之第進士累佐使府以左拾遺爲翰林學士擢諫議大夫近世學士超省郎進官者惟鄭顥以尚主而璩以寵升云懿宗時拜劍南東川節度使召拜中書侍郎同中書門下平章事閱月卒贈司空太常博士曹鄴建言璩宰相交游醜雜進取多蹊徑謚法不思妄愛曰剌請謚爲剌從之

封敖字碩夫其先蓋冀州蓨人元和中署進士第江西裴堪辟置其府轉右拾遺雅爲宰相李德裕所器會昌初以左司員外郎召爲翰林學士三遷工部侍郎敖屬辭贍敏不爲奇澀語切而理勝武宗使作詔書慰邊將傷夷者曰傷居

爾體痛在朕躬帝書其如意出賜以宮錦劉稹平德裕以定策功進太尉時敕
草其制曰謀皆予同言不宅慼德裕以能明專任己以成功謂敕曰陸生恨文
不迨意如君此等語豈易得邪解所賜玉帶贈之未幾拜御史中丞與宰相盧
商盧因誤縱死辠復爲工部侍郎大中中歷平盧與元節度使初鄭涯開新路
水壞其棧敕更治斜谷道行者告便蓬果賊依雞山寇三川敕遣副使王贄捕
平之加檢校吏部尚書還爲太常卿卿始視事廷設九部樂敕宴私第爲御史
所劾徙國子祭酒復拜太常進尚書右僕射然少行檢士但高其才故不至宰
相卒子彥卿望卿從子特卿皆第進士

鄭薰字子溥亡鄉里世系擢進士第歷考功郎中翰林學士出爲宣歙觀察使
前人不治薰頗以清力自將牙將素驕共謀逐出之薰奔揚州貶棣王府長史
分司東都懿宗立召爲太常少卿擢累吏部侍郎時數大赦階正議光祿大夫
者得蔭一子門施戟於是宦人用階請蔭子薰却之不肯敘宰相杜悰才其人
擬判度支辭又擬刑部兼御史中丞固辭乃免久之進左丞性愛友糾族百口

稟不充求外還擬華州刺史輒留中爲倖侍酬沮後以太子少師致仕薨端勁
再知禮部舉引寒俊士類多之旣老號所居爲隱巖蒔松于廷號七松處士云
敬晦字日彰河中河東人祖括字叔弓進士及第遷殿中侍御史楊國忠惡不
諧己外除果州刺史進累兵部侍郎志饒淡在職不求名周智光已誅議者健
括才選爲同州刺史拜御史大夫隱然持重弗以私害公大曆中卒晦進士及
第辟山南東道節度府與馬曙聯舍於是帥不政法制陵頹曙引大吏廷責之
吏負兼軍職不引咎走訴諸府牙將且十輩方雜語以申吏枉晦讓諸將曰吏
冒軍名公等不能詰反引與爲伍奈何衆愧謝闔府咨美擢累諫議大夫武宗
時趙歸真以詐營罔天子御史平吳湘獄得辠宰相晦上疏極道非是不少回
縱大中中歷御史中丞刑部侍郎諸道鹽鐵轉運使浙西觀察使時南方連饉
有詔弛榷酒茗官用告罄晦處身儉勤貲力遂充徙兗海節度使以太子賓客
分司卒贈兵部尚書謚曰肅晦兄昕暭弟昈煦俱第進士籍昕爲河中節度使
暭右散騎常侍世寵其家

韋博字大業京兆萬年人祖黄裳浙西節度觀察使博取進士第遷殿中侍御史開成中蕭本詐窮得辠詔與中人籍其財中人利寶玉欲竊取去博奪還簿無遺貲回鶻入寇以符澈爲河東節度使拜博爲判官久之進主客郎中時詔毀佛祠悉浮屠隸主客博言令太暴宜近中宰相李德裕惡之會羌渾叛以何清朝爲靈武節度使詔博副之擢右諫議大夫召對賜金紫因行西北邊商虜彊弱還奏有旨進左大夫爲京兆尹與御史中丞鬻競不平皆得辠下除博衞尉卿出爲平盧節度使檢校禮部尚書徙昭義卒年六十二贈兵部尚書

李景讓字後己贈太尉憕孫也性方毅有守寶曆初遷右拾遺淮南節度使王播以錢十萬市朝廷權求領鹽鐵景讓詣延英亟論不可遂知名沈傳師觀察江西表以自副歷中書舍人禮部侍郎商華虢三州刺史母鄭治家嚴身訓勤諸子始貧乏時治牆得積錢僮婢奔告母曰士不勤而祿猶菑其身況無妄而得我何取亟使閉坎景讓自右散騎常侍出爲浙西觀察使母問行日景讓率然對有日鄭曰如是吾方有事未及行蓋怒其不嘗告也且曰已貴何庸母行

景讓重請辠乃赦故雖老猶加箠敕已起欣欣如初嘗怒牙將杖殺之軍且謀變母欲息衆讙召景讓廷責曰爾塡撫方面而輕用刑一夫不寧豈特上負天子亦使百歲母銜羞泉下何面目見先大夫乎將鞭其背吏大將再拜請不許皆泣謝迺罷一軍遂定景讓家行脩治閨門唯謹入爲尙書左丞拜天平節度使徙山南東道封酒泉縣男大中中進御史大夫甫視事劾免侍御史孫玉汝監察御史盧栯威肅當朝爲大夫三月蔣伸輔政景讓名素出伸右而宣宗擇宰相盡書羣臣當選者以名內器中禱憲宗神御前射取之而景讓名不得世謂除大夫百日有佗官相者謂之辱臺景讓愧懟不能平見宰相自陳考深當代卽拜西川節度使以病丐致仕或誎公廉潔亡素儲不爲諸子謀邪景讓笑曰兒曹詎餓死乎書聞輒還東都以太子少保分司卒年七十二贈太子太保諡曰孝性獎士類拔孤仄如李蔚楊知退皆所推引始爲左丞蔣伸坐晏所酌酒語客曰有孝於家忠於國者飮此客肅然景讓起卒爵伸曰無宜於公所善蘇滌裴夷直皆爲李宗閔楊嗣復所擢故景讓在會昌時抑厭不遷宣宗銜穆

宗舊怨景讓建請還敬文武三主以猶子行爲嫌請還代宗以下主復入廟正昭穆事下百官議不然乃罷德望稍衰矣然清素寡欲門無雜賓李琢罷浙西以同里訪之避不見及去命斸其騙石焉元和後大臣有德望者以居里顯景讓宅東都樂和里世稱清德者號樂和李公云

弟景温字德己歷諫議大夫福建觀察使徙華州刺史以美政聞累遷尚書右丞盧攜當國弟隱繇博士遷本部員外郎材下資淺人疾其冒無敢繩景温不許赴省時故事久廢景温旣舉職人皆韙其正弟景莊亦至顯官

唐書卷一百七十七

唐書卷一百七十八

宋　端　明　殿　學　士　宋　祁　撰

列傳第一百三

劉蕡

劉蕡字去華幽州昌平人客梁汴間明春秋能言古興亡事沈健于謀浩然有救世意擢進士第元和後權綱弛遷神策中尉王守澄負弑逆罪更二帝不能討天下憤之文宗卽位思洗元和宿恥將翦落支黨方宦人握兵橫制海內號曰北司凶醜朋挺外脅羣臣內製侮天子蕡常痛疾太和二年舉賢良方正能直言極諫帝引諸儒百餘人于廷策曰朕聞古先哲王之治也玄默無爲端拱司契陶甿心以居簡凝日用於不宰厚下以立本推誠而建中繇是天人通陰陽和俗躋仁壽物無疵癘噫盛德之所臻敻乎其不可及已三代令主質文迭救百氏滋熾風流寖微自漢以降足言蓋寡朕顧唯昧道祇荷丕構奉若謨訓不敢怠荒任賢惕厲宵衣旰食詎追三五之遐軌庶紹祖宗之鴻緒而心有未

達行有未孚由中及外闕政斯廣是以人不率化氣或堙阨災旱竟歲播植愆
時國廩罕蓄乏九年之儲吏道多端微三載之績京師諸夏之本也將以觀治
而豪猾踰檢太學明教之源也期於變風而生徒惰業列郡在乎頒條而干禁
或未絕百工在乎按度而淫巧或未息俗恬風靡積訛成蠹其擇官濟治也聽
人以言則枝葉難辨御下以法則恥格不形其阜財發號也生之寡而食之衆
煩於令而鮮於治思所以究此繆盭致之治平茲心浩然若涉淵冰故前詔有
司博延羣彥佇啓宿懵冀臻時雍子大夫皆識達古今志在康濟造廷待問副
朕虛懷必當箴治之闕辨政之疵明綱條之致紊稽富庶之所急何施革於前
弊何澤惠於下土何脩而治古可近何道而和氣克充推之本源著於條對至
若夷吾輕重之權孰輔於治嚴尤底定之策孰叶於時元凱之考課何先叔子
之克平何務惟此龜鑑擇乎中庸斯在洽聞朕將親覽蕢對曰臣誠不佞有正
國致君之術無位而不得行有犯顏敢諫之心無路而不得達懷憤鬱抑思有
時而發嘗欲與庶人議于道商賈謗于市得通上聽一悟主心雖被祆言之罪

無所悔況逢陛下詢求過闕咨訪嘉謀制詔中外舉直言極諫臣辱斯舉專承
大問敢不悉意以言至於上所忌時所禁權幸所諱惡有司所與奪臣愚不識
伏惟陛下少加優容不使聖時有讜言受戮者天下之幸也謹昧死以對伏以
聖策有思古先之治念玄默之化將欲通天地以濟俗和陰陽以煦物見陛下
慮道之深也臣以爲哲王之治其則不遠惟致之之道何如耳伏以聖策有祗
荷丕構而不敢荒寧奉若謨訓而罔有怠忽見陛下憂勞之至也若夫任賢惕
厲宵衣旰食宜黜左右之纖佞進股肱之大臣若夫追蹤三五紹復祖宗宜鑒
前古之興亡明當代之成敗心有未達以下情蔽而不得上通行有未孚以上
澤壅而不得下浹欲人之化在脩己以先之欲氣之和在遂性以導之捄災旱
在致精誠廣播殖在視食力國廩罕畜本乎冗食尚繁吏道多端本乎選用失
當豪猾踰檢繇中外之法殊生徒惰業繇學校之官廢列郡干禁繇授任非人
百工淫巧繇制度不立伏以聖策有擇官濟治之心阜財發號之歎見陛下教
化之本也且進人以行則枝葉安有難辨乎防下以禮則恥格安有不形乎念

生寡而食衆可罷斥惰游念令煩而治鮮要察其行否博延羣彥願陛下必納
其言造廷待問則小臣安敢愛死伏以聖策有求賢箴闕之言審政辨疵之令
見陛下咨訪之勤也遂小臣斥姦豪之志則弊革于前守陛下念康濟之心則
惠敷于下邪正之道分而治古可近禮樂之方著而和氣克充至若臯吾之法
非皇王之權嚴尤所陳無最上之策元凱之所先不若唐堯考績叔子之所務
不若虞舜舞干且非大德之中庸上聖之龜鑑又何足爲陛下道之哉或有以
繫安危之機兆存亡之變者臣請披肝膽爲陛下別白而重言之臣前所謂哲
王之治其則不遠者在陛下慎思之力行之始終不懈而已謹按春秋元者氣
之始也春者歲之元也春秋以元加于歲以春加于王明王者當奉若天道以
謹其始也又舉時以終歲舉月以終時春秋雖無事必書首月又存時明王者
當承天之道以謹其終也王者動作終始必法於天者以其運行不息也陛下
能謹其始又能謹其終懋而脩之勤而行之則執契而居簡無爲而不宰廣立
本之大業崇建中之盛德安有三代循環之弊百僞滋熾之漸乎臣故曰唯致

之之道何如耳臣前所謂若夫任賢惕厲宵衣旰食宜黜左右之纖佞進股肱
之大臣實以陛下憂勞之至也臣聞不宜憂而憂者國必衰宜憂而不憂者國
必危陛下不以國家存亡社稷安危之策而降於清問臣未知陛下以布衣之
臣不足與定大計耶或萬機之勤有所未至也不然何宜憂而不憂乎臣以爲
陛下所先憂者宮闈將變社稷將危天下將傾四海將亂此四者國家已然之
兆故臣謂聖慮宜先及之夫帝業艱難而成之固不可容易而守之太祖肇其
基高祖勤其績太宗定其業玄宗繼其明至于陛下二百餘載其閒聖明相因
擾亂繼作未有不用賢士近正人而能與者或一日不念則顛覆大器宗廟之
恥萬古爲恨臣謹按春秋人君之道在體元以居正昔董仲舒爲漢武帝言之
略矣有未盡者臣得爲陛下備論之夫繼故必書卽位所以正其始也終必書
所終之地所以正其終也故爲君者所發必正言所履必正道所居必正位所
近必正人春秋閽弒吳子餘祭書其名譏疏遠賢士昵刑人有不君之道伏惟
陛下思祖宗開國之勤念春秋繼故之誠明法度之端則發正言履正道杜篡

弒之漸則居正位近正人遠刀鋸之殘親骨鯁之直輔相得以顓其任庶寮得以守其官奈何以褻近五六人總天下大政外專陛下之命內竊陛下之權威攝朝廷勢傾海內羣臣莫敢指其狀天子不得制其心禍稔蕭牆姦生帷幄臣恐曹節侯覽復生於今日此宮闈將變也臣謹按春秋定公元年春王不言正月者春秋以為先君不得正其終則後君不得正其始故曰定無正也今忠賢無腹心之寄閹寺專廢立之權陷先帝不得正其終致陛下不得正其始況太子未立郊祀未脩將相之職不歸名器之宜不定此社稷將危也臣謹按春秋王札子殺召伯毛伯春秋之義兩下相殺不書此書者重其顓王命也夫天之所授者在命君之所存者在令操其命而失之者是不君也侵其命而專之者是不臣也君不君臣不臣此天下所以將傾也臣謹按春秋晉趙鞅以晉陽之兵叛入于晉書其歸者能逐君側之惡以安其君故春秋善之今威柄陵夷藩臣跋扈有不達人臣大節而首亂者將以安君為名不究春秋之微稱兵者以逐惡為義則典刑不繫天子征伐必自諸侯此海內之將亂也故樊噲排闥而

雪涕袁盎當車而抗辭京房發憤以殞身竇武不顧而畢命此皆陛下明知之
矣臣謹按春秋晉狐射姑殺陽處父書襄公殺之者以其君漏言也襄公不能
固陰重之機處父所以及殘賊之禍故春秋非之夫上漏其情則下不敢盡意
上泄其事則下不敢盡言故傳有造膝詭辭之文易有失身害成之戒今公卿
大臣非不欲爲陛下言之慮陛下不能用也忽而不用必泄其言臣下既言而
不行必嬰其禍適足鉗直臣之口而重姦臣之威是以欲盡其言則有失身之
懼欲盡其意則有害成之憂裴回鬱塞以須陛下感悟然後盡其啓沃陛下何
不聽朝之餘時御便殿召當世賢相老臣訪持變扶危之謀求定傾撥亂之術
塞陰邪之路屏褻狎之臣制侵陵迫脅之心復門戶掃除之役戒其所宜戒憂
其所宜憂既不得治其前當治於後不得正其始當正其終則可以虔奉典謨
克承丕構終任賢之效無宵旰之憂矣臣前所謂追蹤三五紹復祖宗宜鑒前
古之興亡明當時之成敗者臣聞堯禹之爲君而天下大治者以能任九官四
岳十二牧不失其舉不貳其業不侵其職居官唯其能左右唯其賢元凱在下

雖微而必舉四凶在朝雖彊而必誅考其安危明其取捨至秦二世漢元成咸顚措國如唐虞致身如堯舜而終敗亡者以其不見安危之機不知取捨之道不任大臣不辨姦人不親忠良不遠讒佞也伏惟陛下察唐虞之所以興而景行於前鑒秦漢之所以亡而戒懼於後陛下無謂廟堂無賢相庶官無賢士今綱紀未絕典刑猶在人誰不欲致身爲王臣致時爲升平陛下何忽而不用邪又有居官非其能左右非其賢惡如四凶詐如趙高姦如恭顯陛下何憚而不去邪神器固有歸天命固有分祖宗固有靈忠臣固有心陛下其念之哉昔秦之亡也失於彊暴漢之亡也失於微弱彊暴則姦臣畏死而害上微弱則彊臣竊權而震主臣伏見敬宗不虞亡秦之禍不翦其萌伏惟陛下深軫亡漢之憂以杜其漸則祖宗之洪業可紹三五之遐軌可追矣臣前所謂陛下心有所未達以下情塞而不能上通行有所未孚以上澤壅而不得下浹且百姓有塗炭之苦陛下無繇而知陛下有子惠之心百姓無繇而信臣謹按春秋書梁亡不書取者梁自亡也以其思慮昏而耳目塞上出惡政人爲寇盜皆不知其所以

終自取其滅亡也臣聞國君之所以尊者重其社稷也社稷之所以重者存其百姓也苟百姓不存則雖社稷不得固其重社稷不重則人君不得保其尊故治天下者不可不知百姓之情夫百姓者陛下之赤子陛下宜令慈仁者視育之如保傅焉如乳哺焉如師之教導焉故人之於上也恭之如神明愛之如父母今或不然陛下親近貴倖分曹建署補除卒吏召致賓客因其貨賄假以聲勢大者統藩方小者爲守牧居上無清惠之政而有饕餮之害居下無忠誠之節而有姦欺之罪故人之於上也畏之如豺狼惡之如讎敵今海內困窮處處流散饑者不得食寒者不得衣鰥寡孤獨不得存老幼疾病不得養加以國權兵柄顓於左右貪臣聚斂以固寵姦吏因緣而弄法寃痛之聲上達於九天下入於九泉鬼神爲之怨怒陰陽爲之愆錯君門萬重不得告訴士人無所歸化百姓無所歸命官亂人貧盜賊並起土崩之勢憂在旦夕卽不幸因之以病癘繼之以凶荒陳勝吳廣不獨起於秦赤眉黃巾不獨生於漢臣所以爲陛下發憤扼腕痛心泣血也如此則百姓有塗炭之苦陛下何繇而知之乎陛下有子

惠之心百姓安得而信之乎使陛下行有所未孚心有所未達固其然也臣聞
漢元帝卽位之初更制七十餘事其心甚誠其稱甚美然紀綱日紊國祚日衰
姦宄日彊黎元日困繇不能擇賢明而任之失其操柄也自陛下卽位憂勤兆
庶屢降德音四海之內莫不抗首而長息自喜復生於死亡之中也伏惟陛下
愼終如始以塞四方之望誠能揭國柄以歸于相持兵柄以歸于將去貪臣聚
斂之政除姦吏因緣之害惟忠賢是近惟正直是用內寵便辟無所聽焉選清
愼之官擇仁惠之長敏之以利煦之以和教之以孝慈導之以德義去耳目之
塞通上下之情俾萬國懽康兆庶蘇息卽心無不達而行無不孚矣臣前所謂
欲人之化也在脩己以先之臣聞德以脩己教以導人脩之也則人不勸而自
立導之也則人不教而率從君子欲政之必行也故以身先之欲人之從化也
故以道御之今陛下先之以身而政未必行御之以道而人未從化豈立教之
旨未盡其方邪夫立教之方在乎君以明制之臣以忠行之君以知人爲明臣
以正時爲忠知人在任賢而去邪正時則固本而守法賢不任則重賞不足以

勸善邪不去則嚴刑不足以禁非本不固則人流法不守則政散而欲教之必至化之必行不可得也陛下能斥姦邪而不私其左右舉賢正而不遺其疏遠則化浹朝廷矣愛人而敦本分職而奉法脩其身以及其人始於中而成於外則化行天下矣臣前所謂欲氣之和也在遂其性以導之者當納人於仁壽也夫欲人之仁壽也在立制度脩教化夫制度立則財用省財用省則賦斂輕賦斂輕則人富矣教化脩則爭競息爭競息則刑罰清刑罰清則人安矣既富矣則仁義興焉既安矣則壽考至焉仁義之心感於下和平之氣應於上故災害不作休祥荐臻四方底寧萬物咸遂矣臣前所謂捄災旱在乎致精誠者臣謹按春秋魯僖公一年之中三書不雨者以其人君有恤人之志也文公三年之中一書不雨者以其人君無閔人之心也故僖致誠而旱不害物文無卹閔而變則成災陛下有閔人之志則無成災之變矣臣前所謂廣播殖在乎視食力者臣謹按春秋君人者必時視人之所勤人勤於力則功築罕人勤於財則貢賦少人勤於食則百事廢今財食與力皆勤矣願陛下廢百事之用以廣三時

之務則播植不慫矣臣前所謂國廩罕蓄本乎冗食尚繁者臣謹按春秋臧孫
辰告糴于齊春秋譏其無九年之蓄一年不登而百姓飢臣願斥游惰之人以
篤耕殖省不急之費以贍黎元則廩蓄不乏矣臣前所謂吏道多端本乎選用
失當者繇國家取人不盡其材任人不明其要故也今陛下之用人也求其聲
而不求其實故人之趨進也務其末而不務其本臣願嚴考課之實定遷序之
制則多端之吏息矣臣前所謂豪猾踰檢繇中外之法殊者以其官禁不一也
臣謹按春秋齊桓公盟諸侯不日而葵丘之盟特以日者美其能宣明天子之
禁率奉王官之法故春秋備而書之然則官者五帝三王之所建也法者高祖
太宗之所制也法宜畫一官宜正名今又分外官中官之員立南司北司之局
或犯禁於南則亡命于北或正刑於外則破律於中法出多門人無所措繇兵
農勢異而中外法殊也臣聞古者因井田以制軍賦閒農事以脩武備提封約
卒乘之數命將在公卿之列故兵農一致而文武同方以保乂邦家式遏亂略
太宗置府兵臺省軍衞文武參掌閑歲則櫜弓力穡有事則釋耒荷戈所以脩

復古制不廢舊物今則不然夏官不知兵籍止於奉朝請六軍不主武事止於養階勳軍容合中官之政戎律附內臣之職首一戴武弁疾文吏如仇讎足一蹈軍門視農夫如草芥謀不足以翦除姦兇而詐足以抑揚威福勇不足以鎮衞社稷而暴足以侵害閭里羈紲藩臣干陵宰輔隳裂王度汨亂朝經張武夫之威上以制君父假天子之命下以御英豪有藏姦觀釁之心無伏節死難之誼豈先王經文緯武之旨邪臣願陛下貫文武之道均兵農之功正貴賤之名一中外之法還軍衞之職脩省署之官近崇貞觀之風遠復成周之制自邦畿以刑下國始天子而達諸侯可以制猾姦之彊無踰檢之患矣臣前所謂生徒惰業繇學校之官廢者蓋國家貴其祿賤其能先其事後其行故庶官乏通經之學諸生無脩業之心矣臣前所謂列郡干禁繇授任非人者臣以爲刺史之任治亂之根本繫焉朝廷之法制在焉權可以御豪彊恩可以惠孤寡彊可以禦姦寇政可以移風俗其將校曾更戰陣及功臣子弟請隨宜酬賞苟無治人之術者不當任此官卽絕干禁之患矣臣前所謂百工淫巧繇制度不立者臣

請以官位祿秩制其器用車服禁以金銀珠玉錦繡雕鏤不蓄於私室則無蕩心之巧矣臣前所謂辨枝葉者繇考言以詢行也臣前所謂形于恥格者繇道德而齊禮也臣前所謂念生寡而食衆可罷斥惰游者已備於前矣臣前所謂令煩而治鮮要察其行否者臣聞號令者治國之具也君審而出之臣奉而行之或虧益止留罪在不赦今陛下令煩而治鮮得非持之者有所蔽欺乎臣前謂博延羣彥願陛下必納其言造廷待問則小臣其敢愛死者昔晁錯爲漢削諸侯非不知禍之將至忠臣之心壯夫之節苟利社稷死無悔焉臣非不知言發而禍應計行而身僇蓋痛社稷之危哀生人之悔豈忍姑息時忌竊陛下一命之寵哉昔龍逢死而啓商比干死而啓周韓非死而啓漢陳蕃死而啓魏今臣之來也有司或不敢薦臣之言陛下又無以察臣之心退必戮於權臣之手臣幸得從四子游於地下固臣之願也所不知殺臣者臣死之後將孰爲啓之哉至如人主之闕政教之疵前日之弊臣既言之矣若乃流下土之惠脩近古之治而致和平者在陛下行之而已然上之所陳者實以臣親承聖問敢不條

對雖臣之愚以爲未極教化之大端皇王之要道伏惟陛下事天地以教人恭奉宗廟以教人孝養高年以教人悌長字百姓以教人慈幼調元氣以煦育扇大和以仁壽可以消搖無爲垂拱成化至若念陶鈞之道在擇宰相以任之使權造化之柄念保定之功在擇將帥以任之使脩閫外之寄念百度之求正在擇庶官而任之使顓職業之守念百姓之怨痛在擇良吏以任之使明惠養之術自然言足以爲天下教動足以爲天下法仁足以勸善義足以禁非又何必宵衣旰食勞神惕慮然後致治哉是時第策官左散騎常侍馮宿太常少卿賈餗庫部郎中龐嚴見蕡對嗟伏以爲過古晁董而畏中官眦睚不敢取士人讀其辭至感概流涕者諫官御史交章論其直於時被選者二十有三人所言皆冗齪常務類得優調河南府參軍事李郃曰蕡逐我留吾顏其厚邪乃上疏曰陛下御正殿求直言使人得自奮臣才志懦劣不能質今古是非使陛下聞未聞之言行未行之事忽忽內思愧羞神明今蕡所對敢空臆盡言至皇王之成敗陛下所防閑時政之安危不私所料又引春秋爲據漢魏以來無與蕡比有

司以言涉訐忤不敢聞自詔書下萬口藉藉歎其誠鯁至於垂泣謂蕡指切左右畏近臣銜怒變與非常朝野惴息誠恐忠良道窮綱紀遂絕季漢之亂復興于今以陛下仁聖近臣故無害忠良之謀以宗廟威嚴近臣故無速敗亡之禍指事取驗何懼直言且陛下以直言召天下士蕡以直言副陛下所問雖訐必容雖過當獎書于史策千古光明使萬有一蕡不幸死天下必曰陛下陰殺讜直結讎海內忠義之士皆憚誅夷人心一搖無以自解況臣所對不及蕡遠甚內懷愧耻自謂賢良奈人言何乞回臣所授以旌蕡直臣逃苟且之慚朝有公正之路陛下免天下之疑顧不美哉帝不納郃字子玄後歷賀州刺史蕡對後七年有甘露之難令狐楚牛僧孺節度山南東西道皆表蕡幕府授祕書郎以師禮禮之而宦人深嫉蕡誣以罪貶柳州司戶參軍卒始帝恭儉求治志除凶人然懦而不睿臣下畏禍不敢言故蕡對極陳晉襄公殺陽處父以戒帝又引閽弑吳子陰贊帝決帝後與宋申錫謀誅守澄不克守澄廢帝弟漳王而斥申錫帝依違其間不敢主也賈餗與王涯李訓舒元輿位宰相以謀敗皆爲中官

夷其宗而宦者益横帝以憂崩及昭宗誅韓全誨等左拾遺羅袞上言蕡當太和時宦官始熾因直言策請奪爵土復掃除之役遂罹譴逐身死異土六十餘年正人義夫切齒飲泣比陛下幽東內幸西州王室幾喪使蕡策蚤用則杜漸防萌逆節可消寧殷憂多難遠及聖世耶今天地反正枉魄憤齒有望於陛下帝感悟贈蕡左諫議大夫訪子孫授以官云

贊曰漢武帝三策董仲舒仲舒所對陳天人大概緩而不切也蕡與諸儒偕進獨譏切宦官然亦太疏直矣戒帝漏言而身誦語于廷何邪其後宋申錫以謀泄貶李訓以計不臧死宦者遂彊可不戒哉意蕡之賢當先以忠結上後爲帝謀天下所以安危者庶其紓患耶

唐書卷一百七十八

唐書卷一百七十八考證

劉蕡傳〇舊書入文苑傳

唐書卷一百七十八考證

珍做朱版印

西元二〇二〇年十一月一日重製一版

新唐書（附考證）冊八（宋 歐陽修 宋 祁 撰）

平裝十冊基本定價捌仟元正（郵運匯費另加）

發行人　張　敏　君
發行處　中　華　書　局
臺北市內湖區舊宗路二段一八一巷八號五樓（5FL., No. 8, Lane 181, JIOU-TZUNG Rd., Sec 2, NEI HU, TAIPEI, 11494, TAIWAN)
客服電話：886-2-8797-8396
公司傳真：886-2-8797-8909
匯款帳戶：華南商業銀行西湖分行 179100026931
印　　刷：維中科技有限公司 海瑞印刷品有限公司

No. N1054-8

國家圖書館出版品預行編目(CIP)資料

新唐書/(宋)歐陽修, 宋祁撰. -- 重製一版. -- 臺
北市 : 中華書局, 2020.11
冊 ; 公分
ISBN 978-986-5512-34-7(全套 : 平裝)

1.唐史

624.101 109016734